プリント形式のリアル過去問で本番の臨場感！

佐賀県 公立高等学校

一般選抜

2025年春受験用 解答集

本書は，実物をなるべくそのままに，プリント形式で年度ごとに収録しています。
問題用紙を教科別に分けて使うことができるので，本番さながらの演習ができます。

■ 収録内容

・解答集（この冊子です）

書籍ＩＤ番号，この問題集の使い方，最新年度実物データ，教科別入試データ解析，
解答例と解説，ご使用にあたってのお願い・ご注意，お問い合わせ

・2024（令和６）年度 ～ 2022（令和４）年度　学力検査問題

・リスニング問題音声《オンラインで聴く》　詳しくは次のページをご覧ください。

○は収録あり	年度	'24	'23	'22			
■ 問題(一般選抜)		○	○	○			
■ 解答用紙		○	○	○			
■ 配点		○	○	○			
■ 英語リスニング音声・原稿		○	○	○			

全教科に解説
があります

注）問題文等非掲載：2024年度社会の6，2022年度国語の三と社会の6

問題文などの非掲載につきまして

著作権上の都合により，本書に収録している過去入試問題の本文や図表の一部を掲載しておりません。ご不便をおかけし，誠に申し訳ございません。

本文の一部を掲載できなかったことによる国語の演習不足を補うため，論説文および小説文の演習問題のダウンロード付録があります。弊社ウェブサイトから書籍ＩＤ番号を入力してご利用ください。

なお，問題の量，形式，難易度などの傾向が，実際の入試問題と一致しない場合があります。

教英出版

JN131886

■ 書籍ＩＤ番号

リスニング問題の音声は，教英出版ウェブサイトの「ご購入者様のページ」画面で，書籍ＩＤ番号を入力してご利用ください。

入試に役立つダウンロード付録や学校情報なども随時更新して掲載しています。

書籍ＩＤ番号　196541

（有効期限：2025年9月30日まで）

【入試に役立つダウンロード付録】

「ラストチェックテスト(標準／ハイレベル)」

「高校合格への道」

【リスニング問題音声】

オンラインで問題の音声を聴くことができます。

有効期限までは無料で何度でも聴くことができます。

■ この問題集の使い方

年度ごとにプリント形式で収録しています。針を外して教科ごとに分けて使用します。①片側，②中央のどちらかでとじてありますので，下図を参考に，問題用紙と解答用紙に分けて準備をしましょう（解答用紙がない場合もあります）。

針を外すときは，けがをしないように十分注意してください。また，針を外すと紛失しやすくなりますので気をつけましょう。

① 片側でとじてあるもの

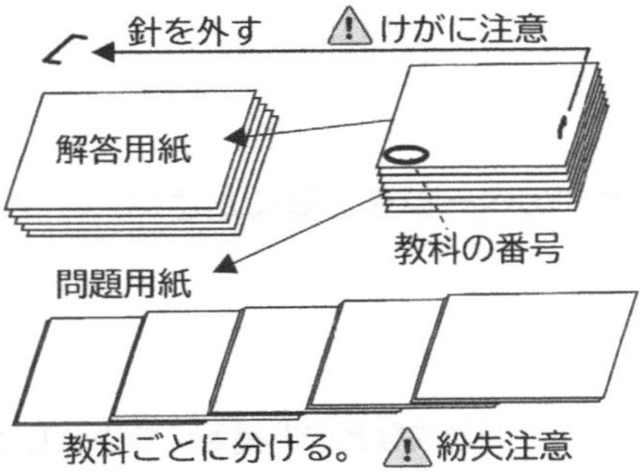

② 中央でとじてあるもの

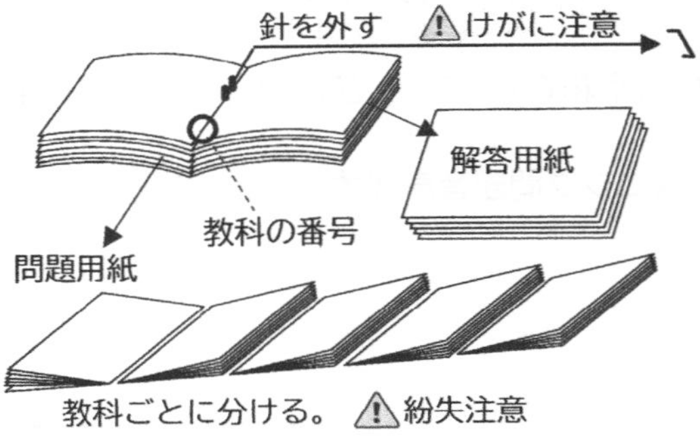

※教科数が上図と異なる場合があります。
解答用紙がない場合や，問題と一体になっている場合があります。
教科の番号は，教科ごとに分けるときの参考にしてください。

■ 最新年度 実物データ

実物をなるべくそのままに編集していますが，収録の都合上，実際の試験問題とは異なる場合があります。実物のサイズ，様式は右表で確認してください。

問題用紙	Ａ４冊子(二つ折り)
解答用紙	Ａ３片面プリント

佐賀県　公立高校入試データ解析　国語

分野別データ			2024	2023	2022
大問の種類	長文	論説文・説明文・評論	○	○	○
		小説・物語	○	○	○
		随筆・紀行文			
	古文・漢文		○	○	○
	詩・短歌・俳句			○	
	その他の文章		○	○	○
	条件・課題作文		○	○	○
	聞き取り				
漢字・語句	漢字の読み書き		○	○	○
	熟語・熟語の構成				
	部首・筆順・画数・書体				
	四字熟語・慣用句・ことわざ				
	類義語・対義語				
文法	品詞・用法・活用		○	○	○
	文節相互の関係・文の組み立て		○		
	敬語・言葉づかい				
文章の読解	長文	語句の意味・補充			
		接続語の用法・補充			
		表現技法・表現の特徴	○		○
		段落・文の相互関係			
		文章内容の理解	○	○	○
		人物の心情の理解	○	○	○
	古文・漢文	歴史的仮名遣い	○		○
		文法・語句の意味・知識		○	
		動作主			
		文章内容の理解	○	○	○
	詩・短歌・俳句			○	
	その他の文章		○	○	○

形式データ	2024	2023	2022
漢字の読み書き	4	4	4
記号選択	14	13	12
抜き出し	1	3	
記述	6	2	5
作文・短文	1	1	1
その他		1	

2025 年度入試に向けて

大問一で，話し合いや資料をもとに，自分の意見を書く問題が出題されている。条件を満たして短時間でまとめる練習をしておこう。長文読解問題では，記号を選択する問題が多い。本文に書かれていることと選択肢の内容をていねいに照合しながら判断しよう。指定された字数で記述する問題も出ているので，指定字数内で要点をまとめる練習も必要である。また，漢字や文法問題も出題されているので，国語の基礎知識を身につけ，得点源にしよう。古典に関して，2023 年度は，漢文・俳句の知識に関する問題が出題された。国語に関する幅広い知識が必要である。

佐賀県　公立高校入試データ解析　理科

分野別データ		2024	2023	2022
物理	光・音・力による現象	○	○	○
	電流の性質とその利用	○		○
	運動とエネルギー		○	
化学	物質のすがた		○	○
	化学変化と原子・分子	○		○
	化学変化とイオン	○	○	
生物	植物の生活と種類	○	○	○
	動物の生活と種類	○	○	○
	生命の連続性と食物連鎖	○		
地学	大地の変化		○	○
	気象のしくみとその変化	○		○
	地球と宇宙	○	○	

形式データ	2024	2023	2022
記号選択	30	25	28
語句記述	9	11	9
文章記述	1	3	1
作図	3	2	1
数値	3	3	7
化学式・化学反応式	2	2	2

2025 年度入試に向けて

4 つの分野(物理，化学，生物，地学)からまんべんなく出題されている。出題数が多いため，記号や語句で答える問題には時間をかけずに答えられるようにしておくと，時間がかかる計算問題にも落ち着いて臨むことができる。重要語句はただ暗記するだけではなく，その語句とセットになって出てくるようなキーワードを合わせて覚えておくと，本番で答えが出てくるまでの時間を短くすることができるだろう。

佐賀県　公立高校入試データ解析　英語

分野別データ		2024	2023	2022
音声	発音・読み方			
	リスニング	○	○	○
文法	適語補充・選択			
	語形変化			
	その他			
英作文	語句の並べかえ			
	補充作文	○	○	○
	自由作文			
	条件作文			
読解	語句や文の補充	○	○	○
	代名詞などの指示内容	○	○	○
	英文の並べかえ			
	日本語での記述	○	○	○
	英問英答			
	絵・表・図を選択	○	○	○
	内容真偽	○	○	○
	内容の要約	○	○	○
	その他	○	○	○

形式データ			2024	2023	2022
リスニング	記号選択		7	6	6
	英語記述			1	1
	日本語記述				
文法・英作文・読解	読解	会話文	4	3	3
		長文	3	3	3
		絵・図・表	4	4	4
	記号選択		11	10	11
	語句記述		1		1
	日本語記述		6	5	3
	英文記述		5	5	5

2025 年度入試に向けて

文法の問題は，単独での出題はないが，リスニング・英作文・読解すべてのベースになる。教科書に載っている単語・文法をしっかりと覚えておくことが得点につながる。
全体的に英語でも日本語でも文を書く問題が多いので，過去問や問題集で類似問題をこなし，問題の形式に慣れておこう。また，読む英文の量も多いので，長文問題をたくさんこなし，英文を読むことに慣れよう。最初は読むのに時間がかかっても，問題をこなすにつれて徐々に英文を読むスピードが上がっていく。

佐賀県 公立高校入試データ解析 社会

	分野別データ	2024	2023	2022
地理	世界のすがた	○	○	○
地理	世界の諸地域（アジア・ヨーロッパ・アフリカ）	○	○	○
地理	世界の諸地域（南北アメリカ・オセアニア）		○	○
地理	日本のすがた	○	○	○
地理	日本の諸地域（九州・中国・四国・近畿）		○	○
地理	日本の諸地域（中部・関東・東北・北海道）	○		
地理	身近な地域の調査	○		
歴史	原始・古代の日本	○	○	○
歴史	中世の日本	○	○	○
歴史	近世の日本		○	○
歴史	近代の日本	○	○	○
歴史	現代の日本	○		○
歴史	世界史	○	○	○
公民	わたしたちと現代社会	○	○	○
公民	基本的人権	○	○	○
公民	日本国憲法	○	○	
公民	民主政治	○	○	○
公民	経済	○	○	○
公民	国際社会・国際問題	○	○	○

	形式データ	2024	2023	2022
地理	記号選択	7	6	8
地理	語句記述	4	5	4
地理	文章記述	2	1	1
地理	作図			
地理	計算			
歴史	記号選択	9	9	6
歴史	語句記述	3	1	4
歴史	文章記述	2	2	2
歴史	並べ替え		2	1
公民	記号選択	7	7	6
公民	語句記述	4	3	5
公民	文章記述	2	1	2

2025年度入試に向けて

資料を使った問題が増え，暗記するだけの学習方法では対応できない危険性があるので，重要事項の暗記とともに記述もしっかりと練習しておきたい。資料のもつ意味を正しく理解し，それを確実に表現する練習が必要である。特に表やグラフを扱った問題が多いので，過去問だけでなく，教科書や資料集，その他の問題集などをフルに活用して知識と経験値を高めておくと，受験時にあわてることなく対応できる。

佐賀県　公立高校入試データ解析　数学

分類		2024	2023	2022
式と計算	数と計算	○	○	○
	文字式	○	○	○
	平方根	○	○	○
	因数分解	○	○	○
	１次方程式			
	連立方程式	○	○	○
	２次方程式	○	○	○
統計	データの活用	○	○	○
	確率	○	○	○
関数	比例・反比例	○		○
	１次関数	○	○	○
	２乗に比例する関数	○	○	○
	いろいろな関数			
	グラフの作成			
	座標平面上の図形	○	○	○
	動点，重なる図形		○	
図形	平面図形の性質	○	○	○
	空間図形の性質	○	○	○
	回転体	○		○
	立体の切断			
	円周角	○	○	○
	相似と比	○	○	○
	三平方の定理	○	○	○
	作図	○	○	○
	証明	○	○	○

分類	問題構成	2024	2023	2022
式と計算	小問	[1](1)～(3)計算問題 [5](2)規則的に並べられた白と黒の石	[1](1)～(3)計算問題 [2](1)連立方程式の文章問題	[1](1)～(3)計算問題 [3](2)タイルのしきつめ
式と計算	大問	[2](1)連立方程式の文章問題 (2)２次方程式の文章問題		[2](1)連立方程式の文章問題 (2)２次方程式の文章問題
データの活用	小問	[1](7)箱ひげ図	[1](7)箱ひげ図	[1](7)箱ひげ図
データの活用	大問			
確率	小問	[5](1)４枚のカード	[5](1)２回のさいころ	[3](1)７本のくじ
確率	大問			
関数	小問			
関数	大問	[3]座標平面 放物線，双曲線，直線，三角形	[3]座標平面 放物線，直線，平行四辺形，三角形	[4]座標平面 放物線，直線，三角形
図形	小問	[1](4)回転体 (5)作図 (6)円と角度	[1](4)円すい (5)作図 (6)平行線と角度 [2](2)動点と三角すいの体積 [5](2)相似な図形の面積比	[1](4)回転体の体積 (5)作図 (6)円周角
図形	大問	[4]平面図形 台形，三角形	[4]平面図形 円，三角形	[5]平面図形 円，三角形

2025 年度入試に向けて

問題数がかなり多いので，限られた時間の中で効率よく得点を積み重ねることが重要である。関数や図形の複雑な問題は少なく基本的な問題が多いが，その基本的な問題のバリエーションが豊富である。基本を余すところなくしっかりと理解し，どの分野が出されても手際よく解けるようになろう。

佐賀県公立高等学校【一般】

《2024 一般 国語 解答例》

一 問1．a．つの b．告 c．額 d．せいそう 問2．X．なっています Y．ウ

問3．(「ちょい活」を選んだ場合の例文)

(1字あける)私は、「ちょい活」がよいと考えました。理由は、短い活動時間で気軽に参加できるからです。アンケート結果では、「参加する時間がない」という理由が一番多いですが、部活動前の三十分という短い時間であれば、参加者が増えるのではないかと思いました。

(「ともボラ」を選んだ場合の例文)

(1字あける)私がよいと考えた活動は、「ともボラ」だ。なぜなら、一緒に参加する人がいないという理由で参加しなかった人も、班活動であれば、参加しやすくなると思うからだ。また、事前に参加者同士が顔を合わせるので、一人で参加する不安が少なくなると思う。

二 問1．エ 問2．ア 問3．X．自分自身の善良さを眺めること Y．他者の姿を通して、自分自身が幸福であることを客観性をもって認識することができる 問4．ウ 問5．Ⅰ．○ Ⅱ．× Ⅲ．×

三 問1．少し 問2．イ 問3．父の手伝いをしなくてもよくなったという嬉しさを父に隠す

問4．③エ ④ウ 問5．イ

四 問1．ゆえに 問2．ウ 問3．(1)エ (2)罪もない蛙を踏み殺した (3)イ

《2024 一般 理科 解答例》

1 1．(1)振幅 (2)Ⅰ．大きく〔別解〕多く Ⅱ．小さい〔別解〕少ない 2．(1)$2H_2+O_2 \rightarrow 2H_2O$ (2)エ (3)イ

3．(1)Ⅰ．A Ⅱ．C (2)アミラーゼ 4．(1)黒点 (2)イ

2 1．(1)a．ア b．ウ (2)$Zn \rightarrow Zn^{2+}+2e^-$ (3)エ 2．(1)c．ア d．エ (2)ウ (3)イ (4)ア

3 1．(1)胚珠が子房に包まれている。 (2)ア (3)オ (4)d．ウ e．イ

2．(1)カ (2)イ，エ (3)外来生物〔別解〕外来種 (4)ア，イ，エ，オ

4 1．(1)高い (2)A．エ B．ウ C．ア (3)B，C

2．(1)右図 (2)イ (3)地上付近での風向き…イ

中心付近の上下方向の空気の流れ…a

3．(1)小笠原気団 (2)積乱雲

5 1．(1)右図 (2)オ (3)エ

2．(1)20 (2)右グラフ (3)(ⅰ)1500 (ⅱ)1344 (4)イ

4 2．(1)の図

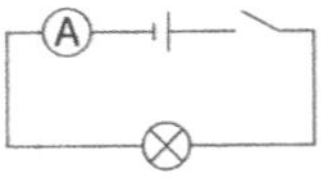

5 1．(1)の図

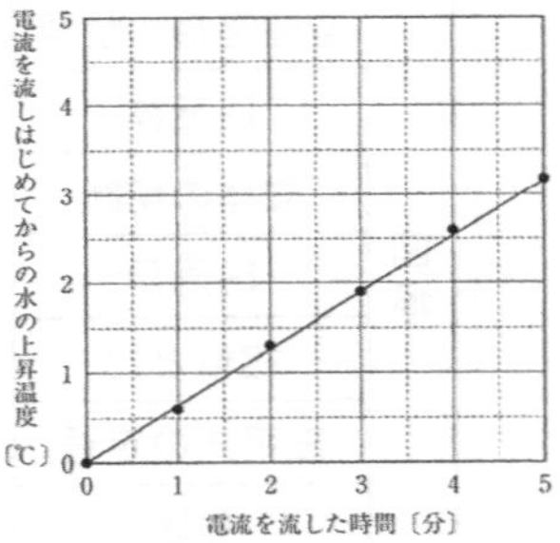

《2024 一般 英語 解答例》

1 問1．1番…ウ 2番…イ 問2．1番…ア 2番…エ 問3．ウ 問4．1番…イ 2番…エ

2 問1．①she loves swimming with her family ②it's the cheapest of all

問2．(1)told them how to make pizza (2)I tried to read an English book (3)volunteer activities are important

3 問1．(1)イ (2)ア 問2．ウ 問3．エ 問4．(1)ア (2)イ

4 問1．⑴地元の人々　⑵自然　問2．イ　問3．観光客がとても多くなったので，(彼らが)時々木や植物を傷つけてしまうということ。　問4．ウ　問5．イ

5 問1．ウ　問2．small　問3．ウ　問4．メアリーが武雄市に住み，市内の中学校で英語を教えていたと聞いたから。　問5．⑴佐賀からとても遠いところにある　⑵佐賀の良い思い出を持っている人

―《2024　一般　社会　解答例》

1 1．⑴イ　⑵都市人口率…イ　出生率…ア　2．⑴X．Ⅱ　Y．人件費　⑵氷河　3．観光などのサービス業に力を入れ，原油に依存しない国づくりをしている。

2 1．⑴エ　⑵フォッサマグナ　2．イ　3．⑴ア　⑵標高が高く夏涼しい気候を生かして，他の地域の出荷が少ない夏に出荷している。　⑶高速道路

3 1．エ　2．記録…Ⅲ　もの…Y　3．中国を通して西アジアなどの影響を受けたことで国際色が豊かになった特徴を持つ，天平文化である。　4．イ　5．ア

4 1．清〔別解〕中国　2．イ　3．B．大戦景気　C．X　4．関東大震災　5．アメリカとソ連の対立／東西の対立／資本主義と社会主義の対立 などから1つ　6．人物…c　時期…ウ

5 1．X．平和／安全　Y．PKO〔別解〕国連平和維持活動　2．ウ　3．イ　4．立法　5．外国人も住みやすい共生社会を実現するため。

6 1．ウ　2．ⓐア　ⓑフェアトレード　3．ウ　4．イ　5．エ　6．町のルールに従ってゴミを分別したり，資源回収に協力すること／使用可能な制服を必要な人に譲ること／買い物をするとき，マイバッグを持参し，ビニール袋を断ること などから1つ

―《2024　一般　数学　解答例》

1 ⑴(ア)-7　(イ)$5x+13y$　(ウ)$3y^2$　(エ)$\sqrt{3}$

⑵$(x+5)(x-8)$　⑶$\frac{-1\pm\sqrt{13}}{6}$　⑷$21\pi$　⑸右図　⑹70　⑺ア，オ

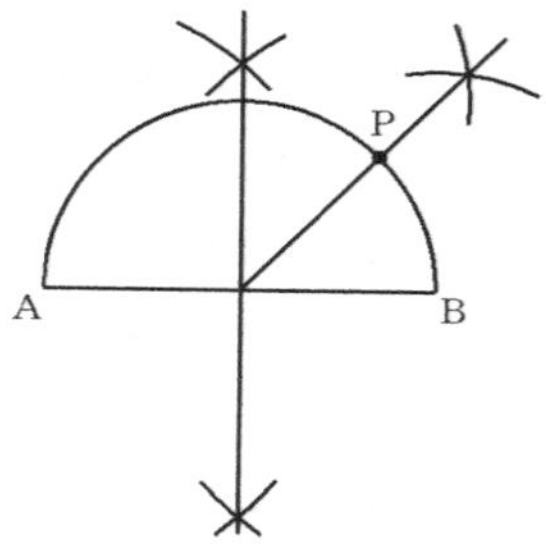

2 ⑴(ア)ウ　(イ)④$2x+y$　⑤$3\times\frac{30}{100}x+2\times\frac{40}{100}x+1\times\frac{40}{100}y$　(ウ)9

⑵(ア)26　(イ)$-2x^2+28x$　※(ウ)2m

3 ⑴$-\frac{1}{2}$　⑵12　⑶$(-4,\ -8)$　⑷$x-4$　⑸6　⑹20　⑺$-\frac{2}{5}$，14

4 ⑴$3\sqrt{3}$　⑵$\frac{9\sqrt{3}}{4}$

⑶(ア)△DFGと△ACGで，

対頂角は等しいから，∠DGF＝∠AGC…①

平行線の錯角は等しいので，FD//ACから，∠DFG＝∠ACG…②

①，②より，2組の角が，それぞれ等しいので，△DFG∽△ACG

(イ)9S　(ウ)1：36

5 ⑴(ア)エ　(イ)$\frac{1}{2}$　(ウ)$\frac{1}{3}$　(エ)$\frac{7}{12}$　⑵(ア)15　(イ)-6　(ウ)45　(エ)X．120　Y．105

※の答えを求めるまでの過程は解説を参照してください。

《2024　一般　国語　解説》

一　問２Ｘ　「お世話になっているので」と「感謝の気持ちをこめて」の間で二文に分けるには、「ので」を除いて「お世話になっている」で文を終わらせる。この文章全体は、常体（「だ・である」で終わる文体）ではなく、敬体（「です・ます」などで終わる丁寧な文体）なので、「お世話になっています」となる。　Ｙ　前半部から除かれた「ので」の意味が後半部の文の初めにくる。理由を表す、ウの「そのため」が適する。

二　問１　５行前に「このような状態にある人は幸福である」とある。「このような状態」は、これより前の部分を指し、「自分を友達にできる人」が「善良さを発揮するために、他者の助けを必要としない」状態、つまり、「他者に依存することなく、常に自分自身であり、また自分自身のために生きることができる」状態である。よって、エが適する。

問２　前の段落からの内容を追ってみると、「幸福」は「活動のなかにある」。ところが「活動をしている最中」には「自分を認識することができない」。「認識する」とは「その対象から距離を取って、それを眺めること」だからである。したがって、アが適する。それぞれの選択肢の後半の内容をよく検討すること。

問３Ｘ　１～２行後に「その他者を眺めることは、自分自身の善良さを眺めることと同義である」とある。

Ｙ　続いて「それによって、その人は自分自身が幸福であるということを、その他者を鏡にして、認識することができるのだ」とある部分をまとめるとよい。

問４　「このような社会」とあるので傍線部④の前の部分をよく読み、現代の社会について把握すること。「『一人』になれる条件が整い、人びとの選択や決定が尊重されるようになった社会」で、「何かを『やる』『やらない』の判断は、個々人にゆだねられます」とあるので、ウが適する。　ア．「所属する集団の規範によって決定する」が本文に反する。　イ．「お金を持っているかどうかが価値基準となった」ということは述べられていない。

エ．「閉鎖的な集団に同化し埋没する」は「ムラ社会の時代」のことである。

問５Ⅰ　【文章Ａ】の「その幸福をより望ましいものにするために、他者と友達になることが必要」、【文章Ｂ】の「（嫌な）人と無理に付き合わなくてもよい気楽さを手に入れた」に合致している。　Ⅱ　「【文章Ｂ】は～地域社会との関わりは変化していない」と述べている点が、本文と合致しない。地域の自治会への参加の任意性が強くなるなど、社会の変化とともに、地域社会との関わり方が自由になってきている。　Ⅲ　「【文章Ａ】は、幸福であるために必要な他者との関わり方について述べており」とあるが、本文では、「他者に依存することなく～自分自身のために生きることができる」状態にあれば「幸福」だと言っており、幸福であるために、他者は必要ないので、適さない。幸福であることを認識するために他者が必要なのである。

三　問１　「わざわざ」は副詞。副詞は活用がなく、用言を修飾するという性質を持つ。「少し」が適する。「たいした」も活用はないが、体言を修飾する連体詞である。

問２　前に「家でごろごろしていられればそれでよかった」とあり、直後の「何しろ」以下の父の様子が綾《あや》の考えの理由を物語っていることから、イが適する。綾は、父がいる家で「どうやってくつろげというのか」、父は「この世で一番不愉快《ふゆかい》な言葉を放つ」と感じている。ウは、本文の「キャンプにも旅行にも興味はなかった」に合わない。また、ア「家で仲の良い友だちを呼んで遊びたい」、エ「自分の部屋にこもって自由に過ごしたかった」も本文からは読み取れないので、適さない。それぞれ後半の内容も間違っている。

問３　Ｂさんが「心情と表情が合っていない」と言っているように、「精一杯渋面（＝残念そうな表情）をこしらえた」のは、表情とは反対に嬉しいからである。つまり、残念そうな顔をして、父の手伝いをしなくてもよくなり嬉しく思う気持ちを隠しているということである。

問4③　父がボタンの穴に針を通せた瞬間の「万感の思いが込み上げる」「大変よく頑張《がんば》ったと思う」という表現に、綾が父の頑張りに素直に感動している様子が表れている。　④　綾は焼きそばを作る手伝いを嫌々始めたものの、「キャベツを洗って、紅ショウガを袋から器に空ける」という与えられた仕事をこなした。「完遂した」という言葉に満足げな様子が表れている。

問5　1番目…「自分の指を見ていると」は、Bの「綾が指に針を刺した」ときのことであり、「なぜか父の指と重なった」が、Bの「父との共通点につながる回想場面につなげている」に対応している。　2番目…「父は不器用だ」はエプロンの紐《ひも》の結び方について、「父は不器用なのだ」は絆創膏《ばんそうこう》の貼り方についてで、Aの「父の二つの異なる行動」をもとに、父が不器用であることを強調している。　3番目…「あたしが～引っかけられないでいるのを見た父」が「不器用だな」と言っていることから、Dが適する。　4番目…「食べて見せた」という表現が「綾」の気遣いを表している。Cが適する。

四　**問1**　古文の「わゐうゑを」は、「わいうえお」に直す。

問2　「心の中《うち》に、蛙《かはづ》を踏み殺したりと思ひ行過《ゆきすぎ》（心の中で、蛙《かえる》を踏み殺したと思って通り過ぎ）」たが、踏んだのは「蛙にはあらで茄子《なすび》にてぞありける（蛙ではなくて茄子であった）」とあるように、茄子を踏んだのに蛙だと思い込んで、夢で蛙を見たのである。茄子と知っていたら、蛙を夢に見ることはなく、茄子を見るはずだということ。

問3⑴　「わづらひなどする人多し」の前に「たとへば我を妬《ねた》む人ありて～たたりあるべきと思ふ心ゆゑに（たとえば自分を妬む人がいて、仏や神に向かって自分の悪口を言い、呪いをかけていると伝え聞いて、もはや分別もつかず、恐れおののいて、たたりがあるはずだと思う心のために）」とあることから、エが適する。　⑵　問2で考えたように、蛙を踏んだと思い込んだからである。本文「科《とが》もなき蛙」から「罪もない蛙」とするとよい。

⑶　傍線部は「右の死霊、生霊の罰というのも、皆心のためと分かっておくべきだ」という意味で、「心」とは二つの具体例から、思い込みによる恐怖心や罪悪感と理解できるので、イが適する。

【古文の内容】

愚かな人は皆同じく、「死霊の罰、生霊の罰」などと言うようだ。これは生霊、死霊の罰ではなく、皆自分の心の罰である。たとえば自分を妬《ねた》む人がいて、仏や神に向かって自分の悪口を言い、呪いをかけていると伝え聞いて、もはや分別もつかず、恐れおののいて、たたりがあるはずだと思う心のために病気などになる人が多い。これは皆心の罰と分かっておくべきだ。

昔中国で、ある人が用事があって、闇夜に出かけた途中で、何であろうかと足に触れたものを踏んだところ、ぐいと鳴いた。この人は心の中で、蛙を踏み殺したと思って通り過ぎ、用事を終えて、帰って寝入ったところ、夢の中に蛙どもがたくさん集まって、罪もない蛙を踏み殺したといって、一晩中驚かせた。そうして夜が明けて、その(蛙を踏んだ)所に行って見たところ、蛙ではなくて茄子であった。その踏んだ時に、X 茄子 と知っていたら、どうして Y 蛙 を夢に見ることがあろうか、Z 茄子 を見るはずだ。蛙を踏み殺したと思っている心のために、夢の中で蛙に襲われたのだ。こういうわけで右の死霊、生霊の罰というのも、皆心のためと分かっておくべきだ。

《2024　一般　理科　解説》

1　1(2)　弦の太さが太いほど，振動数は小さくなり，音は低くなるから，②で生じた音の高さは①の音より低い。この後，はじく部分の弦の長さ(ＰＱ間の弦の長さ)を短くすると，②のときより振動数が大きくなり，音は高くなる。よって，③を繰り返すと，①と同じ高さになる。

2(1)　Ａは水素である。水素が燃えると，酸素と結びついて水ができる〔$2H_2+O_2\rightarrow 2H_2O$〕。化学反応式の矢印の前後で原子の組み合わせは変わるが，原子の種類と数は変わらないことに注意しよう。　(2)　Ｂは塩素である。塩素には漂白作用があるので，エが正答となる。なお，アは硫化水素，イはアンモニアなどの水に溶けるとアルカリ性を示す気体，ウは二酸化炭素の性質である。　(3)　実験４では，酸化銀を加熱することによって，銀と酸素に分解したから，Ｃは酸素である。ア～エの方法で発生する気体は，アとカが二酸化炭素，イが酸素，エが水素である。

3(1)　Ⅰ．ヨウ素液はデンプンに反応して青紫色に変化するから，②で色の変化がなかったＡではデンプンがなくなったことが分かる。　Ⅱ．ベネジクト液を加えて加熱すると，デンプンが分解されてできる糖に反応して赤褐色に変化するから，③で赤褐色に変化したＣには糖が存在することが分かる。

4(2)　Ｌの長さ(2.0㎜)は太陽の直径(10㎝→100㎜)の$\frac{2.0}{100}=\frac{1}{50}$(倍)である。太陽の直径は地球の直径の約110倍だから，実際のＬの長さは地球の直径の約$\frac{1}{50}\times110=2.2$(倍)である。

2　1(1)　マグネシウム板のマグネシウム原子が電子を放出してマグネシウムイオンになって溶け〔$Mg\rightarrow Mg^{2+}+2e^-$〕，硫酸亜鉛水溶液中の亜鉛イオンが電子を受け取って亜鉛原子になって付着した〔$Zn^{2+}+2e^-\rightarrow Zn$〕。　(3)　(1)解説より，マグネシウムと亜鉛ではマグネシウムの方がイオンになりやすいとわかる。同様に考えると，硫酸銅水溶液に亜鉛板を入れた結果から，銅より亜鉛の方がイオンになりやすいとわかる。よって，イオンになりやすい順に，マグネシウム，亜鉛，銅である。

2(1)(2)　物質そのものがもつエネルギーを化学エネルギーという。図２のダニエル電池は化学エネルギーを電気エネルギーに変換する装置である。なお，電子オルゴールでは電気エネルギーが音エネルギーに変換されている。

(3)　1(3)より，銅より亜鉛の方がイオンになりやすいから，亜鉛板では亜鉛原子が電子を放出して亜鉛イオンになり，電子が導線を通って銅板に移動すると，硫酸銅水溶液中の銅イオンが電子を受け取り銅原子となって銅板に付着する。よって，硫酸亜鉛水溶液中の亜鉛イオンが増加し，硫酸銅水溶液中の銅イオンが減少する。　(4)　(3)解説より，電子が亜鉛板から導線を通って銅板に流れる(イの向きに流れる)とわかる。電流の向きは電子の流れる向きと反対だから，電流の向きはアの向きである。

3　1(1)　被子植物の胚珠が子房に包まれているのに対し，裸子植物の胚珠はむき出しになっている。　(2)　図１より，葉脈が並行脈であることがわかる。被子植物のうち，葉脈が並行脈の植物は単子葉類で子葉は１枚である。なお，葉脈が網状脈の植物は双子葉類で子葉は２枚である。　(4)　ｄ．ハナコさんの調べ方では，ムジナモは光合成を行う(無機物から有機物を合成する)から，「消費者ではなく，生産者である」と考えられる。　ｅ．タロウさんの調べ方では，ムジナモは葉で動物プランクトンを捕らえて消化するから，「消費者であり，生産者ではない」と考えられる。

2(1)　ふつう，食べる生物より食べられる生物の方が数が多い。　(2)　カイアシ類が急激に減少する原因として，カイアシ類が食べるケイソウ類の減少，または，カイアシ類を食べるエツの増加が考えられる。エツが増加する原因の１つとして，エツを食べる大型の魚類の減少が考えられる。よって，イとエが正答となる。　(4)　呼吸によって放出される二酸化炭素の流れを表す矢印を選べばよい。よって，アとイとエとオが正答となる。

4　1(2)　北の大陸の上にあるA(シベリア気団)は寒冷で乾燥，北の大洋の上にあるB(オホーツク海気団)は寒冷で湿潤，南の大洋の上にあるC(小笠原気団)は温暖で湿潤である。

2(1)(2)　Xは寒冷前線，Yは温暖前線である。寒冷前線は温暖前線より速く移動するため，寒冷前線はやがて温暖前線に追いつき，閉塞前線ができる。　(3)　地上付近の風は，低気圧の中心に向かって反時計回りに吹き込む。また，低気圧の中心付近では上昇気流が発生していて，雲ができやすい。

3(1)　台風は，小笠原気団のふちに沿って進む。

5　1(1)　電池の＋極と－極の向きにも注意しよう。　(2)　豆電球2個を直列につないだとき(図2)，電池の電圧がそれぞれの豆電球に等しく分かれて加わり，直列回路では回路のどの点でも電流の大きさが等しい。これより，図2の電流計に流れる電流は，〔電流(A)＝$\frac{\text{電圧(V)}}{\text{抵抗(Ω)}}$〕より，図1のときの半分になると考えられる($I_1 > I_2$)。また，豆電球2個を並列につないだとき(図3)，電池と同じ電圧がそれぞれの豆電球に加わるから，図3の豆電球1個に流れる電流の大きさは図1の豆電球に流れる電流の大きさに等しい。並列回路で，回路全体に流れる(電流計に流れる)電流の大きさは，枝分かれした部分に流れる電流の和に等しいから，図3の電流計に流れる電流は図1の2倍になるとわかる($I_1 < I_3$)。よって，オが正答となる。　(3)　豆電球に流れる電流の大きさが大きいほど，豆電球の明るさは明るくなる。(2)解説より，図1と図3の豆電球の明るさは等しく，図2の豆電球の明るさは図1(や図3)よりも暗い。

2(1)　〔抵抗(Ω)＝$\frac{\text{電圧(V)}}{\text{電流(A)}}$〕より，$\frac{10.0}{0.50}$＝20(Ω)である。　(2)　グラフの線は，線をはさんで測定値の点が均等になるようにする。測定値の点を結んだ折れ線グラフにしないように注意する。　(3)(ⅰ)　〔熱量(J)＝電力(W)×時間(s)〕，〔電力(W)＝電圧(V)×電流(A)〕，5分間→300秒間より，10.0×0.50×300＝1500(J)である。(ⅱ)　1gの水を1℃上昇させるのに必要な熱量が4.2Jだから，100gの水を1℃上昇させるのに必要な熱量は4.2×100＝420(J)であり，100gの水を3.2℃上昇させるのに必要な熱量は420×3.2＝1344(J)である。

(4)　発泡ポリスチレン容器より，銅製のコップの方が熱伝導率が高いから，空気中に逃げる熱が多くなる。そのため，銅製のコップの方が温度上昇は小さくなる。なお，(3)より，発泡ポリスチレン容器でも1500－1344＝156(J)の熱量が水をあたためる以外のことに使われたことが分かる。

《2024　一般　英語　解説》

1　問1　1番　質問「その少女はどこにいますか？」…絵より，ウ「彼女はスーパーにいます」が適当。

2番　質問「ハガクレ駅からサガンパークへ行くにはどのバスが一番早いですか？」…時刻表より，30分で着くイ「バスB」が適当。

問2　1番　A「明日の修学旅行が待ち遠しいよ！」→B「いいね。カバンは確認した？」の流れより，ア「うん準備はできているよ」が適当。　2番　A「今日は来てくれてありがとう。楽しかった？」→B「うん。君と話せてとても楽しかったよ」→A「また遊びに来てくれない？」の流れより，エ「もちろん，そうするよ」が適当。

問3　【放送文の要約】参照。

【放送文の要約】

お電話ありがとうございます。このアーティストについて知りたい方は1を選択してください。商品を購入したい方は2を選択してください。ゥコンサートに行きたい方は3を選択してください。このアーティストにメッセージを送りたい方は4を選択してください。

問４　【放送文の要約】参照。１番　質問「健はなぜ午後に映画を見に行ったのですか？」…イ「午前中に部活があったからです」が適当。　２番　質問「健は誕生日パーティーのために何をしましたか？」…エ「彼は母とケーキを作りました」が適当。

【放送文の要約】

私は先週の土曜日に映画を見に行きました。1番イ午前中は，学校で卓球部の活動をしました。そして午後に映画館に行って映画を見て楽しみました。その映画のストーリーは本が原作でした。そこで，映画を見た後，書店にその本を買いに行きました。その日は妹の誕生日でした。そこで，デパートで彼女のためにプレゼントを買いました。
2番エ夕方，私は母と一緒に誕生日ケーキを作りました。妹はとても気に入っていました。パーティーの最後に私は妹にプレゼントを渡しました。それは妹が好きな歌手のＴシャツでした。妹はそれを着てとてもうれしそうでした。先週の土曜日は私にとってすばらしい日になりました。

2　問１【本文の要約】参照。①　掲示板の「家族(＝family)と一緒に泳ぐのが大好き」の部分を英語にする。６語以上で書く。「泳ぐのが大好き」＝love swimming／like to swim very much　②　ジョナの直後の発言「たったの500円だよ」より，ジョナがペンを買いたい理由は値段が安いからだと考えられる。「全部の中で一番安い」＝it's the cheapest of all などで答える。「全部の中で最も…」＝the＋最上級＋of all

【本文の要約】

美津子：ねえ，見てよ！おもしろい情報があるよ。
ジョナ：わあ，新しい赤ちゃん熊だね。僕は日本語を読んでみるよ。名前はサッチー？
美津子：そうよ。女の子で誕生日は 11 月 15 日ね。そして，彼女は家族と一緒に泳ぐのが大好きなのね(＝she likes swimming with her family)。
ジョナ：そうだね。とてもかわいいね。

美津子：すごいわ！素敵な商品ね！
ジョナ：うん。そうだな，僕はペンを買いたいな。
美津子：どうして？
ジョナ：全部の中で一番安いからだよ(＝it's the cheapest of all)。たったの500円だよ。君は？何を買うの？
美津子：おもしろいからこのＴシャツを買うよ。

問２　【スピーチ原稿の要約】参照。(1)　taught the way of making pizza「ピザの作り方を教えました」でもよい。「(人)に(もの)を教える」＝tell／teach＋人＋もの　「～の作り方」＝how to ～　(2)　I read books in English「英語で本を読みました」でもよい。　「～に挑戦する」＝try to ～　「英語の本」＝an English book　(3)　it is interesting for me to play with children「私にとって子どもたちと遊ぶことはおもしろい」などでもよい。

【スピーチ原稿の要約】

夏休みの間，私は小学校の児童を対象としたボランティア活動に参加しました。これはこの夏の私の大きな経験でした。では，こちらの写真を見てください。午前中，私は(1)彼らにピザの作り方を教えました(＝told them how to make pizza)。それから，みんなでそれを食べました。ピザはとても美味しかったです！！午後には，(2)英語の絵本の読み聞かせに挑戦しました(＝I tried to read an English book to them)。生徒たちはみな，それを聞いてとても楽しんでくれていたので，私はうれしかったです！

最初はとても恥ずかしくて子どもと話すことができませんでしたが，精一杯がんばりました。この経験を通して，私は⑶ボランティア活動は大切だ(＝volunteer activities are important)ということを学びました。ご清聴ありがとうございました！

3 問１⑴　（男の子と母が家で話しています）男の子「ああ，また雨だ！今日は何もすることがないよ」→母「悲しまないで！気持ちはわかるよ。天気が良くないね」→男の子「でも，お母さんはうれしそうだね。どうして？」→母「今日，家を掃除するときにあなたが手伝ってくれるからよ」より，イが適当。　⑵　（買い物の後，タロウとミホが話しています)タロウ「スマホが見つからないよ！」→ミホ「本当に？ポケットの中を確認したの？」→タロウ「うん，したよ」→ミホ「落としたか，コンビニに置いてきたのね。そこに戻るべきよ」→タロウ「うん，そうするよ」→ミホ「ちょっと待って！買い物袋の中は確認したの？」→タロウ「買い物袋の中？あ，見つけた！」→ミホ「コンビニで袋に入れたのね！」より，アが適当。

問２　【本文の要約】参照。

ア「ホテルで本を読むことは勉強にとってよいことです」　イ「簡単な言葉だけでなく，難しい言葉も使うべきです」　ウ○「１つの英単語にはさまざまな意味があります」　エ「さまざまな意味の英単語を学ぶことは，世界を変えるでしょう」

【本文の要約】

１つより多くの意味をもつ英単語があります。「book」と「change」が良い例です。もちろん，「book」はあなたが読むものを意味します。ホテルの部屋やレストランのテーブルを予約することも意味します。「change」は，何かを変えることだけでなく，支払いをした後に受け取るおつりも意味します。簡単な単語でもさまざまな意味があります。

問３　【本文の要約】参照。エ以外は事実である。

【本文の要約】

気候が変わってきているので，最近はとても暑いです。７月と８月は暑い日が続いています。35℃を超える日がすでに 24 日以上あります。去年より暑いです。多くの人がこの天気のせいで気分が悪くなります。エ外に出るときは水を持っていかないといけません。

問４　【本文の要約】参照。⑴　リーの２回目の発言より，リーは中国語が入っている 15000 円から 20000 円の辞書を欲しがっている。ウェブサイトの Dictionary D より，Dは値段は手ごろだが，中国語が入っていないことがわかるので，アが適当。wish を使った仮定法〈I wish＋主語＋動詞の過去形〉「～だったらなあ」の文。

⑵　色と言語の希望を満たすのは Dictionary A と B である。ウェブサイトの Dictionary B の一番下 You can buy for 20,000 yen if you buy today！「今日購入すれば，20000 円で購入することができます！」より，割引によってリーの希望の値段である 15000 円から 20000 円の範囲に入るイ「辞書Ｂ」が適当。

【本文の要約】

リー：やあ，希。僕は日本語の授業のためによい電子辞書が必要なんだ。手伝ってくれない？

希　：こんにちは，リー。もちろんよ！どんな辞書を探しているの？

リー：まず，僕は中国語が入っている辞書が欲しいんだ。15000 円から 20000 円の間なら支払えるよ。好きな色は赤だよ。

希　：あなたのためによいウェブサイトを見つけたよ！リンクは https：//www.elecdic.sample.com だよ。

リー：ありがとう！辞書ＡとＢはとてもかっこいいと思うけど，高すぎるよ。辞書Ｃはよさそうに見えるけど，僕の好きな赤がないね。辞書Ｄに①ア中国語(＝Chinese)の辞書が入ってたらいいのに！

希　：待って！サイトによると，今日辞書を買うと割引になるよ！今日買うんだよね？

リー：うん！そうだよ！赤い辞書を買うことができるね！

希　：それじゃあ，②イ辞書Ｂ（＝Dictionary B）があなたにとってベストね。そうでしょ？

リー：うん。それを買うよ！手伝ってくれてありがとう。

希　：どういたしまして！

4 【本文の要約】参照。

問１　下線部①の直後に，グリーン先生がエコツアーについて説明している。１．local people「地元の人々」，２．nature「自然」の部分をそれぞれ日本語で答える。

問２　葵の３回目の発言の最後の１文より，沖縄のエコツアーに参加する人数は2017年に50万人を超え，葵の４回目の発言より，エコツアーに参加する外国人の人数は日本人よりも多く，2017年の日本人の数は約10万人にすぎないので，イが適当。

問３　下線部②の直後の１文を日本語で答える。

問４　ア「学校」，イ「健康」，エ「発表」は不適当。

問５　ア×「葵と幸太は来週，沖縄の歴史について学ぶためにエコツアーに参加します」…本文にない内容。　イ○「グリーン先生はオーストラリア出身で，以前アボリジニの村を訪れたことがあります」　ウ「幸太は沖縄に住む×外国人と出会い，一緒にエコツアーを楽しみました」　エ×「葵は将来，地元の人たちとエコツアー会社を作りたいと考えています」…本文にない内容。

【本文の要約】

葵　　　：こんにちは，グリーン先生！私たちは今，発表の準備をしています。エコツアーという言葉を聞いたことがありますか？

グリーン：もちろん，その言葉は知っているよ。今，エコツアーは世界中で人気になっているね。問１これらのエコツアーでは，観光客は地元の人々とコミュニケーションをとることで自然や歴史，伝統文化について学ぶことができるよ。

幸太　　：問５イ先生の母国，オーストラリアにはエコツアーの長い歴史があると聞いたことがあります。

グリーン：うん，政府が1990年代に始めたよ。人々はさまざまな体験を通して環境について考えることができるわね。問５イ例えば，観光客がアボリジニの村を訪れ，彼らの文化について学ぶことができるよ。

葵　　　：それは面白そうですね！

グリーン：そうね！問５イ私はこのツアーに参加し，本当に楽しんだの。いつか写真を見せるよ。ところで，日本のエコツアーでいい場所を知ってる？

葵　　　：はい。沖縄はエコツアーで人気です。インターネットで見つけたグラフは，沖縄のエコツアーに参加した観光客が2013年から2017年にかけて増加したことを示しています。問２イ2017年には50万人以上になりました。

グリーン：50万以上！沖縄は本当に人気があるわね。

葵　　　：そして，見てください！問２イそれぞれの年で，日本人よりも多くの外国人がエコツアーに参加しました。一方，2017年の日本人観光客は約10万人にすぎませんでした。

幸太　　：もっと多くの日本人に参加してほしいです！実は，去年の夏，沖縄の西表島に行ってきました。僕はそこに住む男性とカヌーとハイキングをして楽しみました。彼は僕に自然，動物，そしてそこでの人々の生活について教えてくれました。僕は美しい自然と彼との話を楽しむことができました！

グリーン：素敵ね！あなたはすばらしい体験をしたわね。

幸太　：そう思います。そして彼は西表島はエコツアーによる問題があるということも言っていました。問3観光客がとても多くなったので，時々木や植物を傷つけてしまうそうです。

グリーン：オーストラリアでも同様の問題があったから，政府はエコツアーをチェックするための厳しいルールを作ったの。 将来のために③ウ環境（＝environment）をより良い状態に保つことは，私たちにとって非常に重要だね。これはエコツアーの目標のひとつだよ。

幸太　：その通りです。私たちは日本でもそのようなルールを作る必要があります。

葵　：観光客も地元の人もエコツアーで幸せになってほしいです！

5 【本文の要約】参照。

問1　ア「×ジョージは日本のサクラの学校で英語の先生をしていました」　イ「ジョージはこの夏，×初めて佐賀インターナショナルバルーンフェスタに参加しました」　ウ○「ジョージは日本のサクラの実家の前のレストランで寿司を食べました」　エ×「ジョージが小学生の時に佐賀で友達に会いました」…本文にない内容。

問2　下線部①で言ったことと同じ内容のことを，第4段落3行目（最後から3行目）でAs I told you「前にも言いましたが」と前置きをして，the world is small「世界は狭いです」と言っている。よって，small が適当。下線部①の文は〈What＋a(an)＋形容詞＋名詞!〉「何て～な○○なんでしょう！」という意味の感嘆文。

問3　第3段落より，メアリーは佐賀県の武雄市に住んでいたことがあり，その市が気に入っていたので，自分の猫にタケオという日本風の名前を付けたということを読み取る。ウが適当。

問4　下線部③直前の直前の1文に，サクラが聞いた内容が書かれている。

問5　代名詞などの指示語の指す内容は直前に書かれていることが多い。ここでは，直前の1文を指す。1は is very far from Saga「佐賀からとても遠いところにある」，2は people who have good memories of Saga「佐賀の良い思い出を持っている人」の部分をそれぞれ日本語で答える。

【本文の要約】

今年の夏休みはロンドンに滞在し，たくさんの人と出会いました。今日，そこで出会った2人についてお話しします。

まず，ジョージについてお話しします。彼はロンドンで私が通った学校の先生でした。ある日，私が教室の前にいたところ，彼が私のところに来て，お互いに話し始めました。彼が私に日本のどこ出身かと尋ねたとき，私は佐賀出身だと答えました。すると彼はとても驚いて，私に，自分はバルーン競技のパイロットであり，佐賀インターナショナルバルーンフェスタに3回参加したことがあると言いました。問1ウ彼は私に佐賀の町にあるレストランに通い，世界で一番おいしい寿司を食べたということも言いました。彼が訪れたレストランの名前を聞いたとき，私も驚きました。佐賀の私の実家の前にあるレストランだったのです！私は彼にどうやってそのレストランを見つけたのかを尋ねました。すると，彼は佐賀にいる日本人の友人が紹介してくれたと言いました。彼はその友人は女性で，英語をとても上手に話すことができるとも言いました。彼は私が彼女のことを知っているかもしれないと思い，彼女の名前を教えてくれました。その通り，私は彼女のことを知っていました。彼女は私が小学生の時の英語の先生でした！①世界はなんて狭いんでしょう（＝What a small world）！

次に，私は佐賀で働いたことのあるメアリーについて話します。彼女の娘はロンドンにいる私の友人で，週末には彼女の家に私を招待してくれました。彼らは猫を飼っていて，その名前はタケオでした。なぜその猫に日本の名前が付いているのかは知りませんでしたが，その時はその理由について聞きませんでした。私が自己紹介をした後，問4メアリーは私に，彼女は佐賀の武雄市に住んでいて，そこの中学校で英語を教えていたと言いました。私はそれを聞いてとても驚きました。また佐賀です！彼女は生徒たちとの良い思い出があり，彼らのことを忘れていませんでした。そこで私は，猫の名前について質問しました。問3彼女はその市がとても好きで猫にその名前をつけたと言いました。私はそれを聞いてうれしかったです。私はメアリーに，家族と一緒に私に会いに佐賀に来て，そこで新たな思い出を作ってほしいとお願いしました。

ロンドンにいた時，佐賀に行ったことのある２人の人に出会いました！信じられますか？問5ロンドンは佐賀からとても遠いですが，佐賀について良い思い出を持っている人もいます。これはとても素晴らしいことだと思います。前にも言いましたが，世界は狭いです。では，外国から佐賀に来た人たちのために何ができるでしょうか？

ご清聴ありがとうございました。

《2024　一般　社会　解説》

1　1(1)　イ　　ⓐ地点とⓑ地点はほぼ同じ緯度にあるが，ⓐ地点は標高が高い内陸部にあるため，雨が少なく気温は低くなる。また，降水量が少ないために稲作には向かない。　(2)　都市人口率＝イ　出生率＝ア　　中国では，工業が発達した沿岸部に人口が集中している。

2(1)　X＝Ⅱ　Y＝人件費　　資料６から西ヨーロッパの国の方が，東ヨーロッパの国より最低賃金が高いことを読み取る。より高い賃金を求めて，東ヨーロッパから西ヨーロッパに移動する人，より安い労働力を求めて，西ヨーロッパから東ヨーロッパに移動する工場が見られるようになった。　(2)　氷河　　B地点で見られる谷は，氷河で削られてできたU字谷である。

3　原油に依存した経済から脱し，観光都市へと変化しようとしている。

2　1(1)　エ　　北方領土については，右図を参照。

(2)　フォッサマグナ　　「大きな溝」からフォッサマグナと判断する。フォッサマグナと命名したのは，明治時代のお雇い外国人のナウマンである。

2　イ　　太平洋戦争(1941～1945年)中に生まれた祖父が結婚したのは，1966～1970年頃である。その頃生まれた父たちの世代は，資料１の人口ピラミッドの20～24歳の範囲にあたるから，1990年頃の人口ピラミッドである。

3(1)　ア　　内陸の気候の野辺山は，冬に冷え込み，１年を通して降水量は少ない。夏の冷涼な気候を利用したレタスの抑制栽培が行われている。　(3)　高速道路　　高速道路の発達と冷凍冷蔵技術の発達によって，消費地から遠い地域で生産された野菜などを，新鮮なまま市場に送り出すことが可能になった。このような農業を輸送園芸農業という。

3　1　エ　　Aのチグリス川・ユーフラテス川流域では，くさび形文字を使った文明が発達した。

2　記録＝Ⅲ　もの＝Y　　『後漢書』東夷伝に記録されている金印が，江戸時代に志賀島で発見された金印であるといわれている。Ⅰは『魏志』倭人伝にある邪馬台国の女王卑弥呼についての記述，Ⅱは『漢書』地理志にある倭国の記述である。

3　天平文化の特徴を確実に書こう。特に「国際色豊か」という内容は必ず盛り込みたい。奈良時代の聖武天皇の治世に栄えた，国際色豊かな仏教文化を天平文化という。西アジアなどからシルクロードを通って中国にわたり，遣唐使が持ち帰った宝物が，東大寺の正倉院におさめられている。

4　イ　　資料３は御成敗式目である。北条泰時は，鎌倉幕府の第３代執権で，承久の乱のときには父義時のもとで総大将をつとめている。

5　ア　　X．正しい。イスラム商人を介さないで香辛料を得ようとして，新たな航路を開拓しようとした。Y．正しい。中国で発明された火薬・羅針盤・活版印刷技術がヨーロッパにもたらされた。

4　1　清(中国)　　1840 年，イギリスと清の間でアヘン戦争がおき，1842 年に南京条約が結ばれた。これは，勝利したイギリスに有利な不平等条約であった。

2　イ　　X．正しい。Y．誤り。安価な綿織物や綿糸が大量に輸入されたことは事実だが，江戸は綿織物の産地ではない。また，江戸や大坂などの都市部では打ちこわしが起こった。

3　B＝大戦景気　C＝X　　第一次世界大戦中，世界各国で船が不足し，日本の船が盛んに使われた。そのため，国内では海運業や造船業がめざましい発展をとげ，ほかにも薬品や化学肥料の国産化も進んで，重化学工業が発展した。貿易は輸出が輸入を大幅に上回り，かつてない好景気を迎えたことで，にわかに大金持ちになった成金も出現した。

4　関東大震災　　1923 年９月１日の昼直前に関東を大きな地震が襲った。昼近くで火を使っていた家庭が多く，火事が多発し，被害が拡大した。

5　アメリカを中心とした資本主義・自由主義陣営と，ソ連(現在のロシア)を中心とした共産主義・社会主義陣営による，戦火を交えない緊張状態を冷戦という。マルタ島でアメリカのブッシュ大統領とソ連のゴルバチョフ書記長が対談し，冷戦終結を宣言するまで続いた。

6　人物＝c　時期＝ウ　　1949 年，湯川秀樹が日本人で初めてノーベル賞(物理学賞)を受賞した。佐藤栄作は 1974 年に平和賞，大江健三郎は 1994 年に文学賞を受賞している。日本に沖縄が返還されたのは 1972 年，バブル経済が崩壊したのは 1991 年頃，日本国憲法が施行されたのは 1947 年，東海道新幹線が開通したのは 1964 年。

5　1　X＝世界の平和や安全　Y＝ＰＫＯ(国連平和維持活動)　　国連は，世界で起きている紛争に対して，ＰＫＯとして停戦の監視などを実施してきた。日本でも，1992 年にＰＫＯ法が成立し，カンボジアに自衛隊が派遣されて以降，何度もＰＫＯが実施されている。

2　ウ　　結果Aでは２対１でY，結果Bでは３対２でXが勝利している。

3　イ　　裁判員裁判では，６人の裁判員と３人の裁判官で審理し，有罪か無罪か，有罪であればどのような刑罰を科すかまで決める。意見の全員一致が得られなかったとき，評決は多数決で行われ，裁判官１名以上が多数意見に賛成していることが必要となる。

4　立法　　日本国憲法第 41 条に，「国会は，国権の最高機関であって，国の唯一の立法機関である」と定められている。

5　資料４から，日本に住む外国人が増えていることを読み取る。

6　1　ウ　　労働条件を提示せずに雇用することは，労働基準法に違反している。

2　ⓐ＝ア　ⓑ＝フェアトレード　　日本は，途上国の自立を促すために，資金協力より技術協力などに力を入れた支援を行っている。

3　ウ　　小さな政府…政府による経済活動への介入をできる限り減らすという考え方。大きな政府…社会保障の整備などを積極的に政府が行うという考え方。

4　イ　　地方税収の格差を是正するために国から配分され，使い道を指定されないで自由に使うことができる依存財源を地方交付税交付金という。道路建設や学校建設など，使い道を指定されて交付される依存財源が国庫支出金である。

5　エ　　１ドル＝250 円から１ドル＝83 円のように変化すると円高，１ドル＝83 円から１ドル＝130 円のように変化すると円安となる。円高は輸入産業と日本からの海外旅行者に有利にはたらき，円安は輸出業者と海外から日本への旅行者に有利にはたらく。

6　「マイバッグを常に持参し，レジ袋をもらわないようにすること」も持続可能な社会の実現のために必要な取り組みである。

《2024　一般　数学　解説》

1　(1)(イ)　与式 $=8x+4y-3x+9y=\mathbf{5x+13y}$

(ウ)　与式 $=\dfrac{6xy^3}{2xy}=\mathbf{3y^2}$

(エ)　与式 $=3\sqrt{3}-2\sqrt{3}=\mathbf{\sqrt{3}}$

(2)　積が -40，和が -3 となる2数を探すと，5と -8 が見つかるから，与式 $=\mathbf{(x+5)(x-8)}$

(3)　2次方程式の解の公式より，$x=\dfrac{-1\pm\sqrt{1^2-4\times3\times(-1)}}{2\times3}=\mathbf{\dfrac{-1\pm\sqrt{13}}{6}}$

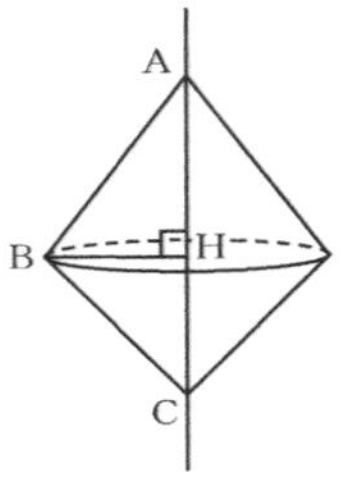

(4)　**【解き方】できる立体は右図のように，底面の半径がBHで高さがAHの円すいと，底面の半径がBHで高さがCHの円すいを合わせた立体である。**

△CBHは直角二等辺三角形だから，BH＝CH＝3㎝

三平方の定理より，$AH=\sqrt{AB^2-BH^2}=\sqrt{5^2-3^2}=4$（㎝）

よって，求める体積は，$\dfrac{1}{3}\times3^2\pi\times4+\dfrac{1}{3}\times3^2\pi\times3=12\pi+9\pi=\mathbf{21\pi}$（㎤）

(5)　中心角の大きさは弧の長さに比例するから，半円の中心をOとすると，$\angle AOP:\angle BOP=\overset{\frown}{AP}:\overset{\frown}{PB}=3:1$ となる。したがって，$\angle BOP=180°\times\dfrac{1}{3+1}=45°$ である。よって，ABの垂直二等分線とABがなす角を2等分する直線を，半円の中心から右上の方向に引き，$\overset{\frown}{AB}$ との交点をPとすればよい。

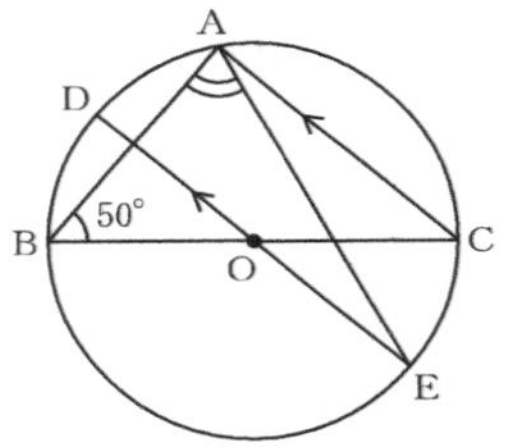

(6)　**【解き方】円周角は，同じ弧に対する中心角の半分の大きさだから，$\angle BAE=\dfrac{1}{2}\angle BOE$ で求められる。**

BCが円の直径だから，$\angle BAC=90°$

△ABCの内角の和より，$\angle ACB=180°-90°-50°=40°$

平行線の同位角は等しいから，$\angle DOB=\angle ACB=40°$

$\angle BOE=180°-40°=140°$ だから，$\angle BAE=\dfrac{1}{2}\angle BOE=\dfrac{1}{2}\times140°=\mathbf{70°}$

(7)　ア．最大値が最も大きいのは2組だから，正しい。　イ．箱ひげ図から平均値は読み取れない。

ウ．箱の長さが四分位範囲を表していて，箱の長さが最も長いのは3組だから，正しくない。

エ．データの個数はどの組も30個なので，箱が示す区間に含まれているデータの個数はどの組も同じだから，正しくない。

オ．2組において70点は第3四分位数である。30個のデータの第3四分位数は，$30\div2=15$，$15\div2=7$ 余り1より，大きい方から8番目のデータである。したがって，第3四分位数以上のデータは8個以上あるから，正しい。

以上より，正しいものは**ア，オ**である。

2　(1)(ア)　3点シュートは $\dfrac{30}{100}x$ 本成功したので，①＝$3\times\dfrac{30}{100}x$　フリースローは40%成功したので，②＝40であり，$\dfrac{40}{100}y$ 本成功した。したがって，③＝$1\times\dfrac{40}{100}y$　よって，**ウ**が正しい。

(イ)　本数の合計について，$\mathbf{2x+y=85}$　得点の合計について，$\mathbf{3\times\dfrac{30}{100}x+2\times\dfrac{40}{100}x+1\times\dfrac{40}{100}y=61}$

(ウ)　$2x+y=85$…(ⅰ)とする。$3\times\dfrac{30}{100}x+2\times\dfrac{40}{100}x+1\times\dfrac{40}{100}y=61$ を整理して，$17x+4y=610$…(ⅱ)とする。

(ⅱ)－(ⅰ)×4で y を消去すると，$17x-8x=610-340$　$9x=270$　$x=30$

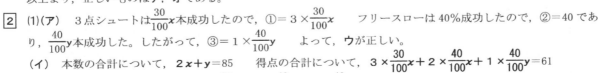

（ｉ）に$x=30$を代入すると，$60+y=85$　　$y=25$　　よって，３点シュートは，$\frac{30}{100}\times30=$ **9**（本）成功した。

(2)(ア)　【解き方】通路を端に寄せると，右図のようになる。

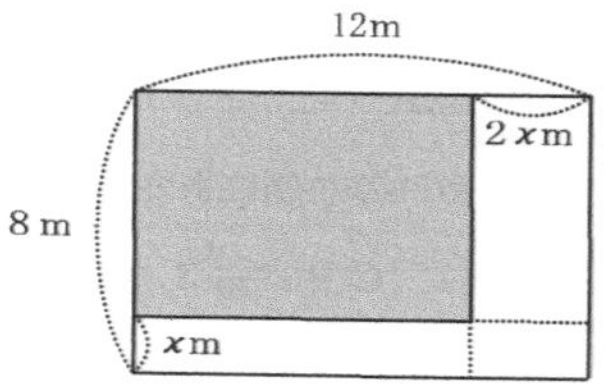

通路の幅が１mのとき，通路の面積は，縦１m，横12mの長方形と，縦８m，横$2\times1=2$（m）の長方形の面積の和から，縦１m，横２mの長方形の面積を引けばよいから，$1\times12+8\times2-1\times2=$ **26**（㎡）

（イ）　（ア）より，$x\times12+8\times2x-x\times2x=$ $\boldsymbol{-2x^2+28x}$（㎡）

（ウ）　花だんの面積は，$(8-x)(12-2x)$㎡と表せる。通路の面積と花だんの面積が等しいことから，$-2x^2+28x=(8-x)(12-2x)$

$-2x^2+28x=96-16x-12x+2x^2$　　$4x^2-56x+96=0$　　$x^2-14x+24=0$　　$(x-2)(x-12)=0$

$x=2,\ 12$　　xは$12\div2=6$より小さいから，$x=2$　　よって，通路の幅は**２m**である。

3　(1)　①はA$(-2,\ -2)$を通るから，$y=ax^2$に$x=-2$，$y=-2$を代入すると，$-2=a\times(-2)^2$より，$a=\boldsymbol{-\frac{1}{2}}$

(2)　②はB$(6,\ 2)$を通るから，$y=\frac{b}{x}$に$x=6$，$y=2$を代入すると，$2=\frac{b}{6}$より，$b=$ **12**

(3)　Cは①上の点だから，$y=-\frac{1}{2}x^2$にCのx座標の$x=-4$を代入すると，$y=-\frac{1}{2}\times(-4)^2=-8$となるので，**C（－４，－８）**である。

(4)　**【解き方】直線CDの式を$y=cx+d$として，CとDの座標をそれぞれ代入することで連立方程式をたてる。**

Dはy軸についてAと対称だから，D$(2,\ -2)$である。

直線$y=cx+d$がC$(-4,\ -8)$を通るので，$-8=-4c+d$，D$(2,\ -2)$を通るので，$-2=2c+d$が成り立つ。これらを連立方程式として解くと，$c=1$，$d=-4$となるから，直線CDの式は，$\boldsymbol{y=x-4}$

(5)　関数$y=\frac{12}{x}$$(x>0)$のグラフ上の点で$x$座標と$y$座標がともに自然数となるのは，$x$座標と$y$座標がともに12の約数のときである。よって，$(1,\ 12)(2,\ 6)(3,\ 4)(4,\ 3)(6,\ 2)(12,\ 1)$の**６個**ある。

(6)　**【解き方】AとDはy軸について対称なので，ADはx軸に平行である。**
よって，△ABC＝△ABD＋△ACDで求められる。

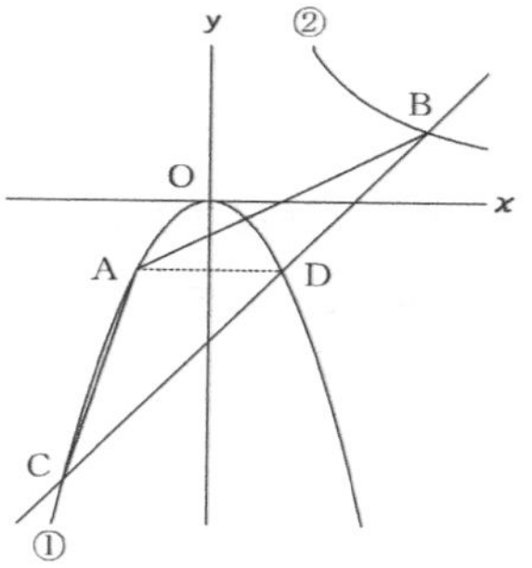

直線CDの式$y=x-4$にBのx座標の$x=6$を代入すると，$y=6-4=2$となるから，Bは直線CD上の点である。したがって，右図のようになる。

AD＝（AとDのx座標の差）$=2-(-2)=4$だから，

△ABC＝△ABD＋△ACD＝

$\frac{1}{2}\times$AD×（BとDのy座標の差）＋$\frac{1}{2}\times$AD×（CとDのy座標の差）＝

$\frac{1}{2}\times4\times\{2-(-2)\}+\frac{1}{2}\times4\times\{-2-(-8)\}=8+12=$ **20**

(7)　**【解き方】PがCより左側にあるとき，CとDの間にあるとき，Dより右側にあるときで場合を分けて考える。同一直線上の線分の長さの比は，x座標（またはy座標）の差から求められることを利用する。**

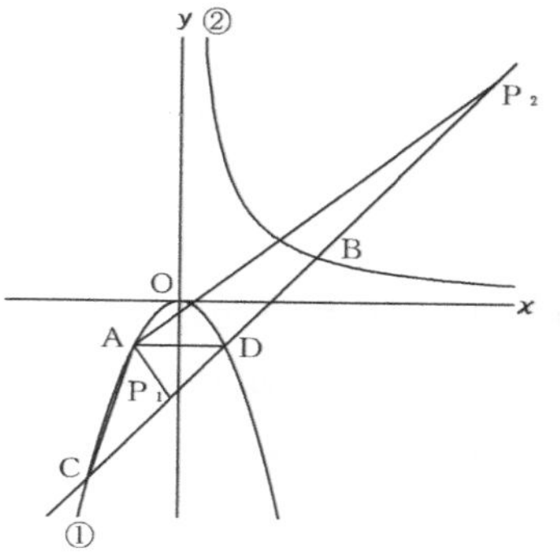

PがCより左側にあるとき，常に△ACP＜△ADPだから，

S：T＝３：２になることはない。

PがCとDの間にあるとき，S：T＝３：２となるPをP_1とする。

△A C P_1と△A D P_1は，底辺をそれぞれC P_1，D P_1としたときの高さが等しいから，C P_1：P_1 D＝S：T＝３：２

したがって，C P_1：CD＝３：（３＋２）＝３：５

C，P_1，Dは同一直線上の点だから，（CとP_1のx座標の差）：（CとDのx座標の差）＝CP_1：CD＝3：5なので，（CとP_1のx座標の差）＝（CとDのx座標の差）$\times\frac{3}{5}=\{2-(-4)\}\times\frac{3}{5}=\frac{18}{5}$

したがって，P_1のx座標は，（Cのx座標）$+\frac{18}{5}=-4+\frac{18}{5}=-\frac{2}{5}$

PがDの右側にあるとき，S：T＝3：2となるPをP_2とする。先ほどと同様に，CP_2：DP_2＝S：T＝3：2

CD：CP_2＝(3－2)：3＝1：3　（CとP_2のx座標の差）＝（CとDのx座標の差）$\times\frac{3}{1}=6\times3=18$

したがって，P_2のx座標は，（Cのx座標）＋18＝－4＋18＝14

よって，求めるPのx座標は，$\mathbf{-\frac{2}{5}}$，**14** である。

4 (1)　直角三角形ABCにおいて，AB：BC＝3：6＝1：2だから，△ABCは3辺の比が1：2：$\sqrt{3}$の直角三角形である。よって，AC＝$\sqrt{3}$AB＝$\mathbf{3\sqrt{3}}$(cm)

(2)　**【解き方】AD//BCより，△DAE∽△BCEであることを利用する。**

△DAE∽△BCEより，AE：CE＝AD：CB＝2：6＝1：3だから，CE：AC＝3：(1＋3)＝3：4

よって，CE＝$\frac{3}{4}$AC＝$\frac{3}{4}\times3\sqrt{3}=\mathbf{\frac{9\sqrt{3}}{4}}$(cm)

(3)(ア)　まず，問題文の仮定を図にかきこんで，証明のために必要な条件を探そう。条件が足りない場合は，問題の内容に応じて，図形の性質，平行線の同位角・錯角などからわかることもかきこんでみよう。

(イ)　**【解き方】相似な図形の面積比は相似比の2乗に等しいことを利用する。**

△DFGと△ACGの相似比を求めるためにFDの長さを知りたいので，AC//FDより△BAE∽△BFDであることを利用する。

(2)より，△DAE∽△BCEでDE：BE＝AD：CB＝1：3だから，BE：BD＝3：(1＋3)＝3：4

AE＝$\frac{1}{3}$CE＝$\frac{1}{3}\times\frac{9\sqrt{3}}{4}=\frac{3\sqrt{3}}{4}$(cm)

△BAE∽△BFDより，AE：FD＝BE：BD　$\frac{3\sqrt{3}}{4}$：FD＝3：4　FD＝$\frac{3\sqrt{3}}{4}\times4\times\frac{1}{3}=\sqrt{3}$(cm)

したがって，△DFGと△ACGの相似比は，FD：CA＝$\sqrt{3}$：$3\sqrt{3}$＝1：3

よって，△DFG：△ACG＝1^2：3^2＝1：9だから，△ACG＝9△DFG＝**9S**

(ウ)　**【解き方】(イ)より△ACG＝9Sだから，△ACGと△BCDの面積比を求め，TをSの式で表す。△ACD→△BCDの順に面積をSの式で表す。**

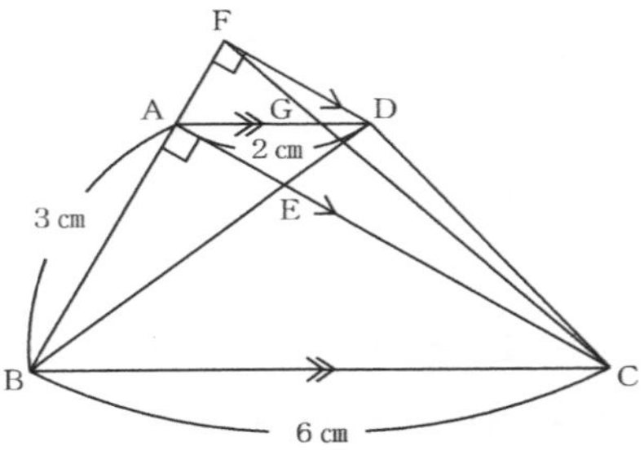

(イ)より，△DFG∽△ACGでDG：AG＝FD：CA＝1：3だから，AG：AD＝3：(1＋3)＝3：4

△ACGと△ACDは，底辺をそれぞれAG，ADとしたときの高さが等しいから，面積比はAG：AD＝3：4となるので，

△ACD＝$\frac{4}{3}$△ACG＝$\frac{4}{3}\times$9S＝12S

△ACDと△BCDは，底辺をそれぞれAD，BCとしたときの高さが等しいから，面積比はAD：BC＝1：3となるので，△BCD＝$\frac{3}{1}$△ACD＝3×12S＝36S

よって，S：T＝S：36S＝**1：36**

5 (1)　**【解き方】2枚ある2のカードを②，❷として区別する。操作を2回行うとき，1回目の取り出し方は4通りあり，2回目の取り出し方は残りのカードの枚数と等しく3通りあるから，2回の取り出し方は全部で，4×3＝12(通り)ある。**

(ア)　時計回りに90°回転させた後に180°回転させるから，最初の状態から，反時計回りに90°回転させた状態になる。よって，**エ**が正しい。

(イ)　条件に合う取り出し方は，右図の６通りある。

よって，求める確率は，$\frac{6}{12}=\mathbf{\frac{1}{2}}$

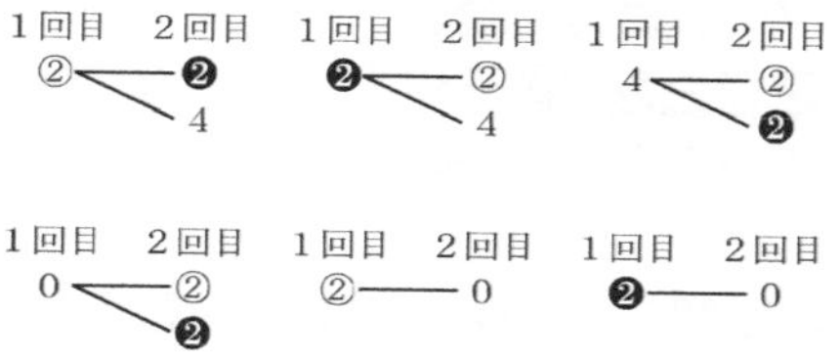

(ウ)　[0]を１回，[2]を１回取り出したときだけ，条件に合う状態になる。よって，条件に合う取り出し方は右図の４通りだから，求める確率は，$\frac{4}{12}=\mathbf{\frac{1}{3}}$

(エ)　【解き方】１－(１度だけでも[S][∀][⅁][∀]の状態になる確率)で求める。

１回目に[0]を取り出すと，[S][∀][⅁][∀]の状態になる。

１回目に[0]を取り出さなくても，２回目の操作で[S][∀][⅁][∀]の状態になるのは，[2]を２回取り出したときである。

したがって，１度だけでも[S][∀][⅁][∀]の状態になる取り出し方は右図の５通りあるから，それが起きる確率は，$\frac{5}{12}$である。

よって，求める確率は，$1-\frac{5}{12}=\mathbf{\frac{7}{12}}$

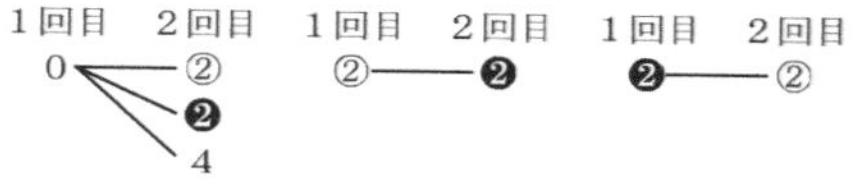

(2)　【解き方】新たに並べる石の個数は(２ｎ＋１)個だから，２個ずつ増えていく。図形１のときが１個だから，３個，５個，７個，……と増えていくので，新たに並べる石の個数は連続する奇数となる。図形の番号が奇数のときは新たに白い石を並べ，偶数のときは新たに黒い石を並べる。したがって，白い石を並べる個数は１個，５個，９個，……となり，黒い石を並べる個数は３個，７個，11個，……となって，どちらも４個ずつ増えていく。

(ア)　白い石は，図形１，３，５でそれぞれ１個，５個，９個と新たに並べるので，図形５のとき，

Ｘ＝１＋５＋９＝**15**

(イ)　図形６では新たに黒い石を並べるので，図形６のＸの値は図形５のときと同じく，Ｘ＝15である。

黒い石は，図形２，４，６でそれぞれ３個，７個，11個と新たに並べるので，図形６のとき，Ｙ＝３＋７＋11＝21

よって，図形６のとき，Ｘ－Ｙ＝15－21＝**－６**

(ウ)　【解き方】表と(ア)，(イ)より，Ｘ－Ｙの値の絶対値は，図形の番号と同じになる。

Ｘ－Ｙ＝９となるのは図形９である。図形９では白い石を，新たに２×８＋１＝17(個)並べるので，図形９のとき，Ｘ＝１＋５＋９＋13＋17＝**45**

(エ)　【解き方】Ｘ＋Ｙの値は，１から連続する奇数の和を表す。

１から連続する奇数の和は，$1=1^2$，$1+3=4=2^2$，$1+3+5=9=3^2$，$1+3+5+7=16=4^2$，……となる。つまり，１から連続する奇数をｍ個足すと，m^2になる。

$X+Y=225=15^2$となるのは，１から数えて15番目の奇数にあたる個数だけ石を新たに並べたところだから，図形15のときである。図形15では白い石を，新たに２×14＋１＝29(個)並べる。

よって，図形15のとき，Ｘ＝１＋５＋９＋13＋17＋21＋25＋29＝**120**，Ｙ＝225－120＝**105**

2023 解答例 令和5年度 佐賀県公立高等学校【一般】

《2023 一般 国語 解答例》

一 問1．a．おとろ b．簡単 c．きそ d．努 問2．エ

問3．

（「みんなでストレッチ」を選んだ場合の例文）

私は、「みんなでストレッチ」がよいと考えます。なぜなら、運動の得意不得意に関係なく、誰でも気軽に楽しく取り組むことができるからです。毎日五分間のストレッチを続けることで、柔軟性が高まり、運動不足の解消にもなるのではないかと考えます。

（「クラス対抗長縄跳び」を選んだ場合の例文）

私は、「クラス対抗長縄跳び」を選ぶ。なぜなら、体力をつけるためには、長縄跳びが効果的だと思うからだ。クラスで協力して一体となって取り組むことで、クラスの交流も深まる。話すきっかけを作ることができ、楽しく学校生活を送ることができると考える。

二 問1．ア 問2．(1)イ (2)ウ 問3．a．生存と繁殖のためのたたかいのために、冷徹で合理的な行動を取る b．後先を考えて、未来の幸せのためにいまがまんすることができる

問4．イ

三 問1．イ 問2．ア 問3．エ 問4．ウ 問5．武兄ちゃんが、島に戻らずに就職し、農園を継がないことに賛成できないということ。 問6．ア

四 問1．右漢文 問2．東阿王／文帝 問3．(1)イ (2)エ (3)ウ

豆《ハ》在《ッテ》二釜中《ニ》一泣《ク》

《2023 一般 理科 解答例》

1 1．(1)イ (2)水 2．(1)右図 (2)ア 3．(1)エ (2)①A ②D

4．(1)銀河系 (2)地球からの距離が遠い

2 1．(1)ア，イ (2)赤血球 (3)イ (4)ウ 2．(1)脱色 (2)デンプン

(3)装置…ウ 状態…Y 結果…Ⅱ 3．(1)ウ (2)エネルギーを得る

3 1．(1)イ (2)電解質 (3)OH^- (4)X．赤 Y．陰

2．(1)$HCl + NaOH \rightarrow NaCl + H_2O$ (2)エ (3)ウ (4)エ

4 1．堆積岩 2．※受検者全員を正解とした。 3．※受検者全員を正解とした。

4．流水のはたらきにより，角がとれて丸みを帯びたから。 5．火山噴出物

6．※受検者全員を正解とした。 7．エ 8．右図

5 1．(1)運動エネルギー…B 位置エネルギー…E (2)ク 2．(1)1.2 (2)0.12 (3)イ (4)4

3．(1)エ (2)カ

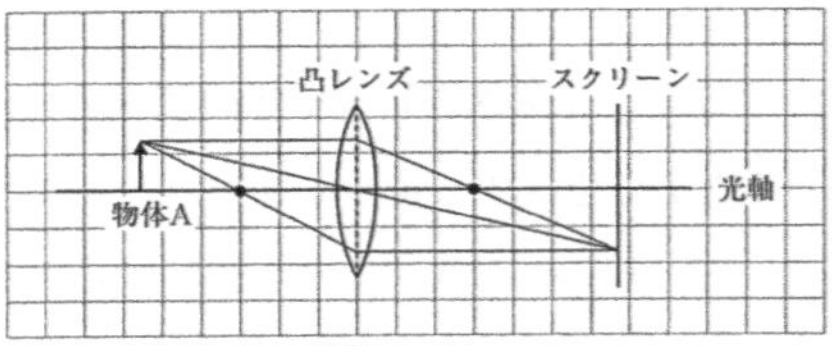

1 2(1)の図

4 8の図

《2023 一般 英語 解答例》

1 問1．1番…イ 2番…ウ 問2．1番…イ 2番…ウ 問3．1番…ア 2番…エ

問4．I walk to school.／By bike. などから1つ

2 問1．①we have to do many things／there are a lot of things to do　などから1つ

②we can ask about the books／we can check the inside of the books　などから1つ

問2．(1)I walked my dog／I went for a walk with my dog　などから1つ

(2)I cleaned the bathroom／I washed the bath　などから1つ

(3)helping my family is fun／it is very important for us to do housework　などから1つ

3 問1．(1)ウ　(2)ア　　問2．(1)エ　(2)イ　　問3．ア，カ

4 問1．留学したいと思う日本の高校生の数が減ってきていること。　　問2．A　　問3．日本の文化や自分の住む地域について理解すべきだということ。　　問4．イ　　問5．エ

5 問1．ウ　　問2．朝食を食べることで体が温まる　　問3．ア　　問4．夕食を作る際に，朝食用に多めに料理を作ること。　　問5．長い時間お腹が空かないから。

《2023　一般　社会　解答例》

1 1．シリコンバレー　　2．エ　　3．(1)ア　(2)高温多湿〔別解〕高温多雨　(3)二期作　　4．ウ→ア→イ

2 1．X．黒潮〔別解〕日本海流　Y．対馬海流　　2．イ　　3．エコタウン　　4．【資料1】…A　【資料2】…イ　　5．イ

3 1．エ　　2．敵から集落を守る　　3．ウ　　4．ウ　　5．ア　　6．イ　　7．反射炉

4 1．ウ　　2．ウ→イ→エ→ア　　3．ア　　4．X．輸出額が輸入額を上回った　Y．エ　　5．エ　　6．ア→ウ→イ

5 1．国際分業　　2．パリ協定　　3．ア　　4．ウ　　5．イ　　6．常任理事国が1か国でも拒否権を行使

6 1．クレジットカード　　2．エ　　3．ウ　　4．(1)マイクロクレジット　(2)エ　　5．ウ

《2023　一般　数学　解答例》

1 (1)(ア) -11　(イ) $-x-9y$　(ウ) $-4y^2$　(エ) $6+2\sqrt{5}$

(2) $(x+3y)(x-3y)$　(3) $\frac{1\pm\sqrt{17}}{4}$　(4)2　(5)右図　(6)19　(7)②，④

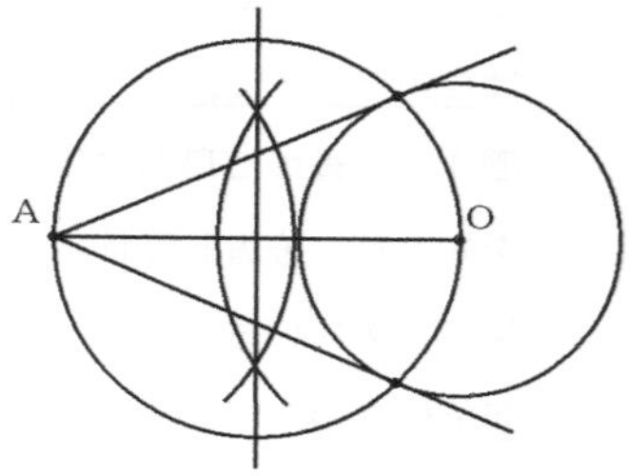

2 (1)(ア)ア　(イ)④ $60x+100y$　⑤ $x+y$　(ウ)840

(2)(ア)27　(イ) $12-2x$　※(ウ)2秒後と4秒後

3 (1) $\frac{1}{2}$　(2) $y=-x+4$　(3) $(-6,\ 6)$

(4)(ア)1：1　(イ)6　(ウ) $-\frac{11}{3}$，$-\frac{25}{3}$

4 (1) $2\sqrt{5}$

(2)△OBCと△DECにおいて

仮定より，∠COA＝∠CDAなので，∠COB＝∠CDE…①

円O′において，弧ACに対する円周角だから，∠CBO＝∠CED…②

①，②より，2組の角が，それぞれ等しいので，△OBC∽△DEC

(3)(ア)4　(イ)4：25　(ウ) $\frac{147}{5}$

5 (1)(ア)D　(イ)0　(ウ) $\frac{2}{9}$　(エ) $\frac{5}{6}$　(2)(ア)54　(イ)216　(ウ)18

※の答えを求めるまでの過程は解説を参照してください。

←解答例は前ページにありますので，そちらをご覧ください。

《2023　一般　国語　解説》

一 **問２**　プレゼンテーションの進行は、Ａさんによる提案の発表の後、ＢさんＣさんＤさんの順番に資料を用いて説明をする。Ｂさんが説明する「平成二十六年度から令和三年度までの体力テストにおける体力合計点の平均値の経年変化を男女別にグラフで示したもの」に該当《がいとう》するのは【資料Ｚ】である。次にＣさんが説明する「令和三年度に全国の中学生に行った、運動やスポーツに関する調査をまとめた資料」に該当するのは【資料Ｙ】である。その次にＤさんが説明する「全校生徒に『コロナ禍によって学校生活がどのように変わりましたか』というアンケートを行いました。その中で多かった上位三つの意見を示しています」に該当するのは【資料Ｘ】である。よってエが適する。

二 **問１**　「人類の祖先は数百万年前に生まれて～つい一万年前くらいまでは、狩猟採集で食べものを得る原始時代（旧石器時代）のくらしを送っていた」「人口密度が極端に低い時代の彼らにとって～どんなにがんばっても地球の資源を使いつくすことはできなかった」とある。これに最も近いアが適する。

問２(1)　「放牧された家畜の総数が、その土地の環境容量の範囲内であれば、継続的に彼らは共有地を使用し、利益を得ることができる」様子を示しているのはＹ。「自分の直接的利益を最大化するという合理的行動をとるとき、各人は自分の羊の頭数を増加させようとする」様子を示しているのはＺ。「過放牧による共有地の荒廃が起こり、共倒れとなってしまう」様子を示しているのはＸ。よってイが適する。　**(2)**　「共有地の悲劇を引き起こす」とは、「人口が増えてテクノロジーが進歩するにしたがって、資源を使いつくすというのが現実問題になってきた」ため、「人びとは次第に、持続可能な利用というコンセプトを身に着け、社会のルールや道徳に組み込んで、現代にいたる。しかし～人間はそんなに急に変わることはできない」ということ。よってウが適する。

問３ａ　最後から９～10行目の「人間も動物も等しく、生存と繁殖のためのきびしいたたかいを今日まで続けている。そのために、冷徹で合理的な行動を取ることが求められているのだ」より。　**ｂ**　最後から８行目の「人間は後先を考えて、未来の幸せのためにいまがまんすることができる生物である」より。

問４　最後の２段落に筆者の考えがまとめられている。「人類は、がまんしてそれらを食べずに育てることの意味を知った。苦労して世話をして育てることで、将来、より多くの食べものが得られるのである。これは、未来の幸福のためにいまがまんできる理性という人間の特徴が生み出したものである」「僕ら人類は環境問題を解決できる可能性を持っていると思う」より、イが適する。

三 **問１**　助動詞「れる・られる」には、受け身・尊敬・可能・自発の四つの意味・用法がある。二重傍線部とイは、「門の前でユリが（颯太《そうた》を）呼びとめた」「友人からの励ましの言葉が（私を）助けた」を、行為を受けた者の立場・視点から述べた文なので受け身の用法。アは「感じる」ことが自然に起こることを表しているので自発。ウは行為の主体である校長先生への敬意を表している尊敬の用法。エは「食べることができる」の意味で可能の用法。

問２　ユリにとって、楽譜を送ってほしいという思いはとても強いものだった。しかし、母の対応は「沈黙があった。それからため息が続いた。『なんだ、それだけ？』気の抜けた口ぶりだった」「電話は緊急のときだけにしてねって、ママ言ったでしょ？」と、つれないものだった。しかも、最後の「すっごく忙しいのよ。正直、ちょっと楽譜どころじゃないっていうか」は、とどめを刺すもので、ユリは母が楽譜を送ってくれる気が全くないことを思い知り、これ以上何を言ってもむだだと分かった。よってアが適する。「口をつぐむ」とは、口を閉じて何も言わないこと。

問３　ユリが口をつぐみ、それ以上楽譜を送ってほしいと言わなくなったので、母親は自分の提案（＝島にいる間は練習を休みにすること）が受け入れられたと判断した。だから、「母親の声音《こわね》(＝声の調子)がいくらかやわらかくなった」のだ。それに続く母親の言葉は、娘を気遣うものだが、それでも、傍線部②にあるように、「早口」だし「あわただしく」、「せわしない様子」である。よってエが適する。

問４　傍線部③は、「一番に選ばれて誇らしい気持ちと、知りたくなかったという気持ちがまぜこぜになって、胸の中でぐるぐる暴れていた」と続く。「颯太だって、賛成できない。できるはずもない」ので、息が苦しくなるほど複雑な気持ちになったのだ。よってウが適する。

問５　傍線部④の「そう」は、「颯太だって、賛成できない。できるはずがない」を指す。理由は、「兄ちゃんは高校を卒業したら島に戻ってきて、伯父《おじ》の農園を継ぐはずだ」と思っていたからである。

問６　「応えた母親の声は、颯太にも聞きとれた」「しおらしく謝られると調子が狂う。用事はすんだかと思ったが、ユリはそのままついてきた」「娘の愚痴《ぐち》をこぼすじいちゃんの苦々しげな口ぶりを、颯太も思い出した」などから、［1］・［2］も颯太の視点で描かれており、颯太の心情を直接的に表現していることがわかる。よってアが正解。

［四］ **問１**　「中」から「在」に二字返るので、一・二点を用いる。

問２　「文帝《ぶんてい》は、ある時東阿王《とうあおう》に七歩《しちほ》歩くうちに漢詩を作れと命じ、漢詩ができなければ極刑《きょっけい》にすると言った」に続く部分であるため、東阿王が、漢詩を作れと命じた文帝の声に応じて漢詩を作ったという内容がつながる。

問３(1)　東阿王の作った漢詩にある、「豆」と「豆がら」は、文帝と東阿王をたとえたものである。「もとは同じ根から生まれたのに、どうしてそんなに厳しく煮立てるのか」は、「同じ親のもとに生まれた兄弟であるが」、文帝は東阿王に「無理難題を命じるような関係」であることを訴えている。よってイが適する。　(2)　「帝深く慙《は》づる色有り」とあるように、文帝は「漢詩の内容を理解し、自らの行いを振り返って反省した」。よってエが適する。
(3)　「切れ字」とは、俳句などで句の切れ目に用いて、調子を整えたり、感動を表現したりする言葉。「ぞ・かな・や・けり・ず・ぬ・らむ」など。「枝豆や」なので、「『枝豆』を強調」し、豆から「曹子建《そうしけん》」の話を引き出している。よってウが適する。

【漢文の内容】

文帝は、ある時東阿王に七歩歩くうちに漢詩を作れと命じ、漢詩ができなければ極刑にすると言った。(東阿王が文帝の)声に応じてすぐに漢詩を作って言うには、

　豆を煮てそれを吸い物にし、みそをこしてそこから汁物を作る。
　豆がらは窯《かま》の下で燃え、豆は窯の中に在って泣く。
　もとは同じ根から生まれたのに、どうしてそんなに厳しく煮立てるのか。

と。文帝には深く恥じる様子があった。

1　1(1)　イ×…ガスバーナーの近くには，引火すると危険な紙などを置いてはいけない。　(2)　水が沸騰するとき，液体の水が気体の水蒸気に変化して泡になって出てくる。

図ⅰ

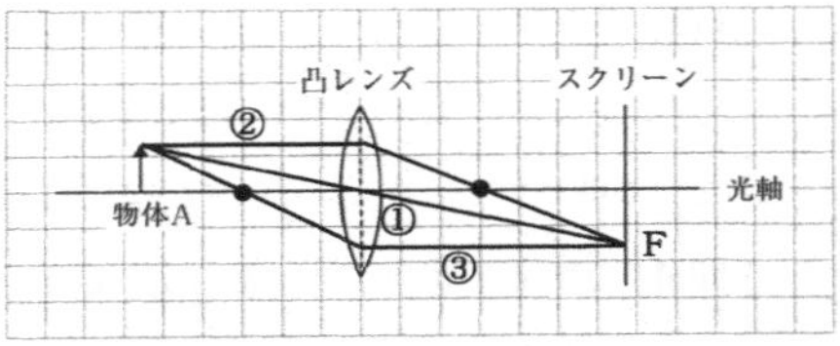

図ⅱ

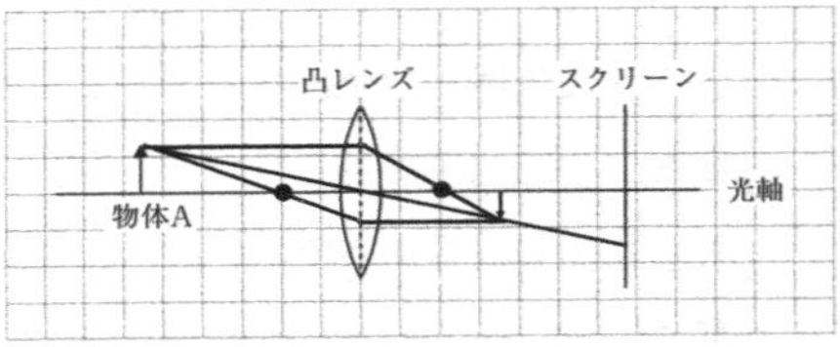

2(1)　まず，Aの先端から出て凸レンズの中心を通り直進する光(図ⅰの①)を作図し，スクリーンとの交点の実像ができる点(図ⅰのF)を求める。次に，Aの先端から出て光軸に平行に進み，凸レンズで屈折してFに達する光(図ⅰの②)を作図する。最後に，Aの先端から出て凸レンズで屈折し，光軸に平行に進んでFに達する光(図ⅰの③)を作図する。②(または③)と光軸との交点が焦点となる。②と③を作図する順番は逆でもよい。　(2)　図ⅱのように凸レンズの焦点距離を短くすると，②と③の光が①の光と交わって実像ができる点が凸レンズと光軸に近づくので，スクリーンは図2に比べて凸レンズに近づき，図2のときの像より小さな像ができる。

3(1)　タンパク質が体内で分解されてアミノ酸が作られるとき，有害なアンモニアも作られる。　(2)　Aは肝臓，Bは小腸，Cは胃，Dは腎臓，Eはぼうこうである。肝臓は有害なアンモニアを無害な尿素に変える他に，胆汁を作る，栄養分をたくわえるなどのはたらきをもつ。また，腎臓は背中側に2つあるそら豆のような形をした器官で，からだに不要なものを尿として排出するはたらきをもつ。

4(2)　等級がほぼ等しい恒星は，地球から見てほぼ同じ明るさに見える。リゲルはベガと比べると半径が大きく光の量も多いので，それぞれの恒星を同じ距離から見るとリゲルの方が明るく見えるが，リゲルはベガと比べると地球からの距離が遠いから，地球から見るとほぼ同じ明るさに見える。

2　1(1)　魚類と両生類は，卵からうまれたばかりの子がえらで呼吸する。イモリは両生類，フナは魚類，イルカは哺乳類，ウミガメはは虫類，ペンギンは鳥類である。　(3)　ヘモグロビンがもつaの性質によって，肺で酸素は血液中に取り込まれ，体の各部の細胞に引き渡される。また，ヘモグロビンがもつdの性質によって，動脈血は鮮やかな赤色，静脈血は暗い赤色になる。　(4)　二酸化炭素が水に溶けた水溶液は酸性を示す。生物は呼吸によって酸素を吸収し二酸化炭素を放出するので，メダカの呼吸によって水に溶けている二酸化炭素が増加して水槽の水が酸性になったと考えられる。

2(1)　この操作を行うと葉は脱色され，エタノールは緑色になる。　(2)　ヨウ素液をデンプンにつけると青紫色に変化する。　(3)　ある条件について確かめるときは，その条件だけが異なる2つの実験の結果を比べる。光が必要であることを確かめるので，光以外の条件を同じにする。オオカナダモが光合成を行うには光が必要だから，光を当てないと気体は出てこない。

3(1)　実験1の③でオオカナダモを入れたことで，④でメダカの呼吸回数が減少し，水が中性に戻ったので，オオカナダモが光合成を行って，二酸化炭素を吸収し酸素を放出したことがわかる。　(2)　細胞の呼吸では，酸素を使って栄養分を分解し，生きていくために必要なエネルギーを得ている。

3　1(1)　水酸化ナトリウム水溶液は強いアルカリ性で，手の皮膚のタンパク質を分解するおそれがあるので，すぐに大量の水で洗い流すのがよい。　(2)　エタノールや砂糖のように，水に溶かしても電流が流れない物質を非電解質という。　(3)　水酸化ナトリウムが電離してイオンに分かれる〔$NaOH \rightarrow Na^{+} + OH^{-}$〕とき，アルカリ性を示す水酸化物イオン〔$OH^{-}$〕は陽極へ引かれるので，実験1で青色の部分は陽極側へ広がる。　(4)　pH試験紙に酸性の塩酸をつけると赤色に変化する。塩酸が電離してイオンに分かれる〔$HCl \rightarrow H^{+} + Cl^{-}$〕とき，酸性を示す水素イオン〔$H^{+}$〕は陰極へ引かれるので，赤色の部分が陰極側へ広がっていく。

2(1)　塩酸と水酸化ナトリウム水溶液の中和では，塩化ナトリウムと水ができる〔$HCl+NaOH \rightarrow NaCl+H_2O$〕。化学反応式をかくときは，矢印の左右で原子の種類と数が等しくなるように係数をつける。　(2)　ｃでＢＴＢ溶液を加えた水溶液の色が緑色(中性)であることに着目する。このとき，塩酸と水酸化ナトリウム水溶液がちょうど中和し，塩化ナトリウム水溶液ができているので，水を蒸発させると白い粉(塩化ナトリウム)が残り，加熱を続けても粉は変化しない。　(3)　塩酸と水酸化ナトリウム水溶液の中和では，塩酸中の水素イオン〔H^+〕と水酸化ナトリウム水溶液中の水酸化物イオン〔OH^-〕が反応して水ができるが，塩酸中の塩化物イオン〔Cl^-〕と水酸化ナトリウム水溶液中のナトリウムイオン〔Na^+〕は水溶液中にイオンのまま残っている。よって，水酸化ナトリウム水溶液に塩酸を加えていくときは，ちょうど中和するまでは水酸化物イオンの数が減少し，塩化物イオンの数が増加してイオンの総数は一定になり，ちょうど中和してからは，イオンの総数が増加する。　(4)　マグネシウムはうすい塩酸と反応して水素を発生させるが，うすい水酸化ナトリウム水溶液とは反応しないので，気体が発生するのは，塩酸が残り，ＢＴＢ溶液を加えた水溶液が黄色(酸性)のｄとｅである。

4　1　海底や湖底に土砂が堆積したものが固まってできた岩石を堆積岩，マグマが冷え固まってできた岩石を火成岩という。

5　火山の噴火によってふき出された火山灰などの火山噴出物が降り積もり，固まってできた岩石を凝灰岩という。凝灰岩は流水のはたらきを受けないので，粒の角がとがっている。

7　れき(直径２㎜以上)，砂(直径 0.06 ㎜～２㎜)，泥(直径 0.06 ㎜以下)は粒の大きさで区別する。会話のななえさんの１回目の発言より，ａの粒の直径は１㎝くらいのものもあることがわかるので，ａはれき岩である。

8　凝灰岩の層は同じ時期に堆積したと考えられるので，凝灰岩の層の上面の標高を比べて，地層の傾きを調べる。凝灰岩の層の上面の標高は，Ａが 180－４＝176(m)，Ｂが 174－２＝172(m)，Ｃが 172－４＝168(m)，Ｄが 180－16＝164(m)だから，西から東へ４ｍずつ低くなるように傾いていることがわかる。よって，Ｅの凝灰岩の層の上面の標高は 164－４＝160(m)と考えられるので，地表からの深さは 172－160＝12(m)となる。地層の順番や厚さはどの地点でも同じだから，Ｄ地点の地層を上に４ｍずらし，凝灰岩の層の下に４ｍの砂岩の層を加える。

5　1(1)　摩擦や空気の抵抗を考えなければ，物体がもつ力学的エネルギー(位置エネルギーと運動エネルギーの和)は一定になる。最も高い位置にあるＥの位置エネルギーが最大(運動エネルギーは最小)で，最も低い位置にあるＢの位置エネルギーが最小(運動エネルギーは最大)である。　(2)　図２では，おもりの質量を図１よりも小さいものに変えたので，Ａでの位置エネルギーの大きさは図１より図２の方が小さく，Ｂで移り変わった運動エネルギーの大きさも図１より図２の方が小さい。また，Ｂを通過した後に達する最高点での位置エネルギーの大きさはＡでの位置エネルギーの大きさと等しいので，おもりの質量やくいの有無によらず，おもりはＡと同じ高さまで上がる。

2(1)　〔仕事(Ｊ)＝力(Ｎ)×移動距離(m)〕より，質量 600ｇ→６Ｎの物体を 20 ㎝→0.2m引き上げるのに必要な仕事の大きさは６×0.2＝1.2(Ｊ)となる。　(2)　物体を 20 ㎝の高さまで引き上げるのにかかった時間は$\frac{20}{2}$＝10(秒)である。〔仕事率(W)＝$\frac{\text{仕事(J)}}{\text{時間(s)}}$〕より，①のときの仕事率は$\frac{1.2}{10}$＝0.12(W)となる。　(3)　動滑車では，２本のひもで物体を引き上げるので，①に比べてばねばかりを引く力は半分になり，ばねばかりを引く距離は２倍になる。　(4)　同じ時間で②は①の２倍の距離を引くので，ばねばかりを引く速さも２倍の４㎝/ｓである。

3(1)　仕事の原理より，道具を用いても仕事の大きさは変わらないので，仕事の大きさはどちらも 1.2Ｊである。

(2)　仕事の大きさはどちらも 1.2Ｊである。表より，図７のばねばかりの目もりは 1.5Ｎを示したので，ばねばかりを引く距離は$\frac{1.2}{1.5}$＝0.8(m)→80 ㎝，図８のばねばかりの目もりは 0.75Ｎを示したので，ばねばかりを引く距離は$\frac{1.2}{0.75}$＝1.6(m)→160 ㎝となる。

《2023　一般　英語　解説》

1　**問1**　**1番**　質問「少年は図書館で何をしていますか？」…イ「彼は本を読んでいます」が適当。

2番　質問「劇は何時に始まりますか？」…ウ「11時に」が適当。

問2　**1番**　A「ケイタの家族がオーストラリアに引っ越すのを知ってた？」→B「そうなの？知らなかったよ。彼らはいつ日本を離れるの？」の流れより，イ「彼らは来月引っ越す予定だよ」が適当。　**2番**　A「あなたの野球チームが昨日の試合に勝ったって聞いたよ」→B「うん，最高だったよ」→A「あなたは試合に出たの？」の流れより，ウ「いいや。でも楽しかったよ」が適当。

問3　【放送文の要約】参照。**1番**　質問「この学校の生徒はなぜオーストラリアに興味があるのですか？」…ア「オーストラリアには独自の野生動物がたくさんいるから」が適当。　**2番**　質問「健太はスミス先生に放課後何をしてもらいたいですか？」…エ「サッカーをすること」が適当。

【放送文の要約】

スミス先生，僕たちの学校にようこそ。僕の名前は健太です。オーストラリアから新しい英語の先生をお迎えすることができてうれしいです。1番ア僕たちは先生の国にとても興味があり，もっとよく知りたいと思っています。先生の国には見るべき場所がたくさんあり，独自の野生動物もたくさんいますね。また，僕は友達から，先生の国にはたくさんの伝統文化や料理があると聞いています。この夏，数人の生徒が先生の国を訪れる予定です。

僕たちの学校には約500人の生徒がいて，そのほとんどが部活動に参加しています。僕はサッカー部員です。2番エ先生はサッカーをするのがお好きだと聞いています。ぜひ放課後，サッカー部に参加してください。先生と一緒に英語を学んだりスポーツをしたりしたいです。

先生が僕たちの学校を気に入って，日本で楽しい時間を過ごしてくれることを願っています。

問4　「私は，あなたの学校にはスクールバスがないということにとても驚いています。私の国ではほとんどの生徒がバスで通学するので，たくさんのスクールバスがあります。あなたはどうやって通学するのですか？」に英語で答える。無理に難しい表現は使わなくてもいいので，文法・単語のミスのない文を書こう。（例文1）「私は徒歩で通学します」／(例文2)「自転車です」　・by＋乗り物「(乗り物)で」　・walk to～「～まで歩いていく」

2　【本文の要約】参照。今日のトピック「本はオンラインストアで買うべきだ」に関する意見を補充する。

問1①　桃子は忙しさを理由にオンラインストアでの購入に賛成している。忙しい理由の部分を，things を含めた6語以上で書く。「～がある」＝we have ～/there are ～　②　大輔は欲しくない本を買ってしまう可能性があることを理由にオンラインストアでの購入に反対している。実店舗で購入する利点を，books を含めた6語以上で書く。

【本文の要約】

大輔：桃子，このトピックについてどう思う？

桃子：私は賛成だよ。①私たちはたくさんのことをしなければならない（＝we have to do many things／there are a lot of things to do)から忙しいよ。だから私は，本を買いたいときはオンラインストアで買うべきだと思うな。あなたはどう，大輔？

大輔：欲しくない本を買ってしまう可能性があるから，本はオンラインストアでは買うべきじゃないと思うよ。でも，書店に行けば，②その本について質問することができる(＝we can ask about the books)／本の中身を確認することができる(＝we can check the inside of the books)よ。だから僕は書店で本を買うべきだと思うんだ。

桃子：なるほどね。それは良い点だね。

問２(1)　洗濯物を干した後にしたことだから，犬の散歩のことを４語以上で書く。　(2)　皿洗いの後にしたことだから，風呂掃除のことを４語以上で書く。　(3)　家族の手伝いをしてわかったことを５語以上で書く。

【スピーチ原稿】「私は夏休みに家族の手伝いをして充実した時間を過ごしました。毎朝洗濯物を干しました。とても暑かったので本当に大変な仕事でした。その後，公園で(1)愛犬を散歩させました（＝I walked my dog）／愛犬と一緒に散歩に行きました（＝I went for a walk with my dog）。昼食の後は皿洗いをしました。夕方は(2)浴室を掃除しました（＝I cleaned the bathroom）／風呂を洗いました（＝I washed the bath）。ある日，親戚が自宅に来ました。そこで，彼らが来る前にリビングルームに掃除機をかけました。私は家族の手伝いを通して，家事をすることがとても大変だとわかりました。しかし，今では(3)家族の手伝いは楽しい（＝helping my family is fun）／私たちにとって家事をすることはとても大事なことだ（＝it is very important for us to do housework）ということがわかりました。ですから，夏休みの後も家族を手伝いたいので毎週末夕食後に皿洗いをするつもりです」

③ 問１(1)　（シゲオはハンバーガーショップにいます）店員「いらっしゃいませ！ご注文はお決まりですか？」→シゲオ「はい。ハンバーガーを２つとアイスクリームを１つください」→店員「はい。お飲み物はいかがですか？」→シゲオ「いいえ，結構です」より，ウが適当。　(2)　（チサとキャシーはある漢字について話しています）チサ「キャシー，この漢字が何を意味するか，わかる？」→キャシー「知らないけど，その意味を当てさせて！左の部分が魚を意味することは知ってるよ。だから，それが意味するものは魚の一種だと思う」→チサ「そうだよ！そして，右の部分は雪を意味するよ。美味しいから，私はこの魚が大好きなの！」より，アが適切。

問２　【本文の要約】参照。

(1)　エ「昆虫はいつか私たちの命を救うかもしれない」が適当。

(2)　イ「友達を作るために大切なものの１つは勇気です」が適当。

【本文の要約】

(1)　世界中で人口が増加中です。その結果，一部の人は将来，生きていくうえで十分な食べ物が手に入らない可能性があります。多くの国々がこの問題の答えを見つけようとしています。そのうちの１つが昆虫です。昆虫は食べ物としてよい点がいくつかあります。例えば，昆虫は栄養が豊富で，育てるのも簡単です。一部の日本人にとって昆虫を食べることは奇妙かもしれませんが，世界のいくつかの地域の人々はそれらを食べます。日本でも，いくつかのお店で昆虫から作られた食品を購入することができます。

(2)　ノリコはとても恥ずかしがり屋です。中学校に入学した時，多くのクラスメートに話しかけることができませんでした。ですから当時彼女にはあまり友達がいませんでした。しかし彼女は友達をたくさん作りたいと思いました。ある日，彼女は先生に何をしたらよいか，尋ねました。先生は「クラスメートに話しかける勇気を持てばいいんだよ。その勇気が君を幸せにしてくれるかもしれない」と言いました。ノリコはクラスメートに話しかけようとすることの大切さがわかりました。そして，クラスメートにたくさん話しかけました。現在彼女は２年生で，たくさんの友達がいます。

問３　ア○「オンライン会話コースでは，毎日レッスンを受けることができる」…毎日10～22時の間に１レッスン受けることができる。　イ×「オンライン会話コースでは，3000円で３レッスン受けることができる」…広告にない内容。　ウ「ビジネスコースでは×すべてのレッスンを受けなければならない」…最低３レッスン受ければよい。エ「夕方カルチャーコースに参加することができる」…11～14時である。　オ「×15歳なら，すべてのコースを受けることができる」…ビジネスコースは18歳以上である。　カ○「このイベントについて詳しい情報が欲しければ，電話をかけるかメールを送るとよい」…広告の一番下に〈MORE INFORMATION〉とあり，電話番号とメールアドレスが載っている。

4 【本文の要約】参照。

問1　指示語の指す内容は直前に書かれていることが多い。ここでは直前の拓哉の発言を指す。

問2　「『大事なことを学んだ』という発言」→「学んだことの具体的な内容」の流れ。

問3　絵里奈の5回目の発言の I learned ....の部分を日本語でまとめる。

問4　拓哉は，絵里奈がオーストラリアに行った際の反省点をふまえ，自分は留学する前に日本のことを学んでおこうと考えている。よって，ア「発表を楽しむ」，ウ「日本文化を学ぶ」，エ「オーストラリアに行く」は不適切。

問5　ア「絵里奈と拓哉はプレゼンテーション用の記事を×1つも見つけていない」　イ「ケイトは日本滞在中に書道を×習わなかった」　ウ「×拓哉は外国に行ったことがあり，この夏はカナダへ行く予定だ」　エ○「絵里奈は，日本についてのホストファミリーの質問にうまく答えられなかった」

【本文の要約】

ケイト：こんにちは，何の話をしているの？

絵里奈：あ，ケイト先生。英語の授業でプレゼンテーションをしなければならないので，そのテーマを決めているところです。拓哉が留学についてのいい記事を見つけました。

拓哉　：これを見てください。この記事によると，問1留学したいと思う日本の高校生の数が減ってきているようです。

ケイト：まあ，本当？それはよくないわ！私は留学によって多くのことが学べると思うわ。私は高校生の時に日本に来たわ。あまり上手に日本語を話せなくて，たくさん間違えたわ。でも日本語の勉強を続け，ホストファミリーも私の日本語を理解しようとしてくれたの。すごくうれしかったな。この経験から，大事なことを学んだわ。A人は間違えることがあるけど，努力し続けることが大切なのよ。

拓哉　：その通りですね。僕も英語を話す時，先生のようにやってみます。

ケイト：できるわよ！それから私のホストファミリーは私をいろいろな場所に連れて行ってくれたの。ホストファミリーのおかげで，私は日本文化に興味を持ったのよ。

絵里奈：先生が学んだ日本文化の中で最も興味があるのは何でしたか？

ケイト：それは書道ね。見たものすべてが私にとっては興味深かったの。初めて筆で文字を書いた時とっても興奮したわ。

絵里奈：わあ，すごいですね！

拓哉　：日本で素晴らしい体験をしたんですね。

ケイト：ええ。ところで，あなたたちは海外に行ったことはある？

絵里奈：ええ。私は中学生の時に3週間オーストラリアに留学しました。

ケイト：拓哉，あなたは？

拓哉　：僕はありません。でもこの夏カナダに留学する予定です。

ケイト：いいわね！絵里奈，留学では何を学んだの？

拓哉　：それについて教えてよ！

絵里奈：問3日本の文化や自分が住む地域について理解すべきだということがわかりました。問5エオーストラリアにいた時，ホストファミリーや友達によく日本について質問されました。例えば「なぜ日本人は家に入る時に靴を脱ぐの？」とか，「あなたの町について話してくれない？」とか。でも私はその質問にうまく答えられなかったんです。

ケイト：絵里奈，あなたはオーストラリアにいた時にとても大切なことを学んだわね。

絵里奈：はい。だから私は日本の多くの学生たちに，機会があったら留学してほしいと思います。拓哉，あなたが素晴らしい経験をすることを願っているわ。

拓哉　：ありがとう。君の経験談が聞けてよかったよ。僕は一生懸命英語を勉強するよ。そして，イ留学の前に，日本について書かれた本をたくさん読むことにするよ。カナダ行きが楽しみだよ。

5 【本文の要約】参照。

問1　下線部①の直前の１文にその理由が書かれている。

問2　下線部②の直後の文を空欄に合う形にまとめる。　・get＋形容詞「…になる」　・by ~ing「～することで」

問3　第３段落参照。最も割合が高い項目は(1)の斜線の部分だから，(1)が「国語」である。斜線とドットの部分の差が最も大きいのは(2)だから，(2)が「数学」である。

問4　第４段落に If you do so, you can easily eat it in the morning.「もしそうすれば，朝簡単に朝食を食べることができます」とあるので，do so が指す，直前の１文を日本語でまとめる。

問5　第５段落に I think a Japanese traditional breakfast ... is the best.「私は…日本の伝統的な朝食が一番だと思います」とある。その理由にあたる，直後の文の後半を日本語でまとめる。

【本文の要約】

あなたは今朝朝食を食べましたか？私は，朝食が大事だということを知っています。この英語の授業で何を話そうか考えた時，私は２週間前のある日のことを思い出しました。問1ウその日私は寝坊をして，朝食を食べる時間がありませんでした。そして私は学校であまり勉強に身が入らず，すぐに疲れてしまいました。だから，私は朝食についてもっと知りたいと思いました。今日は，私は朝食のいい点と，忙しい朝に朝食を食べることができる簡単な方法について話したいと思います。

私は，朝食は私たちにとって大切だということを示したいと思います。ある本によると，朝食にはいい点が２つあるそうです。まず，朝食は私たちの体にいいものです。問2朝食を食べることによって体は温まり，またケガをすることなく運動ができます。

２つ目の良い点として，素晴らしいニュースをお伝えします。もし毎日朝食を食べると，あなたのテストの得点は上がるかもしれません。インターネットの「朝食を食べることとテストの平均正答率」というグラフを見ると，問3ア朝食を食べている生徒の国語の平均正答率は，６項目の中で最も高いことがわかります。３教科すべてで，朝食を食べている生徒の平均正答率は朝食を食べていない生徒の平均正答率よりも高くなっています。問3ア朝食を食べている生徒と朝食を食べていない生徒の間の平均正答率の違いは，３教科の中で数学が最も大きいことがわかります。ですからこのグラフは，毎日朝食を食べている生徒の方がいい得点を取るかもしれないということを示しています。しかし朝食を食べるだけでは不十分なので，注意してください。もちろん勉強も一生懸命するべきです。

朝食のいい点についてわかっているのに，私たちの中にはよく朝食を抜く人がいます。そこで，毎日朝食を作って食べる方法をお教えします。問4夕食を作る際に，朝食用に多めに料理を作ることをお勧めします。もしそうすれば，朝簡単に朝食を食べることができます。

それから，朝食には何を食べるべきでしょうか？私はごはん，みそ汁，納豆，魚，のような日本の伝統的な朝食が一番だと思います。調理するのに少し長い時間がかかりますが，問5それを朝食に食べると，私は長い時間お腹が空くことはありません。

もしみなさんが朝食は大事だと理解してくれたらうれしいです。もちろん朝食だけでなく，昼食も夕食も大事です。ですから食事をする時は，すべての物に対して「ありがとう」と言うのです。日本語には，「いただきます」や「ごちそうさま」という，感謝の気持ちを表す素晴らしい表現があるのですから。

《2023　一般　社会　解説》

1

1　シリコンバレー　　シリコンバレーには，ＩＣＴ産業に携わる大企業・大学・ベンチャー企業など，数多くの施設が集中している。

2　エ　　アフリカには，ヨーロッパ諸国から植民地支配を受けたときに，地図上で経線や緯線をもとに引かれた国境を，独立後もそのまま使っている国が多い。そのため，言語，宗教，民族などの国内での統一ができておらず，紛争が起きる原因になっている。

3(1)　ア　　イ．誤り。D国の石油の輸出額は，1980 年が 129.4×0.238＝30.7972(億ドル)，2015 年が 2002.1×0.034＝68.0714(億ドル)だから，輸出額は増えている。ウ．誤り。E国の天然ガスの輸出額は，1980 年が 219.1×0.132＝28.9212(億ドル)，2015 年が 1503.7×0.069＝103.7553(億ドル)だから，輸出額は増えている。エ．誤り。３か国とも輸出総額は５倍以上に増加しているが，自動車より機械類の増加が著しく，かつ，E国はいまだ地下資源や農作物の輸出が多い。　(2)　高温多湿　　資料３を見ると，D国の首都は平均気温が高く，降水量も多いので，高温多湿な熱帯雨林気候であることが読み取れる。　(3)　二期作　　同じ耕地で同じ作物を年に２回栽培・収穫すると二期作，異なる作物を年に１回ずつ栽培・収穫すると二毛作と呼ぶ。

4　ウ→ア→イ　　F国はイギリスであり，ウの時計台はウエストミンスター宮殿にあるエリザベスタワーであり，ビッグベンと呼ばれている。G国はフランスであり，アはフランス南部のコート・ダジュールの風景である。夏になると，バカンスで南部を訪れるフランス人が多い。H国はイタリアであり，イはイタリアの首都ローマにあるコロッセウムである。

2

1　X＝日本海流(黒潮)　Y＝対馬海流　X，Yは順不同　　沖縄あたりで日本海流から分かれて北上する海流が対馬海流である。九州を２つの暖流が囲むように流れているため，九州地方は日本海側でも太平洋側の気候の性質を示す。

2　イ　　千葉県の房総半島にある九十九里浜は砂浜が広がっている。小さな岬と奥行きのある湾がつらなる海岸はリアス海岸であり，三陸海岸南部(ア)，若狭湾沿岸(ウ)，志摩半島(エ)などに見られる。

3　エコタウン　　北九州市は，全国で最も早くエコタウン事業の承認を受けた市の一つ。

4　A／イ　　鹿児島県は，水はけのよいシラスが広がるため，稲作に向かず，茶の栽培や畑作，牧畜がさかんに行われている。特に茶の栽培では，今まで１位だった静岡県を抜いて全国１位になった年もあることから，Aを鹿児島県と判断する。米とみかんの生産量が多いBは熊本県，米と大麦の生産量が多いCは佐賀県，ばれいしょの生産量が多いDは長崎県である。佐賀県・福岡県の筑紫平野では，米と麦の二毛作がさかんである。

5　イ　　ア．誤り。薩摩半島南部(指宿)の沿岸部に地熱発電所がある。ウ．誤り。太陽光発電の印は九州北部にも見られる。エ．誤り。地熱発電所や風力発電所は大都市から離れた地域に建設されることが多い。

3

1　エ　　アは縄文時代，イは古墳時代，ウは旧石器時代の様子である。

2　敵から集落を守る　　弥生時代になって，稲作が広まり貧富の差が発生すると，土地や水を求めてムラとムラが争うようになった。

3　ウ　　X．誤り。水城は，唐・新羅軍の襲来に備えて築かれた。Y．正しい。

4　ウ　　Ⅰは平城京の東西の市で使用された和同開珎，Ⅱは天武天皇の時代につくられた富本銭である。和同開珎が平城京で流通されていたことは確認されているが，富本銭が藤原京や平城京で流通していたかどうかは確認できていない。

5　ア　　X．正しい。Y．正しい。倭寇は，朝鮮半島や中国沿岸を襲う海賊の総称で，14 世紀～15 世紀の倭寇は日本人が中心であったが，16 世紀の倭寇は日本人の割合は少なかったと言われている。

6　イ　　日明貿易は，室町幕府の第三代将軍・足利義満が，将軍職を辞した後に，明と行った貿易である。アは足利義政，ウは足利尊氏，エは足利義昭。

7　反射炉　　「大砲を製造するための施設」から反射炉を導く。佐賀県には築地反射炉がつくられた。山口県の萩反射炉，静岡県の韮山反射炉は，「明治日本の産業革命遺産　製鉄・製鋼，造船，石炭産業」として，世界文化遺産に登録されている。

4　1　ウ　　明治時代，前島密によって郵便制度が整えられた。アとエは大正時代，イは昭和時代。

2　ウ→イ→エ→ア　　ウ(板垣退助らが民撰議院設立建白書を政府に提出し，自由民権運動が始まる)→イ(全国の代表者が大阪に集まり，国会期成同盟を結成する)→エ(政府が10年後の国会開設を約束すると，板垣退助は自由党，大隈重信は立憲改進党を結成する)→ア(憲法制定に向けて，伊藤博文が内閣制度をつくり，初代内閣総理大臣に就任する)

3　ア　　Xは三国干渉，Yはポーツマス条約の一部である。日清戦争の下関条約で日本が遼東半島を獲得すると，ロシアはフランスとドイツを誘って日本に対して清に遼東半島を返還するよう求めた(三国干渉)。日露戦争が始まり，日本が日本海海戦でロシアのバルチック艦隊に勝利すると，日本はアメリカに講和の仲介を依頼し，アメリカでポーツマス条約が結ばれた。

4　X＝輸出額が輸入額を上回った　Y＝エ　　X．輸出額が輸入額を上回る大戦景気となったが，景気がよくなったことで物価上昇を引き起こし，国民の賃金上昇率が物価上昇率に届かなかったため，国民の生活は，好景気にも関わらず苦しいものであった。Y．1914 年の工業の生産額は 30.9×0.444＝13.7196(億円)，1919 年の工業の生産額は 118.7×0.568＝67.4216(億円)だから，約５倍になっている。

5　エ　　石油危機は 1973 年に発生した。ニューディール政策はアメリカでローズベルト大統領が行った世界恐慌の対策，五か年計画はソ連でスターリンが行った計画経済である。

6　ア→ウ→イ　　ア(盧溝橋事件・日中戦争の始まり　1937 年)→ウ(日独伊三国同盟　1940 年)→イ(ミッドウェー海戦　1942 年)

5　1　国際分業　　ＥＵ圏内では，フランスを中心に航空機の製造が分業で行われている。

2　パリ協定　　京都議定書は，発展途上国には排出削減義務がなかったことから，「結果の公正さ」が保たれていないと判断できる。

3　ア　　国の予算が年々増加していく中で，防衛費は，1970 年代から 80 年代にかけて大幅に増加したが，その後はほぼ横ばいを続けているため，国の予算にしめる防衛費の割合は減少傾向にある。ただし，近年は防衛費が大幅に増加していることも覚えておきたい。

4　ウ　　日本国憲法第 14 条には，法の下の平等，貴族の禁止が規定されている。

5　イ　　衆議院の(法務)委員会は本会議前に行われるので，ＡとＢの間が正しい。国会の審議は，委員会→本会議の順に行われる。

6　常任理事国が１国でも拒否権を行使すると，その議案は否決される。例えば，日本の国連加盟がサンフランシスコ平和条約締結後すぐに実現しなかったのは，ソ連による拒否権の行使があったからであった。

6　1　クレジットカード　　【図１】を見ると，［　　］の割合は常に最も高いので，キャッシュレス決済の中でも，いち早く普及していることが読み取れる。また，［　　］のような後払いの決済方法とあることからもクレジットカードと判断できる。

2　エ　　【図２】を見ると，2020 年の値が 1980 年の値の約２倍に増えているのは「雇用者の共働き世帯」である。［ b ］の直後に，「休職した場合でも」とあることから，育児・介護休業法と判断できる。

3　ウ　　ア．クーリング・オフ制度は，訪問販売や電話勧誘販売などによる契約を一定期間内であれば，一方的に解除できる制度である。イ．相談窓口の設置は消費者契約法によるものではない。

エ．消費者基本法に８日間以内であれば契約解除できるような規定はない。

4⑴　マイクロクレジット　　「貧困層の自立支援」「グラミン銀行」などからマイクロクレジットと判断する。

⑵　エ　　X．直前に，「…飢餓状態にある。その一方で…」とあることから，飢餓と反対の内容を考える。

5　ウ　　政府が行う景気対策を財政政策といい，不況時には，減税や公共投資の拡大が行われ，好況時には，増税や公共投資の引き締めが行われる。

《2023　一般　数学　解説》

1　⑴(イ)　与式＝$-2x-6y+x-3y=\mathbf{-x-9y}$

(ウ)　与式＝$-\dfrac{8xy^2}{2x}=\mathbf{-4y^2}$

(エ)　与式＝$5+2\sqrt{5}+1=\mathbf{6+2\sqrt{5}}$

⑵　与式＝$x^2-(3y)^2=\mathbf{(x+3y)(x-3y)}$

⑶　２次方程式の解の公式より，$x=\dfrac{-(-1)\pm\sqrt{(-1)^2-4\times2\times(-2)}}{2\times2}=\mathbf{\dfrac{1\pm\sqrt{17}}{4}}$

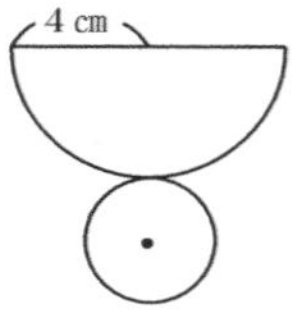

⑷　**【解き方】この円すいの展開図は右のようになる。底面の円周は側面のおうぎ形の弧の長さと等しい。**

底面の周の長さが，$2\pi\times4\times\dfrac{1}{2}=4\pi$ (cm)だから，底面の半径は，$4\pi\div2\pi=\mathbf{2}$ (cm)

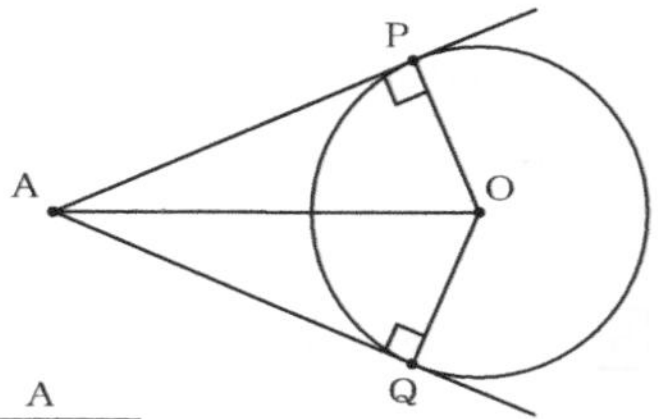

⑸　円の接線は接点を通る半径に垂直だから，接点をP，Qとすると右図のようになる。∠APO＝∠AQO＝90°だから，P，QはAOを直径とする円の周上の点になる。よって，AOの垂直二等分線を引いてAOの中点をとり，AOを直径とする円と円Oの交点を接点として接線を引けばよい。

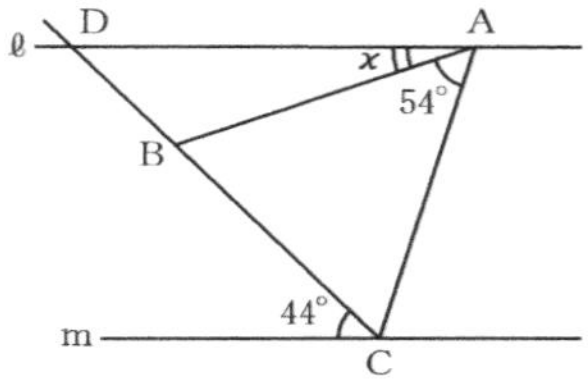

⑹　右のように作図する。

平行線の錯角は等しいから，∠ADC＝44°

△ABCは二等辺三角形だから，

∠ABC＝(180°－54°)÷２＝63°

三角形の１つの外角は，これととなり合わない２つの内角の和に等しいから，△ADBにおいて，∠x＝∠ABC－∠ADB＝63°－44°＝**19°**

⑺　**【解き方】箱ひげ図からは，右図のようなことがわかる。半分にしたデータ(記録)のうち，小さい方のデータの中央値が第１四分位数で，大きい方のデータの中央値が第３四分位数となる(データ数が奇数の場合，中央値を除い**

て半分にする)。

2003 年，2012 年，2021 年のいずれもデータの個数は 12 個(12 か月分)だから，$12\div2=6$ より，下位６個のデータの中央値，つまり小さい方から３番目と４番目の平均が第１四分位数で，上位６個のデータの中央値，つまり大きい方から３番目と４番目の平均が第３四分位数である。

①第３四分位数が最も大きいのは 2012 年だから，正しくない。

②(四分位範囲)＝(第３四分位数)－(第１四分位数)だが，箱ひげ図では箱の長さで表される。2012 年が最も箱が長いので，正しい。

③2021 年では第１四分位数が 23℃だから，23℃以下のデータが少なくとも３個あることがわかる。しかし，そのうち 20℃以下のデータといえるのは最小値の 18℃の１個だけで，他のデータの具体的な値は読み取れないから，20℃以下が１個だけかどうかはわからない。

④12 個のデータの 25%は $12\times\frac{25}{100}=3$ (個)である。2012 年では第３四分位数がおよそ 34.6℃だから，34.6℃以上のデータが少なくとも３個ある。よって，正しい。

⑤2003 年の中央値は 28℃と読み取れるが，箱ひげ図から平均値は読み取れない。

以上より，正しいものは**②，④**である。

2 (1)(ア)　【ユウさんがつくった連立方程式】の $x+y=1640$ から，x と y はともに道のりを表すとわかる。
$\frac{x}{60}+\frac{y}{100}=22$ から，走る速さである分速 100m で y を割っているので，y は走った道のり，x は歩いた道のりとわかる。x を割っている 60 は問題に載っていないので，歩いた速さは分速 60m であることを問題に加えなければならない。そうすると，問題では歩いた部分と走った部分の速さがそれぞれわかり，道のりと時間がわからないことになる。道のりを x，y とした方程式はすでにユウさんがつくっているので，歩いた時間を x 分，走った時間を y 分とすれば，別の連立方程式をたてることができる。よって，**ア**が正しい。

(イ)　歩いた時間を x 分，走った時間を y 分とすると，歩いた道のりは $60x$m，走った道のりは $100y$m だから，道のりの合計について，$\mathbf{60x+100y=1640}$…(ⅰ)，時間の合計について，$\mathbf{x+y=22}$…(ⅱ)となる。

(ウ)　【解き方】【ユウさんがつくった連立方程式】を解いても，(イ)でつくった連立方程式を解いてもよい。後者の方が簡単なので，ここではそちらを解く。

(イ)の(ⅰ)を整理すると，$3x+5y=82$…(ⅲ)となる。(ⅲ)－(ⅱ)×３で x を消去すると，

$5y-3y=82-66$　　$2y=16$　　$y=8$　　(ⅱ)に $y=8$ を代入すると，$x+8=22$　　$x=14$

よって，歩いた道のりは，$60\times14=$ **840**(m)

(2)(ア)　３秒後，$AP=1\times3=3$ (cm)，$QA=12-2\times3=6$ (cm)だから，
三角すいＰＡＢＱの体積は，$\frac{1}{3}\times\triangle ABQ\times AP=\frac{1}{3}\times(\frac{1}{2}\times6\times9)\times3=$ **27**(cm³)

(イ)　x 秒でＱは $2x$ cm進むから，$QA=AD-DQ=$ $\mathbf{12-2x}$ (cm)

(ウ)　【解き方】x 秒後に三角すいＰＡＢＱの体積が 24 cm³になるものとして，体積について x の方程式をたてる。

$\triangle ABQ=\frac{1}{2}\times QA\times AB=\frac{1}{2}\times(12-2x)\times9=9(6-x)$ (cm²)

$AP=x$ cmだから，三角すいＰＡＢＱの体積について，$\frac{1}{3}\times9(6-x)\times x=24$　　$x(6-x)=8$

$x^2-6x+8=0$　　$(x-2)(x-4)=0$　　$x=2,\ 4$

$0\leqq x\leqq6$ だから，$x=2,\ 4$ は条件に合う。よって，求める時間は**２秒後と４秒後**である。

3 (1)　$y=ax^2$ のグラフはＡを通るから，$y=ax^2$ に $x=2$，$y=2$ を代入すると，$2=a\times2^2$ より，$a=\mathbf{\frac{1}{2}}$

(2)　【解き方】直線ＡＢの式を $y=mx+n$ として，ＡとＢの座標をそれぞれ代入することで，連立方程式をたてる。

直線$y=mx+n$はA（2，2）を通るので，$2=2m+n$，B（−4，8）を通るので，$8=-4m+n$が成り立つ。
これらを連立方程式として解くと，$m=-1$，$n=4$となるから，直線ABの式は，$\boldsymbol{y=-x+4}$

⑶ **【解き方】四角形ＯＡＢＣが平行四辺形だから，ＣとＢの位置関係は，ＯとＡの位置関係と同じである。**
ＯはＡから左に２，下に２進んだ位置にあるので，ＣはＢから左に２，下に２進んだ位置にある。
よって，Ｃのx座標は$-4-2=-6$，y座標は$8-2=6$だから，**Ｃ（−6，6）**である。

⑷(ア)　平行四辺形の２本の対角線は互いの中点で交わるから，ＤはＯＢの中点なので，ＯＤ：ＤＢ＝**１：１**

(イ)　**【解き方】平行四辺形は２本の対角線によって面積が４等分されるので，$\triangle OAD=\frac{1}{2}\triangle OAB$である。**

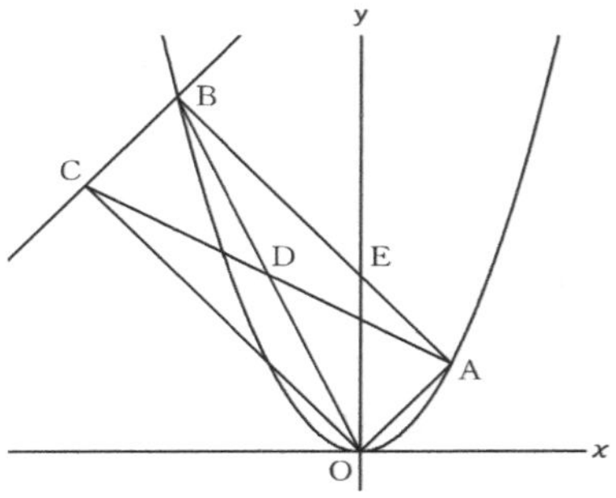

右図のようにＥをおくと，
$\triangle OAB=\frac{1}{2}\times OE\times$（ＡとＢの$x$座標の差）で求められる。
直線ＡＢの式より，Ｅ（0，4），ＯＥ＝４だから，
$\triangle OAB=\frac{1}{2}\times4\times\{2-(-4)\}=12$
よって，$\triangle OAD=\frac{1}{2}\triangle OAB=\boldsymbol{6}$

(ウ)　**【解き方】$\triangle OPC=\frac{7}{3}\triangle OAD=\frac{7}{3}\times6=14$で，(イ)より，$\triangle OBC=\triangle OAB=12$である。△ＯＰＣと△ＯＢＣの面積比に着目する。**
△ＯＰＣと△ＯＢＣは，底辺をそれぞれＰＣ，ＢＣとしたときの高さが等しいから，ＰＣ：ＢＣは面積比と等しく，14：12＝７：６である。
Ｃ，Ｂ，Ｐは同一直線上の点だから，（ＰとＣのx座標の差）：（ＢとＣのx座標の差）＝ＰＣ：ＢＣ＝７：６なので，
（ＰとＣのx座標の差）＝（ＢとＣのx座標の差）$\times\frac{7}{6}=\{-4-(-6)\}\times\frac{7}{6}=\frac{7}{3}$
よって，Ｐのx座標は，（Ｃのx座標）$+\frac{7}{3}=-6+\frac{7}{3}=\boldsymbol{-\frac{11}{3}}$，または，（Ｃの$x$座標）$-\frac{7}{3}=-6-\frac{7}{3}=\boldsymbol{-\frac{25}{3}}$

4　⑴　**【解き方】ＡＢが直径だから∠ＡＣＢ＝90°なので，三平方の定理を利用する。**
$AC=\sqrt{AB^2-BC^2}=\sqrt{(5\times2)^2-(4\sqrt{5})^2}=\sqrt{20}=\boldsymbol{2\sqrt{5}}$（cm）

⑵　まず，問題文の仮定を図にかきこんで，証明のために必要な条件を探そう。条件が足りない場合は，問題の内容に応じて，図形の性質，平行線の同位角・錯角，円周角の定理などからわかることもかきこんでみよう。

⑶(ア)　**【解き方】△ＡＢＣ∽△ＡＣＨとなることを利用する。**
△ＡＢＣ∽△ＡＣＨより，ＢＣ：ＣＨ＝ＡＢ：ＡＣ
$4\sqrt{5}:CH=10:2\sqrt{5}$　　$CH=\frac{4\sqrt{5}\times2\sqrt{5}}{10}=\boldsymbol{4}$（cm）

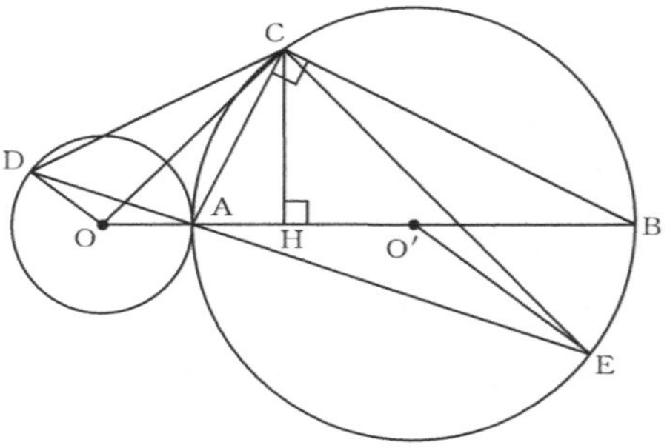

(イ)　**【解き方】△ＯＡＤも△Ｏ′ＡＥも二等辺三角形で，∠ＯＡＤ＝∠Ｏ′ＡＥより底角が等しいから，相似である。相似な図形の面積比は相似比の２乗に等しい。**
△ＯＡＤと△Ｏ′ＡＥの相似比は，ＯＡ：Ｏ′Ａ＝２：５だから，
$S:T=2^2:5^2=\boldsymbol{4:25}$

(ウ)　**【解き方】△ＯＢＣ∽△ＤＥＣと，相似な図形の面積比は相似比の２乗に等しいことを利用する。**
(イ)よりＡＤ：ＡＥ＝２：５だから，$DE=\frac{2+5}{5}AE=\frac{7}{5}\times3\sqrt{10}=\frac{21\sqrt{10}}{5}$（cm）
△ＯＢＣと△ＤＥＣの相似比は，$OB:DE=(2+10):\frac{21\sqrt{10}}{5}=20:7\sqrt{10}$だから，面積比は，
$20^2:(7\sqrt{10})^2=40:49$となる。$\triangle OBC=\frac{1}{2}\times OB\times CH=\frac{1}{2}\times12\times4=24$（cm²）だから，

$\triangle DEC = \frac{49}{40}\triangle OBC = \frac{49}{40} \times 24 = \mathbf{\frac{147}{5}}$(cm²)

5 **(1)(ア)**　(１回目，２回目)＝(６，５)のとき，１回目にＧのマス，２回目に**Ｄ**のマスに止まる。

(イ)　コマが最も進むのは(１回目，２回目)＝(６，６)のときだが，それでも止まるマスはＣのマスであり，Ａには届かない。よって，Ａに止まる出方は０通りだから，Ａに止まる確率は**０**である。

(ウ)　**【解き方】コマがＦのマスに止まるのは，２回の目の合計が５か９のときである。**

２回のさいころの目の出方は全部で６×６＝36(通り)ある。そのうち条件に合う出方は右表の〇印の８通りだから，求める確率は，$\frac{8}{36} = \mathbf{\frac{2}{9}}$

		2回目					
		1	2	3	4	5	6
1回目	1				〇		☆
	2			〇		☆	
	3		〇		☆		〇
	4	〇		☆		〇	
	5		☆		〇		
	6	☆		〇			

(エ)　**【解き方】コマがＨのマスに止まるのは，２回の目の合計が７のときである。**

Ｈのマスに止まる出方は，右表の☆印の６通りだから，Ｈのマスに止まる確率は，$\frac{6}{36} = \frac{1}{6}$である。よって，Ｈのマスに止まらない確率は，$1 - \frac{1}{6} = \mathbf{\frac{5}{6}}$

(2)(ア)　**【解き方】相似な図形の面積比は相似比の２乗に等しくなることを利用する。**

１辺の長さが１cmの正六角形と３cmの正六角形は相似で，相似比が１：３だから，面積比は$1^2 : 3^2 = 1 : 9$である。したがって，使うタイルの枚数も９倍になる。１辺の長さが１cmの正六角形ではタイルを６枚使うから，求める枚数は，６×９＝**54**(枚)

(イ)　(ア)と同様に求める。面積比が$1^2 : 6^2 = 1 : 36$だから，求める枚数は，６×36＝**216**(枚)

(ウ)　**【解き方】求める長さを$x$cmとし，(ア)の考え方からxを求める。**

１辺が$x$cmの正六角形で使うタイルの枚数は，2023÷６＝337余り１より，１辺が１cmの正六角形の場合の337倍以下である。x^2が337以下となるような最大のxの値を探すと，$18^2 = 324$，$19^2 = 361$より，$x = 18$が見つかる。

よって，求める長さは**18**cmである。

2022 解答例
令和４年度

佐賀県公立高等学校【一般】

《2022　一般　国語　解答例》

一　問１．a．遺産　b．のぼ　c．宣伝　d．けいさい　　問２．イ

問３．（Ａの例文）

私は見出しＡを選びます。なぜなら、訪れる人が少ないという町の短所を逆手にとり、海の魅力を高める表現になっており、印象に残るからです。海岸を「プライベートビーチ」と表現し、混雑する海水浴場ではないことを想像させることができると考えました。

（Ｂの例文）

私は、見出しＢの方が良いと思う。なぜなら、インパクトは弱いかもしれないが、誰にでも内容が伝わりやすい表現だからだ。はがくれ町の魅力は海や日の出という自然や景色の美しさなので、それをストレートに表現した方が、読む人に伝わりやすいと思う。

二　問１．ウ　　問２．ア　　問３．使えば使うほど増えていくものであるにもかかわらず、お金のように使えばなくなる　　問４．イ　　問５．イ

三　問１．副詞　　問２．イ　　問３．ウ　　問４．ア　　問５．草壁が久留米に自分の意思を明確に表わしたことが、嬉しかったから。　　問６．ウ

四　問１．うたがわくは　　問２．エ　　問３．亀の背の上に乗っている　　問４．X．ウ　Y．エ

《2022　一般　理科　解答例》

1　１．(1)質量保存　(2)イ　　２．(1)偏西風　(2)ウ　　３．(1)ア　(2)ウ　　４．(1)イ　(2)イ

2　１．(1)オ　(2)②ウ　④エ　(3)ア　　２．(1)軟体動物　(2)記号…ア　名称…えら　(3)ア　(4)エ　(5)ウ　(6)ア

3　１．(1)(a)０　(b)10　(2)主要動　　２．(1)津波　(2)断層　　３．(1)２　(2)18　(3)ウ　(4)イ

4　１．(1)600　(2)エ　　２．(1)右グラフ　(2)16.0　(3)0.2　(4)エ　(5)イ　(6)水中に入れる前…ア　水中…カ　(7)オ

5　１．(1)①Na^{+}　②Cl^{-}　(2)再結晶　(3)イ　　２．(1)蒸留　(2)イ　(3)エ　(4)沸点が低い　(5)ウ　(6)エ

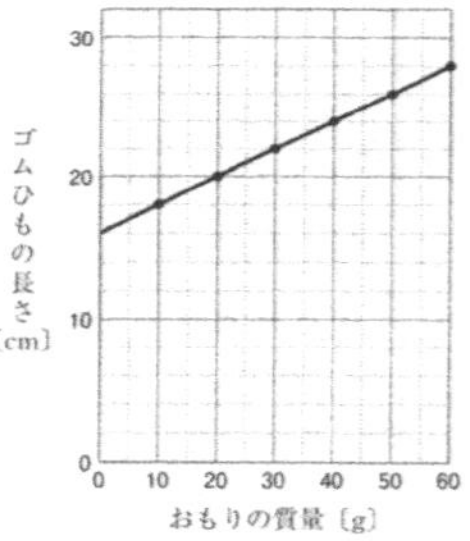

《2022　一般　英語　解答例》

1　問１．１番…ア　２番…ウ　　問２．１番…エ　２番…イ　　問３．１番…イ　２番…ウ

問４．Making Japanese friends is the best way.〔別解〕You should watch Japanese movies.

2　問１．①You must walk for forty minutes〔別解〕It takes 40 minutes to walk there

②we won't go to the park〔別解〕they will not have the volunteer work at the park

問２．(1)He was taking some pictures〔別解〕He took some pictures of the bird

(2)Don't worry about the bird〔別解〕The bird will not hurt you

(3)I want to swim there〔別解〕I like fishing in the sea

3 問１．⑴エ　⑵ア　　問２．⑴イ　⑵ウ　　問３．ア，カ

4 問１．高校では多くのことを学び，それらは将来必要だから。　　問２．ア　　問３．information　　問４．エ
問５．イ

5 問１．美弥が自分で何もしていないから。　　問２．日本では，多くの犬が動物保護施設に持ち込まれ，それらの一部は一生施設で過ごさなければならないこと。　　問３．イ　　問４．ウ　　問５．イ

《2022　一般　社会　解答例》

1 １．ア　　２．出かせぎ　　３．⑴②→③→①　⑵フランス語　⑶ウ　⑷風力

2 １．資料１…ウ　資料２…c　　２．ダム　　３．ア　　４．エ　　５．⑴イ　⑵エ　　６．アスファルトでおおわれている（下線部はコンクリートでもよい）

3 １．ウ　　２．エ　　３．中国との貿易（下線部は宋でもよい）　　４．能〔別解〕能楽　　５．二毛作
６．ア　　７．松平定信

4 １．イ　　２．地価の３％を現金で納める　　３．⑴ア　⑵八幡製鉄所　　４．ウ　　５．イ→ウ→ア
６．ソ連〔別解〕ソビエト社会主義共和国連邦

5 １．イ　　２．国家権力を制限し〔別解〕国家権力の濫用を防ぎ　　３．ア　　４．内閣不信任(の)
５．民主主義　　６．人工知能〔別解〕ＡＩ

6 １．ア　　２．⑴少子高齢化が進んだ。　⑵年金　⑶エ　　３．ウ→イ→ア　　４．ウ　　５．パリ協定

《2022　一般　数学　解答例》

1 ⑴(ア)-8　(イ)$-3x+2y$　(ウ)$7xy$　(エ)$\sqrt{6}$　　⑵$(x-6)(x+1)$　　⑶$\frac{7\pm\sqrt{17}}{2}$　　⑷$\frac{32}{3}\pi$
⑸右図　　⑹80　　⑺②

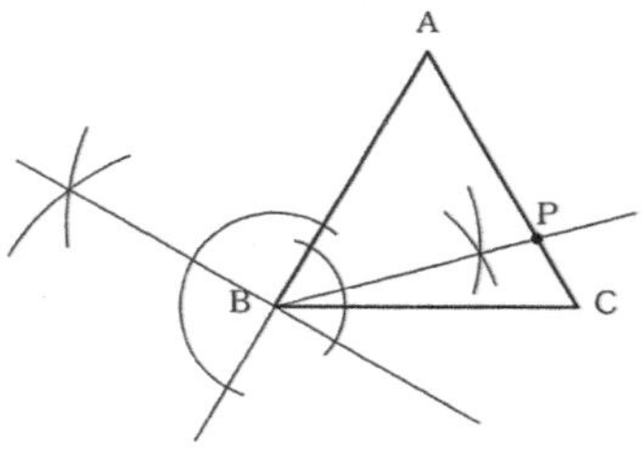

2 ⑴(ア)$x+y+1$　(イ)$170x+90y+350$　(ウ)$110x+90y+350$　(エ)７
⑵(ア)$\frac{1}{2}$　(イ)$\frac{3}{2}$　※(ウ)$2+\sqrt{2}$

3 ⑴(ア)$\frac{2}{7}$　(イ)$\frac{1}{21}$　(ウ)$\frac{4}{7}$　(エ)$\frac{5}{7}$　　⑵(ア)250　(イ)ウ　(ウ)29

4 ⑴$-\frac{1}{2}$　　⑵エ　　⑶-2　　⑷$(0,\ -4)$　　⑸(ア)$-x-3$　(イ)$\frac{9}{4}$
(ウ)８：３

5 ⑴90
⑵△ＡＣＤと△ＡＦＥにおいて，
円Ｏにおいて，弧ＡＢに対する円周角だから，∠ＡＣＤ＝∠ＡＦＥ…①
円Ｏ′において，弧ＡＢに対する円周角だから，∠ＡＤＣ＝∠ＡＥＦ…②
①，②より，２組の角が，それぞれ等しいので，△ＡＣＤ∽△ＡＦＥ
⑶１：２　　⑷$2\sqrt{10}$　　⑸$3\sqrt{10}$　　⑹27

※の答えを求めるまでの過程は解説を参照してください。

2022 解説 ▶ 佐賀県公立高等学校【一般】

令和４年度

←解答例は前ページにありますので，そちらをご覧ください。

《2022　一般　国語　解説》

一　問２　２回目の発言で、「前回の整理をすると～意見が出ました」と、「出された意見を整理している」。３回目の発言では、「訪れる人が少ないことは、マイナスにしかならないのでしょうか」と、マイナスだと思われていたことにも良い面があるのではないかという「異なる視点を提示」している。４番目の発言で、短所を逆手に取って表現する場合と、長所をストレートに表現する場合について、それぞれのメリットとデメリットを比較している。５番目の発言で「両方の表現の仕方で掲載するということでどうでしょうか」と、合意形成をうながしている。「合意」は意見が一致すること。

二　問１　「使うと減るモノ」の代表例がお金であり、お金が価値を持ちすぎているため、今の社会は「どれだけあっても～いつも不足を数えるような状況」になり、「どんなものでも、使えばなくなると思われすぎて」いる。いつも不足していると感じられるということは、満足感を得ることができないということだから、ウが適する。

問２　「バランスのよさ」を保っていたのは、直前の「２つの極」。すなわち、使うと減る「モノ(物質)の集合」と、使うと増えていく「エネルギーの流れ」である。この後に、「エネルギーの流れ」のようなものに対する「想像力は、現代においてあまりにもひからびてしまっている」とあるから、むかしは「想像力」によって２つの極のバランスを取っていたということになる。よってアが適する。

問３　前後の内容からまとめる。愛も「お金と同じように『使えばなくなる』」と誤解されているが、現実には「『使えば使うほど、どこかから湧き上がってきてさらに増えていく』というものの中心にあるもの」である。

問４　直前に「恋愛でも親子関係でも、何かをしたらその対価がきっちりと返ってくるべき。それが～どうやら世の中全般で信じられている」とある。本来は、愛は使うほどに増えていくから、際限なく与えることができるはずなのに、相手から同じだけの対価を求めてしまうのである。また、３～４行前にあるように、私たちはお金を出したらすぐに品物が提供されるコミュニケーションの形態に慣れているために、「即時的に返ってくる」ことを期待してしまっている。よってイが適する。

問５　問いをたて、それに答える形で論を展開していくのは、論説文でよくみられる書き方である。よって、イが適する。　ア・エ．筆者の述べていることが「難解」であるかどうかは、読む人の主観によるので適さない。また、「です・ます」調であることは、文章の読み取りの難易度には関係がない。　ウ．「ディズニーアニメ」は「一般的な体験談」とは言えない。

三　著作権に関係する弊社の都合により本文を非掲載としておりますので、解説を省略させていただきます。ご不便をおかけし申し訳ございませんが、ご了承ください。

四　問１ア　古文で言葉の先頭にない「はひふへほ」は、「わいうえお」に直す。

問２　舟人は欲をおこして、童子たちを海に投げ入れた。「賊」(盗人)となった舟人は、舟に載せている禅師《ぜんじ》らの金や顔料を奪おうとしたのだろう。しかし、禅師は仏に仕える身なので、賊も(童子らにしたように)直接手を下すのはためらわれ、海に入るように言ったと考えられる。

問３　【古文の内容】を参照。

問４Ｘ　【古文の内容】を参照。京からの帰りに起きたことである。　Ｙ　禅師は大亀を人に勧めて海に放させた。助けられた亀たちがその恩に報い、賊によって海に入らされた禅師を助け、背に乗せて海岸まで送り届けた。

【古文の内容】

仏に仕える僧が、仏像を造るために京に上った。財産を売って全て仏像の装飾のための金や朱の顔料を買った。帰る途中難波《なにわ》の船着き場に到着した時に、海辺の人が、大亀を四匹売っていた。僧は、人に良い行いと勧めて買い取らせ、海に放させた。その後人の舟を借りて、付き人の少年を二人連れて、一緒に乗って海を渡る。日が暮れて夜が更けた。船乗りが、欲をおこし、備前《びぜん》の骨嶋《かばねじま》あたりにさしかかると、少年たちをつかまえて、海の中に投げ込んだ。その後に、僧に「はやく海に入れ」と言う。僧は、教えさとしたが、賊はそれでもやはり聞き入れない。そこで、仏に祈願して海の中に入る。水が、腰の深さぐらいまでつかった時に、石が脚に当たったので、夜明けの光で見ると、亀が(禅師を)背に乗せているのであった。備中の海岸辺りで、その亀が三回領《うなず》いて去る。おそらく、これは放させた亀が恩を返したのだろうかと思われる。

《2022　一般　理科　解説》

1　1(1)　反応の前後で原子の組み合わせは変わるが，原子の種類と数は変化しないため，反応に関わる物質全体の質量も変化しない。　(2)　Bでは，フラスコ内の酸素が鉄と結びついたことで，フラスコ内の気圧が低くなっている。このため，Bのピンチコックを開くとフラスコ内に空気が吸い込まれ，全体の質量が大きくなる。

2(2)　寒冷前線が通過すると，寒気におおわれるため気温が急に下がる。

3(2)　aとbはシダ植物だけ，dはコケ植物だけにあてはまる。

4(1)　電圧と電流には比例の関係がある。これをオームの法則という。また，図3より，電圧が同じとき，bの方が電流が流れにくいので，bの方が抵抗が大きい。　(2)　Xのようにaとbを直列つなぎにすると，全体の抵抗はaとbの抵抗の和となる〔$R=R_a+R_b$〕。よって，aやbだけのときよりも電流が流れにくくなるから，グラフはQである。これに対し，Yのようにaとbを並列つなぎにすると，全体の抵抗はaやbだけのときよりも小さくなり，電流が流れやすくなるからグラフはPである。並列つなぎにしたときの抵抗は〔$\frac{1}{R}=\frac{1}{R_a}+\frac{1}{R_b}$〕で求められ，これを変形すると，〔$R=\frac{R_aR_b}{R_a+R_b}$〕となり，計算しやすくなる。

2　1(1)　イに伝わった振動がエからオに伝わる。オには音の刺激を受けとる感覚細胞があり，感覚神経を通して脳に信号が伝えられる。なお，目ではアに光の刺激を受けとる感覚細胞がある。　(2)　脳と脊髄は中枢神経，感覚神経と運動神経は末しょう神経である。

2(1)　無セキツイ動物の中で，内臓とそれを包む外とう膜をもつ動物を軟体動物という。　(2)　イはろうと，ウは口，エは胃，オは肝臓である。　(4)　aは軟体動物，bとdは節足動物の甲殻類，cは軟体動物や節足動物以外の無セキツイ動物である。　(5)　セキツイ動物は，魚類→両生類→ハチュウ類→ホニュウ類→鳥類の順に現れたと考えられている。　(6)　ア×…水中でうまれる魚類と両生類の卵には殻がない。陸上でうまれるハチュウ類と鳥類の卵には，乾燥を防ぐための殻がある。

3　1(1)　震度は0，1，2，3，4，5弱，5強，6弱，6強，7の10段階に分けられている。　(2)　P波は初期微動を起こす波である。なお，S波は主要動を起こす波で，P波はS波よりも伝わる速さが速い。

3(1)　P波とS波の到着時刻の差(初期微動が始まってから主要動が始まるまでの時間)が初期微動継続時間である。図1より，X地点で初期微動が始まったのが5時10分6秒，主要動が始まったのが5時10分8秒だから，初期微動継続時間は2秒である。　(2)　(1)と同様に考えると，Y地点での初期微動継続時間は5時10分10秒－5時10分7秒＝3(秒)である。また，図2より，震源からの距離が60㎞の地点ではP波とS波の到着時刻の差が10秒になっている。初期微動継続時間は震源からの距離に比例するから，Y地点の震源からの距離は$60\times\frac{3}{10}=18$(㎞)である。

図 I

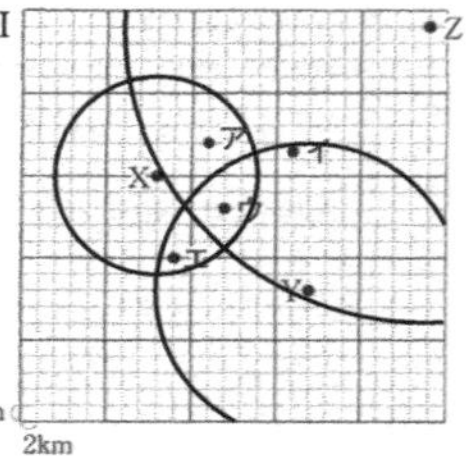

(3)　Y地点の震源からの距離は18kmだから，初期微動継続時間が震源からの距離に比例することに着目して震源からの距離を求めると，X地点は$18\times\frac{2}{3}=12$(km)，Z地点は$18\times\frac{6}{3}=36$(km)である。図Ⅰのように，それぞれの地点において，震源からの距離を半径とする円を考えると，震源はその円の内側にある。よって，３つの円の内側にあるウが震源の真上の地表地点である震央の位置だと考えられる。なお，正確に作図すると，３つのうち２つの円の交点を結んだ直線を２本引いたときの交点が震央の位置になるが，ここでは初期微動継続時間や震源からの距離がおよその数値であるため，正確に表されていない。

(4)　イ○…先に観測されるＰ波をもとに，主要動をもたらす(大きな被害をもたらす可能性のある)Ｓ波の情報を知らせるしくみである。

4　１(1)　Ｐの面の面積は$2\times5=10$(㎠)→0.001㎡であり，質量60ｇ→0.6Ｎだから，〔$\text{圧力(Pa)}=\frac{\text{力(N)}}{\text{面積(m}^2\text{)}}$〕より，圧力は$\frac{0.6}{0.001}=600$(Pa)である。　(2)　図２より，ゴム膜のへこみが大きいところ(水深が深いところ)ほど水圧が大きいと考えればよい。

２(2)　表１より，おもりの数が１個増えるごとにゴムひもの長さが2.0cmずつ長くなっているから，おもりをつるす前のゴムひもの長さは，おもりが１個のときよりも2.0cm短い16.0cmである。　(3)　物体がすべて空気中にあるとき(水面から物体底面までの距離が０cmのとき)のゴムひもの長さが28.0cm，水面から物体底面までの距離が2.0cmのときのゴムひもの長さが24.0cmだから，ゴムひもを$28.0-24.0=4.0$(cm)のばす力と同じ大きさの浮力が上向きにはたらいていると考えればよい。表１より，ゴムひもを4.0cmのばす力の大きさは，10ｇのおもり２個分にはたらく重力と同じ大きさの$0.1\times2=0.2$(N)である。　(4)　浮力の大きさは，水中部分の物体の体積に比例して大きくなる。よって，ウのように，物体が完全に水中に沈んだとき浮力は最大になり，そこからエのようにさらに深く沈めても浮力の大きさは変化しない。つまり，図６で，ゴムひもの長さが最も短くなった瞬間(水面から物体底面までの距離が５cmのとき)がウの状態だから，ａのときはそれよりもさらに深く沈めたエの状態である。

(5)　ア×…(4)解説の通り，水面から物体底面までの距離が一定以上になると浮力の大きさは変化しなくなる。ウ×…質量だけを変えて実験を行っていないので，実験２の結果からは判断できない。　エ×…ＡとＢの両方に浮力がはたらいていると考えられる。　(6)　ＡとＣは同じ質量だから，空気中ではつり合う。また，Ａの体積はＣの体積の２倍だから，Ｃが完全に沈み，Ａが半分沈んだとき，ＡとＣにはたらく浮力が等しくなるので，棒の両端にはたらく力が等しくなり，静止する。　(7)　水中で静止したＹと一部が水面から出た状態で静止したＺには，物体にはたらく重力と同じ大きさの浮力がはたらいている。また，Ｘはゴムひもでつるさなければ沈んでしまうので，Ｘにはたらく浮力はＸにはたらく重力よりも小さい。Ｘ～Ｚの質量は同じ，つまり，Ｘ～Ｚにはたらく重力は同じだから，浮力の大きさは，$F_X<F_Y=F_Z$となる。

5　１(1)　塩化ナトリウムが水に溶けると，ナトリウムイオンと塩化物イオンに電離する〔$NaCl\rightarrow Na^{+}+Cl^{-}$〕。

(2)　ミョウバンのように温度による溶解度の差が大きい物質は，実験１のようにして多くの結晶を得ることができる。これに対し，塩化ナトリウムように温度による溶解度の差が小さい物質は，実験１のようにしても多くの結晶を得ることができず，加熱して水を蒸発させることで多くの結晶を得ることができる。　(3)　図１より，20℃での溶解度は，ミョウバンが約11ｇ，塩化ナトリウムが約36ｇである。水の質量が100ｇの$\frac{1}{4}$の25ｇであれば，溶ける量も$\frac{1}{4}$になるので，ミョウバンは約$11\times\frac{1}{4}=2.75$(ｇ)，塩化ナトリウムは約$36\times\frac{1}{4}=9$(ｇ)まで溶ける。よって，ミョウバンの結晶だけが約$6-2.75=3.25$(ｇ)あらわれる。最も近いのはイである。

2(2)　エタノールの状態は，液体→気体→液体の順に変化する。Xが固体，Yが液体，Zが気体のようすを表したものだから，Y→Z→Yの順である。　(3)　蒸留によって集められる液体はエタノールと水であり，どちら無色透明である。　(4)　エタノールの沸点は約78℃，水の沸点は100℃である。　(5)　純粋な物質を加熱したときには融点や沸点で温度が一定になる。これは，状態変化に熱が使われるためである。これに対し，エタノールと水の混合物を加熱したときには，エタノールの沸点に達しても水の温度が上がり続けるので，温度が一定にならず，ウのようにエタノールの沸点付近で温度上昇がゆるやかになる。　(6)　密度が大きいものは下へ移動し，密度が小さいものは上へ移動する。aにはエタノール，cには水を多く含んだ液体が集まるので，この破片の物質の密度はエタノールの0.79g/cm³よりは大きく，水の1.00g/cm³よりは小さいと考えられる。

《2022　一般　英語　解説》

1　問1　1番　質問「机の上に何が見えますか？」…ア「時計」が適当。

2番　質問「少年は朝食前に何をしますか？」…ウ「6時15分に起きて，犬を公園に連れていく」が適当。

問2　1番　A「素敵な誕生日パーティーだったわね」→B「そうだね。アユミは僕らのプレゼントを気に入ったと思う？」の流れだから，エ「そうだといいわね」が適当。　2番　A「明日の晩は空いてる？」→B「そうだね，テスト勉強をしなきゃならないんだ。どうして？」→A「食べ物を買うために一緒に来てほしいの」の流れだから，イ「悪いけど行けないよ」が適当。

問3　【放送文の要約】参照。1番　質問「アリのスピーチから，トルコについて何が本当ですか？」

2番　質問「アリのスピーチから，彼はトルコの自宅で何をしますか？」

【放送文の要約】

こんにちは。私はトルコ出身の学生です。トルコを知っていますか？日本から飛行機で約13時間かかります。ですから，トルコは日本からとても遠いです。私の国は日本よりも大きいですが，人口は少ないです。日本の企業はたくさんあり，1番イ私たちは日本の商品や文化が大好きです。多くの人が日本に興味を持って日本語を勉強しています。

日本とトルコの文化は非常に似ています。いくつか例を挙げましょう。1つ目は，私の国では，2番ウ家で靴を脱ぐので家をきれいにしておくことができます。日本の文化とよく似ています。2つ目は，日本の伝統的なデザートはとても甘いです。そして私たちのデザートもとても甘いです。トルコのレストランでは，甘いデザートを食べながらコーヒーを飲むことがよくあります。

訪れるべき素敵な場所はたくさんあると思います。みなさんもきっと気に入ると思います。いつかトルコを訪れてください。ありがとうございました。

問4　【放送文の要約】参照。メッセージの内容を踏まえて，アドバイスを英語で答える。無理に難しい表現は使わなくてもいいので，文法・単語のミスに注意し，一貫した内容の文を書こう。書き終わった後に見直しをすれば，ミスは少なくなる。(例文1)「日本人の友達を作るのが一番の方法です」／(例文2)「日本の映画を見るべきです」

【放送文の要約】

今日はあなたと話せてとてもうれしかったです。日本語に興味がありましたが，今ではもっと学びたいです！それを勉強数するための最良の方法は何ですか？教えてください！

2　広告を見ながらメールの内容に合う英文を考えよう。

問1①　広告の「駅から徒歩で約40分」の部分を英文にする。「40分間歩く」＝walk for forty minutes　〈it takes＋時間＋to ～〉「～するのに(時間)かかる」の形を使ってもよい。　②　広告の「☆雨天時は…」より，雨天時にはボランティア活動は行わない。won't や will not を使って未来を表す否定文にすること。「公園に行く」＝go to the park　「ボランティア活動」＝volunteer work　「公園で」＝at the park

【メール１】「やあ，健司。ブルーパークでのボランティア活動について聞きたいんだ。君は公園までバスに乗るべきだと言ったけど，玉浜駅から歩いてどれくらいかかる？晴れたら歩きたいんだ。雨が降ったらバスに乗るよ。マーク」　【メール２】「やあ，マーク。君の質問に答えるよ。40 分歩かなければならない／歩いてそこに行くのに 40 分かかるから遠いよ。そして雨が降ったら，公園には行かないよ／公園でボランティア活動が行われないよ。玉浜駅ホールで海の生物について学ぶよ。駅の近くだよ！　健司」

問２⑴　父はバードウォッチングが好きで，【写真】では，カメラで写真を撮っているので，「写真を撮る」＝take (some) pictures を使う。　⑵　【写真】では，鳥をこわがって泣いている妹をあやす内容の英文を作る。「心配しなくてよい」＝Don't worry.　「人を傷つける」＝hurt＋人　⑶　海でやりたいことを自由に答える。「泳ぎたい」＝want to swim　「釣りが好き」＝like fishing

【スピーチ原稿】「私は家族の写真について話します。私は昨年家族と一緒に熊本の山に行きました。これを見てください。このとき，私たちは空を飛んでいる大きな鳥を見て，父はとてもわくわくしていました。父はバードウォッチングが好きなので，写真を撮っていました／鳥の写真を数枚撮りました。しかし，妹は鳥を見たとき，泣き出しました。母は『鳥のことは心配しなくていいわ／鳥はあなたを攻撃しないわ』と言って妹をあやしました。そのあと，私たちは山頂で昼食を食べました。楽しい時間を過ごしました。今年私は海に行くつもりです。そこで泳ぎたい／海で釣りをするのが好きだからです。ご清聴ありがとうございました」

3

問１⑴　（休み時間にユキとトムが教室で話している）ユキ「これで次のクラスの準備ができたわ！」→トム「どうしてこんなことをしたの？」→ユキ「前の授業でイトウ先生にグループワークのために机をまとめるよう言われたから」→トム「ああ，それを忘れてたよ。どうもありがとう！」より，エが適当。　⑵（シンとメアリーは，彼らの学校の生徒たちが日本で訪れたい場所に関するアンケート調査について話している）シン「見て。東京は最も人気がある場所だね」→メアリー「私は本当に沖縄に行きたいわ。でもそこに行きたい生徒はたったの 10%よ。たぶんたくさんの生徒たちは大都市を訪れたいんだわ。大阪は東京とほとんど同じくらい人気があるわ」→シン「なるほど。でも僕は将来北海道でスキーをしたいな」より，アが適切。

問２　【本文の要約】参照。

⑴　イ「なぜ私たちは『象は決して忘れない』というのか」が適当。

⑵　ウ「宇宙ゴミの問題」が適当。

【本文の要約】

⑴　英語では，「象は決して忘れない」ということわざがあります。実は，これは象の特徴によるものです。象はとても大きいだけでなく，とても賢いです。彼らは大きな頭脳を持っており，多くのことを学ぶことができます。象は物事の記憶力もいいです。家族が亡くなると，数年後にその場所を訪れることがよくあります。それは，人間が家族の墓を訪れるようなものです。

⑵　たくさんの宇宙船と人類が宇宙に行ったことがあります。また，宇宙のゴミの量も増えています。それは「space debris(宇宙ゴミ)」と呼ばれています。それらは宇宙を非常に速く移動するため，非常に危険です。宇宙ゴミが宇宙船のようなものに当たると，それらを損傷する可能性があります。この問題を解決するために，JAXA（宇宙航空研究開発機構）は現在いくつかの企業と協力しています。宇宙ゴミを取り除くことは，宇宙を安全に保つために非常に重要です。

問3　ア〇「お祭りは金曜日の11時30分に始まります」…広告のDateとTimeより正しい。　イ「それぞれの店は食べ物×とみなさんが使う雑貨の両方を売ります」　ウ「もし割引してほしいなら，×それぞれの地方のグループに電話する必要があります」　エ「それぞれの地方の音楽演奏会は×毎日３回ずつ行われます」　オ「智は×日曜日の１時よりあとに，お祭りでカレーを買うことができます」　カ〇「智は土曜日にオーストラリアの食べ物を買う計画を立てることができます」…Meet Aussie の説明とスケジュールより，オーストラリアの食べ物は23日(土曜日)に買うことができる。

4　【本文の要約】参照。

問1　聡美の２回目の発言の３文目を日本語にする。

問2　聡美の２回目の発言より，Aは部活動(＝Club activities)，聡美の５回目の発言より，Bは学校行事(＝School events)，Cはボランティア活動(＝Volunteer activities)である。

問3　［①］の直後の聡美の発言の２文目にある information「情報」を抜き出す。

問4　前後の内容からエ「高校に入ってからさまざまなボランティア活動をするつもりです」が適当。

問5　ア「翔太と聡美は，生徒たちが×中学校生活についてどのように感じているか知りたいと思っています」　イ〇「聡美は高校生になったら，たくさんの友達を作ることに力を注ぎたいと思っています」　ウ「翔太は家族に対する態度を×変えるつもりはありません」　エ×「聡美は，なぜ若い日本人がボランティア活動に興味を持っているのかまったくわかりません」…本文にない内容。

【本文の要約】

翔太：これらの表は僕たちが１週間前に行ったアンケートの結果です。

聡美：私たちは，高校生になってからの学校生活について生徒たちがどう思っているのか知りたいと思いました。

翔太：表１は僕たちが一生懸命やりたいこと，表２は僕たちが改善または変えたいことです。

聡美：まず，「勉強」がこれらの表の１位になりました。これは私たちの予想通りの結果で，私たちは正しかったと思います。問1私たちは高校でたくさんのことを学び，それらは私たちの将来のために必要です。問2ア私は表１で「部活動」が上位に入った理由もわかります。

翔太：「友達を作る」は表１で３位になりました。僕もそう思います。僕たちは別々の高校に通って，そこで新しい友達と出会うかもしれないので。

聡美：そうですね。問5イ私も来年たくさん友達を作りたいです。さて，「早起き」は表２で２位になりました。これについてどう思いますか，翔太さん？

翔太：そうですね，よくわかります。僕の場合は母の助けを借りずに朝早く起きたいです。

聡美：なるほど。表２で「家族に対する態度」が３位になったのは興味深いです。

翔太：僕もそう思います。僕も家族に対する態度を改善しようと思っています。

聡美：では，問2ア表１の「ボランティア活動」について話しましょう。驚いたことに，「ボランティア活動」は「学校行事」よりも順位が低くなっています。私は高校生になったらもっとボランティア活動をするべきだと思います。そうすることで，互いに助け合い，新しいものの見方に気付くことができます。

翔太：その通りです。調査によると，アメリカの若者の約65%がボランティア活動に興味を持っていますが，日本の若者のたった33%です。なぜこんなことが起こるかわかりますか，聡美さん？

聡美：私たちはすることがたくさんあって，あまり時間がないのではないかと思います。

翔太：それは良い着眼点ですね。でも，別の理由があると思います。生徒たちは自分たちの地域社会で行われるボランティア活動についてあまり①情報を持っていません。

聡美：実際，私は地域社会でどんな種類のボランティア活動があったか知りませんでした。でも，インターネット上でそれらについての多くの情報を見つけました。私たちの地域社会には多くのボランティア活動があります。それらのいくつかは簡単にできて，時間もあまりかかりません。参加しやすいと思います。

翔太：はい。コミュニティに情報を求めることは私たちにとって重要です。そうすることで，聡美さんと僕は②エ高校生になったときにさまざまなボランティア活動をするつもりです。僕らと一緒に参加しませんか？

聡美と翔太：ご清聴ありがとうございました！

5 【本文の要約】参照。

問１　下線部①の直後の１文にその理由が書かれている。

問２　指示語の指す内容は直前に書かれていることが多い。ここでは下線部②の直前の１文を日本語でまとめる。

問３　下線部③の３文あとに，犬の様子が書かれている。イが適当。

問４　前後の内容から，ウが適当。

問５　ア×「美弥の父は，柔らかな茶色の毛の犬を欲しいと思っていました」…本文にない内容。　イ○「美弥は犬を飼うために最善を尽くし，自分で多くのことをします」　ウ×「動物保護施設で飼われている犬は，悲しい経験をしたので人々を助けることができます」…本文にない内容。　エ「動物保護施設の犬は×白い毛色をしていたのでユキと呼ばれました」

【本文の要約】

ある日，友達のアキの家を訪ね，犬のココに会いました。ココはとても小さくてかわいいメスのティーカッププードルで，茶色の毛はとても柔らかかったです。彼女はあまり吠えませんでした。彼女は私に駆け寄り，私のひざの上に乗りました。彼女に会えてとても嬉しかったです。その夜，私は家族にココについて話しました。両親は笑顔で私の話を聞いていたので，「ココのような犬が欲しいの」と言ったところ，笑顔がくもり，父は「だめだよ」と言いました。彼は「お前が犬を飼うのは難しいよ。問１自分で何もしていないよね？」と言いました。私は何も言えませんでした。翌日，ひとりで起きて朝食を作り，部屋を掃除するようにしました。とても大変で，ときどき疲れを感じましたが，ひとりで色んなことをやろうとしました。

数週間後，動物保護施設に関する記事を見つけました。問２日本では，多くの犬が動物保護施設に持ち込まれ，それらの一部は一生施設で過ごさなければならないとのことです。それらの事実を知ってとても悲しかったです。私は父に，動物保護施設から犬を引き取って飼いたいと言いました。父は言いました。「動物保護施設に入っている犬の中には，悲しい経験をして，人を信用できない犬もいるそうだね。我が家でそんな犬を飼うのはとても大変だと思うな。そういう犬を助ける方法は他にもあるよ。ボランティアとして動物保護施設で働く人々を助けることができる。お金を寄付することもできるよ」私は父に言ました。「お父さん，私はもうひとりでたくさんのことができるわ。だから私はそんな犬を助け，世話をすることができると思うの！」

その週末，父と私は動物保護施設を訪れました。とても寒い日でした。施設では，一匹の犬がおりの中にいました。メス犬でした。彼女はそれほど小さくはなく，ココのような茶色の毛をしていませんでした。問３イ彼女は座っていて，まったくほえませんでした。施設の男性は，「施設の前でこの犬を見つけたんだ。とても汚れていて弱っていたよ。長い間何も食べていなかったんだ」私は彼女の注意を引こうとしました。彼女はただ座って私を見つめていました。彼女は私に何か言いたいんじゃないかと思いました。私は彼女を見続けました。私は父に「この犬が欲しいわ」と言いました。彼は「④ウ本気かい？(＝Are you sure?)」と尋ねました。私は「うん」と言いました。私は彼女といっしょでなければそこを離れたくありませんでした。

私たちは一緒に家に帰りました。私は彼女にドッグフードを与えました。彼女はそれを全部食べました。彼女は食べ終わったとき，ほえました。彼女は幸せそうに見えました。その時，雪が降り始めたので私は日本語で「雪だわ」と言いました。すると，彼女が再びほえたのです。私は彼女に「ユキ」と言いました。またほえました。私は彼女に言いました。「わかったわ。あなたの名前はユキよ」

私と一緒に出かけるとき，ユキはとても幸せそうです。彼女を悲しませたくありません。この経験は私に夢を与えてくれました。私は獣医になりたいです。私は彼女に新しい人生を与え，彼女も私の人生を変えてくれました。

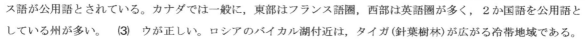

《2022　一般　社会　解説》

1　1　アが正しい。緯線と経線が直角に交わる地図では，高緯度になるほど実際の距離より拡大される。

2　資料1から南東部の沿岸部に内陸部からの移動が認められること，資料2からその沿岸部における労働者の収入が他の地域より高いことから，「出稼ぎ」を導く。

3(1)　②→③→①が正しい。五大湖沿岸では大規模な酪農が行われている。西部の太平洋岸では，カリフォルニアを中心に地中海式農業が営まれている。アメリカでは，大型機械を使った大規模な農業が地域別に行われている(適地適作・右図参照)。

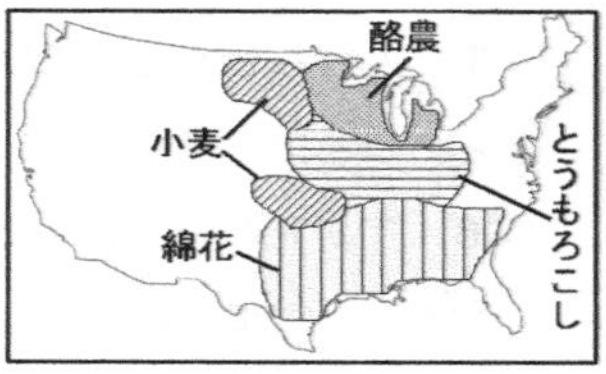

(2)　ARRÊTは，フランス語で停止を意味する。カナダのケベック州では，フランス語が公用語とされている。カナダでは一般に，東部はフランス語圏，西部は英語圏が多く，2か国語を公用語としている州が多い。　(3)　ウが正しい。ロシアのバイカル湖付近は，タイガ(針葉樹林)が広がる冷帯地域である。

(4)　「海岸部」「山間部」「沖合(洋上)」に設置できることから，風力発電用の風車と考える。

2　1　ウとcを選ぶ。Aは愛媛県である。瀬戸内地方は，中国山地と四国山地にはさまれた地域なので，夏と冬の季節風が雨や雪を降らせたあとの乾いた風が吹き込むため，1年を通じて比較的温暖で降水量が少ない。そのため，みかんなどのかんきつ類の栽培には適している。高知県高知市はアとa，島根県浜田市はイとbである。

2　ダムが正しい。「水資源の確保」「発電に利用」から考える。水力発電では，高低差を利用して，ダムから流す水の力でタービンを動かす。

3　アが正しい。川が山間部から平野に出るところに広がる地形を扇状地という。砂やれきが多い扇状地の中央部は，水はけがよく稲作に向かないため，果樹栽培に利用される。川が河口部分で三角形に堆積した地形を三角州(デルタ)という。泥や細かい砂が多い三角州は，水持ちがよく稲作に利用される。

4　エが正しい。アメリカと日本の農業の特徴をそれぞれ覚えておこう。大型機械を利用するアメリカでは，少ない人数で広大な農地を管理できるので，一人あたりの農地面積は広い。一人あたりの農地面積がせまい日本は，生産性を向上させるために，多くの肥料を使って収穫量を増やそうとする努力をしている。以上から，Ⅱとbが日本と判断する。

5(1)　イが正しい。知識と資料の読み取りをしっかりと問われた問題。1980年代，日本の自動車輸出が多くなることで，輸出と輸入のバランスがくずれる貿易摩擦の問題が発生した。日本の自動車生産工場をアメリカに建設したことで，日本からの自動車輸出量が減り，現地生産される自動車の量が増えていった。また，現地に生産拠点を動かしたことで，アメリカで新たな雇用が生まれたことも覚えておきたい。　(2)　エが正しい。Xは中京工業地帯，Yが北関東工業地域である。中京工業地帯は，自動車生産の関連工場が多く，自動車をはじめとする機械工業の割合が70%近くを占める，日本最大の工業地帯である。

6　直後に「雨がしみ込みにくくなり」とあることから，アスファルトやコンクリートでおおわれていることを導き出す。洪水以外の都市部特有の現象として，周辺地域より気温が上がるヒートアイランド現象も起きている。

3　1　ウが正しい。アは紀元前3500年頃，イは紀元前８世紀頃，エは14世紀頃。

2　エが正しい。ア．誤り。ラクダやヤシの木などは，西アジアの文化の影響である。イ．誤り。螺鈿紫檀五弦琵琶は，東大寺の正倉院に保管されている。ウ．誤り。かな文字で書かれた国風文化を代表する作品は，紫式部の『源氏物語』，清少納言の『枕草子』などである。『万葉集』は奈良時代に成立した和歌集である。

3　平清盛は，大輪田泊を修築し，海路の安全を厳島神社に祈願して，日宋貿易で富を得た。自分の娘徳子を，天皇のきさきとし，生まれた子を天皇に立てて外戚として政治の実権をにぎる手法は，藤原氏による摂関政治と重なる。

4　能が正しい。猿楽から発展した能は，足利義満によって保護された観阿弥・世阿弥親子によって大成された。一般に，能と狂言をあわせて能楽と呼ぶことが多い。

5　二毛作が正しい。同じ土地で一年のうちに異なる作物を収穫することを二毛作と呼ぶ。同じ作物を収穫する二期作と合わせて覚えておきたい。鎌倉時代から室町時代にかけての「一年間の土地利用を工夫した」とあることから，二毛作を導く。

6　アが正しい。ａ．正しい。佐渡金山，石見銀山などを直轄地とし，貨幣を発行する権利を独占した。ｂ．誤り。大老は，将軍を補佐する臨時職であり，常に置かれていたわけではない。ｃ．正しい。幕府の直轄地は，幕領や天領と呼ばれた。ｄ．誤り。御恩と奉公の関係で結ばれた封建社会は，中世の鎌倉時代に始まった。大名と将軍による主従関係も御恩と奉公の関係だが，参勤交代は毎年ではなく，一年おきに行われた。江戸に赴くことを参勤とするので毎年ではないことに注意したい。

7　松平定信による寛政の改革の風刺した狂歌である。寛政の改革では，秩序の乱れを正して幕府の権威を高めるための政策が行われたため，定信に対する批判も少なくなかった。この狂歌以外にも，「白河の　清きに　魚の住みかねて　もとの濁りの　田沼恋しき」などが知られている。

4　1　イが正しい。当時，世界を流通していたのは，メキシコと日本の銀であった。1842年にイギリス領となった香港は，1997年に中国に返還された。

2　地価の３%を現金で納めたために，物納であった江戸時代と比べて，政府の収入は安定した。地租改正については，「地券」「土地所有者」「地価の３%」「地租」「現金」をキーワードとして盛り込む記述ができるようにする。

3(1)　アが正しい。明治初期は，大量生産された綿糸・綿織物の輸入が多かったが，産業革命が起きると，原料である綿花を輸入し，製品である綿糸や綿織物を輸入できるようになった。生産量＞輸出量となることから，ｂが生産量，ｃが輸出量と読み取れる。　(2)　下関条約で得た３億１千万円の賠償金の一部を使って，北九州に官営八幡製鉄所が建設され，1901年から操業が始まった。北九州に建設された理由は，筑豊炭田からの石炭の輸送と，中国からの鉄鉱石の輸入に便利な立地であったからである。

4　ウが正しい。樋口一葉は，『たけくらべ』『にごりえ』などで知られる作家。ｂは与謝野晶子である。

5　イ→ウ→アが正しい。ラジオ放送開始(1925年・大正時代)→衣料切符(配給制・太平洋戦争中)→東海道新幹線開通(1964年・東京オリンピックの開催)

6　ソ連(ソビエト社会主義共和国連邦)が正しい。第二次世界大戦後，日本はＧＨＱの統治下にあり，国際連合に加盟していなかった。1951年にアメリカを中心とした48か国とサンフランシスコ平和条約を結び，独立国として承認されたが，国際連合への加盟はできなかった。国際連合の安全保障理事会には，常任理事国(アメリカ・イギリス・フランス・中国・ソ連(現在のロシア))のうちの１国でも反対すると，その案件は成立しない「大国一致の原則」があった。アメリカを中心とした西側に日本が組み込まれることに反対していたソ連は，日本の国際連合加盟に拒否権を発動していた。1956 年に日ソ共同宣言に調印し，日本との国交が回復したことで，ソ連は拒否権を行使しなくなり，日本の国連加盟が実現した。

5　1　イが正しい。②誤り。被疑者や被告には，検察官ではなく弁護人(弁護士)の助けを得られる権利がある。

2　憲法によって，国家権力を制限することを「法の支配」という。

3　アが正しい。平等選挙は，１人１票を投じる選挙を意味する。衆議院議員総選挙では，小選挙区では候補者名，比例代表では政党名を記入するが，参議院議員通常選挙では，選挙区で候補者名，比例区では政党名または候補者名を記入することも覚えておきたい。

4　内閣不信任決議は，衆議院だけに与えられた権限である。内閣不信任決議が可決した場合，10 日以内に衆議院を解散しない限り，内閣は総辞職しなければならない。

5　「地方自治は民主主義の学校」は，イギリスの政治学者ブライスの言葉である。

6　「人間のようにものを認識したり，学習したりできる」「人間の代わりにいろんな仕事ができる」などから，人工知能(ＡＩ)と判断する。

6　1　アが正しい。不況の際には，市場に流通するお金が多くなるための政策が行われる。政府が行う財政政策では，減税や公共投資が行われ，日本銀行が行う金融政策では，国債を一般銀行から買う公開市場操作が行われる。

2(1)　少子高齢化が進んだことで，医療費などの社会保障関係費が増えた。　(2)　高齢者にかかる社会保障は，医療と年金である。現在，原則として 65 歳以上の高齢者に年金が給付されている。　(3)　エが正しい。ａは地方交付税交付金等，ｂは国債費である。地方交付税交付金は，都道府県による税収の格差を補うために，政府が使い道を指定しないで交付する財源である。国債費は，国債を売ってから償還するまでに国が負担する費用である。国債の発行額以外に，利子・経費なども国債費に含まれる。

3　ウ→イ→アが正しい。25 歳から 40 歳ぐらいまでの間の落ち込みは，妊娠・出産・育児等で，女性が職場を離れていることを意味する。結婚年齢は，女性の社会進出が広まるとともに高くなっていくことから考える。

4　ウが正しい。ＧＤＰ(Gross Domestic Product)は，国内総生産の略称である。

5　パリ協定が正しい。すべての国に二酸化炭素の排出削減目標を定めたことが，パリ協定と京都議定書の違いである。京都議定書では，中国をふくむ途上国に，二酸化炭素の排出削減の義務は課されなかった。

《2022　一般　数学　解説》

1　(1)(イ)　与式$=-8x+4y+5x-2y=-3x+2y$

(ウ)　与式$=\dfrac{28x^3y^2}{4x^2y}=7xy$

(エ)　与式$=3\sqrt{6}-2\sqrt{6}=\sqrt{6}$

(2)　積が-6，和が-5となる２つの整数を探すと，-6と１が見つかるから，与式$=(x-6)(x+1)$

(3)　２次方程式の解の公式より，$x=\dfrac{-(-7)\pm\sqrt{(-7)^2-4\times1\times8}}{2\times1}=\dfrac{7\pm\sqrt{17}}{2}$

(4)　できる立体は，右図のような半径が２㎝の球である。半径がｒの球の体積は$\dfrac{4}{3}\pi r^3$で求められるので，求める体積は，$\dfrac{4}{3}\pi\times2^3=\dfrac{32}{3}\pi$ (㎤)

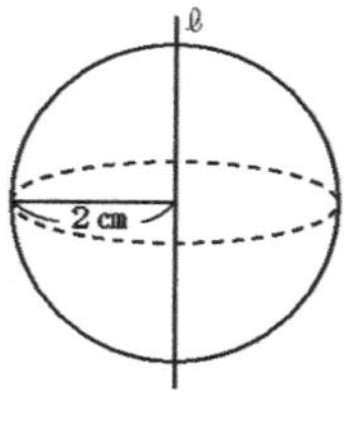

(5)　ＰはＡＣ上にあるので，∠ＢＡＰ＝60°

△ＡＢＰの内角の和より，$\angle ABP=180^\circ-60^\circ-75^\circ=45^\circ$

よって，Ｂを通る直線ＡＢの垂線を作図し，その線と直線ＡＢのなす角の二等分線と辺ＡＣとの交点がＰとなる。

(6)　ＯＣをひく。同じ弧に対する中心角の大きさは，円周角の大きさの２倍だから，

$\angle BOC=2\angle BAC=2\times25^\circ=50^\circ$，$\angle COD=2\angle CED=2\times15^\circ=30^\circ$

よって，$\angle BOD=50^\circ+30^\circ=80^\circ$

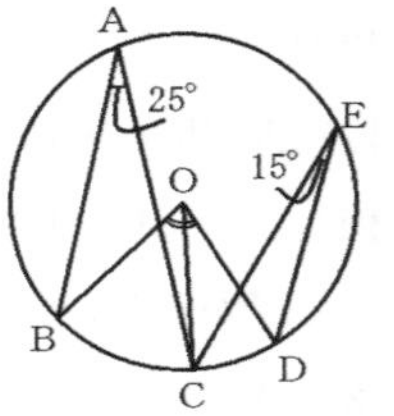

(7)　箱ひげ図からは，右図のようなことがわかる。

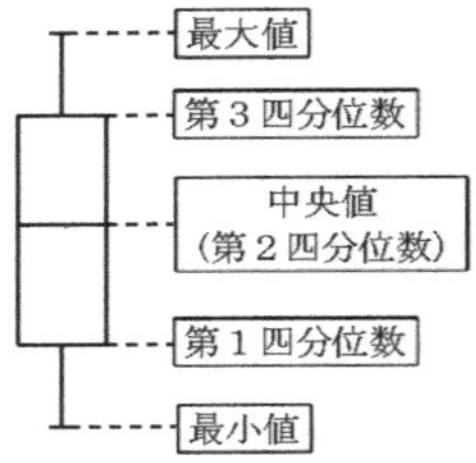

半分にしたデータ（記録）のうち，小さい方のデータの中央値が第１四分位数で，大きい方のデータの中央値が第３四分位数となる（データ数が奇数の場合，中央値を除いて半分にする）。

今回のデータでは，最小値が４点，第１四分位数が６点，中央値が14点，第３四分位数が22点，最大値が30点だから，箱ひげ図は②となる。

2　(1)(ア)　準新作をx枚，旧作をy枚，新作を１枚借りるので，$x+y+1=20$が成り立つ。

(イ)　旧作は１枚90円，新作は１枚350円である。準新作は，４枚以下のときは１枚170円なので，

$170x+90y+350=2200$が成り立つ。

(ウ)　準新作は，５枚以上のときは１枚110円なので，$110x+90y+350=2200$が成り立つ。

(エ)　**【解き方】準新作の枚数で場合分けをして考える。求めた解が適切かどうかを最後に確認する。**

準新作が４枚以下のときは，$x+y+1=20$…㋐と$170x+90y+350=2200$…㋑を連立方程式として解く。

㋐より，$x+y=19$…㋒　　㋑より，$17x+9y=185$…㋓

㋓－㋒×９でyを消去すると，$17x-9x=185-171$　　$8x=14$　　$x=\frac{7}{4}$

㋒に$x=\frac{7}{4}$を代入すると，$\frac{7}{4}+y=19$　　$y=\frac{69}{4}$　　xとyは整数なので，不適である。

準新作が５枚以上のときは，㋒と$110x+90y+350=2200$…㋔を連立方程式として解く。

㋔より，$11x+9y=185$…㋕　　㋕－㋒×９でyを消去すると，$11x-9x=185-171$　　$2x=14$　　$x=7$

㋒に$x=7$を代入すると，$7+y=19$　　$y=12$　　xとyが整数でxが５以上だから，条件に適している。

よって，準新作を借りる枚数は７枚である。

(2)(ア)　１秒後は，図ｉのようになり，ＣＤ＝１㎝，重なってできる部分は△ＨＤＣである。

図ｉ

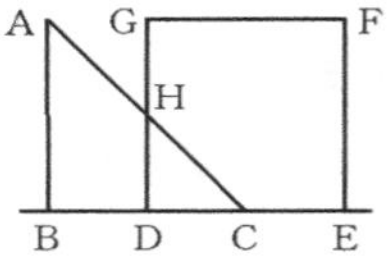

ＤはＢＣの中点だから，△ＡＢＣについて，中点連結定理より，$HD=\frac{1}{2}AB=1$（㎝）

よって，求める面積は，$\frac{1}{2}\times1^2=\frac{1}{2}$（㎠）

(イ)　３秒後は，図ⅱのようになり，ＣＤ＝３㎝，重なってできる部分は四角形ＡＢＥＩである。ＥＣ＝３－２＝１（㎝）だから，△ＡＢＣについて，中点連結定理より，

図ⅱ

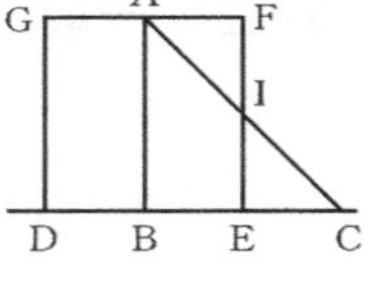

$IE=\frac{1}{2}AB=1$（㎝）

よって，求める面積は，$\triangle ABC-\triangle IEC=\frac{1}{2}\times2^2-\frac{1}{2}\times1^2=\frac{3}{2}$（㎠）

(ウ)　**【解き方】動き始めて２秒後から４秒後は，図ⅱのような位置となり，**

ＤＣ＝x㎝となる（$2\leqq x\leqq4$）。

$EC=DC-DE=x-2$（㎝）で，△ＩＥＣは△ＡＢＣと相似な直角二等辺三角形だから，$EI=EC=x-2$（㎝）

重なっている部分の面積について，$\frac{1}{2}\times2^2-\frac{1}{2}\times(x-2)^2=1$　　$4-(x-2)^2=2$　　$(x-2)^2=2$

$x-2=\pm\sqrt{2}$　　$x=2\pm\sqrt{2}$　　$2\leqq x\leqq4$だから，$x=2+\sqrt{2}$

よって，求める時間は$(2+\sqrt{2})$秒後である。

3 (1)(ア)　7本のくじのうち，2等のあたりくじは2本あるから，求める確率は，$\frac{2}{7}$

(イ)　**【解き方】樹形図を書いて考える。**

1等のあたりくじをA，2等のあたりくじをB_1，B_2，はずれくじをC_1，C_2，C_3，C_4とする。同時に2本引くとき，引き方は右樹形図のように21通りある。そのうち2本とも2等のあたりくじとなるのは樹形図の☆印の1通りだから，求める確率は，$\frac{1}{21}$

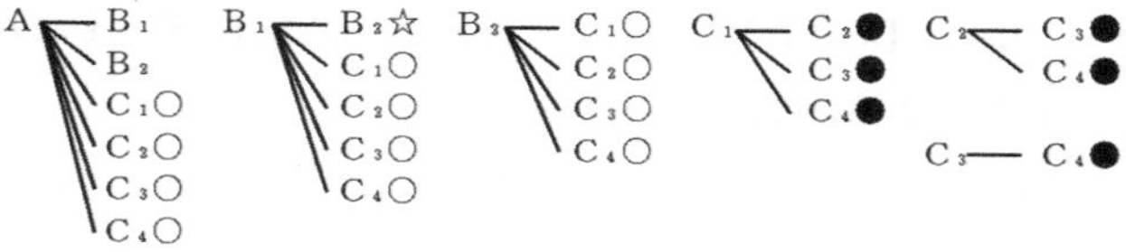

(ウ)　(イ)の樹形図より，1本はあたりくじで，もう1本ははずれくじとなるのは○印の12通りだから，求める確率は，$\frac{12}{21}=\frac{4}{7}$

(エ)　**【解き方】1－(すべてはずれくじである確率)で求める。**

すべてはずれくじとなるのは，(イ)の樹形図の●印の6通りだから，求める確率は，$1-\frac{6}{21}=\frac{5}{7}$

(2)(ア)　1辺が3cmのタイルを使うと，縦に30÷3＝10(枚)，横に75÷3＝25(枚)貼れるから，使用するタイルの枚数は，10×25＝250(枚)

(イ)　縦にぴったり貼れるのはタイルの1辺の長さが30の約数であるとき，横にぴったり貼れるのはタイルの1辺の長さが75の約数であるときである。よって，すき間なく貼ることができるのは，タイルの1辺の長さが30と75の公約数であるときなので，最大の長さは，30と75の最大公約数となる。

(ウ)　319と377の最大公約数を求めればよいが，どちらも1以外の1けたの数で割り切れず，約数を見つけづらい。したがって，以下のように考える。319と377の最大公約数をGとすると，319も377もGの倍数であり，Gの倍数からGの倍数を引いてもGの倍数になるから，377－319＝58はGの倍数である。したがって，Gは58の約数である，1，2，29，58のいずれかであり，このうち319を割り切れるのは1と29だけだから，G＝29である。よって，使用するタイルの1辺の長さは29cmである。

4 (1)　放物線$y=ax^2$はA(－4，－8)を通るから，$-8=a\times(-4)^2$　$16a=-8$　$a=-\frac{1}{2}$

(2)　$y=ax^2$は，$a<0$のときは下に開いた放物線となるので，正しいグラフはエである。

(3)　Bは放物線$y=-\frac{1}{2}x^2$上の点で，x座標が$x=2$だから，y座標は，$y=-\frac{1}{2}\times2^2=-2$

(4)　**【解き方】Cは直線ℓの切片なので，直線ℓの式を$y=cx+d$として連立方程式をたて，dの値を求める。**

直線$y=cx+d$はA(－4，－8)を通るので，$-8=-4c+d$，B(2，－2)を通るので，$-2=2c+d$が成り立つ。これらを連立方程式として解くと，$c=1$，$d=-4$となるので，直線ℓの式は，$y=x-4$

したがって，C(0，－4)である。

(5)(ア)　直線mは傾きが－1なので，式は$y=-x+b$とおける。

直線OAは傾きが$\frac{0-(-8)}{0-(-4)}=2$だから，式は$y=2x$

Dは直線$y=2x$上の点でy座標がBのy座標に等しく$y=-2$だから，$-2=2x$より，$x=-1$

直線$y=-x+b$はD(－1，－2)を通るから，$-2=-(-1)+b$より，$b=-3$

よって，直線mの式は，$y=-x-3$

(イ)　**【解き方】△BDE＝$\frac{1}{2}$×BD×(BとEのy座標の差)で求める。Eは直線$y=x-4$と直線$y=-x-3$との交点だから，この2式を連立方程式として解く。**

$y=x-4$に$y=-x-3$を代入すると，$-x-3=x-4$　$2x=1$　$x=\frac{1}{2}$

$y=x-4$に$x=\frac{1}{2}$を代入すると，$y=\frac{1}{2}-4=-\frac{7}{2}$だから，E$(\frac{1}{2},\ -\frac{7}{2})$

BD＝(BとDのx座標の差)＝$2-(-1)=3$なので，△BDE＝$\frac{1}{2}\times3\times\{-2-(-\frac{7}{2})\}=\frac{9}{4}$

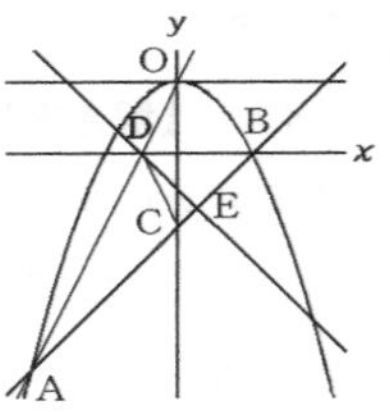

(ウ)　**【解き方】△ACDと△BDEは底辺をそれぞれAC，BEとすると，高さが等しいので，面積比はAC：BEとなる。**

4点A，B，C，Eは同一直線上の点なので，AC：BE＝(AとCのx座標の差)：(BとEのx座標の差)＝$\{0-(-4)\}:(2-\frac{1}{2})=8:3$　　よって，S：T＝AC：BE＝8：3

5 (1)　直径に対する円周角の大きさは90°である。ACは円Oの直径だから，∠ABC＝90°

(2)　まず，問題文の仮定を図にかきこんで，証明のために必要な条件を探そう。条件が足りない場合は，問題の内容に応じて，図形の性質，平行線の同位角・錯角，円周角の定理などからわかることもかきこんでみよう。

(3)　(1)より∠ABD＝90°だから，ADは円O′の直径なので，O′を通る。

OとO′はそれぞれ，AC，ADの中点だから，中点連結定理より，OO′：CD＝1：2

(4)　**【解き方】三平方の定理を利用して，BC→ADの順で求める。**

AC＝$2\times5=10$(cm)だから，△ABCについて，三平方の定理より，BC＝$\sqrt{AC^2-AB^2}=\sqrt{10^2-6^2}=8$(cm)

CD＝2OO′＝$2\times5=10$(cm)だから，BD＝CD－BC＝$10-8=2$(cm)

△ABDについて，三平方の定理より，AD＝$\sqrt{AB^2+BD^2}=\sqrt{6^2+2^2}=2\sqrt{10}$(cm)

(5)　△ACD∽△AFEより，DC：EF＝AD：AE＝$2\sqrt{10}:6=\sqrt{10}:3$だから，

EF＝$\frac{3}{\sqrt{10}}$DC＝$\frac{3}{\sqrt{10}}\times10=3\sqrt{10}$(cm)

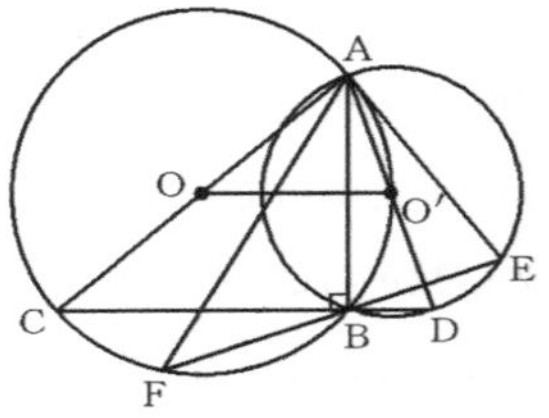

(6)　**【解き方】相似な図形の面積比は，相似比の2乗に等しい。**

△ACD∽△AFEで，相似比が$\sqrt{10}:3$だから，面積比は，$(\sqrt{10})^2:3^2=10:9$である。△ACD＝$\frac{1}{2}$×CD×AB＝$\frac{1}{2}\times10\times6=30$(cm²)だから，

△AFE＝$\frac{9}{10}$△ACD＝$\frac{9}{10}\times30=27$(cm²)

一　般

令和４年度学力検査問題

（第１日第２限）

理　　　科

（50分）

（注　　意）

1　「始め」の合図があるまでは、開いてはいけません。
2　問題は 1 から 5 まであり、14ページまでです。
3　「始め」の合図があったら、まず解答用紙に受検番号を書きなさい。
4　答えは、すべて解答用紙にかきなさい。
5　印刷がはっきりしないでわからないときは、黙って手を挙げなさい。
6　「やめ」の合図で、すぐに鉛筆を置き、解答用紙を裏返しにして机の上に置きなさい。
7　検査終了後、問題用紙は持ち帰りなさい。

1　次の１～４の各問いに答えなさい。

1　**図１**のように、ＡとＢの２つのフラスコの中に同量の鉄粉を入れ、燃焼させるのに十分な酸素を加えたあと密閉し、上皿てんびんにのせたところ、２つのフラスコはつり合った。その後、Ｂのフラスコを上皿てんびんから外し、加熱して鉄粉を燃焼させた。①燃焼が終わったあと、十分に冷ましてから、Ｂのフラスコを上皿てんびんに戻したところ、２つのフラスコは再びつり合った。次の(1)、(2)の問いに答えなさい。

(1)　下線部①のように、化学変化でどんな物質が生成しても、物質が入ってきたり逃げたりしなければ、化学変化の前後で全体の質量は変化しない。この法則を何というか、書きなさい。

(2)　下線部①の後、加熱したＢのフラスコのピンチコックを開いてしばらく置いた。このときの上皿てんびんの指針のようすとして最も適当なものを、次のア～ウの中から１つ選び、記号を書きなさい。

図１

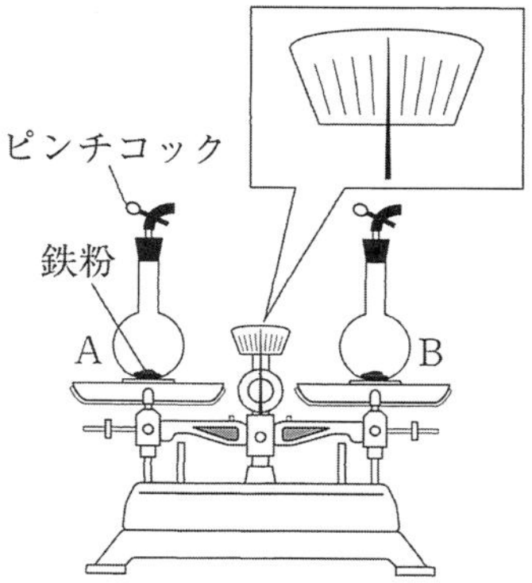

ア

イ

ウ

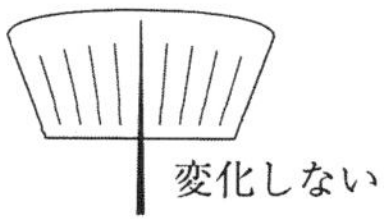

2　日本付近では、春や秋には高気圧や低気圧が西から東に向かって交互にやってきて通り過ぎていくことが多い。これは、日本の②上空にふく強い西風の影響である。そのため、春や秋の天気は一般に西の方から変化する。また、低気圧が近づくと、前線の通過に合わせて気温や湿度、気圧などが大きく変化することがある。次の(1)、(2)の問いに答えなさい。

(1)　文中の下線部②について、この風の名称を書きなさい。

(2)　**図２**は、ある地点での４月13日０時から４月15日15時にかけての気温、湿度、気圧の変化の記録である。寒冷前線が通過していると考えられる時間として最も適当なものを、下のア～エの中から１つ選び、記号を書きなさい。

図２

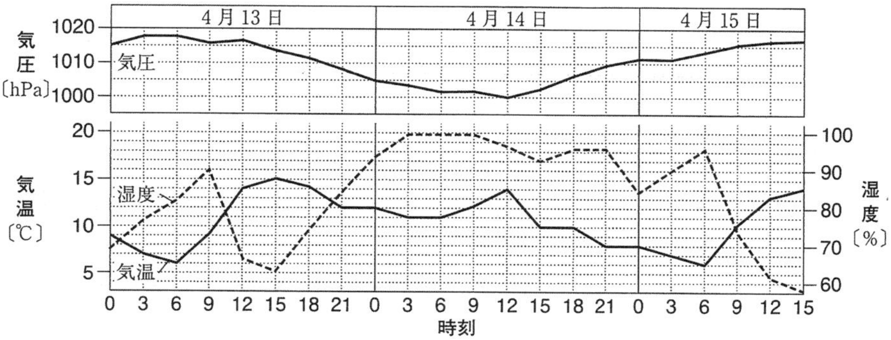

ア　４月13日９時～４月13日12時　　イ　４月13日15時～４月13日18時

ウ　４月14日12時～４月14日15時　　エ　４月15日６時～４月15日９時

3　植物の特徴について、次の(1)、(2)の問いに答えなさい。

(1)　種子植物を分類したものとして最も適当なものを、次のア～エの中から１つ選び、記号を書きなさい。

ア

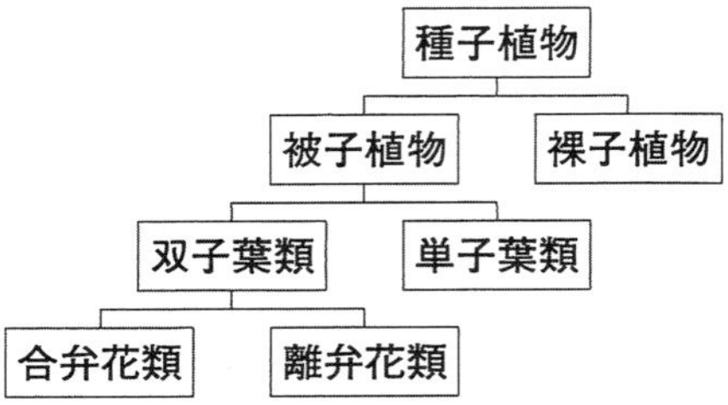

イ

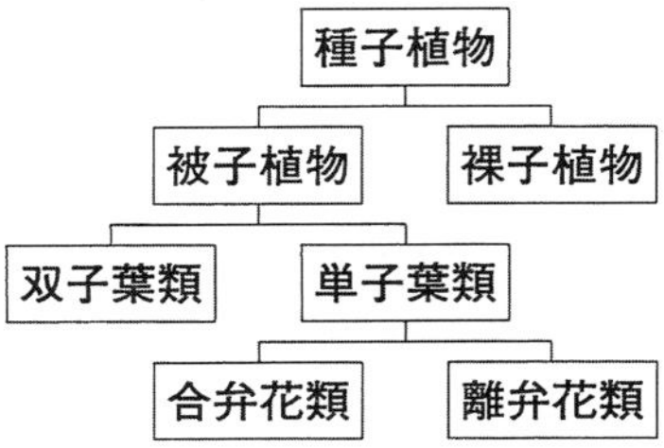

ウ

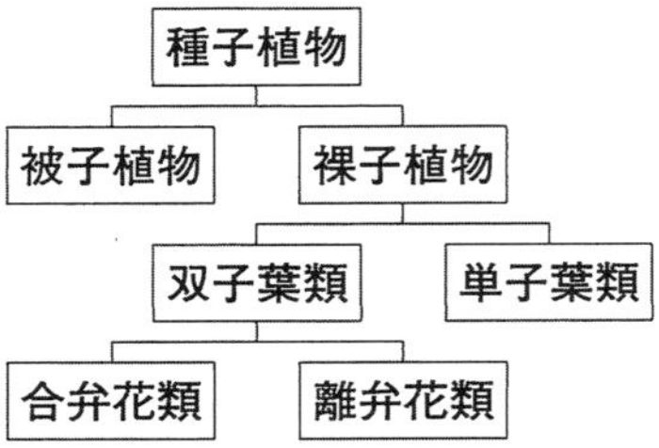

エ

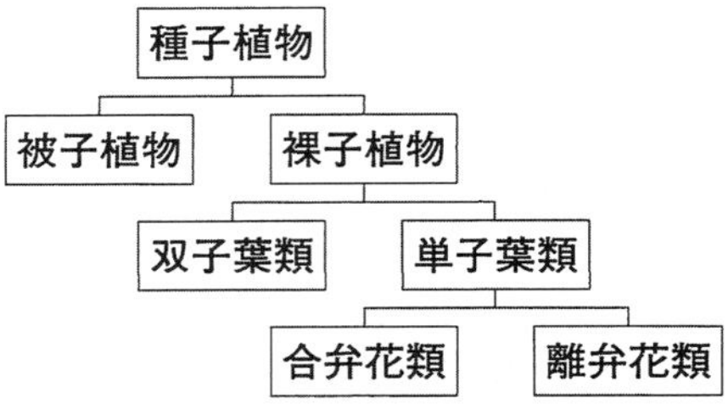

(2)　次のａ～ｄは、植物の特徴を示したものである。コケ植物とシダ植物に共通した特徴として最も適当なものを、下のア～クの中から１つ選び、記号を書きなさい。

ａ　維管束がある。	ｂ　根、茎、葉の区別がある。
ｃ　胞子で増える。	ｄ　雄株と雌株の区別がある。

ア　ａのみ	イ　ｂのみ	ウ　ｃのみ	エ　ｄのみ
オ　ａとｂ	カ　ａとｃ	キ　ｂとｃ	ク　ｂとｄ

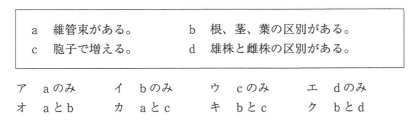

4　抵抗の大きさが R_a の抵抗 a と、抵抗の大きさが R_b の抵抗 b を準備した。**図３**のグラフの実線（———）は、それぞれの抵抗を電源装置につないだときに抵抗に加わる電圧と抵抗を流れる電流の関係を表したものである。また、グラフの破線（--------）P と Q は、**図４の回路 X** または**回路 Y** のいずれかの回路の電圧計と電流計が示す値の関係をそれぞれ表したものである。下の(1)、(2)の問いに答えなさい。

図３

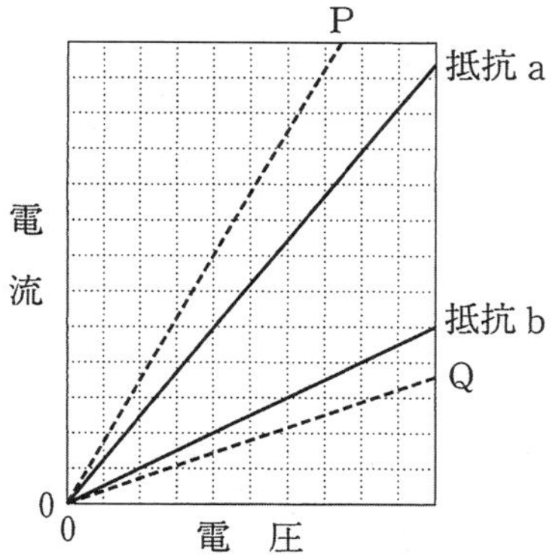

図４

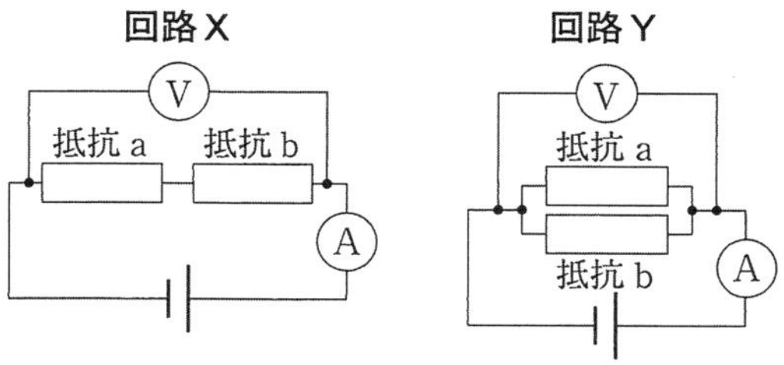

(1)　抵抗 a や抵抗 b の電圧と電流は、どのような関係か。また、抵抗 a と抵抗 b のうち抵抗が大きいものはどちらか。それぞれの答えを組み合わせたものとして最も適当なものを、次のア～エの中から１つ選び、記号を書きなさい。

	電圧と電流の関係	抵抗が大きいもの
ア	比例	抵抗 a
イ	比例	抵抗 b
ウ	反比例	抵抗 a
エ	反比例	抵抗 b

(2)　抵抗 a と抵抗 b を並列につないだときの電圧計と電流計が示す値の関係を表すのは**図３**の破線 P、破線 Q のどちらか。また、並列につないだときの回路全体の抵抗 R の大きさはどのような式で表されるか。それぞれの答えを組み合わせたものとして最も適当なものを、次のア～エの中から１つ選び、記号を書きなさい。

	破線	回路全体の抵抗 R を表す式
ア	P	$R = R_a + R_b$
イ	P	$\frac{1}{R} = \frac{1}{R_a} + \frac{1}{R_b}$
ウ	Q	$R = R_a + R_b$
エ	Q	$\frac{1}{R} = \frac{1}{R_a} + \frac{1}{R_b}$

2 次の１、２の問いに答えなさい。

1　ヒロトさんは、はがくれ陸上競技会の男子 100 m 決勝を観戦した。スタートの合図が鳴って、選手が動き出すまでの反応に興味を持ち、スタートの *リアクションタイムについて調べた。次の【資料１】と【資料２】はヒロトさんが調べたものである。下の(1)～(3)の各問いに答えなさい。

*リアクションタイム：スタートの合図が鳴って、足の筋肉が図１のスターティングブロックを蹴りだすまでの時間

図１

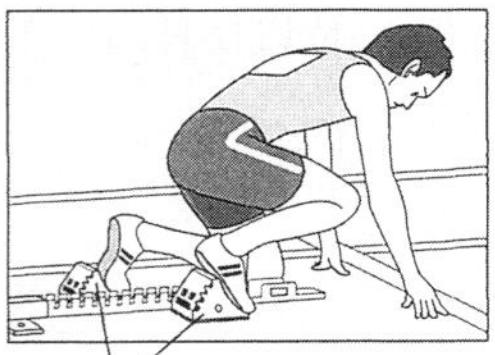

スターティングブロック

【資料１】　リアクションタイムに関わる大まかな時間の流れ

①　スタートの合図の音の刺激が感覚細胞に達するまでの時間
②　音を受けとった感覚細胞からの信号が脳に達するまでの時間
③　脳が足の筋肉を動かす命令の信号を出すまでの処理時間
④　脳からの信号が足の筋肉に達する時間
⑤　足の筋肉がスターティングブロックを蹴りだすまでの時間

【資料２】　はがくれ陸上競技会男子 100 m 決勝における選手Ａ～Ｈのリアクションタイム

選手	A	B	C	D	E	F	G	H
タイム(秒)	0.151	0.161	0.073 *フライング	0.147	0.167	0.154	0.157	0.130

*フライング：不正スタート

(1)　【資料１】の①について、音の刺激を受けとる感覚細胞がある場所として最も適当なものを、次のア～オの中から１つ選び、記号を書きなさい。

ア　網膜　　イ　鼓膜　　ウ　角膜　　エ　耳小骨　　オ　うずまき管

(2)　【資料１】の②と④に関係する神経の説明として最も適当なものを、次のア～エの中からそれぞれ１つずつ選び、記号を書きなさい。

ア　関係する神経は、中枢神経のうちの感覚神経である。
イ　関係する神経は、中枢神経のうちの運動神経である。
ウ　関係する神経は、末しょう神経のうちの感覚神経である。
エ　関係する神経は、末しょう神経のうちの運動神経である。

(3)　【資料２】の選手Ｃはフライングとされた。次の文は、選手Ｃがなぜフライングとなったのかについて、ヒロトさんがまとめたものである。次の文の（　Ⅰ　）、（　Ⅱ　）にあてはまる語句の組み合わせとして最も適当なものを、下のア～エの中から１つ選び、記号を書きなさい。

スタートは（　Ⅰ　）行動である。ヒトは音を聞いてから（　Ⅱ　）まで、最短でも0.100秒かかるとされている。選手Ｃは、リアクションタイムが0.100秒未満であったためフライングとなった。

	Ⅰ	Ⅱ
ア	意識して行われる	反応する
イ	意識して行われる	反射がおこる
ウ	意識しないで行われる	反応する
エ	意識しないで行われる	反射がおこる

2　動物の進化について調べるために、無セキツイ動物のイカの解剖を行った。**図2**はイカの体の中のつくりを示したものである。また、イカの内臓をすべて取り除くと**図3**のAの位置に骨のような構造が出てきた。下の(1)～(6)の各問いに答えなさい。

図2

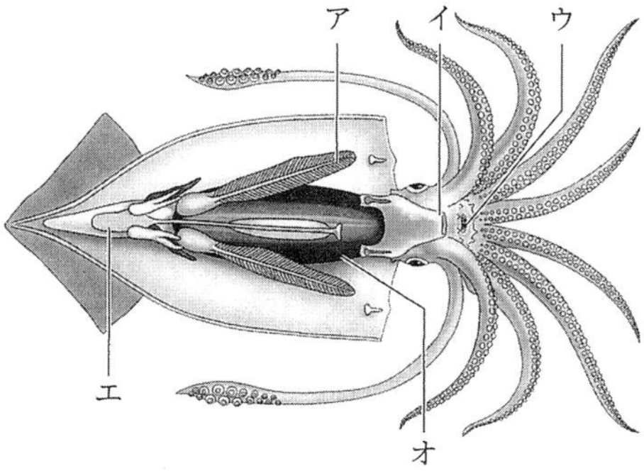

図3

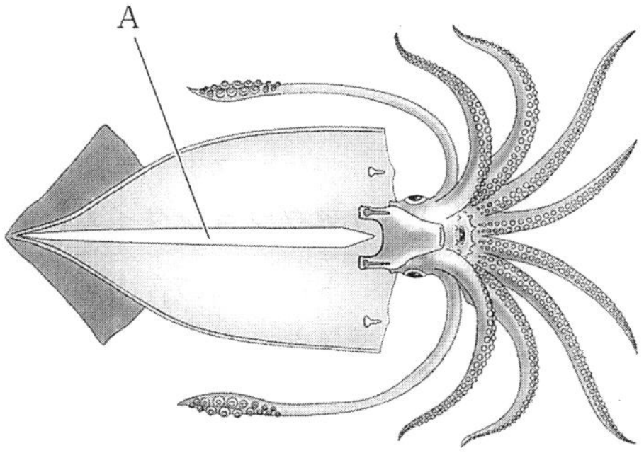

(1)　無セキツイ動物の中で、特にイカやアサリのような動物を何というか、書きなさい。

(2)　イカのもつ呼吸器官として最も適当なものを、**図2**のア～オの中から1つ選び、記号を書きなさい。また、その部分の名称を書きなさい。

(3)　**図3**のAの説明として最も適当なものを、次のア～エの中から1つ選び、記号を書きなさい。

ア　貝殻《かいがら》が変化し、痕跡《こんせき》的に残ったものである。
イ　背骨が変化し、痕跡的に残ったものである。
ウ　内臓の一部が変化し、発達してできたものである。
エ　外とう膜の一部が変化し、発達してできたものである。

(4)　次のa～dの無セキツイ動物のうち、節足動物の組み合わせとして最も適当なものを、下のア～オの中から1つ選び、記号を書きなさい。

a　マイマイ　　b　ザリガニ　　c　イソギンチャク　　d　ミジンコ

ア　aとb　　イ　aとd　　ウ　bとc　　エ　bとd　　オ　cとd

(5) 無セキツイ動物とセキツイ動物は共通の祖先から長い時間をかけて進化をしてきた。**図４**は、両生類、魚類など、セキツイ動物の５つのグループについて、それぞれの特徴をもつ化石がどのくらい前の年代の地層から発見されるか、そのおおよその期間を示したものである。（　X　）〜（　Z　）にあてはまるセキツイ動物のグループの組み合わせとして最も適当なものを、下のア〜カの中から１つ選び、記号を書きなさい。

図４

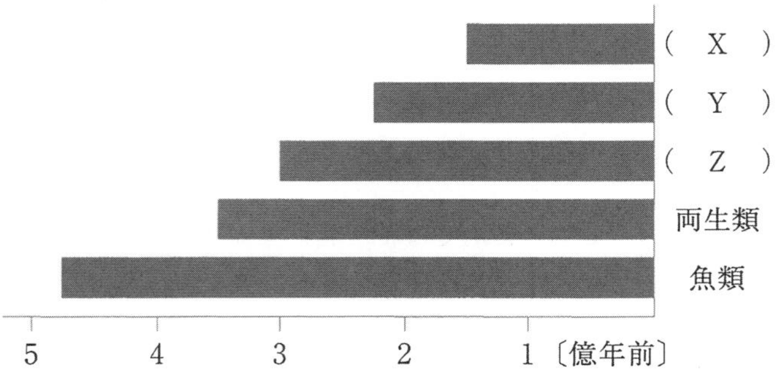

	X	Y	Z
ア	ホニュウ類	鳥類	ハチュウ類
イ	ホニュウ類	ハチュウ類	鳥類
ウ	鳥類	ホニュウ類	ハチュウ類
エ	鳥類	ハチュウ類	ホニュウ類
オ	ハチュウ類	ホニュウ類	鳥類
カ	ハチュウ類	鳥類	ホニュウ類

(6) 多くの魚類と両生類の説明として誤っているものを、次のア〜エの中から１つ選び、記号を書きなさい。

ア　魚類も両生類も殻《から》のある卵をうむ。

イ　魚類も両生類も変温動物である。

ウ　魚類も両生類も子は水中で卵からかえる。

エ　魚類の体はうろこでおおわれており、両生類の皮ふはしめっている。

3 次の１～３の各問いに答えなさい。

1　次の文は、地震が起こったときの揺れと震度について述べたものである。下の(1)、(2)の問いに答えなさい。

> 地震が起こると、地下での岩石の破壊にともなってＰ波とＳ波の２つの波が発生し、その波が各地へ広がっていく。Ｐ波はＳ波より先に到着するため、Ｐ波が到着してからＳ波が到着するまでのあいだは地面が小さくこきざみに揺れるが、Ｓ波が到着するとユサユサと大きく揺れる。
>
> ある地点での地面の揺れの程度を震度といい、日本では気象庁によって（　a　）から７までの（　b　）段階に分けられている。

(1)　文中の（　a　）、（　b　）にあてはまる数を書きなさい。

(2)　Ｓ波が到着することで起こる揺れを何というか、書きなさい。

2　次の文は、地震のときに起こるさまざまな現象について述べたものである。下の(1)、(2)の問いに答えなさい。

> 地震が海底の浅いところで発生し、①海底が急にもり上がったり、沈んだりすることで地面にずれが生じて波が発生すると、海抜《かいばつ》の低い土地には海水が浸入《しんにゅう》し、建物などを押し流して大きな被害が出ることがある。また、地震の揺れが大きいところでは②地層が切れてずれたり、がけくずれや建物の倒壊が起きたりすることがある。

(1)　文中の下線部①の波を何というか、書きなさい。

(2)　文中の下線部②について、これによってできた土地のくいちがいを何というか、書きなさい。

3　Ｐ波とＳ波の到着時刻やそれらが大地を伝わる速さを調べると、震源までの距離や震央の位置を求めることができる。さらに近年では、地震の揺れが到着する時刻なども推定することができ、防災に役立てられるようになった。

図１は、ある日の午前５時10分４秒に発生した地震の揺れを、海面からの高さが同じであるＸ地点、Ｙ地点、Ｚ地点の地震計で記録したときのようすを表したものである。また**図２**は、Ｘ地点、Ｙ地点、Ｚ地点を含む地域における、震源からの距離と地震発生後のＰ波とＳ波が到着するまでの時間を示したものである。あとの(1)～(4)の各問いに答えなさい。

一 般

令和4年度学力検査問題

（第1日第3限）

英　語

（50分）

（注　意）

1　放送による指示があるまでは、開いてはいけません。
2　問題は 1 から 5 まであり、14ページまでです。
3　最初に、1 の「放送による聞き取りテスト」を行います。
4　答えは、すべて解答用紙に書きなさい。
5　英語は、活字体、筆記体のどちらで書いてもかまいません。
6　印刷がはっきりしないでわからないときは、黙って手を挙げなさい。
7　「やめ」の合図で、すぐに鉛筆を置き、解答用紙を裏返しにして机の上に置きなさい。
8　検査終了後、問題用紙は持ち帰りなさい。

★教英出版注
音声は，解答集の書籍ＩＤ番号を教英出版ウェブサイトで入力して聴くことができます。

1 「放送による聞き取りテスト」

問１　英語の質問を聞き、絵が示す内容に合う答えを選ぶ問題です。質問に対する答えとして最も適当なものを、続けて読まれるア～ウの中からそれぞれ一つずつ選び、記号を書きなさい。

１番

２番

問２　会話を聞いて答える問題です。最後の発言に対する受け答えとして最も適当なものを、ア～エの中からそれぞれ一つずつ選び、記号を書きなさい。

１番　ア　Don't give up.
　　　イ　It's not yours.
　　　ウ　Yes, she can.
　　　エ　I hope so.

２番　ア　You don't have to study.
　　　イ　I'm sorry I can't.
　　　ウ　I'm studying now.
　　　エ　You're welcome.

問３　留学生のアリ（*Ali*）が自分の国についてスピーチをしています。スピーチのあとに続けて読まれる二つの質問に対する答えとして最も適当なものを、ア～エの中からそれぞれ一つずつ選び、記号を書きなさい。

１番　ア　There are many Japanese gardens.
　　　イ　Japanese goods and culture are popular.
　　　ウ　It takes about 3 hours to get there from Japan.
　　　エ　People in Turkey don't drink coffee.

２番　ア　He makes desserts.
　　　イ　He cleans his shoes.
　　　ウ　He takes off his shoes.
　　　エ　He cooks dinner.

問４　あなたは、海外の中学生とのオンライン交流会の最後に、海外の中学生からのメッセージを聞いているところです。メッセージの内容を踏まえて、あなたのアドバイスを英語で簡潔に書きなさい。

2　次の問１、問２に答えなさい。

問１　健司（*Kenji*）は留学生のマーク（*Mark*）を誘ってボランティア活動に申し込んだ後、マークから【メール１】を受け取った。健司は【広告】を見ながら返信として【メール２】を作成した。やりとりが成立するように【メール２】の下線部①、②のそれぞれについて、（　　　）内に英語を書き、英文を完成させなさい。ただし、（　　　）内は（　　　）内の語を含めて、<u>６語以上</u>使用して書くこと。

【メール１】

> Hi, Kenji. I want to ask you about the volunteer work at Blue Park. You told me that I should take a bus to the park, but how long does it take to walk there from Tamahama Station? If it is sunny, I want to walk. If it rains, I'll take a bus.
>
> Mark

【メール２】

> Hi, Mark. I will answer your question. ①<u>(　　walk　　), so it's a long way.</u> ②<u>And if it rains, (　　park　　).</u> We will learn about sea animals at Tamahama Station Hall. It's near the station!
>
> Kenji

【広告】

ボランティア募集！

海辺の清掃で、地域に貢献してみませんか？

日時：６月25日（日曜日）10:00〜12:00

場所：ブルーパーク

➢玉浜駅から市営バス「ブルーパーク行き」で約10分

➢玉浜駅から徒歩で約40分

募集人数：約30名（小学生以上）

☆雨天時は、ブルーパークでのボランティア活動の代わりに、玉浜駅ホール（南口を出てすぐ）で、海の生物についての勉強会を行います。

問２　あなたは英語の授業で、「思い出の写真」について発表を行うことになった。次の**【写真】**をもとに、**【スピーチ原稿】**を完成させなさい。**【スピーチ原稿】**の（　１　）と（　２　）には、写真の内容と状況に合うように英語を書きなさい。また、（　３　）には、あなた自身の考えを英語で書きなさい。ただし、（　１　）～（　３　）はそれぞれ５語以上使用し、（　　　）を含む下線部が１文になるように書くこと。

【写真】

【スピーチ原稿】

I'm going to talk about a picture of my family.

I went to a mountain in Kumamoto with my family last year. Please look at this. At this moment, we saw a big bird which was flying in the sky, and my father was so excited. (　1　) because he likes bird watching. However, my sister began to cry when she saw the bird. My mother took care of her and said, "(　2　)." After that, we had lunch on the top of the mountain. It was a great time.

This year, I'm going to go to the sea because (　3　).

Thank you for listening.

3 次の問１～問３に答えなさい。

問１ (1)、(2)は、それぞれ（　　　）内の状況で会話をしている。その会話の内容を表している最も適当な絵またはグラフを、あとのア～エの中からそれぞれ一つずつ選び、記号を書きなさい。

(1) (Yuki and Tom are talking in the classroom during a *break.)

Yuki : Now, we are ready for the next class!

Tom : Why did you do this?

Yuki : Because Mr. Ito told us to put our desks together for group work before class.

Tom : Oh, I forgot about that. Thank you very much!

*break 休み時間

ア

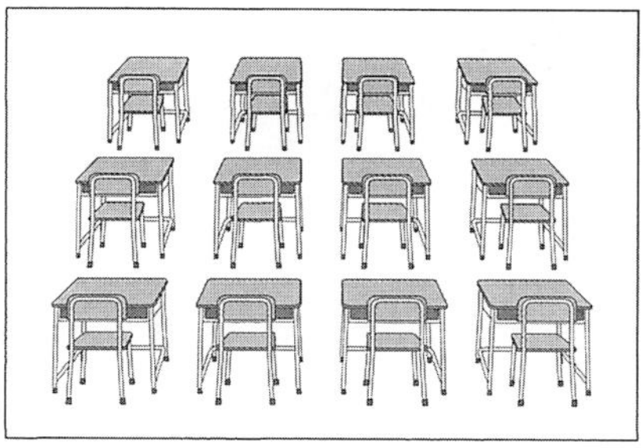

イ

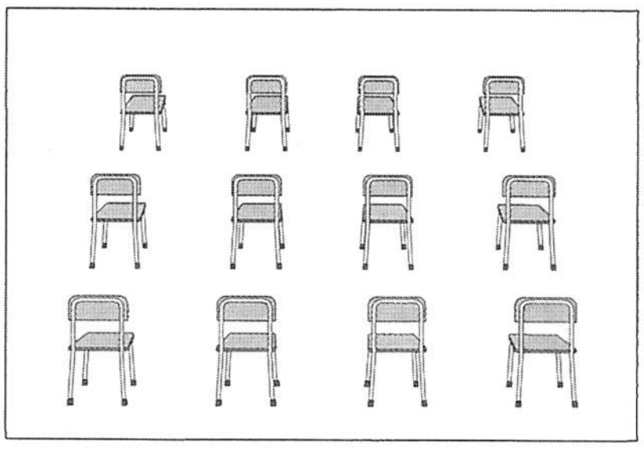

ウ

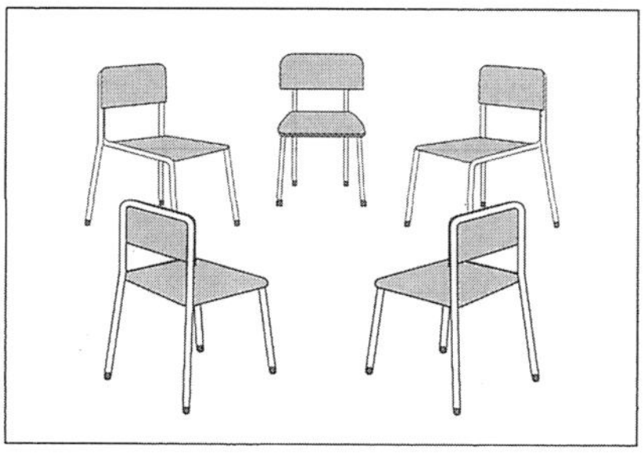

エ

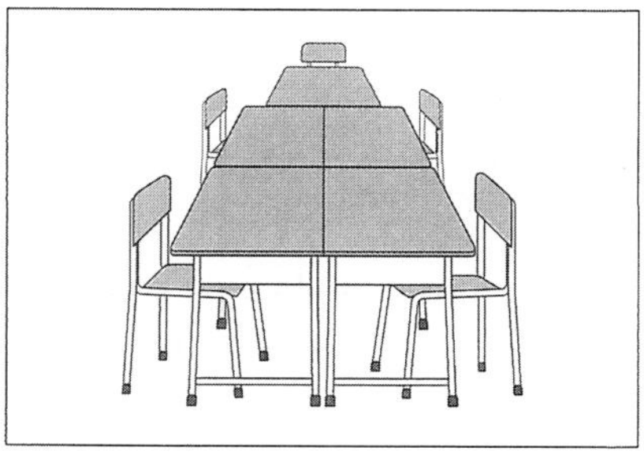

(2) (Shin and Mary are talking about a *questionnaire of the places the students in their school want to visit in Japan.)

Shin : Look. Tokyo is the most popular place.

Mary : I really want to go to Okinawa, but only 10% of students want to visit there. Maybe a lot of students want to visit big cities. Osaka is almost as popular as Tokyo.

Shin : I see, but I want to ski in Hokkaido in the future!

*questionnaire アンケート調査

ア

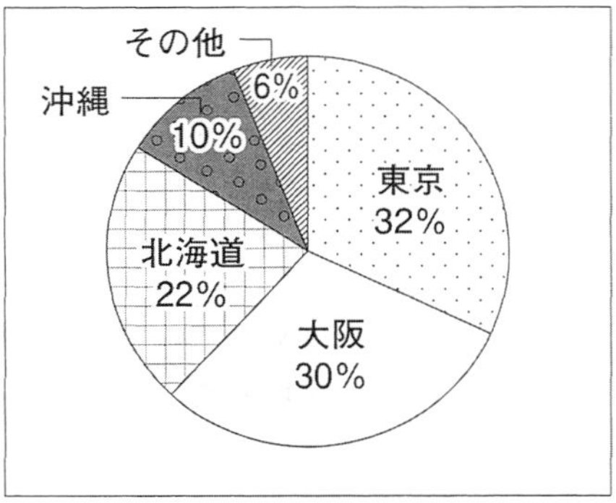

イ

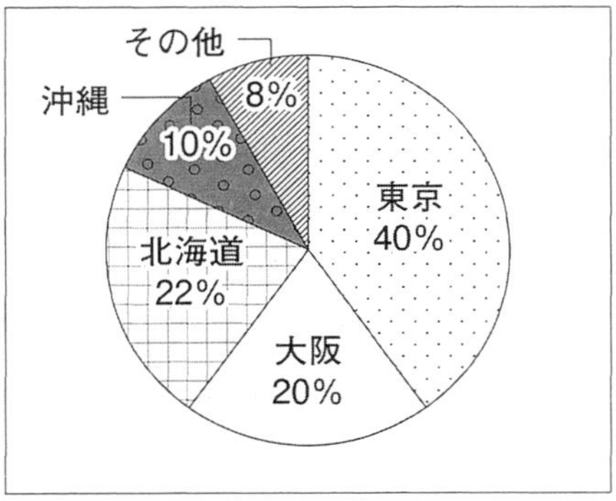

ウ

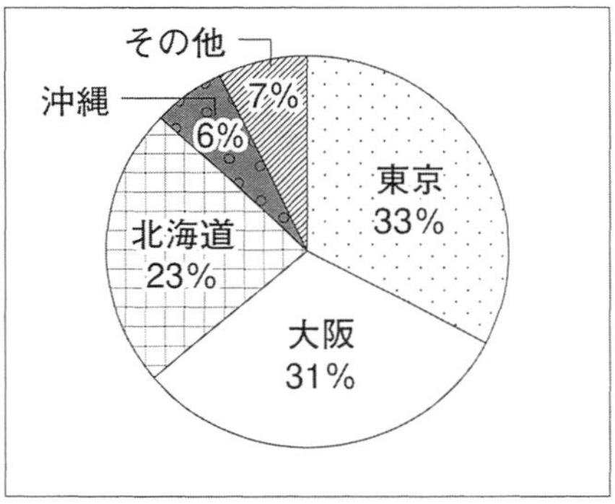

エ

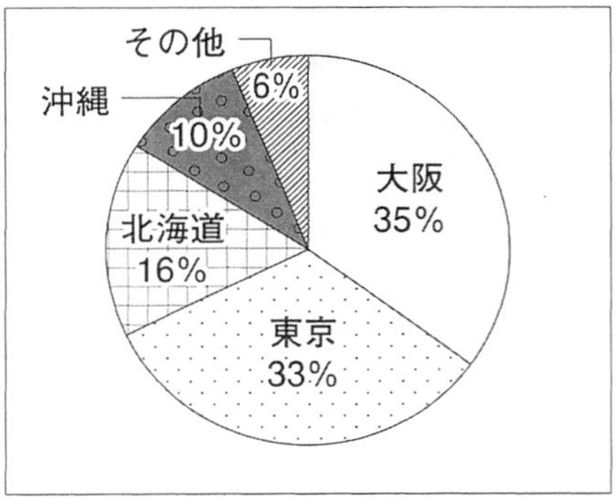

問２　(1)、(2)の英文のタイトルとして最も適当なものを、それぞれの英文の下のア～エの中から一つずつ選び、記号を書きなさい。

(1) In English, there is a *saying: "Elephants never forget." Actually, this comes from a feature of elephants. Elephants are not only very big but also very smart. They have big brains, and they can learn to do many things. Elephants can also remember things well. If a member of their family dies, they often visit the place even after a few years. It's like humans visiting the *graves of their families.

*saying　ことわざ　　*grave(s)　墓

ア　How to use the word "elephant" in English
イ　Why we say "Elephants never forget"
ウ　How elephants communicate with each other
エ　The differences between elephants and humans

(2) A lot of *spacecraft and humans have been to *space. Also, the amount of trash in space is increasing. It is called "*space debris." It is very dangerous because it moves very quickly in space. If space debris *hits something else like spacecraft, it may damage them. To solve this problem, *JAXA is working with some companies now. *Clearing space debris is very important to keep space safe.

*spacecraft　宇宙船　　*space　宇宙
*space debris　宇宙ゴミ　　*hit(s) ～　～にぶつかる
*JAXA　宇宙航空研究開発機構　　*clear(ing) ～　～を取り除く

ア　The way to go to space
イ　The amount of "space debris"
ウ　The problem of trash in space
エ　The long history of JAXA

［チャイムの音　一つ］

問３の問題に移ります。留学生のアリ（*Ali*）が自分の国についてスピーチをしています。スピーチのあとに続けて読まれる二つの質問に対する答えとして最も適当なものを、ア～エの中からそれぞれ一つずつ選び、記号を書きなさい。では、始めます。

Hello. I'm a student from Turkey. Do you know Turkey? It takes about 13 hours by plane to get there from Japan. So Turkey is very far from Japan. My country is bigger than Japan, but the number of people is smaller. There are many Japanese companies, and we love Japanese goods and culture. Many people are interested in Japan and study the Japanese language.

Cultures in Japan and Turkey are very similar. I'll give you some examples. First, in my country, we take off our shoes at home, so we can keep our houses clean. It's very similar to Japanese culture. Second, Japanese traditional desserts are very sweet, and our desserts are very sweet, too. We often eat sweet desserts and drink coffee at restaurants in Turkey.

I think there are many good places to visit, and you will like them. Please visit Turkey someday. Thank you.

（約５秒休止）

１番　From Ali's speech, which is true about Turkey?

（約７秒休止）

２番　From Ali's speech, what does he do at home in Turkey?

（約７秒おいて）繰り返します。（約７秒休止）

［チャイムの音　一つ］

問４の問題に移ります。あなたは、海外の中学生とのオンライン交流会の最後に、海外の中学生からのメッセージを聞いているところです。メッセージの内容を踏まえて、あなたのアドバイスを英語で簡潔に書きなさい。では、始めます。

I was so happy today because I talked with you. I have been interested in the Japanese language, and now I want to learn about it more! What is the best way to study it? Please tell me!

（約15秒おいて）繰り返します。（約30秒休止）

［チャイムの音　一つ］

これで、放送による聞き取りテストを終わります。ほかの問題へ進んでください。

（約２秒休止）［チャイムの音　一つ］

一般

令和4年度学力検査問題

（第2日第1限）

社会

（50分）

（注意）

1 「始め」の合図があるまでは、開いてはいけません。
2 問題は 1 から 6 まであり、14ページまでです。
3 「始め」の合図があったら、まず解答用紙に受検番号を書きなさい。
4 答えは、すべて解答用紙にかきなさい。
5 印刷がはっきりしないでわからないときは、黙って手を挙げなさい。
6 「やめ」の合図で、すぐに鉛筆を置き、解答用紙を裏返しにして机の上に置きなさい。
7 検査終了後、問題用紙は持ち帰りなさい。

1

地図や世界の地理に関して、中学生のなおこさんが調べたことと、なおこさんの姉で大学生のほのかさんが経験したことについて、１～３の各問いに答えなさい。

1　**【説明文１】**は、なおこさんが**【地図１】**について調べ、地図上の長さと地球上での実際の距離についてまとめたものである。**【説明文１】**の □ にあてはまる内容として最も適当なものを、下のア～エの中から一つ選び、記号を書きなさい。

【説明文１】

> **【地図１】**には、地図上では同じ長さの線分ＡＢ、線分ＣＤ、線分ＥＦが示してあります。□

【地図１】　緯線と経線が直角に交わる地図

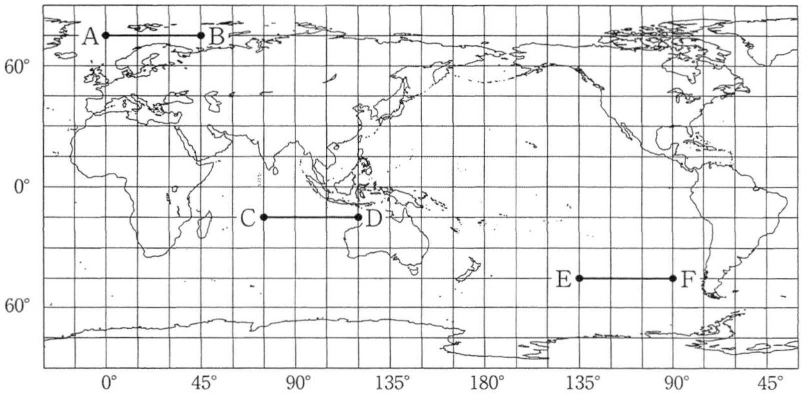

ア　三つの線分のうち、地球上での実際の距離が最も短いのは、線分ＡＢです。
イ　三つの線分のうち、地球上での実際の距離が最も短いのは、線分ＣＤです。
ウ　三つの線分のうち、地球上での実際の距離が最も短いのは、線分ＥＦです。
エ　線分ＡＢ、線分ＣＤ、線分ＥＦは、地球上での実際の距離もすべて同じです。

2　なおこさんは、中国における人の移動について調べるために**【資料１】**、**【資料２】**を準備した。**【資料１】**、**【資料２】**に関して述べた**【説明文２】**の □ にあてはまる内容を簡潔に書きなさい。

【資料１】　内陸部の一つの地域から沿海部の三つの地域への人の移動
（2010年）

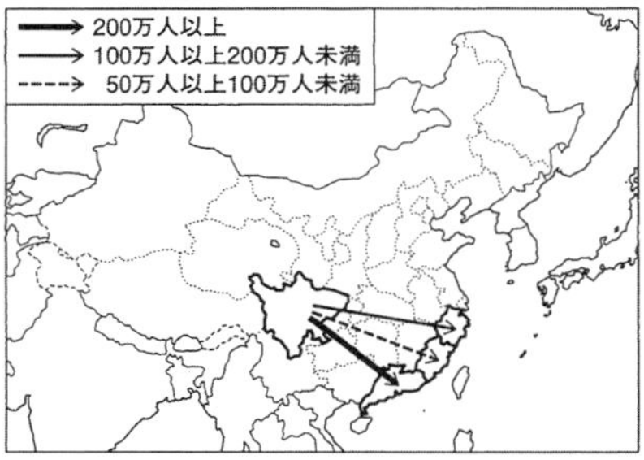

【資料２】　内陸部の一つの地域と沿海部の三つの地域の１人あたりの総生産
（2009年）

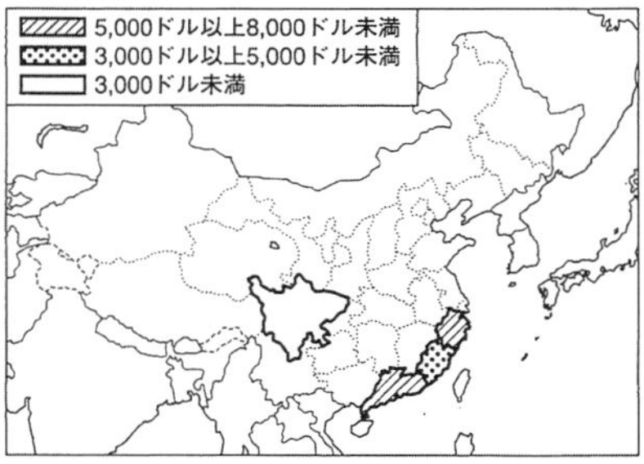

（『詳解 現代地図』、『新詳 高等地図』より作成）

【説明文２】

【資料１】に示される人の移動の背景の一つとして、【資料２】にみられるような内陸部と沿海部の経済格差が考えられる。【資料１】に示される人の移動の一つの例として、収入の少ない内陸部の農村に住む人々が、［　　　　　　］をするために沿海部の都市に移動することがあげられる。

3　ほのかさんは、北アメリカ大陸からユーラシア大陸を旅行した。【地図２】を見て、次の(1)～(4)の問いに答えなさい。

(1)　ほのかさんは【地図２】のＡ～Ｃの地域を順に訪れた。また、【資料３】の①～③は、それぞれほのかさんが訪れたＡ～Ｃのいずれかの地域において盛んに行われている農業のようすを撮影したものである。【資料３】の①～③をほのかさんが撮影した順に並べて、番号を書きなさい。

【地図２】

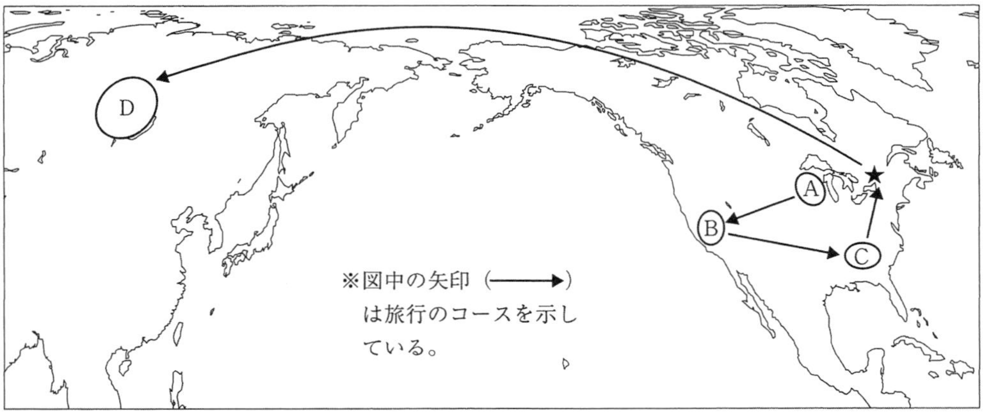

【資料３】

①　綿花の収穫

②　乳牛の飼育

③　ぶどうの栽培

(2)　【資料４】は、ほのかさんがＣの次に訪れた【地図２】の★の都市で見かけた交通標識である。このように、この都市が位置する国では二つの言語が公用語として使用されている。一つは英語であるが、もう一つの言語は何か、その名称を書きなさい。

【資料４】　二つの言語で表記された交通標識

(3) ほのかさんは、次に【地図２】のＤの地域を訪れ、そこで特徴的な植物のようすを見かけた。【資料５】と【雨温図】からＤの地域が属する気候帯に関係の深いものをそれぞれ選び、その組み合わせとして最も適当なものを、下のア～エの中から一つ選び、記号を書きなさい。

【資料５】 植物のようす

Ⅰ

Ⅱ

【雨温図】

a

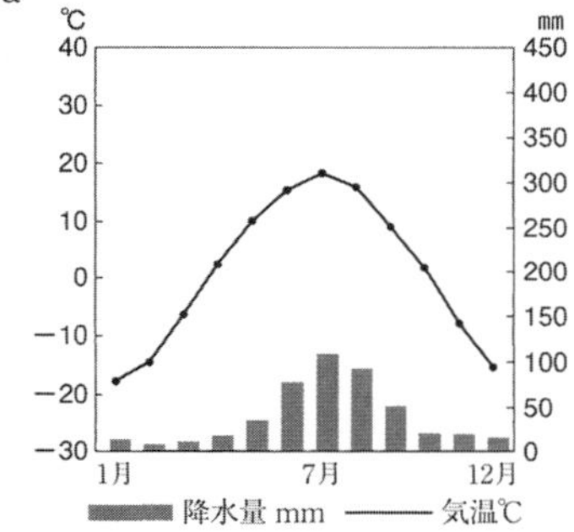

b

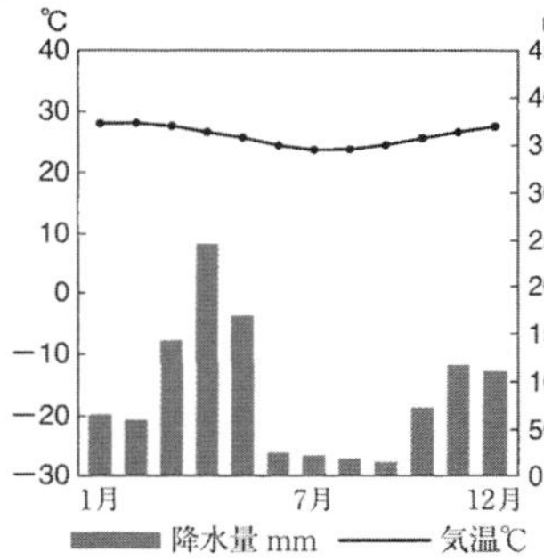

（『理科年表 2020』より作成）

ア Ⅰ・a　　イ Ⅰ・b　　ウ Ⅱ・a　　エ Ⅱ・b

(4) なおこさんは、ほのかさんからアメリカ合衆国で、地熱を利用した発電が行われていることを聞き、再生可能エネルギーを利用した発電について調べた。【資料６】はアメリカ合衆国とヨーロッパの国における、水力以外の四つの再生可能エネルギーを利用した発電量の内訳（2017年）を示したものであり、【メモ】は【資料６】のＸを利用した発電施設に関するものである。Ｘに該当する語句を、【メモ】を参考にして書きなさい。

【資料６】

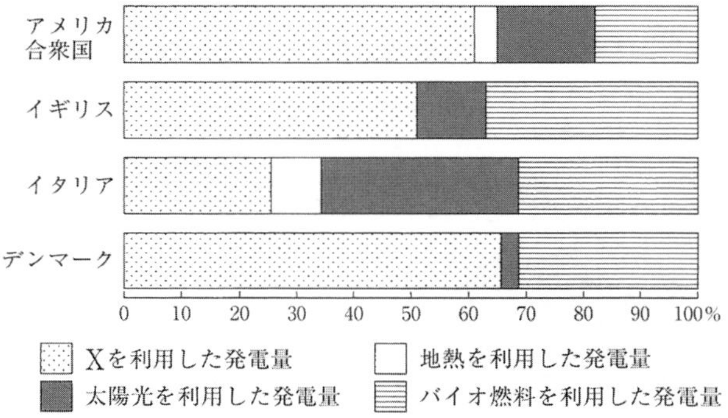

（『データブック オブ・ザ・ワールド 2021年版』より作成）

【メモ】

Ｘを利用した発電施設は、おもに海岸部や山間部、沖合などに設置されている。

2　日本の地理に関して、１～６の各問いに答えなさい。

1　中学生のひろきさんは、**【資料１】**と**【資料２】**を用いて、島根県、愛《え》媛《ひめ》県、高知県の気候と農業の特色について考察した。**【地図】**のＡはそれら３県のいずれか一つを示したものである。**【資料１】**のア～ウは、それぞれ島根県浜田市、愛媛県松山市、高知県高知市のいずれかの降水量に関するものである。**【地図】**のＡが示す県に位置する都市に該当するものを**【資料１】**から一つ選び、記号を書きなさい。また、**【資料２】**のａ～ｃは、それぞれ３県のいずれかの農業産出額の内訳（2015年）を示したものである。**【地図】**のＡが示す県に該当するものを**【資料２】**から一つ選び、記号を書きなさい。

【資料１】

	１月降水量 (mm)	７月降水量 (mm)	年間降水量 (mm)
ア	58.6	328.3	2547.5
イ	101.3	276.5	1663.8
ウ	51.9	191.6	1314.9

（『地理統計要覧 2021年版』より作成）

【地図】

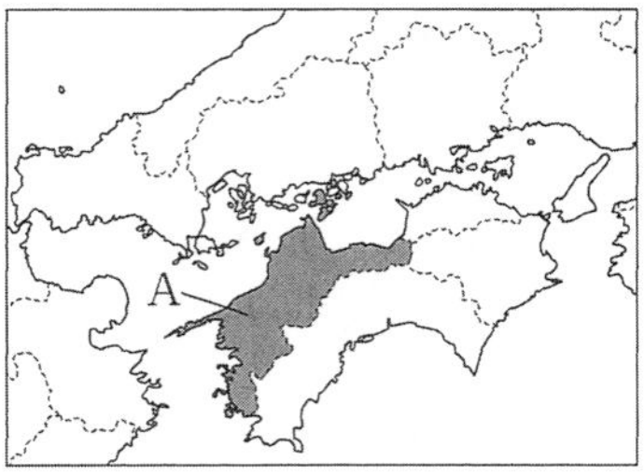

【資料２】

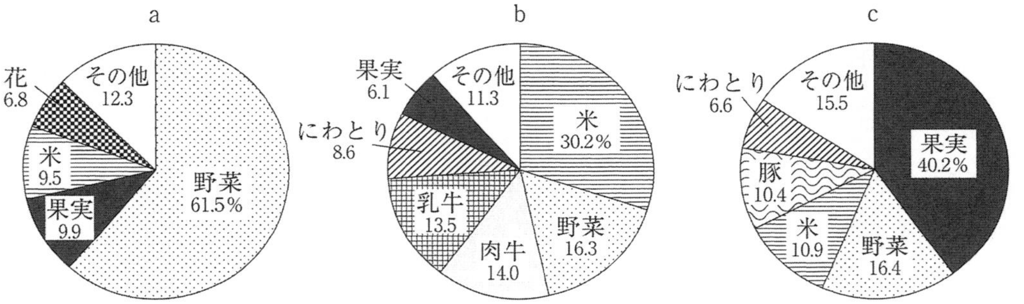

（『中学校社会科地図』より作成）

2　**【説明文１】**は、中学生のさくらさんが日本の川の特色について説明したものである。［　　　］にあてはまる語句を書きなさい。

【説明文１】

日本の川は流域面積がせまく、短くて急流となっているのが特色です。そのため、降った雨が短時間で海まで流れるので、［　　　　　］をつくって川の水量を調節し、水資源の確保や発電に利用するなど、水を有効利用する工夫が行われています。

3　**【説明文２】**は、ひろきさんが川がつくるさまざまな地形が土地利用に影響を与えることについて説明したものである。［ a ］、［ b ］にあてはまる内容の組み合わせとして最も適当なものを、下のア～エの中から一つ選び、記号を書きなさい。

【説明文２】

> 日本には、扇状地や三角州など川がつくるさまざまな地形がみられます。扇状地と三角州の地形の特徴を比べると、三角州に比べ扇状地の中央部は［ a ］ことが特徴です。この特徴を生かして、扇状地の中央部はおもに［ b ］として利用されています。

ア　a－水がしみこみやすい（水はけが良い）　　b－果樹園
イ　a－水がしみこみやすい（水はけが良い）　　b－水田
ウ　a－水がしみこみにくい（水はけが悪い）　　b－果樹園
エ　a－水がしみこみにくい（水はけが悪い）　　b－水田

4　さくらさんは、日本の農業の特徴を調べるため、**【資料３】**、**【資料４】**を準備した。**【資料３】**のⅠ、Ⅱは、それぞれアメリカ合衆国と日本のいずれかの農民の一人あたりの農地面積（2017年）を示したものであり、**【資料４】**のａ、ｂは、それぞれアメリカ合衆国と日本のいずれかの耕地１haあたりの肥料消費量（2017年）を示したものである。日本に該当するものを、**【資料３】**、**【資料４】**からそれぞれ選び、その組み合わせとして最も適当なものを、下のア～エの中から一つ選び記号で答えよ。

【資料３】

Ⅰ

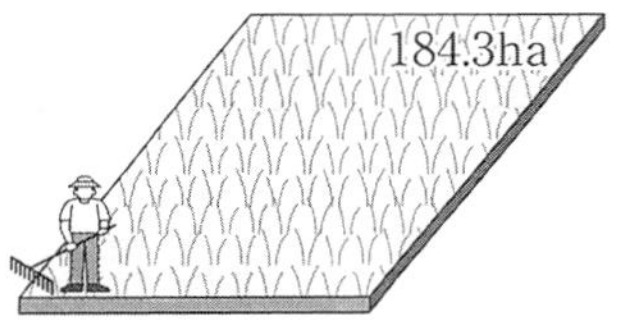

Ⅱ

【資料４】

a

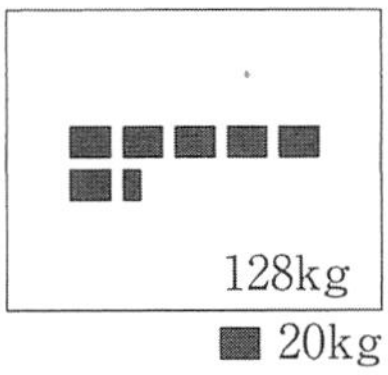

b

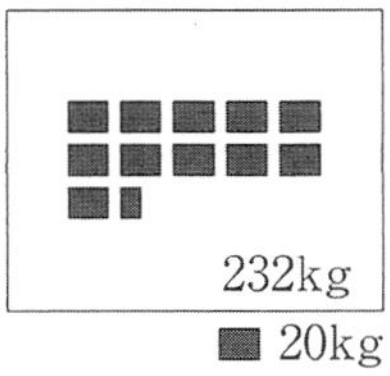

（『最新地理図表 GEO』、『日本国勢図会 2020/21年版』より作成）

ア　Ⅰ・a　　イ　Ⅰ・b　　ウ　Ⅱ・a　　エ　Ⅱ・b

5　さくらさんとひろきさんは、日本の工業について調べた。次の(1)、(2)の問いに答えなさい。

(1)　**【説明文３】**は、日本とアメリカ合衆国の自動車の貿易や生産の在り方に関して説明したものである。**【説明文３】**を参考にして、**【資料５】**の X 、 Y が何を示すグラフかを判断し、その組み合わせとして最も適当なものを、下のア～エの中から一つ選び、記号を書きなさい。

【説明文３】

> 1980年代に入ると、日本とアメリカ合衆国との間で自動車をめぐる貿易上の対立が激しくなった。このような中、日本とアメリカ合衆国間の自動車の貿易や日本の自動車企業の生産の在り方に変化が生じた。

【資料５】

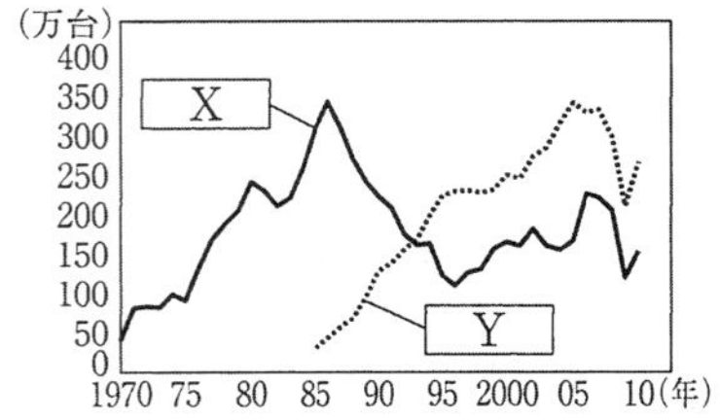

(『新詳地理B』より作成)

ア　X－日本からアメリカ合衆国への自動車の輸出
　　Y－日本の自動車企業の日本国内での生産

イ　X－日本からアメリカ合衆国への自動車の輸出
　　Y－日本の自動車企業のアメリカ合衆国での生産

ウ　X－アメリカ合衆国から日本への自動車の輸出
　　Y－日本の自動車企業の日本国内での生産

エ　X－アメリカ合衆国から日本への自動車の輸出
　　Y－日本の自動車企業のアメリカ合衆国での生産

(2)　**【資料６】**は、全国の工業出荷額にしめる、おもな工業地帯・地域の工業出荷額の割合（2014年）を示したものであり、XとYは、それぞれ中京工業地帯、北関東工業地域のいずれかである。**【資料６】**に関連して述べた文として最も適当なものを、下のア～エの中から一つ選び、記号を書きなさい。

【資料６】

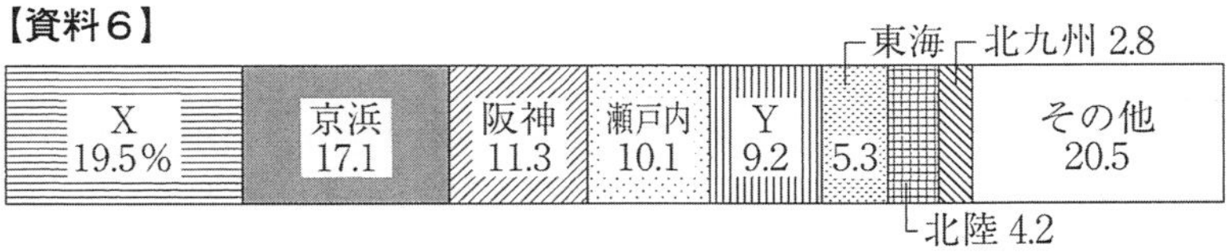

(『新詳地理資料 COMPLETE 2021』より作成)

ア　Xは中京工業地帯で、繊維関連工場が集まっており、繊維製品が中京工業地帯の工業出荷額の大半をしめている。

イ　Xは北関東工業地域で、繊維関連工場が集まっており、繊維製品が北関東工業地域の工業出荷額の大半をしめている。

ウ　Yは中京工業地帯で、高速道路などの交通網が発達し、電気機械などの工場が集まっている。

エ　Yは北関東工業地域で、高速道路などの交通網が発達し、電気機械などの工場が集まっている。

6　**【説明文４】**はさくらさんが、近年、洪水や浸水の被害が都市部でたびたび起こる要因の一つについて説明したものである。**【説明文４】**の □ にあてはまる内容を書きなさい。

【説明文４】

> 都市部では、地面が □ ため、雨がしみ込みにくくなり、短時間に大量の雨が降ると一気に川に流れ出るため、洪水や浸水被害が起こりやすくなる。

3 一郎さんと花子さんのクラスでは、各府県に関わりのある歴史について班ごとに調べ、カードを作成した。A～F班がそれぞれ作成したカードを読み、１～７の各問いに答えなさい。

A班のカード　福岡県	B班のカード　奈良県
志賀島《しかのしま》で「漢委奴国王《かんのわのなのこくおう》」と刻まれた金印が発見された。これは①１世紀の半《なか》ばに中国の皇帝から授《さず》けられたものと考えられている。	仏教の力で国を守ろうとした聖武《しょうむ》天皇は東大寺を建立《こんりゅう》した。また、聖武天皇の愛用の品の多くは、②天平《てんぴょう》文化を代表する宝物《ほうもつ》となっている。

C班のカード　山口県	D班のカード　京都府
③平清盛《たいらのきよもり》やその一族は高い位や役職を独占した。その後、平氏《へいし》に対する反対派の動きが活発となり、源頼朝《みなもとのよりとも》ら源氏《げんじ》が兵を挙《あ》げた。源平《げんぺい》最後の戦いの場となった壇ノ浦《だんのうら》で平氏は滅んだ。	④室町《むろまち》幕府の将軍の後継者争いを原因の一つとして、応仁《おうにん》の乱が始まった。乱が治まると西軍の陣《じん》がおかれた跡地に⑤職人が集まり、織物が作られた。これが西陣織《にしじんおり》の由来となっている。

E班のカード　長崎県	F班のカード　佐賀県
島原《しまばら》・天草一揆《あまくさいっき》を鎮圧した後、⑥江戸幕府は、ポルトガル船の来航を禁止した。ポルトガル船の来航を禁止した２年後には、オランダ商館を出島《でじま》に移した。	佐賀藩主であった鍋島直正《なべしまなおまさ》はさまざまな⑦改革を断行し、藩の発展に力を尽くした。また、種痘《しゅとう》など西洋医学を取り込むことにも努めた。

1 下線部①に関連して、１世紀の世界各地の様子について述べた文として最も適当なものを、次のア～エの中から一つ選び、記号を書きなさい。

ア メソポタミアでは神殿を中心に都市が誕生し、くさび形文字が発明された。

イ ギリシアではポリスとよばれる都市国家が多く誕生し、民主政治が行われた。

ウ ローマ帝国は、水道などの施設をつくり、道路網を整備するなど高度な文明を築いた。

エ ヨーロッパでは、人間のいきいきとした姿を文学や美術で表現するルネサンス（文芸復興）がおこった。

2 下線部②に関連して、一郎さんは天平文化と、その後に生まれた国風《こくふう》文化の特徴を考えるため、それぞれの文化を代表する作品を一つずつ選んだ。これらの作品について述べた文として最も適当なものを、下のア～エの中から一つ選び、記号を書きなさい。

天平文化	国風文化
【写真Ⅰ】 螺鈿紫檀五絃琵琶《らでんしたんのごげんびわ》 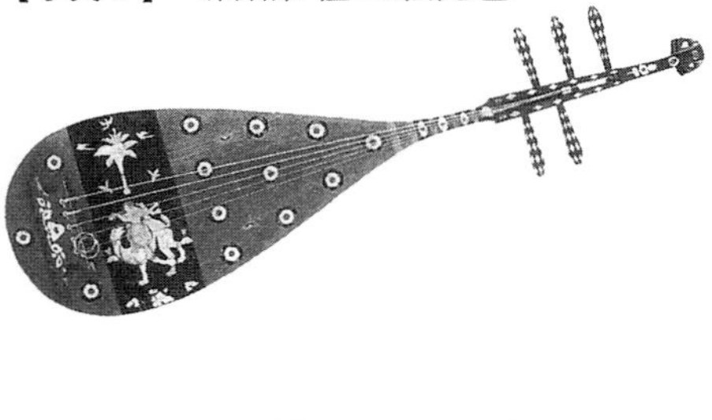	**【写真Ⅱ】** 土佐日記《とさにっき》 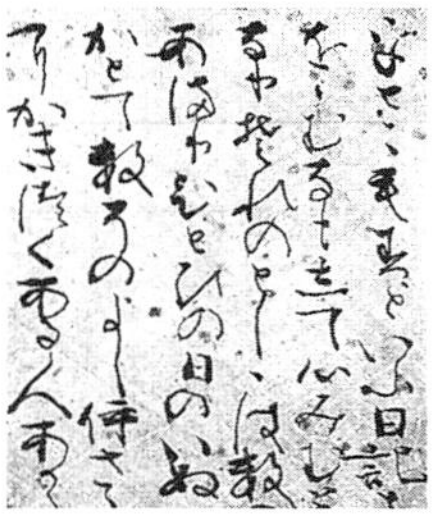

ア **【写真Ⅰ】**にはラクダが表現されており、アメリカ大陸の文化の影響を受けている。

イ **【写真Ⅰ】**は、奈良時代につくられた東大寺の金色堂《こんじきどう》の中に保管されている。

ウ **【写真Ⅱ】**に見られるような仮名（かな）文字を使って書かれた文学作品には、他に『万葉集《まんようしゅう》』がある。

エ **【写真Ⅱ】**に見られるような仮名（かな）文字が発達し、自分の考えや感情を書き表しやすくなった。

一 般

令和４年度学力検査問題

（第２日第２限）

数　　学

（50分）

（注　　意）

1　「始め」の合図があるまでは、開いてはいけません。
2　問題は 1 から 5 まであり、12ページまでです。
3　「始め」の合図があったら、まず解答用紙に受検番号を書きなさい。
4　答えは、すべて解答用紙にかきなさい。
5　計算などは、問題用紙の余白を利用しなさい。
6　印刷がはっきりしないでわからないときは、黙って手を挙げなさい。
7　「やめ」の合図で、すぐに鉛筆を置き、解答用紙を裏返しにして机の上に置きなさい。
8　答えに $\sqrt{\quad}$ が含まれるときは、$\sqrt{\quad}$ を用いたままにしておきなさい。
　 また、$\sqrt{\quad}$ の中は最も小さい整数にしなさい。
9　円周率は π を用いなさい。
10　検査終了後、問題用紙は持ち帰りなさい。

1 次の(1)〜(7)の各問いに答えなさい。

(1) (ア)〜(エ)の計算をしなさい。

(ア) $7 - 15$

(イ) $-4(2x - y) + 5x - 2y$

(ウ) $28x^3y^2 \div 4x^2y$

(エ) $\sqrt{54} - 2\sqrt{6}$

(2) $x^2 - 5x - 6$ を因数分解しなさい。

(3) 二次方程式 $x^2 - 7x + 8 = 0$ を解きなさい。

(4) 下の図のような半径が 2 cm の半円がある。この半円を、直線 ℓ を回転の軸として 1 回転させてできる立体の体積を求めなさい。

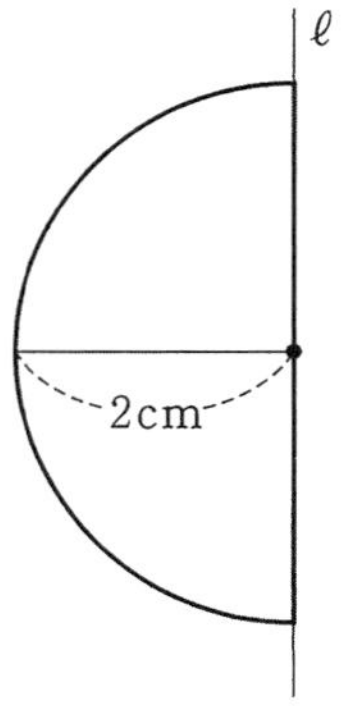

(5)　下の図のような正三角形ABCの辺AC上に、∠APB＝75° となる点Pを作図しなさい。また、点Pの位置を示す文字Pも図の中にかき入れなさい。

ただし、作図には定規とコンパスを用い、作図に用いた線は消さずに残しておくこと。

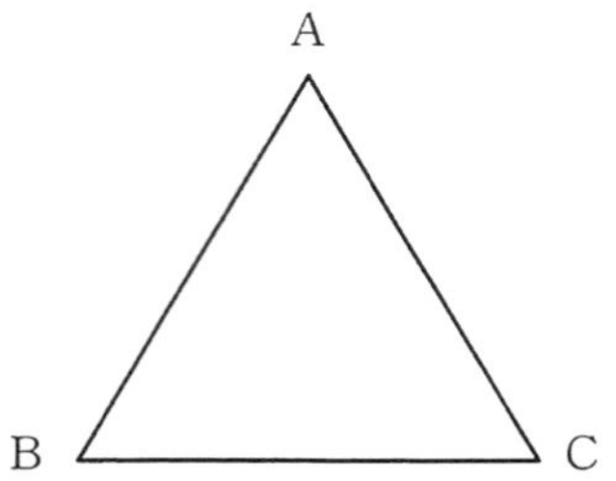

(6)　下の図のように、点Oを中心とする円があり、この円周上に5点A、B、C、D、Eがあるとき、∠BODの大きさを求めなさい。

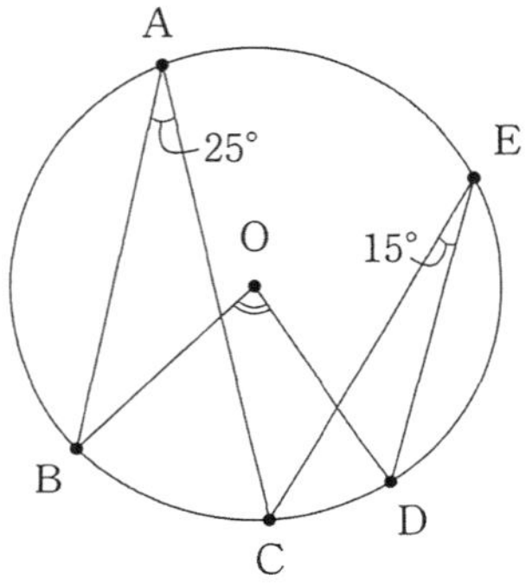

(7)　次の **【データ】** は、ある生徒15人について、小テストを実施したときの全員の得点を、値の小さい順に並べたものである。

【データ】

4、6、6、6、8、10、12、14、16、18、20、22、24、28、30（単位：点）

この **【データ】** を表した箱ひげ図として正しいものを、次の①～④の中から1つ選び、番号を書きなさい。

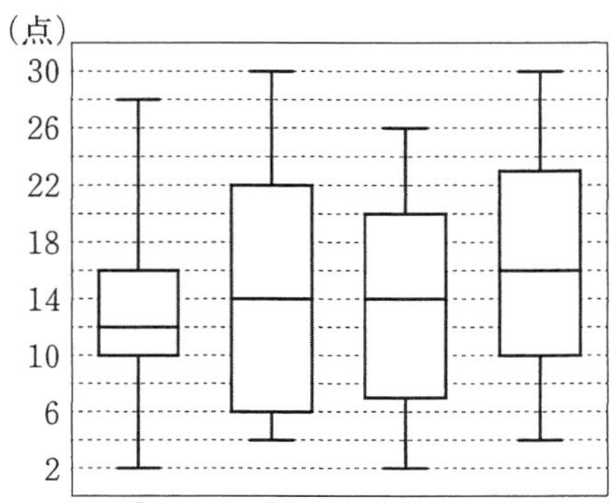

2　次の(1)、(2)の問いに答えなさい。

(1)　みのりさんは、ある店で20枚のDVDを借りることにした。借りるDVDのうち1枚が新作のDVDで、残りは準新作と旧作のDVDである。

これら20枚のDVDを下の**【料金表】**の料金で借りるとき、料金の合計がちょうど2200円になるようにしたい。

準新作のDVDを借りる枚数をx枚、旧作のDVDを借りる枚数をy枚として、(ア)～(エ)の各問いに答えなさい。

【料金表】

	1枚あたりの料金	
新　作		350円
準新作	準新作のDVDを借りる枚数が4枚以下のとき	170円
	準新作のDVDを借りる枚数が5枚以上のとき ※1枚目から110円です。	110円
旧　作		90円

(ア)　DVDを借りる枚数について、[①]にあてはまる式をx、yを用いて表しなさい。

[①] $= 20$

(イ)　料金の合計について、[②]にあてはまる式をx、yを用いて表しなさい。

準新作のDVDを借りる枚数が4枚以下のとき、[②] $= 2200$

(ウ)　料金の合計について、[③]にあてはまる式をx、yを用いて表しなさい。

準新作のDVDを借りる枚数が5枚以上のとき、[③] $= 2200$

(エ)　準新作のDVDを借りる枚数を求めなさい。

(2) 下の図のように、AB = 2 cm、BC = 2 cm、∠ABC = 90° の △ABC と、1 辺の長さが 2 cm の正方形 DEFG が直線 ℓ 上にあり、点 C と点 D は重なっている。正方形 DEFG は直線 ℓ 上に固定されており、△ABC は直線 ℓ にそって矢印の方向に、毎秒 1 cm の速さで動く。

このとき、(ア)〜(ウ)の各問いに答えなさい。

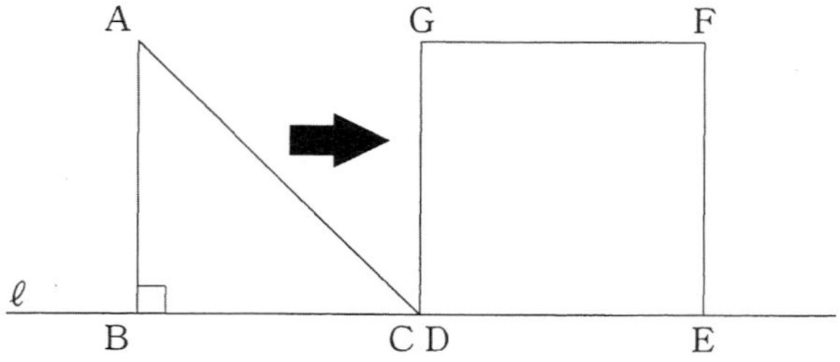

(ア) 動き始めてから 1 秒後について、△ABC と正方形 DEFG が重なってできる部分の面積を求めなさい。

(イ) 動き始めてから 3 秒後について、△ABC と正方形 DEFG が重なってできる部分の面積を求めなさい。

(ウ) 動き始めて 2 秒後から 4 秒後までについて考える。

このとき、△ABC と正方形 DEFG が重なってできる部分の面積が 1 cm^2 となるのは、動き始めてから何秒後か求めなさい。

ただし、動き始めてからの時間を x 秒として x についての方程式をつくり、答えを求めるまでの過程も書きなさい。

3 次の(1)、(2)の問いに答えなさい。

(1) あたりくじが３本、はずれくじが４本の合計７本のくじが入った箱がある。３本のあたりくじのうち、１本が１等のあたりくじ、２本が２等のあたりくじである。

このとき、(ア)〜(エ)の各問いに答えなさい。

(ア) この箱から１本のくじをひくとき、２等のあたりくじである確率を求めなさい。

(イ) この箱から同時に２本のくじをひくとき、２本とも２等のあたりくじである確率を求めなさい。

(ウ) この箱から同時に２本のくじをひくとき、１本はあたりくじで、もう１本ははずれくじである確率を求めなさい。

(エ) この箱から同時に２本のくじをひくとき、少なくとも１本はあたりくじである確率を求めなさい。

（問題は次のページに続く。）

(2) 次の**【会話】**は、高校生の兄と中学生の弟が、長方形の壁に同じ大きさの正方形のタイルをすき間なく貼るために、1辺の長さが何 cm のタイルを使えばよいか話し合っている場面である。

【会話】を踏まえて、(ア)〜(ウ)の各問いに答えなさい。

ただし、正方形のタイルの1辺の長さを表す数は整数とする。

【会話】

兄：**【図1】**のような縦の長さが 30 cm、横の長さが 75 cm の長方形の壁に、同じ大きさの正方形のタイルをすき間なく貼るために、1辺の長さが何 cm のタイルを使えばよいか考えよう。

弟：1辺が 1 cm のタイルを使えばいいね。

兄：そうだね。けれども、できるだけ大きなタイルを使って、タイルの枚数を少なくしたいな。

弟：1辺が 3 cm のタイルを使えば、タイルの枚数を少なくできるよ。この大きさのタイルだけを使うと、使用するタイルの枚数は［　①　］枚だね。

兄：タイルの枚数をもっと少なくしたいな。壁の短い辺の長さと同じ1辺が 30 cm のタイルだけで貼ることはできるかな。

弟：1辺が 30 cm のタイルだけを使うと、**【図2】**の斜線部分にタイルを貼ることはできないよ。何 cm のタイルを使えば、すき間なく貼ることができるか教えてよ。

兄：**【図2】**の斜線部分の長方形は、その短い辺の長さと同じ1辺が 15 cm のタイルを使えば、**【図3】**のようにすき間なく貼ることができるね。1辺が 15 cm のタイルを使えば、**【図4】**のように長方形の壁に同じ大きさのタイルをすき間なく貼ることができるよ。

【図1】

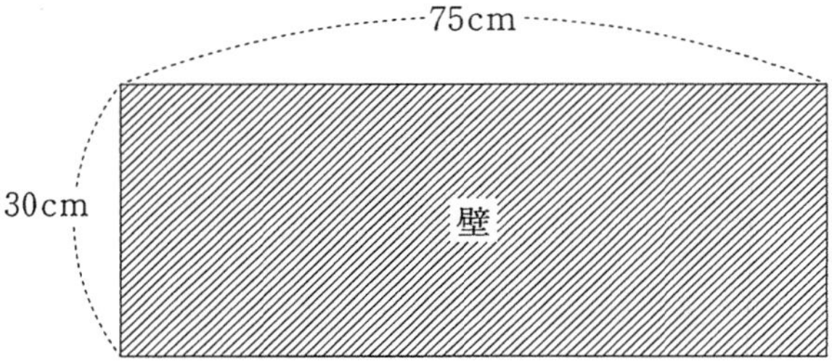

【図2】

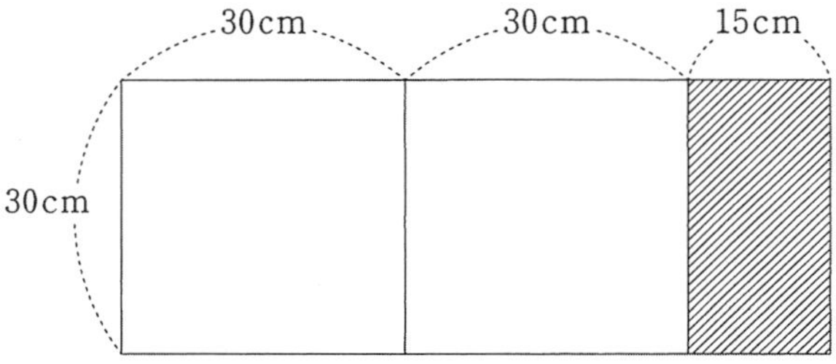

三

問1	問2	問3	問4	問5	問6

問1．　1点
問2．　2点
問3．　3点
問4．　3点
問5．　3点
問6．　3点

四

問1	問2	問3	問4 X	問4 Y
		禅師が　……　状況。		

問1．　2点
問2．　2点
問3．　2点
問4．　X．　2点
　　　　Y．　3点

2	2	(2)	記号		名称	
		(3)				
		(4)				
		(5)				
		(6)				

3	1	(1)	(a)	
			(b)	
		(2)		
	2	(1)		
		(2)		
	3	(1)		約　　　　　秒
		(2)		約　　　　　km
		(3)		
		(4)		

4	2	(6)	水中に入れる前		水中	
		(7)				

5	1	(1)	①		②	
		(2)				
		(3)				
	2	(1)				
		(2)				
		(3)				
		(4)	エタノールが水よりも (　　　　　　　　　　) からである。			
		(5)				
		(6)				

1 1．1点×2
2．(1)1点
(2)2点
3．1点×2
4．(1)2点
(2)1点

2 1．(1)1点
(2)1点×2
(3)1点
2．1点×6

3 1．(1)1点×2
(2)1点
2．1点×2
3．(1)1点
(2)1点
(3)2点
(4)1点

4 1．(1)1点×2
2．(1)2点
(2)1点
(3)1点
(4)1点
(5)1点
(6)1点
(7)1点

5 1．(1)1点
(2)1点
(3)2点
2．(1)1点×6

受検番号	

※50点満点

3

問1．１点×２
問2．２点×２
問3．４点

問 1	(1)	
	(2)	
問 2	(1)	
	(2)	
問 3		

4

２点×５

問 1	
問 2	
問 3	
問 4	
問 5	

5

２点×５

問 1	
問 2	
問 3	
問 4	
問 5	

2	4		
	5	(1)	
		(2)	
	6		
3	1		
	2		
	3		
	4		
	5		
	6		
	7		

5	3		
	4		
	5		
	6		
6	1		
	2	(1)	
		(2)	
		(3)	
	3		→ →
	4		
	5		

1
1．１点
2．１点
3．(1)２点
(2)１点
(3)２点
(4)１点

2
1．２点
2．１点
3．１点
4．１点
5．(1)２点
(2)１点
6．１点

3
1．１点
2．１点
3．１点
4．１点
5．１点
6．２点
7．１点

4
1．１点
2．２点
3．(1)２点
(2)１点
4．１点
5．１点
6．１点

5
1．２点
2．１点
3．２点
4．１点
5．１点
6．１点

6
1．１点
2．１点×３
3．２点
4．１点
5．１点

	(7)		1点
2	(1)	(ア)	1点
		(イ)	1点
		(ウ)	1点
		(エ)	準新作の DVD　　枚 1点
	(2)	(ア)	cm^2 1点
		(イ)	cm^2 2点
		(ウ)	動き始めてから　　秒後 3点

	(ウ)	S : T = 　: 2点
5	(1)	度 1点
	(2)	3点
	(3)	OO′ : CD = 　: 1点
	(4)	cm 1点
	(5)	cm 2点
	(6)	cm^2 2点

4 一般 数学解答用紙

受検番号	

※50点満点

1	(1)	(ア)	1点
		(イ)	1点
		(ウ)	1点
		(エ)	1点
	(2)		1点
	(3)	$x =$	1点
	(4)		cm^3 1点
	(5)	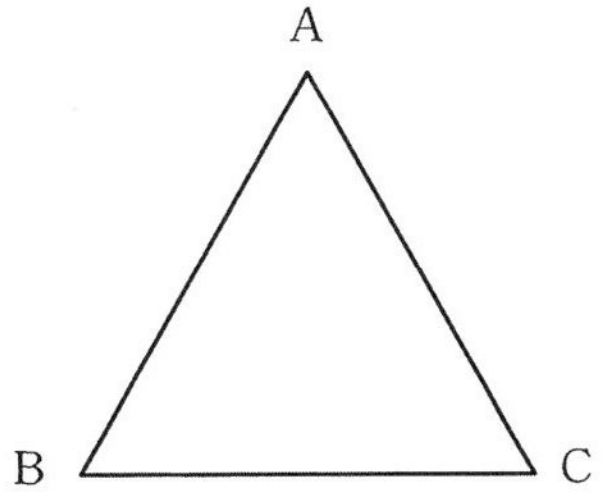	1点
	(6)		度

3	(1)	(ア)	1点
		(イ)	1点
		(ウ)	2点
		(エ)	2点
	(2)	(ア)	1点
		(イ)	1点
		(ウ)	cm 2点

4	(1)	$a =$	1点
	(2)		1点
	(3)		1点
	(4)	(,)	1点
	(5)	(ア) $y =$	2点
		(イ)	

【解答用

4　一　般　社会解答用紙

受検番号	

※50点満点

1	1		
	2		
	3	(1)	→ →
		(2)	
		(3)	
		(4)	
	1	【資料１】	
		【資料２】	
	2		
	3		

4	1		
	2		
	3	(1)	
		(2)	
	4		
	5		→ →
	6		
	1		
	2		

【解答用

4 一　般 英語解答用紙

1

問1．1点×2
問2．1点×2
問3．2点×2
問4．2点

問1	1番		2番	
問2	1番		2番	
問3	1番		2番	
問4				

2

問1．2点×2
問2．2点×3

問1	①	(　　　　) , so it's a long way.
	②	And if it rains, (　　　　).
問2	(1)	(　　　　) because he likes bird watching.
	(2)	(　　　　).
	(3)	This year, I'm going to go to the sea because (　　　　).

4　一般　理科解答用紙

受検番号	

※50点満点

1	1	(1)	の法則
		(2)	
	2	(1)	
		(2)	
	3	(1)	
		(2)	
	4	(1)	
		(2)	
	1	(1)	
		(2) ②	
		(2) ④	
		(3)	

4	1	(1)	Pa
		(2)	
	2	(1)	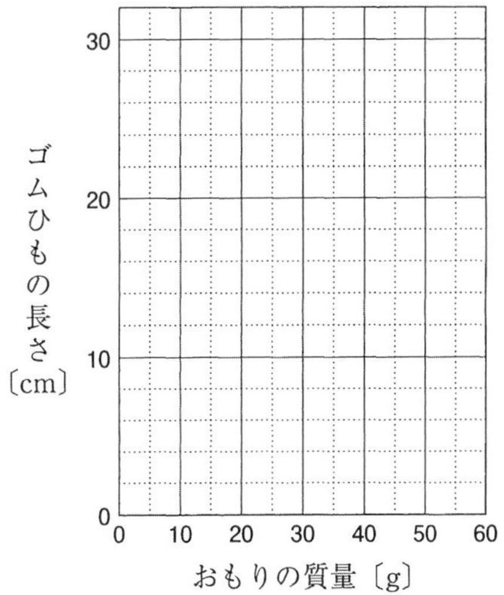
		(2)	cm
		(3)	N
		(4)	

【解答用

4 一般 国語解答用紙

※50点満点

一

問1	a	b	（る）	c	d

問2	

問3	（120字の原稿用紙マス目欄）

問1．１点×４
問2．２点
問3．５点

二

問1	
問2	
問3	愛は、〔マス目欄〕ものだと誤解を受けている。
問4	
問5	

問1．２点
問2．２点
問3．３点
問4．３点
問5．３点

受検番号	

【解答用

【図３】

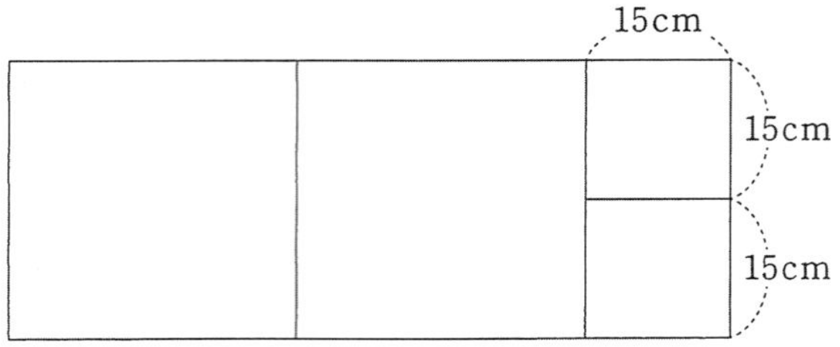

【図４】

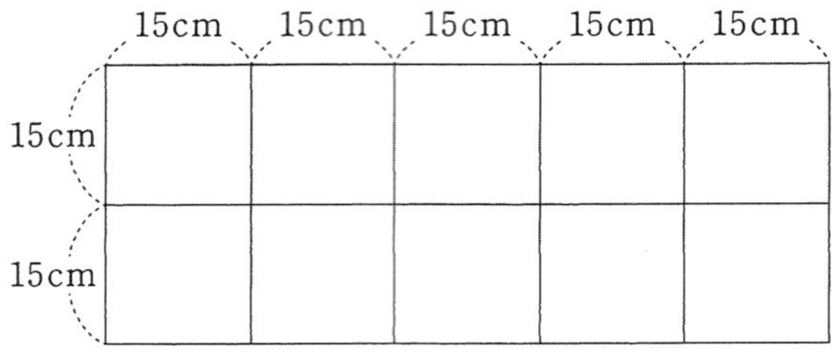

(ア)　**【会話】**の中の ① にあてはまる数を書きなさい。

(イ)　下の文の ② にあてはまる語句を、あとのア～エの中から１つ選び、記号を書きなさい。

> 15 は、30 と 75 の ② であるから、1 辺が 15 cm より大きい正方形のタイルだけを使って、縦の長さが 30 cm、横の長さが 75 cm の長方形の壁にタイルをすき間なく貼ることはできない。

ア　最小公倍数　　イ　自然数　　ウ　最大公約数　　エ　素数

(ウ)　縦の長さが 319 cm、横の長さが 377 cm の長方形の壁に、同じ大きさの正方形のタイルを、最も少ない枚数ですき間なく貼りたい。このとき、使用するタイルの１辺の長さを求めなさい。

4 関数 $y = ax^2$ …① のグラフ上に2点A、Bがある。点Aの座標は $(-4,\ -8)$ であり、点Bの x 座標は2である。また、2点A、Bを通る直線を ℓ とし、直線 ℓ と y 軸との交点をCとする。

このとき、次の(1)〜(5)の各問いに答えなさい。

(1) a の値を求めなさい。

(2) 関数①のグラフを次のア〜エの中から1つ選び、記号を書きなさい。

ア

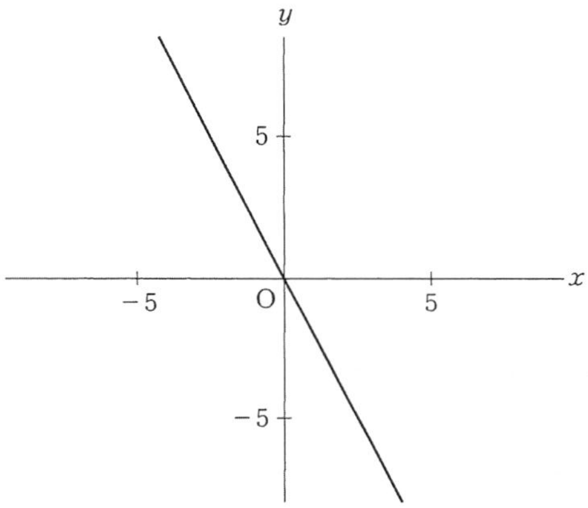

イ

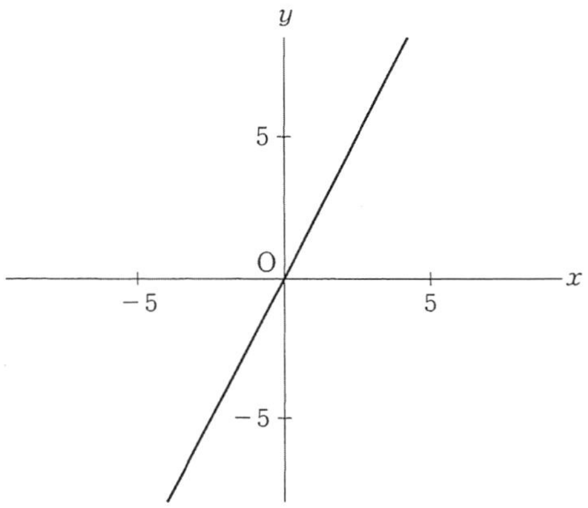

ウ

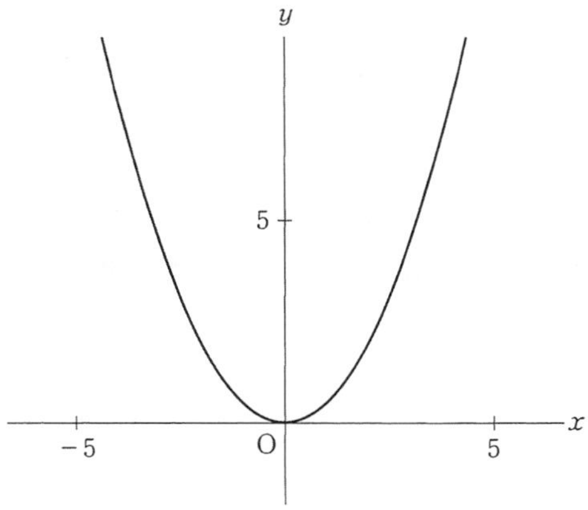

エ

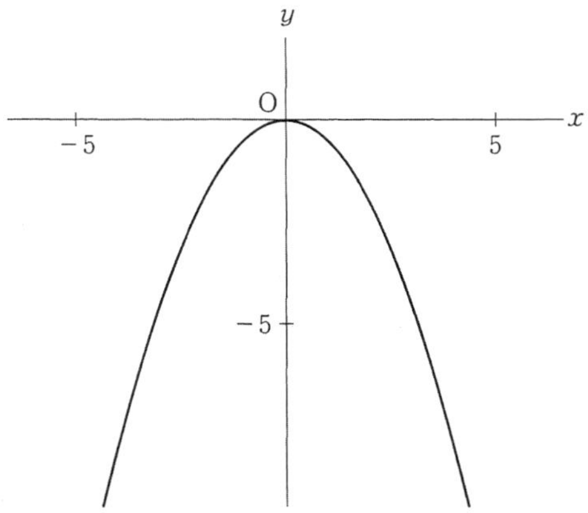

(3) 点Bの y 座標を求めなさい。

(4) 点Cの座標を求めなさい。

(5) 点Bを通り x 軸に平行な直線と、原点と点Aを通る直線との交点をDとする。また、点Dを通り、傾き -1 の直線を m とし、直線 ℓ と直線 m との交点をEとする。

このとき、(ア)〜(ウ)の各問いに答えなさい。

(ア) 直線 m の式を求めなさい。

(イ) △BDEの面積を求めなさい。

(ウ) △ACDの面積をS、△BDEの面積をTとするとき、S：Tを最も簡単な整数の比で表しなさい。

5 下の図のように、半径が5 cmの円Oと、半径が円Oの半径よりも短い円O′があり、円O′の中心は円Oの周上にある。2つの円の交点をA、Bとし、AB = 6 cmとする。円Oの周上に線分ACが円Oの直径となるように点Cをとり、直線CBと円O′との交点のうち点Bと異なる点をDとする。また、円O′の周上に AE = 6 cmとなるように点Eをとり、直線EBと円Oとの交点のうち点Bと異なる点をFとする。ただし、点Eは点Bと異なる点とする。

このとき、次の(1)〜(6)の各問いに答えなさい。

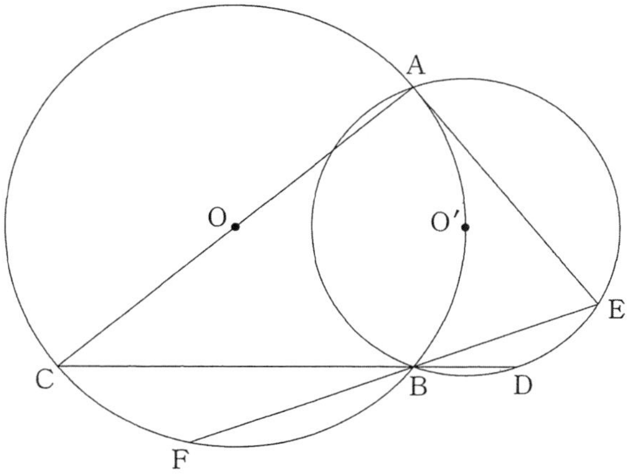

(1) ∠ABCの大きさを求めなさい。

(2) △ACD ∽ △AFE であることを証明しなさい。

(3) 線分OO′と線分CDの長さの比を、最も簡単な整数の比で表しなさい。

(4) 線分 AD の長さを求めなさい。

(5) 線分 EF の長さを求めなさい。

(6) △AFE の面積を求めなさい。

3　下線部③に関連して、次の【説明文】は一郎さんが、平清盛の政治についてまとめたものである。【説明文】の□にあてはまる内容を簡潔に書きなさい。

【説明文】

> 平清盛は、大輪田泊《おおわだのとまり》（兵庫の港）を整備して□を行った。その利益は、平氏政権の重要な経済的基盤となった。

4　下線部④に関連して、次の【資料】は、室町時代に大成され、現在まで続いている歌や舞などからなる劇を示したものである。この歌や舞などからなる劇を何というか、書きなさい。

【資料】

5　下線部⑤に関連して、室町時代にはさまざまな職業が生まれたといわれている。一郎さんはその理由として考えられることを下の【図】にまとめた。【図】の□にあてはまる一年間の土地利用を工夫した農業の方法を何というか、書きなさい。

【図】

- かんがいの技術がさらに進んだ。
- □が広がった。
- 牛馬《ぎゅうば》による耕作が普及した。
- 稲の品種改良や肥料の使用が拡大した。

▶ 農業生産力が向上した。 ▶ みずから食料をつくらずにすむ人々が増えた。 ▶ さまざまな職業が生まれた。

6　下線部⑥に関連して、次のa～dのうち江戸幕府の政治について正しく述べた文の組み合わせとして、最も適当なものを、下のア～エの中から一つ選び、記号を書きなさい。

a　主要な鉱山《こうざん》を直接支配し、貨幣《かへい》を発行する権利を握った。

b　将軍の補佐をする大老《たいろう》に常に権力を集中させ、中央集権体制をとった。

c　大阪や長崎などの都市をはじめ、全国に多くの直轄地《ちょっかつち》を持った。

d　将軍と大名は御恩《ごおん》と奉公《ほうこう》の関係で結ばれ、大名は毎年参勤交代《さんきんこうたい》を行った。

ア　a・c　　イ　a・d　　ウ　b・c　　エ　b・d

7　下線部⑦に関連して、江戸時代ではさまざまな政治改革が行われた。次の会話文を読み、□に共通してあてはまる人物を書きなさい。

> 一郎：江戸時代の政治改革を風刺《ふうし》した狂歌《きょうか》に
>
> 　　*世の中に蚊《か》ほどうるさきものはなし　ぶんぶといふ《(う)》て夜も寝られず*
>
> 　　という歌があるよ。これは誰の政治改革を風刺しているのだろう。
>
> 花子：蚊の羽の音が「ぶんぶ」とうるさいと表現しているけれど、この狂歌は「文武」（学問と武芸）により、武士の気風《きふう》を改めさせようとした□の政治改革を風刺したものかな。
>
> 一郎：そうだよ。□はその他に、凶作《きょうさく》やききんに備えて村ごとに米を蓄《たくわ》えさせたり、朱子学者の進言を受けて朱子学を重んじたことでも有名だよね。

4 佐嘉《さが》中学校のあるクラスでは、班ごとに近代以降の歴史について調べた。A～F班が調べたことについて、１～６の各問いに答えなさい。

1　A班は、イギリスのアジア進出とアヘン戦争について調べ、**【レポート】**にまとめた。**【レポート】**の［ａ］と**【レポート】**の**【図】**中の［ｂ］にあてはまる語句の組み合わせとして最も適当なものを、下のア～エの中から一つ選び、記号を書きなさい。

【レポート】

イギリスは、中国（清《しん》）との貿易における赤字を解消するために、19世紀には**【図】**のような貿易を展開した。清がアヘンをきびしく取り締まると、1840年にアヘン戦争が起こった。この戦争に勝利したイギリスは、1842年に講和条約を結んで清に五つの港を開港させ、［ａ］を譲《ゆず》らせたうえに賠償金《ばいしょうきん》を支払わせた。

【図】

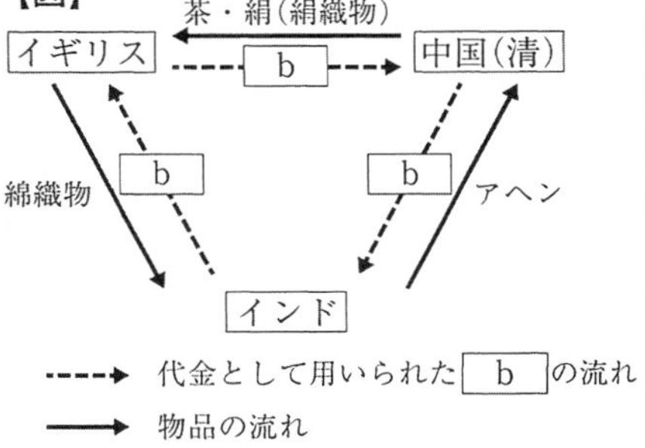

ア　ａ－台湾　ｂ－銀　　　イ　ａ－香港《ホンコン》　ｂ－銀

ウ　ａ－台湾　ｂ－銅　　　エ　ａ－香港　ｂ－銅

2　B班は、明治新政府による税制の改革について調べ、**【メモ１】**にまとめた。**【メモ１】**の［　　］にあてはまる内容を、「３％」の語句を用いて簡潔に書きなさい。

【メモ１】

1873年、地租改正を実施した。地租改正によって、地券《ちけん》の所有者は地租として［　　　　　　］こととなり、新政府は安定した歳入を確保した。

3　C班は、日本の軽工業や重工業の発展について調べるために、**【資料１】**、**【資料２】**を準備した。(1)、(2)の問いに答えなさい。

【資料１】

日本の紡績《ぼうせき》会社数と綿糸《めんし》の生産量、輸出量、輸入量の推移

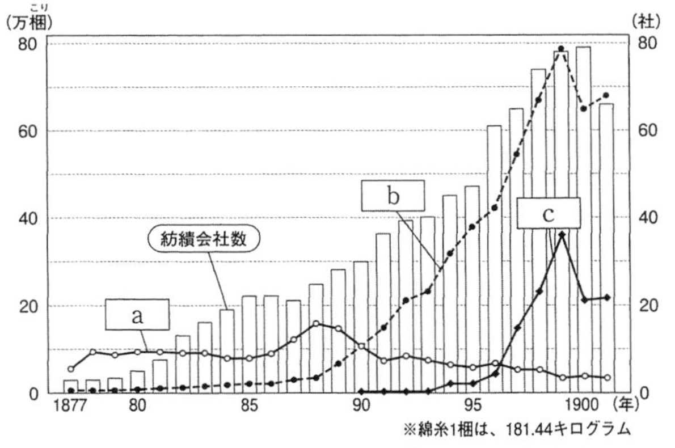

※綿糸1梱は、181.44キログラム

（『新詳日本史』より作成）

【資料２】

(1) 【資料１】の a ～ c は、それぞれ日本の綿糸の生産量、輸出量、輸入量のいずれかを示したものである。 a ～ c に該当するものの組み合わせとして最も適当なものを、次のア～エの中から一つ選び、記号を書きなさい。

ア　a－輸入量　b－生産量　c－輸出量　　イ　a－輸出量　b－生産量　c－輸入量
ウ　a－生産量　b－輸入量　c－輸出量　　エ　a－輸入量　b－輸出量　c－生産量

(2) 【資料２】は、日清戦争で得た賠償金をもとに福岡県に建設され、1901年から鉄鋼の生産を始めた官営工場である。この官営工場を何というか、その名称を書きなさい。

4　D班は、明治時代から大正時代に活躍した女性について調べた。次の【カード１】、【カード２】から女性思想家・運動家とその活動内容をそれぞれ選び、その組み合わせとして最も適当なものを、下のア～エの中から一つ選び、記号を書きなさい。

【カード１】 人物

Ⅰ	樋口一葉《ひぐちいちよう》
Ⅱ	平塚《ひらつか》らいてう《(ちょう)》

【カード２】 活動内容

a	青鞜社《せいとうしゃ》を結成して、雑誌『青鞜』を発刊し、女性差別からの解放を目指す運動を展開した。
b	日露《にちろ》戦争が始まると「君死にたまふ《(う)》ことなかれ」の一節で知られる詩を発表した。

ア　Ⅰ・a　　イ　Ⅰ・b　　ウ　Ⅱ・a　　エ　Ⅱ・b

5　E班は、近代以降の日本の国民生活について調べた。大正時代以降の日本の国民生活に関する次のア～ウを年代の古いものから順に並べて、記号を書きなさい。

ア

東海道新幹線が開通した

イ

ラジオ放送が開始された

ウ

※出題の都合上、文字を一部消している。

衣料切符が発行された

6　F班は、戦後の日本の外交について調べ、【メモ２】にまとめた。【メモ２】の に あてはまる国名を書きなさい。

【メモ２】

1956年、日本は と共同宣言に調印し、国交を回復した。同じ年、日本は国際連合に加盟し、国際社会に復帰した。

5　中学生のかなみさんとじろうさんは、日本の政治に関することを学習した。1～6の各問いに答えなさい。

1　かなみさんは将来、裁判員になる可能性があると考え、日本の裁判制度について学んだ。日本の裁判制度に関する【メモ1】の①、②について述べた文として最も適当なものを、下のア～エの中から一つ選び、記号を書きなさい。

【メモ1】

①　裁判官は、自分の良心と憲法・法律にのみ従って裁判を行う。
②　刑事裁判に関して、被疑者や被告人は検察官の助けを得られる権利が保障されている。

ア　①、②どちらも正しい。　　イ　①のみ正しい。
ウ　②のみ正しい。　　エ　①、②どちらも誤っている。

2　じろうさんは、個人が尊重される国家・社会に必要な考え方について、【メモ2】にまとめた。【メモ2】の［　　　］にあてはまる内容を、【メモ2】の下線部の語句を用いて簡潔に書きなさい。

【メモ2】

世界の国の中には、国家権力が戦争・人権侵害・独裁を行い、人々を苦しめたという歴史を持つ国もある。このような過《あやま》ちを繰り返さないために、憲法によって［　　　　　　　　］、人々の人権を守るという考え方が生まれた。この考え方を立憲主義という。

3　かなみさんとじろうさんは、日本の選挙制度の特徴について会話をした。この会話文の［ a ］～［ c ］にあてはまる語句の組み合わせとして最も適当なものを、下のア～エの中から一つ選び、記号を書きなさい。

かなみ：私たちもあと何年かで選挙権をもつようになるよ。
じろう：そうだね。選挙は四つの原則の下で行われるよ。これらの原則のことを知っているかな。
かなみ：知っているわ。そのうち一つは、財産や性別に関係なく満18歳以上の国民全員が選挙権をもつ［ a ］の原則だったわね。
じろう：そうだね。ところで、昨年、衆議院議員総選挙が行われたね。現在の衆議院議員の選挙の選挙制度は何か知っているかな。
かなみ：小選挙区比例代表並立制よ。投票の時には、小選挙区の投票用紙に［ b ］名を書き、比例代表の投票用紙に［ c ］名を書くのよ。
じろう：かなみさん、よく勉強しているね。日本の選挙制度の特徴について、他にも色々調べてみよう。

ア　a－普通選挙　b－候補者　c－政党
イ　a－普通選挙　b－政党　c－候補者
ウ　a－平等選挙　b－候補者　c－政党
エ　a－平等選挙　b－政党　c－候補者

4　**【説明文１】**は、かなみさんが国会と内閣との関係をじろうさんに説明したものである。**【説明文１】**の□にあてはまる語句を書きなさい。

【説明文１】

日本の内閣は、国会の議決で指名された内閣総理大臣（首相《しゅしょう》）を中心に組織される。衆議院は、現状の内閣が信用できず、行政を任せられないと考えるときには、□決議を行い、内閣の政治責任を問うことができる。

5　**【説明文２】**は、じろうさんが地方自治についてかなみさんに説明したものである。**【説明文２】**の□にあてはまる語句を書きなさい。

【説明文２】

地方自治は、よりよい社会を形成するために、住民一人一人が直接参加して生活に身近な問題の解決を目指す場面が多いことから、「□の学校」と呼ばれている。

6　かなみさんとじろうさんがそれぞれ見つけた、現代社会の特色に関わる**【資料１】**、**【資料２】**の□に共通してあてはまる語句を書きなさい。

【資料１】

人間のようにものを認識したり、学習したりできる□を知っていますか。□の研究が進むと、人間の代わりにいろんな仕事ができるようになり、私たちの生活や仕事が大きく変わるかもしれません。

□という言葉は1956年から使われています。コンピューターの計算能力が飛躍的に伸びた2010年以降、□研究は世界中でブームになりました。

（読売新聞　2017年２月１日より一部抜粋）

【資料２】

同級生や弟と※糖尿病網膜症《とうにょうびょうもうまくしょう》の診断システムを開発した16歳のカヴァヤ・コッパラプーさん。眼の病気に悩む祖父を助けたい。米バージニア州の高校に通う16歳、カヴァヤ・コッパラプーの頭に浮かんだアイデアは、□を使うことだった。自らスマートフォン（スマホ）のアプリを開発し、専用レンズは３Ｄプリンターで作った。撮影した眼球の画像を３万4000人分のデータと照らし合わせ、機械学習で「糖尿病網膜症」の※兆候《ちょうこう》を診断する。弟や友人と作り上げたシステムを実証実験が終わり次第、市場に投入する計画だ。

※糖尿病網膜症…糖尿病が原因で視力が低下する病気
※兆候…物事が起こる前ぶれ

（日本経済新聞　2018年１月13日より一部抜粋）

6　中学生のさとしさん、かすみさん、あかねさん、ひさしさん、ちほさんの５人は、「持続可能な開発目標（SDGs）」に興味を持った。５人は「持続可能な開発目標（SDGs）」のうち、次の【図】に示す５つの目標に関連することについて調べた。１～５の各問いに答えなさい。

【図】

※イラスト省略　　　　（国際連合広報センターホームページより作成）

１　さとしさんは、「１　貧困をなくそう」に興味を持った。日本国内の状況を調べたところ、不況の際に生活が不安定になる世帯が多くなることを知り、更に景気の安定化のために行われる政策について調べた。次の【カード１】、【カード２】から、不況の際に行われる財政政策と金融政策をそれぞれ選び、その組み合わせとして最も適当なものを、下のア～エの中から一つ選び、記号を書きなさい。

【カード１】　財政政策

Ⅰ　政府が減税を行う。
Ⅱ　政府が増税を行う。

【カード２】　金融政策

a　日本銀行が一般の銀行から国債などを買う。
b　日本銀行が一般の銀行に国債などを売る。

ア　Ⅰ・a　　イ　Ⅰ・b　　ウ　Ⅱ・a　　エ　Ⅱ・b

２　かすみさんは、「３　すべての人に健康と福祉を」に興味を持ち、そのために国は何にどのくらいお金を使っているかを調べた。次の(1)～(3)の問いに答えなさい。

(1)　【資料１】は1990年度と2019年度の国の一般会計予算（歳出）の総額と内訳を示している。2019年度の国の一般会計予算（歳出）にしめる社会保障関係費の割合が1990年度と比較して高くなった理由として考えられることを、日本の人口の推移を示した【資料２】を参考にして書きなさい。

(2)　【資料３】は2019年度の国の一般会計予算（歳出）における社会保障関係費の内訳を示したものである。【資料３】のXにあてはまる語句を書きなさい。

【資料１】

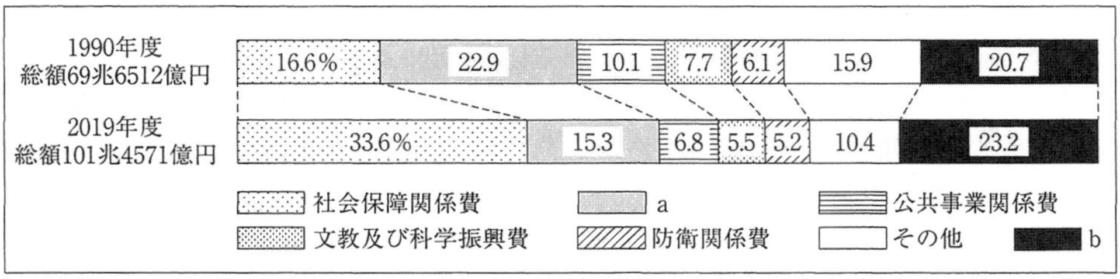

（『最新図説現社』より作成）

【資料２】

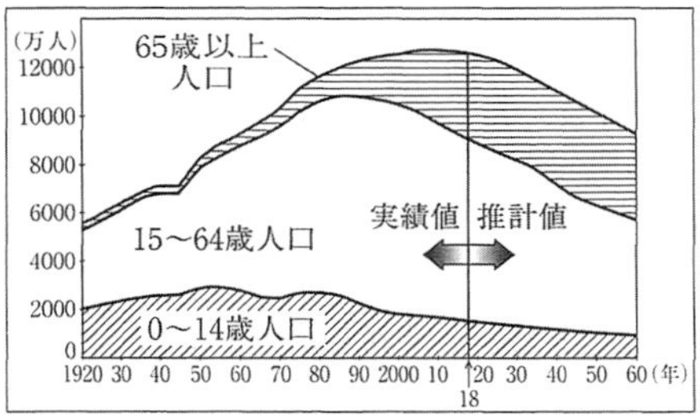

（『最新図説現社』より作成）

【資料３】

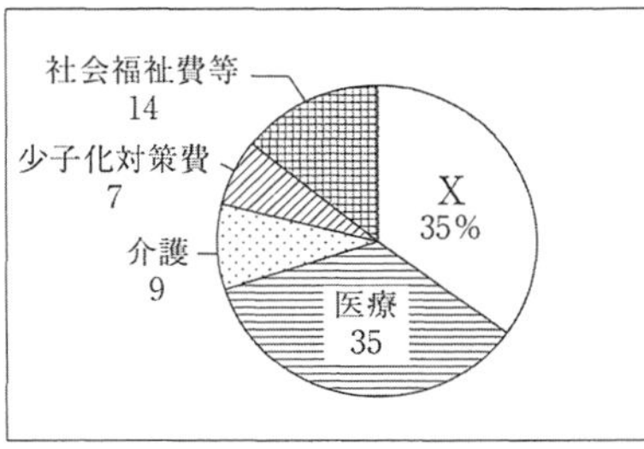

（参議院ホームページより作成）

(3)　**【資料１】**のａやｂについて述べた文として最も適当なものを、次のア～エの中から一つ選び、記号を書きなさい。

ア　ａは地方交付税交付金等で、1990年度と比較すると2019年度は国の一般会計予算（歳出）にしめる割合が高くなっている。

イ　ａは国債費で、1990年度と比較すると2019年度は国の一般会計予算（歳出）にしめる割合が低くなっている。

ウ　ｂは地方交付税交付金等で、1990年度と比較すると2019年度は国の一般会計予算（歳出）の金額が減少している。

エ　ｂは国債費で、1990年度と比較すると2019年度は国の一般会計予算（歳出）の金額が増加している。

3　あかねさんは、「5　ジェンダー平等を実現しよう」に興味を持ち、女性の年齢別の働いている割合について考察するためにデータを集めた。次のア～ウは、それぞれ1978年、1998年、2018年のいずれかの日本における女性の年齢別の働いている割合を示したものである。古いものから順に並べて、記号を書きなさい。

ア

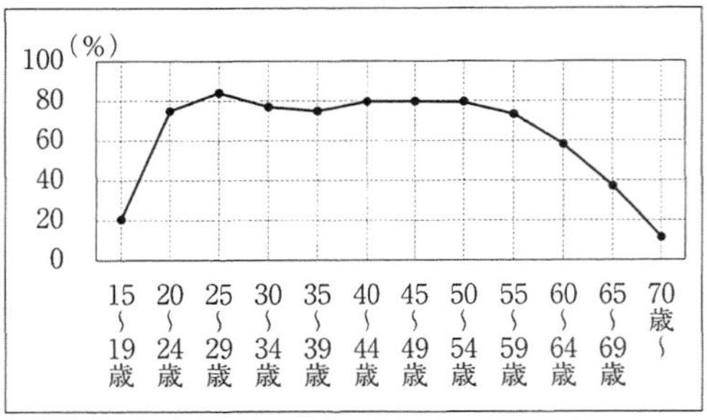

イ

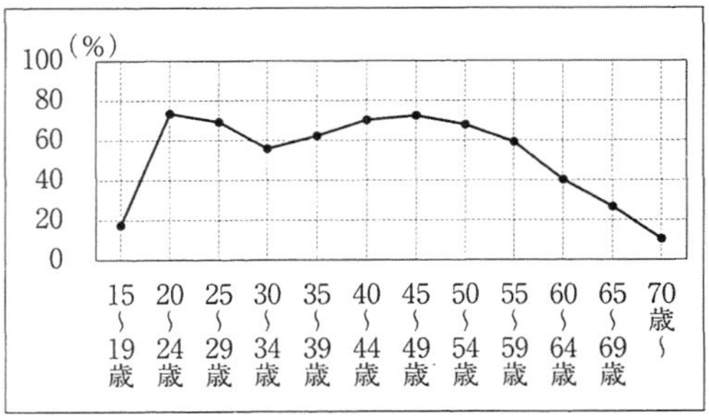

ウ

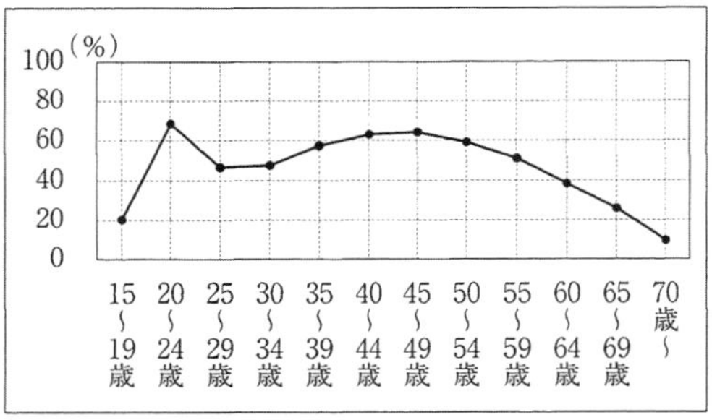

（内閣府　男女共同参画局ホームページより作成）

4　ひさしさんは、「8　働きがいも経済成長も」に興味を持ち、経済成長について調べたところ、経済成長をはかる指標としてGDPがあげられることが分かった。GDPを説明した文として最も適当なものを、次のア～エの中から一つ選び、記号を書きなさい。

ア　一定期間内に国内で生み出された財（モノ）の原材料費の合計である。

イ　一定期間内に国民が生み出した財（モノ）の原材料費の合計である。

ウ　一定期間内に国内で生み出された財（モノ）やサービスの付加価値の合計である。

エ　一定期間内に国民が生み出した財（モノ）やサービスの付加価値の合計である。

5　ちほさんは、「13 気候変動に具体的な対策を」に興味を持ち、地球温暖化に対する国際社会の取り組みについて調べた。世界の平均気温の上昇を産業革命以前と比べて２℃未満におさえる目標を定め、発展途上国を含む各国・地域がそれぞれ立てた温室効果ガスの排出削減の目標達成に取り組むことを定めた2015年に採択された協定を何というか、その名称を書きなさい。

4　一般　「放送による聞き取りテスト」台本

★教英出版注
音声は，解答集の書籍ＩＤ番号を教英出版ウェブサイトで入力して聴くことができます。

[チャイムの音　四つ]

それでは、問題用紙と解答用紙を開いて、解答用紙に受検番号を書きなさい。

（約８秒休止）

[チャイムの音　一つ]

これから、放送による聞き取りテストを行います。問題は、それぞれ２回ずつ放送します。放送中にメモをとってもかまいません。

では、問１の問題を始めます。これは、英語の質問を聞き、絵が示す内容に合う答えを選ぶ問題です。質問に対する答えとして最も適当なものを、続けて読まれるア～ウの中からそれぞれ一つずつ選び、記号を書きなさい。では、始めます。

１番　What can you see on the desk?

ア　A clock.　　イ　A cat.　　ウ　A book.

（約２秒おいて）繰り返します。（約５秒休止）

２番　What does the boy do before breakfast?

ア　He gets up at 7:00 and has breakfast in the park.

イ　He gets up at 6:30 and reads a book at the park.

ウ　He gets up at 6:15 and takes his dog to the park.

（約２秒おいて）繰り返します。（約５秒休止）

[チャイムの音　一つ]

問２の問題に移ります。これは、会話を聞いて答える問題です。最後の発言に対する受け答えとして最も適当なものを、ア～エの中からそれぞれ一つずつ選び、記号を書きなさい。では、始めます。

１番　*A*：It was a wonderful birthday party.

B：Yes. It really was. Do you think Ayumi liked our present?

（約５秒おいて）繰り返します。（約５秒休止）

２番　*A*：Are you free tomorrow evening?

B：Well, I have to study for the test. Why?

（問題は次のページに続く。）

問３　智（*Satoshi*）は次の【広告】（flyer）の催しに行きたいと思っている。そこで、自分の【スケジュール】を見ながら行くことができる日時を検討している。この【広告】と【スケジュール】の内容に合う適当な英文を、あとのア～カの中から二つ選び、記号を書きなさい。

【広告】

★WORLD FOOD FESTIVAL★

Date　:　October 22 (FRIDAY) ~ 24 (SUNDAY)
Time　:　11:30 ~ 17:00
Place　:　SUNSET Park

Food is culture! During these three days, three groups from around the world are going to sell their local foods. You can enjoy great foods and may get a *discount! You can enjoy dance and music, too.

Shop Name	Information
*KALIMU SANA	Welcome to Kenya, Africa! We will sell chicken curry from noon on Friday and Saturday. We will have curry for just 15 people each day, so don't be late. At 2 p.m. on Sunday, we will play some local music.
Meet *Aussie	We are from Sydney, Australia! We will introduce *Australian food: "*Chiko Roll" and *meat pie. You can get them until 3 p.m. on the 23rd and 24th. We will sell some pictures of Australia until 5 p.m.
*Namaste Cafe	Hi from India! Please enjoy a cup of our fruits. You can drink great coffee. We use coffee beans from India. You can also buy them. We will show a local dance at 1 p.m. and 4 p.m. each day.

➢If you bring this flyer to each shop, you will get a 10% discount.
➢If you need more information, please call at 0120-●●-◆◆◆◆.

【スケジュール】

	11:00~	12:00~	13:00~	14:00~	15:00~	16:00~
October 22 (Friday)					Practice basketball	
October 23 (Saturday)				Watch a movie with Akira and Kae		
October 24 (Sunday)	Practice basketball				Do my homework	

*discount　割引
*kalimu sana　(ケニアの公用語であるスワヒリ語で) ようこそ
*Aussie　(口語で) オーストラリア人
*Australian　オーストラリアの
*chiko roll　チコロール (オーストラリアの代表的な食べ物)
*meat pie　ミートパイ
*namaste　こんにちは (インド系の人々の挨拶)

ア　This festival starts at eleven thirty on Friday.
イ　Each shop sells both food and things you can use.
ウ　If you want a discount, you need to call the local groups.
エ　The local music performance will be held three times every day.
オ　Satoshi can buy curry at the festival after 1 p.m. on Sunday.
カ　Satoshi can make a plan to buy Australian food on Saturday.

4 次の英文は、中学3年生の翔太（*Shota*）と聡美（*Satomi*）が、学年にアンケート調査（questionnaire）を行い、その結果を【表1（Table 1）】と【表2（Table 2）】にまとめて、英語の授業で対話をしながら発表をしている場面である。これを読んで、問1～問5に答えなさい。

Shota : These tables are the results of the questionnaire we did a week ago.

【表1（Table 1）】

Things we want to *work hard on		%
1	Studying	50.5
2	（ A ）	44.5
3	Making friends	30.3
4	（ B ）	24.8
5	（ C ）	21.5

【表2（Table 2）】

Things we want to improve or change		%
1	Studying	56.4
2	Getting up early	43.2
3	*Attitudes toward family	20.7
4	*Hair style	15.1
5	*Likes and dislikes about food	10.1

Satomi : We wanted to know what students think about their school life after they become high school students.

Shota : Table 1 is about things we want to work hard on, and Table 2 is about things we want to improve or change.

Satomi : First, "Studying" took first on these tables. This is the result we guessed, and we were right. We will learn a lot of things in high school, and they are necessary for our future. I can understand why "Club activities" came near the top on Table 1, too.

Shota : "Making friends" was *ranked third on Table 1. I agree with it because we may go to different high schools and meet new people there.

Satomi : That's right. I want to make a lot of friends next year, too. Well, "Getting up early" took second on Table 2. What do you think of this, Shota?

Shota : Well, I can really understand that. *In my case, I want to get up early in the morning without my mother's help.

Satomi : I see. It is interesting that "Attitudes toward family" took third on Table 2.

Shota : I think so, too. I will improve my attitudes toward my family.

Satomi : Now, let's talk about "Volunteer activities" on Table 1. Surprisingly, "Volunteer activities" was ranked lower than "School events." I think we should do more volunteer activities when we are in high school. By doing them, people can help each other and also find new ways to see things.

Shota : I agree. *According to a *survey, about 65 percent of young people in the U.S. are interested in volunteer activities, but only 33 percent of young Japanese people are interested in them. Do you know why this happens, Satomi?

Satomi : I think we have a lot of things to do and don't have much time.

Shota : That is a good point. But I think there is another reason. Students don't have much 　①　 about volunteer activities held in their hometowns.

Satomi : Actually, I didn't know what kind of volunteer activities we had in my *community. But I found a lot of information about them on the Internet. There are many volunteer activities in our communities. Some of them are easy to do and don't take much time. I'm sure it is easy for us to join them.

Shota : Yes. It is important for us to ask our communities for the information. By doing so, Satomi and I will 　②　. Why don't you join us?

Satomi and Shota : Thank you for listening!

*work hard on ～　～に一生懸命取り組む
*hair style　髪型
*rank(ed) ～　～を位置づける
*according to ～　～によると
*community(-ies)　地域社会、コミュニティ
*attitude(s) toward ～　～に対する態度
*likes and dislikes　好き嫌い
*in one's case　～の場合
*survey　調査

問１　**【表１（Table 1)】**と**【表２（Table 2)】**について、勉強が１位になった理由を聡美はなぜだと考えているか。日本語で書きなさい。

問２　本文の内容から、**【表１（Table 1)】**の（　Ａ　）～（　Ｃ　）にあてはまる語句の組み合わせとして最も適当なものを、次のア～エの中から一つ選び、記号を書きなさい。

ア	（Ａ）Club activities	（Ｂ）School events	（Ｃ）Volunteer activities
イ	（Ａ）Volunteer activities	（Ｂ）School events	（Ｃ）Club activities
ウ	（Ａ）School events	（Ｂ）Volunteer activities	（Ｃ）Club activities
エ	（Ａ）Club activities	（Ｂ）Volunteer activities	（Ｃ）School events

問３　[　①　]にあてはまる英語１語を、本文中から抜き出して書きなさい。

問４　[　②　]にあてはまる英語として最も適当なものを、次のア～エの中から一つ選び、記号を書きなさい。

ア　get up early in the morning every day during our high school days
イ　study harder before we go to high school
ウ　experience a new club activity after we go to high school
エ　do various volunteer activities when we are in high school

問５　本文の内容に合うものとして最も適当なものを、次のア～エの中から一つ選び、記号を書きなさい。

ア　Shota and Satomi want to know how students feel about their junior high school life.
イ　Satomi wants to work hard on making a lot of friends when she is in high school.
ウ　Shota will not change his attitudes toward his family.
エ　Satomi doesn't have any ideas why young Japanese people are interested in volunteer activities.

5 次の英文は、中学生の美弥（*Miya*）が英語の授業で行ったスピーチの原稿である。これを読んで、問１～問５に答えなさい。

One day, I visited my friend Aki's house and met her dog, Koko. Koko was a very small and cute *female *teacup poodle, and her brown *fur was very soft. She didn't *bark very much. She ran to me and *sat on my lap. I was very happy to meet her. That evening, I talked to my family about Koko. My parents smiled and listened to my story, so I said to them, "I want to have a dog like Koko." Then their smiling faces changed, and my father said, "No." He said, ①"It's hard for you to have a dog. You don't do anything by yourself, right?" I couldn't say anything. The next day, I started to wake up by myself, cook my breakfast and clean my room. It was very difficult, and I became tired sometimes, but I tried to do many things by myself.

A few weeks later, I found an *article about *animal shelters. In Japan, many dogs are brought to animal shelters, and some of them have to spend their whole life there. I was very sad to know ②those facts. I told my father that I wanted to keep a dog from an animal shelter. He said, "I've heard some dogs kept in animal shelters have had sad experiences, and they may not trust people. I think it is very difficult for us to have such dogs in our house. There are other ways to help those dogs. As a volunteer, you can help people who work at animal shelters. You can *donate money." I said to him, "Dad, I can do many things by myself now. So I think I can help and take care of such dogs!"

That weekend, my father and I visited an animal shelter. It was a very cold day. In the shelter, there was ③a dog in a *cage. It was a female dog. She wasn't very small, and she didn't have brown fur like Koko. She was sitting and didn't bark at all. A man in the shelter said, "I found this dog in front of this shelter. She was very dirty and weak. She didn't eat anything for a long time." I tried to *draw her attention. She just kept sitting and looking at me. I thought that she wanted to say something to me. I kept looking at her. I said to my father, "I want this dog." He asked, "[④]" I said, "Yes." I didn't want to leave there without her.

We went home together. I gave her dog food. She ate all of it. When she finished eating, she barked. She looked happy. At that time, it began to snow, and I said in Japanese, "It's snowing." Then, she barked again. I said to her, "Yuki." She barked this time, too. I said to her, "OK. Your name is Yuki."

When Yuki goes out with me, she looks very happy. I don't want to make her sad. This experience gave me a dream. I want to be an animal doctor. I gave her a new life, and she has changed my life, too.

*female　メスの
*teacup poodle　ティーカッププードル（犬種の１つ）
*fur　（動物の）毛
*sit(sat) on one's lap　～のひざに乗る
*animal shelter(s)　動物保護施設
*cage　（動物の）おり、ケージ
*bark(ed)　ほえる
*article　記事
*donate money　募金する
*draw one's attention　～の注意を引く

問１　下線部①について、なぜ父はそう言ったのか。その理由を日本語で書きなさい。

問２　下線部②とは具体的にどのようなことか。日本語で書きなさい。

問３　下線部③を表す絵として最も適当なものを、次のア～エの中から一つ選び、記号を書きなさい。

ア

イ

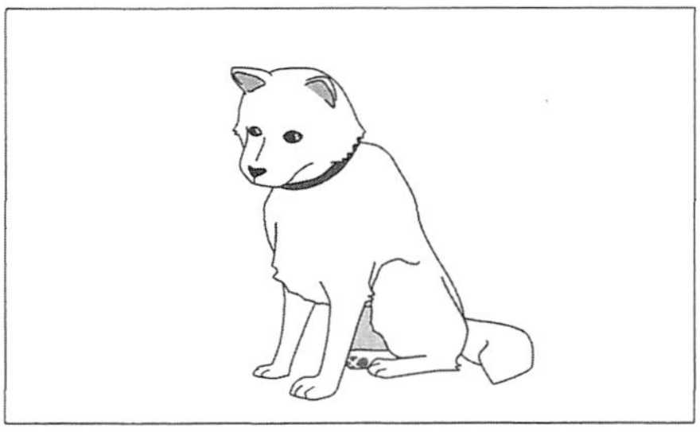

ウ

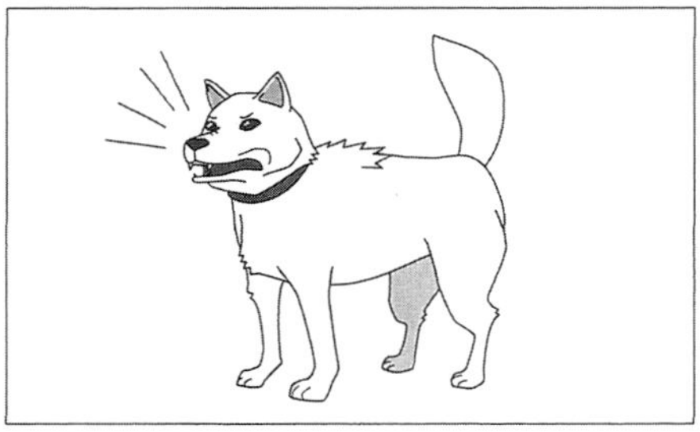

エ

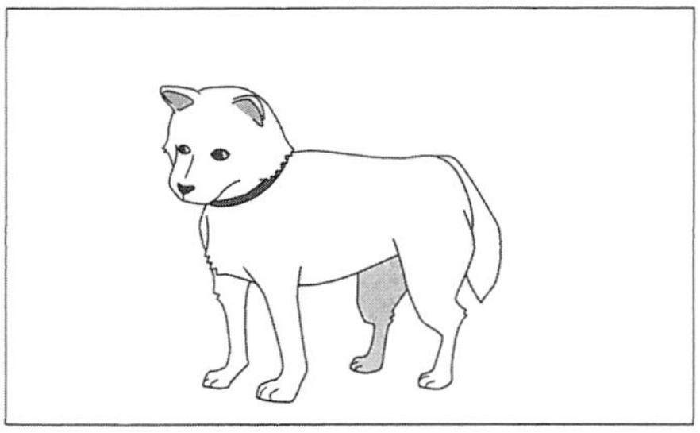

問４　［　④　］にあてはまる英文として最も適当なものを、次のア～エの中から一つ選び、記号を書きなさい。

ア　Me, too.　　イ　Why?　　ウ　Are you sure?　　エ　The brown one?

問５　本文の内容に合うものとして最も適当なものを、次のア～エの中から一つ選び、記号を書きなさい。

ア　Miya's father wanted to have a dog that had soft and brown fur.
イ　Miya did her best to have a dog, and she does many things by herself.
ウ　Dogs kept in animal shelters can help people because they had sad experiences.
エ　The dog from the animal shelter was called Yuki because the dog had white fur.

図1

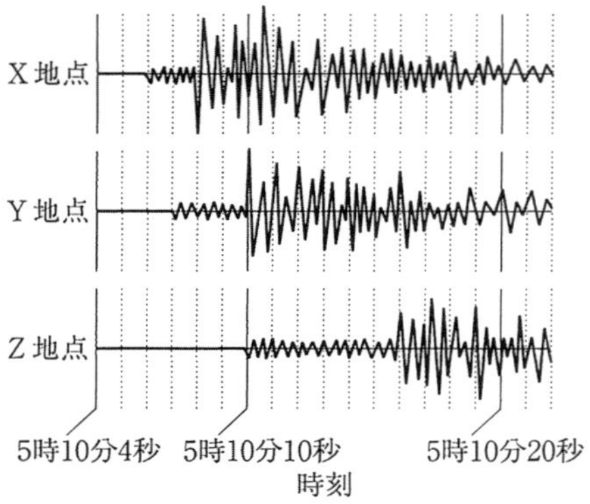

図2

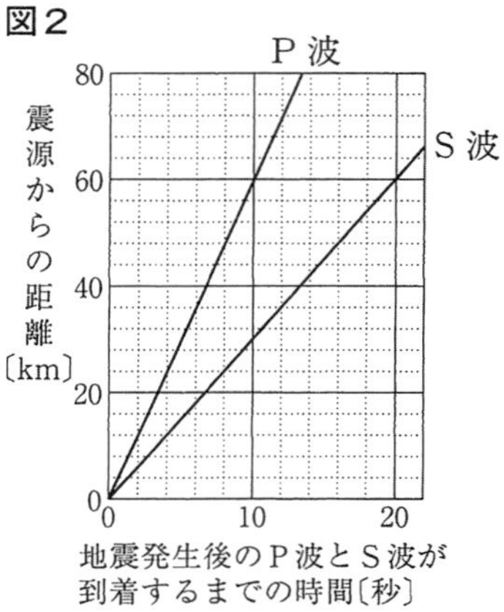

(1)　X地点の初期微動継続時間は約何秒か、書きなさい。

(2)　Y地点から震源までの距離は約何kmか、書きなさい。

(3)　X地点、Y地点、Z地点がそれぞれ**図3**の位置にあるとき、この地震の震央の位置として最も適当なものを、**図3**のア～エの中から1つ選び、記号を書きなさい。

図3

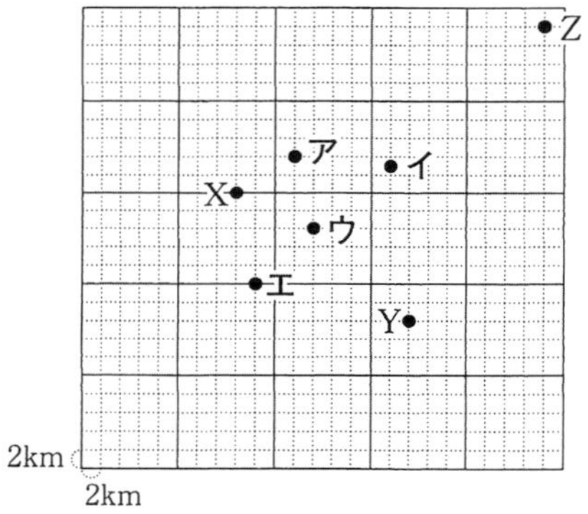

(4)　大きな地震の場合、揺れの強さや到着時刻を知らせる緊急地震速報が発表されるようになっている。緊急地震速報のしくみについて述べた文として最も適当なものを、次のア～エの中から1つ選び、記号を書きなさい。

ア　震源に最も近い地震計で観測されたP波をもとに、離れた地域でのP波の揺れの強さや到着時刻を知らせるしくみ。

イ　震源に最も近い地震計で観測されたP波をもとに、離れた地域でのS波の揺れの強さや到着時刻を知らせるしくみ。

ウ　震源に最も近い地震計で観測されたS波をもとに、離れた地域でのP波の揺れの強さや到着時刻を知らせるしくみ。

エ　震源に最も近い地震計で観測されたS波をもとに、離れた地域でのS波の揺れの強さや到着時刻を知らせるしくみ。

4 次の1、2の問いに答えなさい。

1 圧力について、次の(1)、(2)の問いに答えなさい。

(1) 質量60gの**図1**のような直方体をPの面を下にして水平面に置いたとき、Pの面にはたらく圧力の大きさは何Paか、書きなさい。ただし、100gの物体にはたらく重力の大きさを1Nとし、$1\,cm^2 = 0.0001\,m^2$である。

図1

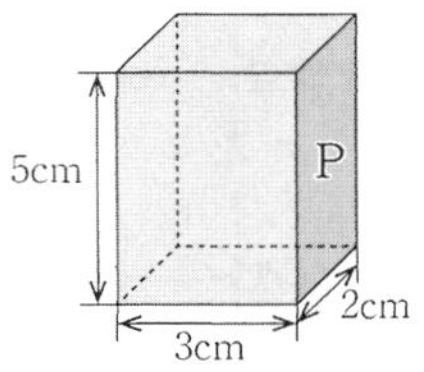

(2) 水の圧力実験装置を用いて水そう内の水圧を調べた。**図2**はそのときのようすである。ゴム膜のへこみ方から、水中の物体にはたらく水圧の向きと大きさを矢印で示した模式図として最も適当なものを、次のア～カの中から1つ選び、記号を書きなさい。ただし、矢印の向きは水圧のはたらく向きを、矢印の長さは水圧の大きさを表している。

図2

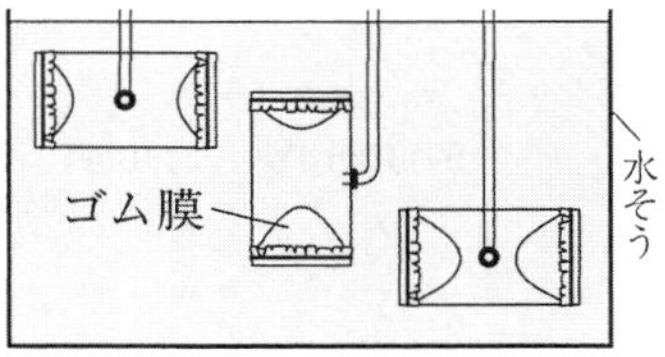

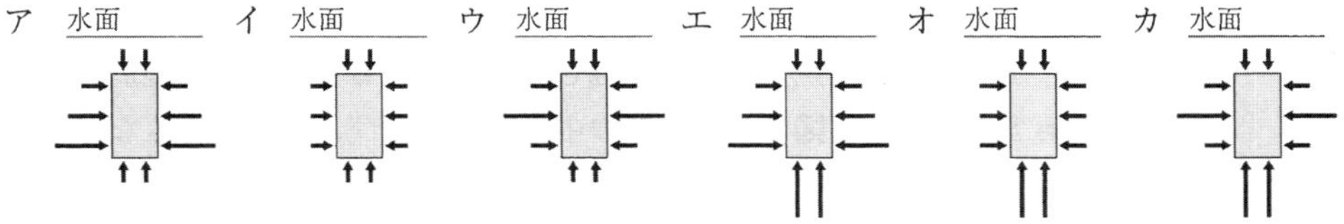

2 物体にはたらく浮力について、**【実験1】【実験2】**を行った。あとの(1)～(7)の各問いに答えなさい。ただし、ゴムひもの弾性力は、ゴムひもがもとの長さから伸びたときにのみはたらくものとする。

【実験1】

① **図3**のように、質量と体積を無視できるある長さのゴムひもに質量10gのおもりをつるして、ゴムひもの長さを測定した。

② 1個10gのおもりを1個ずつ増やしながら、ゴムひもの長さを測定した。

③ 結果を**表1**にまとめた。

図3

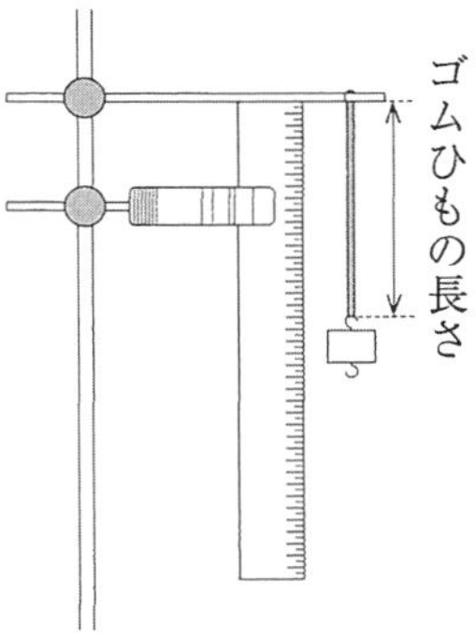

表1

おもりの数 〔個〕	1	2	3	4	5	6
おもりの質量 〔g〕	10	20	30	40	50	60
力の大きさ 〔N〕	0.1	0.2	0.3	0.4	0.5	0.6
ゴムひもの長さ〔cm〕	18.0	20.0	22.0	24.0	26.0	28.0

(1) **表1**をもとに、おもりの質量とゴムひもの長さの関係を表すグラフをかきなさい。

(2) おもりをつるす前のゴムひもの長さは、何cmと考えられるか、書きなさい。

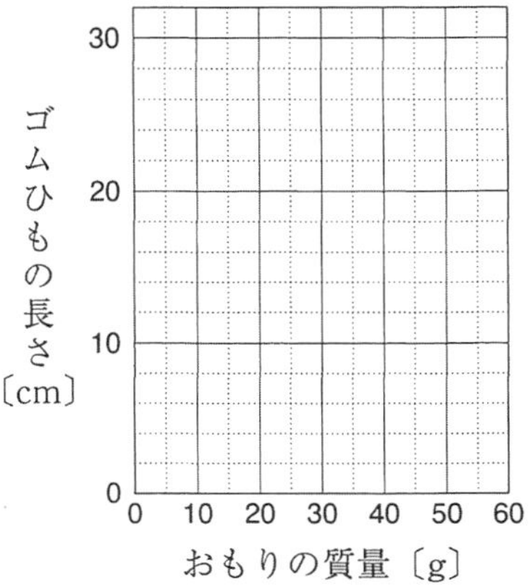

【実験2】

① **図4**のような質量 60 g、体積 50 cm^3 の直方体の物体Aと、質量 30 g、体積 25 cm^3 の直方体の物体Bを準備する。物体Bの底面積は、物体Aの半分である。

② **【実験1】**で用いたゴムひもと同じゴムひもを使って、底面が水平になるように物体Aをつるす。

③ **図5**のように、物体Aをゆっくりと水の中に沈めていき、水面から物体底面までの距離、そのときに水中に沈んでいる部分の体積及びゴムひもの長さを**表2**にまとめた。

④ 物体Bについて同様に実験を行い、**表3**にまとめた。

⑤ **表2**、**表3**をもとにグラフをかくと、**図6**のようになった。

表2

	物体A（質量 60 g、体積 50 cm^3）						
水面から物体底面までの距離〔cm〕	0	1.0	2.0	3.0	4.0	5.0	6.0
水中に沈んでいる部分の体積〔cm^3〕	0	10	20	30	40	50	50
ゴムひもの長さ〔cm〕	28.0	26.0	24.0	22.0	20.0	18.0	18.0

表3

	物体B（質量 30 g、体積 25 cm^3）						
水面から物体底面までの距離〔cm〕	0	1.0	2.0	3.0	4.0	5.0	6.0
水中に沈んでいる部分の体積〔cm^3〕	0	5	10	15	20	25	25
ゴムひもの長さ〔cm〕	22.0	21.0	20.0	19.0	18.0	17.0	17.0

図4

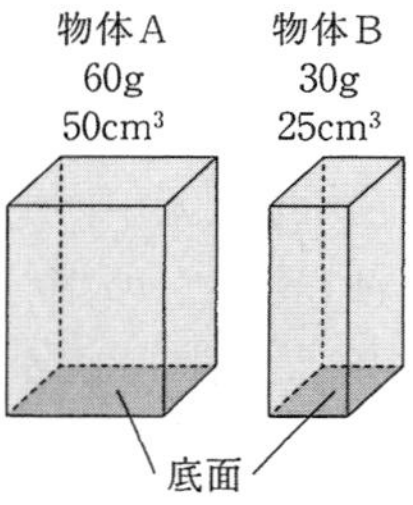

図5

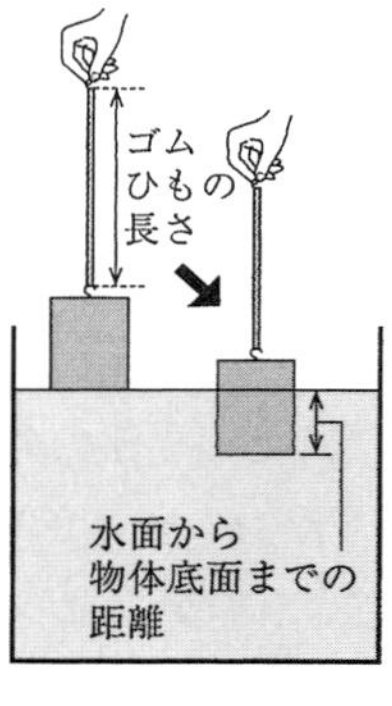

図6

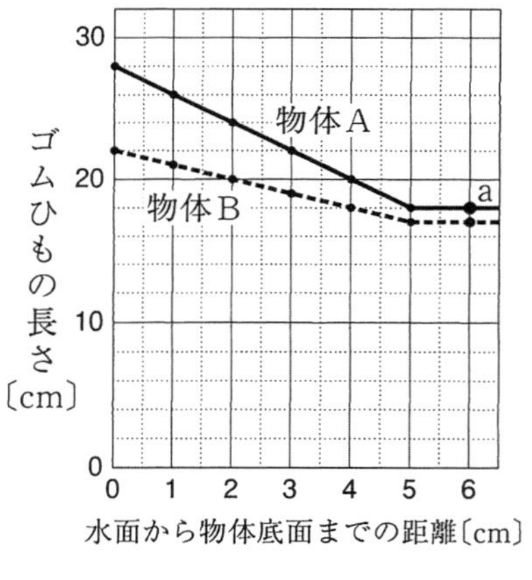

(3) 物体Aについて、水面から物体底面までの距離が 2.0 cm のときにはたらく浮力の大きさは何Nか、書きなさい。

(4) **図6**の点 a のときの、物体Aの位置を表したものとして最も適当なものを、次のア～エの中から1つ選び、記号を書きなさい。

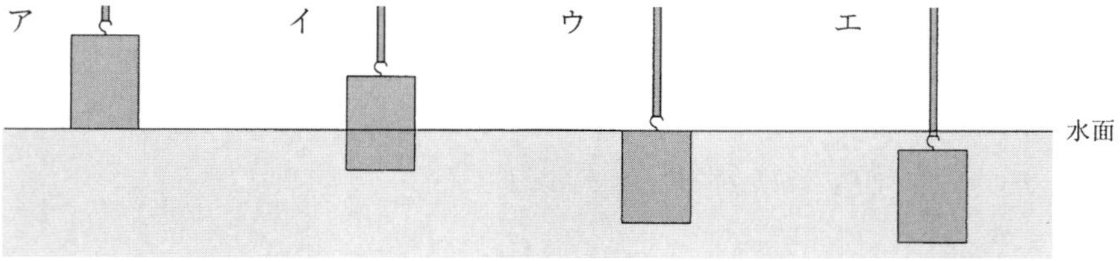

(5) **【実験２】**の結果から浮力についてわかることとして最も適当なものを、次のア～エの中から１つ選び、記号を書きなさい。

ア　水面から物体底面までの距離が大きくなるほど浮力は大きくなる。

イ　水中に沈んでいる物体の体積が大きくなるほど浮力は大きくなる。

ウ　物体の沈んだ深さが同じであれば、質量が小さいほうが浮力は大きい。

エ　質量が大きい物体には浮力ははたらかない。

(6) 物体Ａと同じ質量の物体Ｃを準備する。物体Ｃは、物体Ｂと同じ形で同じ体積である。棒の両端に糸をつけて物体Ａと物体Ｃをつるし、棒の真ん中につけた糸を持って静止するまで待ち、その後物体Ａと物体Ｃを水中に入れた。水中に入れる前のようすとして最も適当なものを、次のア～ウの中から１つ、水中での様子として最も適当なものを、次のエ～カの中から１つ選び、記号を書きなさい。ただし、糸と棒の質量は無視できるものとし、糸にはたらく浮力は考えないものとする。

ア
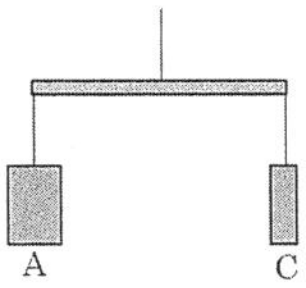

イ
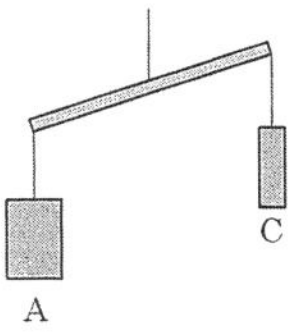

ウ
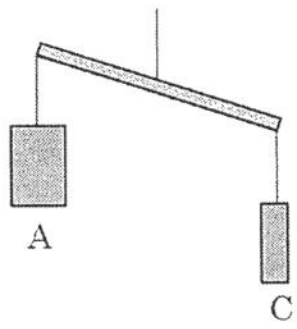

エ
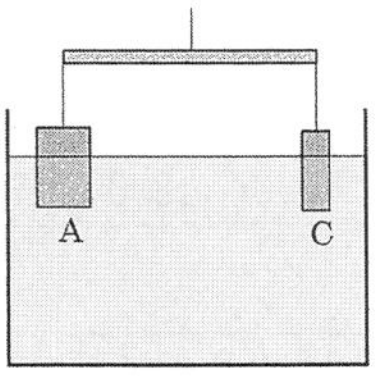

オ
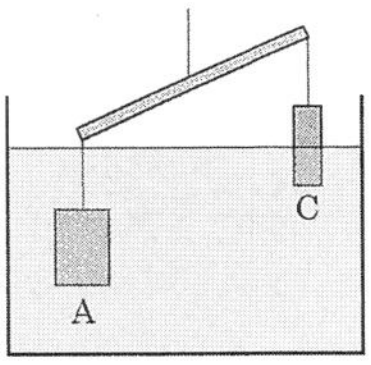

カ
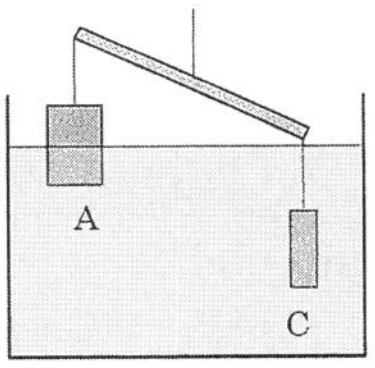

(7) 同じ質量の物体Ｘ、物体Ｙ、物体Ｚがある。**【実験１】**で用いたゴムひもを使って物体Ｘをつるし、静かに全体を水中に沈めた。物体Ｙと物体Ｚは完全に水中に沈めて静かに手を放した。しばらくすると、**図７**のように物体Ｘはゴムひもが少しのびた状態で水中に静止し、物体Ｙは全体が水中に入った状態で静止、物体Ｚは一部が水面から出た状態で静止した。このとき、物体Ｘにはたらく浮力の大きさを F_{X}、物体Ｙにはたらく浮力の大きさを F_{Y}、物体Ｚにはたらく浮力の大きさを F_{Z} としたとき、F_{X}、F_{Y}、F_{Z} の大小関係を表したものとして最も適当なものを、下のア～クの中から１つ選び、記号を書きなさい。

図７

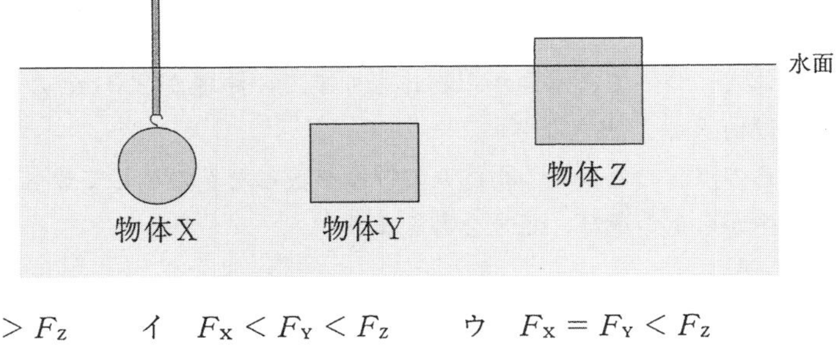

ア　$F_{X} > F_{Y} > F_{Z}$　　イ　$F_{X} < F_{Y} < F_{Z}$　　ウ　$F_{X} = F_{Y} < F_{Z}$

エ　$F_{X} = F_{Y} > F_{Z}$　　オ　$F_{X} < F_{Y} = F_{Z}$　　カ　$F_{X} > F_{Y} = F_{Z}$

キ　$F_{X} = F_{Z} < F_{Y}$　　ク　$F_{X} = F_{Z} > F_{Y}$

5 次の１、２の問いに答えなさい。

1　物質による溶解度の違いを調べるために**【実験１】**を行った。**図１**のグラフは、ミョウバンと塩化ナトリウムの溶解度曲線である。下の(1)〜(3)の各問いに答えなさい。

【実験１】

ミョウバン、塩化ナトリウムを６gずつはかりとり、それぞれ60℃の水 25 g に溶かした。その後、これらの水溶液を20℃まで冷やした。このときにあらわれた結晶をろ過し、ろ紙に残った結晶を乾燥させ、質量を測った。

図１

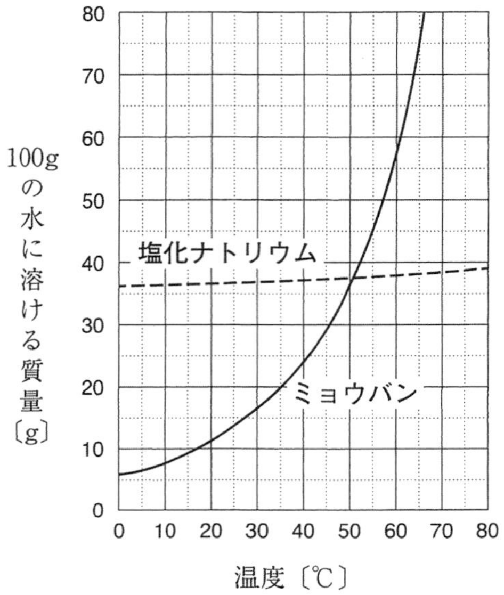

(1)　次の式は、塩化ナトリウムが水に溶けたときの電離のようすをあらわしている。（　①　）、（　②　）にあてはまる化学式を書きなさい。

NaCl　⟶　（　①　）＋（　②　）

(2)　**【実験１】**のように、溶解度の差を利用して、一度溶かした物質を再び結晶としてとり出すことを何というか書きなさい。

(3)　**【実験１】**において、あらわれた結晶は何 g か、最も適当なものを次のア〜エの中から１つ選び、記号を書きなさい。ただし、結晶はすべて回収できたものとする。

ア　約 1.15 g　　イ　約 3.15 g　　ウ　約 6.65 g　　エ　約 11.5 g

2　赤ワインを加熱してエタノールを取り出すために**【実験２】**を行った。赤ワインの主成分は、水とエタノールである。下の(1)～(6)の各問いに答えなさい。

【実験２】

Ⅰ　枝つきフラスコに赤ワインを約 10 mL とり、**図２**のような装置を用いて弱火で赤ワインを加熱し、３本の試験管 a 、 b 、 c の順に約 1 mL ずつ液体を集めた。

図２

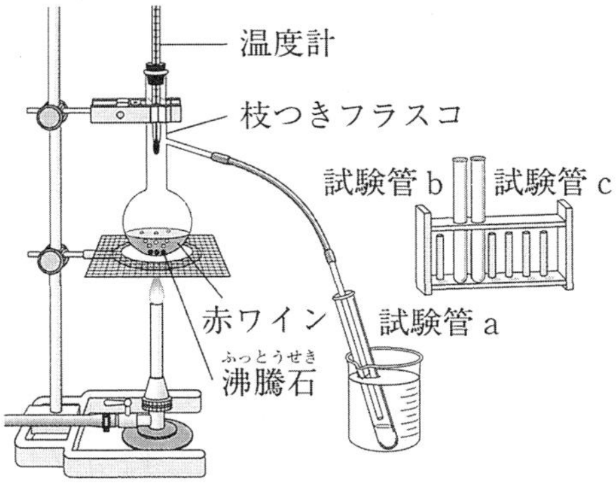

Ⅱ　Ⅰにおいて、試験管 a 、 b 、 c に集めたそれぞれの液体について「エタノールのにおい」、「脱脂綿につけて、火をつけたときの燃え方」、「ある物質の破片《はへん》を入れたときの浮き沈み」を調べ、その結果を**表**にまとめた。

表

	試験管 a	試験管 b	試験管 c
エタノールのにおい	強い	弱い	しない
脱脂綿につけて、火をつけたときの燃え方	長く燃えた	少し燃えてすぐ消えた	燃えなかった
ある物質の破片を入れたときの浮き沈み	沈んだ	浮いた	浮いた

(1)　**【実験２】**のように、液体を沸騰させて気体にし、それをまた液体にして集める方法を何というか書きなさい。

(2)　次のX、Y、Zはエタノールの粒子の運動のようすを模式的に表したものである。赤ワイン中のエタノールが試験管に集まるまでのエタノールの状態の変化を、X、Y、Zを用いて表したものとして最も適当なものを、下のア～カの中から１つ選び、記号を書きなさい。

X　粒子と粒子がしっかりと結びついているので、すきまが小さい。

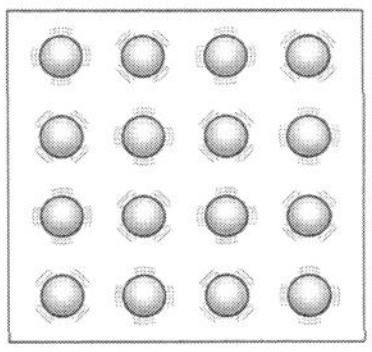

Y　Xより粒子と粒子との結びつきは少し弱く、Xよりすきまが大きい。

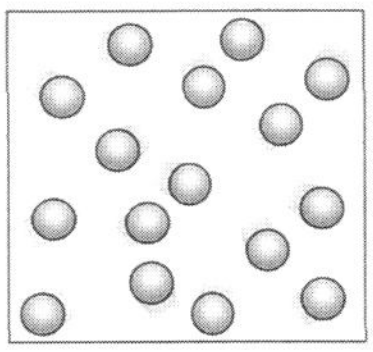

Z　粒子と粒子との結びつきがほとんどなく、粒子間のすきまはたいへん大きい。

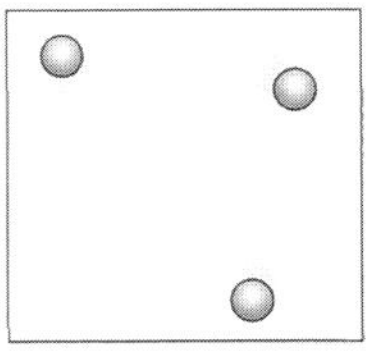

ア　Y→X→Y　　イ　Y→Z→Y　　ウ　Z→X→Z

エ　Z→Y→Z　　オ　X→Y→Z　　カ　Y→Z→X

(3) 試験管a、b、cに集めた液体の色として、最も適当なものを、次のア～エの中から１つ選び、記号を書きなさい。

ア　加熱する前のワインの赤色から徐々に濃くなり、cが一番濃くなる。

イ　どの試験管の液体も加熱する前のワインの赤色と変わらない。

ウ　加熱する前のワインの赤色から徐々に薄くなり、cが一番薄くなる。

エ　どの試験管の液体も無色である。

(4) **【実験２】**の結果をもとに考えると、試験管aではエタノールが多く、試験管cでは水が多く含まれていることから、エタノールが水よりも先に出てきたことがわかった。その理由を述べた次の文の空欄にあてはまる内容を書きなさい。

エタノールが水よりも（　　　　　　　　　　　　　　）からである。

(5) 赤ワインの加熱を始めてから試験管cに液体が集まるまでの、**図２**の温度計が示す温度をグラフに表したものとして最も適当なものを、次のア～エの中から１つ選び、記号を書きなさい。

ア

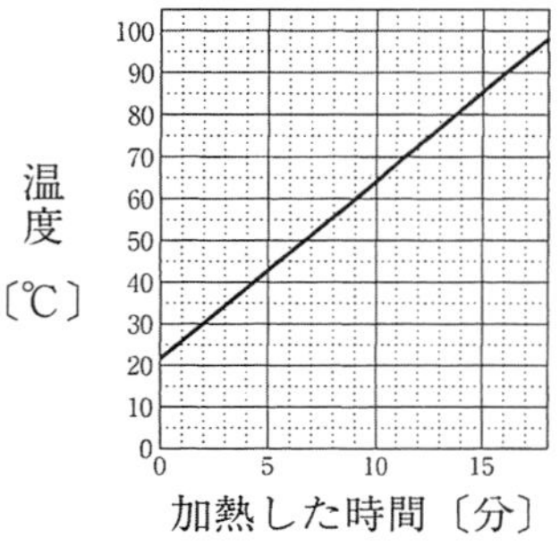

イ

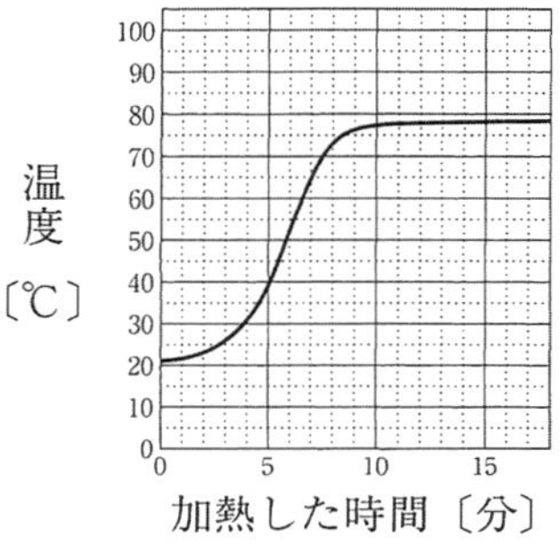

ウ

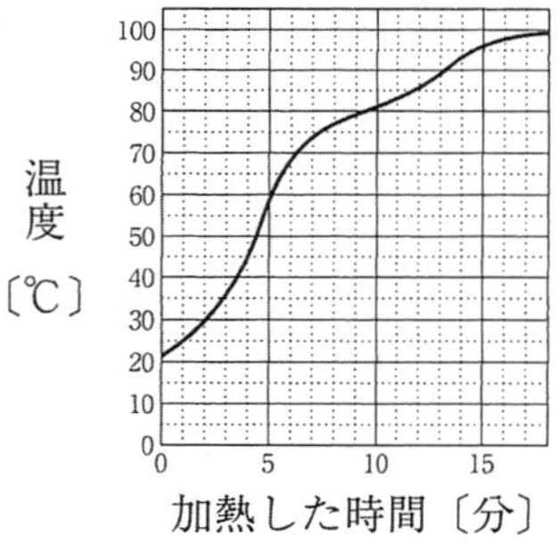

エ

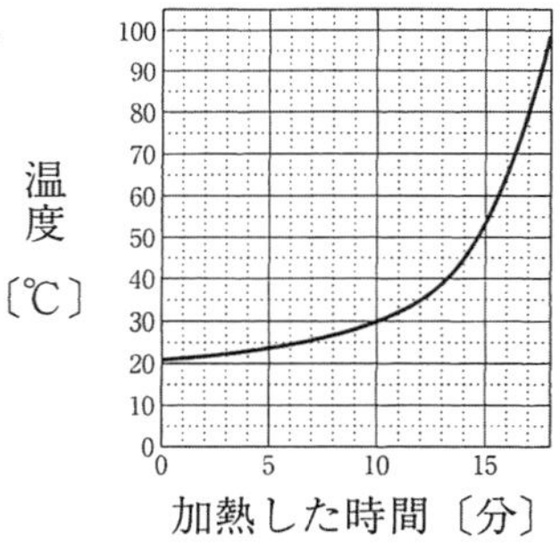

(6) **表**の結果から、入れた破片として最も適当なものを、次のア～オの中から１つ選び、記号を書きなさい。ただし、このときの水の密度を1.00 g/cm³、エタノールの密度を0.79 g/cm³とする。

	物質の名称	密度［g/cm³］
ア	鉄	7.87
イ	ガラス	2.4～2.6
ウ	ポリ塩化ビニル	1.2～1.6
エ	ポリエチレン	0.92～0.96
オ	木材（スギ）	0.40

三

次の文章を読んで、あとの問いに答えなさい。

大人になった「僕」は小学六年生の数ヶ月間のことを回想している。ある日、有名なプロ野球選手（打点王氏《だてんおうし》）が「僕」たちの学校に来て野球教室を行うことになった。「僕」と安斎《あんざい》は、草壁《くさかべ》を褒めようとしない担任（久留米《くるめ》）の意識を変えようとしており、その選手に協力してくれるよう依頼した。

お詫び
著作権上の都合により、文章は掲載しておりません。
ご不便をおかけし、誠に申し訳ございません。
教英出版

問3　③愛もまた誤解を受けている　とあるが、愛はどのようなものだと誤解を受けているのか。次の解答の形式に従って、四十字以内で書きなさい。

愛は、

ものだと誤解を受けている。

問4　④「ギブアンドテイク」の正体　とあるが、これはどのようなものか。その説明として最も適当なものを、次のア〜エの中から一つ選び、記号を書きなさい。

ア　見返りを求められてはいないものでも、自分に何かを与えてくれた人には最低限の対価を返すべきであるという、公平な態度の重要さを強調するもの。

イ　本来、等価の見返りや即時的な見返りを期待できないものに対してまでも、自分の与えたことに対しては見返りを期待できるのだと思い込まれているもの。

ウ　分かりやすさや利便性を優先させるあまり、本来、多様で複雑な人間同士のコミュニケーションまでも、いつ何時でも同じような形態で行おうとするもの。

エ　多種多様な人間同士が社会を形成するためには、人から何かを与えられた時には即座に与えられたものと同等の対価を返すべきだと錯覚されているもの。

問5　本文に見られる表現について説明したものとして最も適当なものを、次のア〜エの中から一つ選び、記号を書きなさい。

ア　「です・ます」調の文末表現で本文全体を統一することによって、読者が難解な主張を容易に読み取ることができるようになっている。

イ　「どうやって探せばいいのだろう」という問いかけは、筆者が自問自答する形となっており、論の展開を進めるために用いられている。

ウ　「ハイキング」と「ディズニーアニメ」の具体例は、一般的な体験談が用いられており、筆者の主張が妥当であることを強調している。

エ　「家計簿をつけているかのような」という例示は、難解な内容について具体的な例を用いることで、読者の理解が深まるようにしている。

（注）　※ノルマ…基準。最低それだけは達成しなければならない労働の基準量。
※錬金術…銅や鉄などの金属を金・銀などの貴金属に変化させようとした、原始的な化学技術。
※モチーフ…芸術的な創作活動の、動機となる主要な題材・思想。
※帳尻合わせ…帳簿の最終的な収支がきちんと合うようにすること。

問1　①「使うと減るモノ」の価値観がほとんどの社会　とあるが、これはどのような社会か。その説明として最も適当なものを、次のア～エの中から一つ選び、記号を書きなさい。

ア　多くの人々が、どんなものでも使えば減るのだという考え方にとらわれた生活を送ることで、豊かさを求めなくなっている社会。
イ　多くの人々が、使えばなくなる物質よりも無限に存在するエネルギーを求めるあまり、物質ではなく心の豊かさを求めている社会。
ウ　多くの人々が、かたちのあるモノは有限で、使うとなくなるという考え方に支配され、満足感を得ることができにくくなっている社会。
エ　多くの人々が、限りある資源は使わずに取っておきたいという思いを捨てきれず、わずかな消費活動で満足してしまっている社会。

問2　②どちらかが暴走しそうになったときにもう一方が止めていくというバランスのよさがあった　とあるが、これはどのような状況か。その説明として最も適当なものを、次のア～エの中から一つ選び、記号を書きなさい。

ア　人々は、世界を「モノの集合」や「エネルギーの流れ」と認識することで心の均衡を保っており、その均衡が崩れそうになったとしても想像力で補うことができていたという状況。
イ　人々は、世界を「エネルギーの流れ」と捉えることで心の健康を保ち、仕事をするためのエネルギーが常に満たされている状態を維持し、仕事と余暇の両方を充実させていたという状況。
ウ　人々は、世界を「エネルギーの流れ」と認識できたために、体力だけでなく気力を上手く使っていくことにより、無限のエネルギーを用いて多くのことを実現させていたという状況。
エ　人々は、世界を「モノの集合」や「エネルギーの流れ」と捉えており、想像力が弱くなった時には、気力と体力でそれを補いながら良い仕事をすることができていたという状況。

スタイルになっています。気力も体力も、お金と同じように「使えばなくなる」ということが実感になっていくのです。

そうした中で、③愛もまた誤解を受けているのですが、現実には愛は「使えば使うほど、どこかから湧き上がってきてさらに増えていく」というものの中心にあるものなのです。

つまり、愛するというのは、あたかも※錬金術《れんきんじゅつ》によって鉛を貴金属に変えるような体験と言ってもいいでしょう。私の世界はすべて鉛でできていると思っていたのですが、実はそこには金やダイヤモンドやエメラルドが隠れていると言うのです。

ではいったい、それをどうやって探せばいいのだろう。何か特別なしかけや道具が必要なのかと思っていたら、実は私が自分のこの手で触れるということこそが、鉛を貴金属に変える錬金術なのだということがわかるのです。

ディズニーアニメの※モチーフとしてありそうな話ではありますが、物語の中ではありそうでも、実際に自分の身に起こるとは思いもよらずにいるものです。

でも愛はそういうものなのです。愛はなくならない。私が触っていくことで、世界は輝かしい愛にかたちを変えていく。そのことを信じることから開けてくる世界なのです。

「私には愛が足りない」と思ってしまう原因のもうひとつは、自分から発した愛と戻ってくるものとの間の絶対的な時間差です。

基本的に私たちは、「愛している人には愛されたい」と期待するものです。味気ない言い方をすれば、見返りです。それも「こんなにしてあげているのに」と、自分のしたことは過大に見積もるわりには、受け取ったものをあまり高く評価しないという傾向があります。

さらに悪いことに、とても短いサイクルでその見返りを考えています。

たとえば、カウンターで１００円を出したら、ホットコーヒーが差し出される。そんなファストフード店でのやりとりのように、現代の私たちは即時的に返ってくるコミュニケーションの形態に慣れすぎているのです。

戻ってくる速さだけの問題ではありません。まるで１００円とホットコーヒーを交換するように、恋愛でも親子関係でも、何かをしたらその対価がきっちりと返ってくるべき。それが一番フェアなことなのだと、どうやら世の中全般で信じられているところがあるのです。

それがよく言う④「ギブアンドテイク」の正体です。

そうすると、愛の物語なのにもかかわらず、値段表を見て購入し、レシートをもらって毎日家計簿をつけているかのような状況です。「今月はこんなに愛を使ったから、もうすっからかんなの。早く誰かに返済してもらいたい」とばかりに、ひたすら電卓を叩《たた》いて※帳尻《ちょうじり》合わせをしようとする。

そうなってくると、もうその愛は、錬金術というおもしろさを失ってしまうのです。

（上田《うえだ》 紀行《のりゆき》『愛する意味』光文社新書による）

二 次の文章を読んで、あとの問いに答えなさい。

世界にあるものは、2つの種類に分けられます。ひとつは使うと減るものであり、もうひとつは使うとどんどん増えていくものです。

別の言い方をすれば、世界を「モノ（物質）の集合」と見るか、「エネルギーの流れ」と見るかによる違いとも言えます。

今、私たちが籍を置いているのは、圧倒的に①「使うと減るモノ」の価値観がほとんどの社会なのです。

たとえば、雨が全然降らないのに水をどんどん使っていけば、貯水池がしだいに空っぽになっていき、給水制限をしなければならないということになります。

基本的に、かたちのあるモノ（物質）というのは資源に限りがあって、それを使いきればなくなると考えられています。お金というのはその代表例で、だからこそどれだけあっても「これじゃ足りない」と、いつも不足を数えるような状況になってしまっているのです。

お金については、「使ったらなくなる」という不安も、経済社会が成り立っていくためのある種の役割を果たしています。みんなが「いくら使ってもなくならない」と思っていたら、貨幣経済は成り立っていかないからです。

しかし、今の社会ではお金があまりにも価値を持ちすぎてしまったために、どんなものでも、使えばなくなると思われすぎています。

いったい、いつの頃から使ったらなくなるものの価値観に洗脳されきった世の中になったのだろう。少なくともつい最近高度成長期が始まる前ぐらいまでは、そういう2つの極を人間というのはゆらいでいて、②どちらかが暴走しそうになったときにもう一方が止めていくというバランスのよさがあったのです。

しかし今は「使うとなくなるもの」の暴走が止まらないという感じです。

エネルギーの流れのように、使えばなくなるわけではないもの、むしろ使えば使うほど増えていくことのできるものに対する想像力は、現代においてあまりにもひからびてしまっているのです。

気力や体力もそのひとつです。減っていく状態が目に見えるわけではないのに、使えばなくなる、消費してしまうと思い込まれています。

たとえば、※ノルマを抱えた営業マンが一日中セールスで町中を歩きまわっているのと、気持ちの良い高原をハイキングをしているときとでは、代謝エネルギーが同じでもその体力や気力の使われ方には大きな差があります。

ハイキングなら、山道を延々と歩いて汗をかき、もう足が前に進まないほどに体を酷使《こくし》したとしても、頂上からの景色を見渡したときに別の神経系統が刺激され、内側から感動が湧き起こって、疲れがすーっと消えるような体験をします。さんざん使って失ったと思われた体力や気力が戻ってくるような、いわゆる「元気をもらった」というプラスの感覚が味わえるのです。

ところが、今は社会そのものがもう、小学校の子どもでさえも、青空ハイキングというより営業マンのように、基本的にノルマをこなすライフ

問1 a イサン、b 昇、c センデン、d 掲載 について、カタカナは漢字に直し、漢字は読みをひらがなで書きなさい。

問2 【話し合い】における司会者の役割を、発言に沿って順番に並べたものとして最も適当なものを、次のア～エの中から一つ選び、記号を書きなさい。

ア メリットとデメリットを比較する → 出された意見を整理する → 合意形成をうながす → 異なる視点を提示する

イ 出された意見を整理する → 異なる視点を提示する → メリットとデメリットを比較する → 合意形成をうながす

ウ 出された意見を整理する → 異なる視点を提示する → 合意形成をうながす → メリットとデメリットを比較する

エ メリットとデメリットを比較する → 異なる視点を提示する → 出された意見を整理する → 合意形成をうながす

問3 **【作成中の広報紙の紙面】**の〈**見出し**〉に入れるものとして、あなたは〈**見出しA**〉と〈**見出しB**〉のどちらが良いと考えるか。あなたの考えとその理由を書きなさい。ただし、あとの**【条件】**に従うこと。

〈**見出しA**〉 はがくれ町の海はまるでプライベートビーチ

〈**見出しB**〉 はがくれ町の絶景を見においでよ

【条件】

- 百一字以上、百二十字以内で書くこと。
- 理由は、選んだ〈**見出し**〉の良さをあげながら、**【話し合い】**や**【作成中の広報紙の紙面】**を参考にし、具体的に書くこと。
- 原稿用紙の使い方に従って書くこと。

一　はがくれ中学校では、はがくれ町からの依頼で町の広報紙作成に協力することになった。広報紙は、町外の人がはがくれ町を訪れてくれるようになることを目的としている。次の、広報紙の作成に向けた生徒による二回目の【話し合い】と、【作成中の広報紙の紙面】を読んで、あとの問いに答えなさい。

【話し合い】

（司会者）　それでは、今回は広報紙に何をどのように書くかを決めていきましょう。

（Aさん）　前回は、「はがくれ町に訪れる人が少ない」や「文化[a]イサンがない」、また、「海や砂浜が美しい」や「水平線から[b]昇る日の出が美しい」といった意見がありました。

（司会者）　前回の整理をすると、魅力は特に何もないという意見と、美しい自然が魅力であるという意見が出ました。それぞれの意見についてどう思いますか。

（Bさん）　せっかく美しい自然があるのに、[c]センデンが足りていないと思います。広報紙には、はがくれ町の長所である美しい自然について、書けば良いのではないでしょうか。

（Cさん）　そうですね。訪れる人が少ないことや文化イサンがないことは、マイナスの印象を与えるので書けませんよね。

（司会者）　訪れる人が少ないことは、マイナスにしかならないのでしょうか。

（Aさん）　訪れる人が少ないことも、逆手にとれば、魅力につなげられると思います。

（Bさん）　私は、ストレートに魅力をアピールした方が分かりやすいと思います。

（司会者）　短所を逆手に取って表現すると、印象に残りやすいけれども、分かりにくいということもあります。一方で、長所をストレートに表現すると、言いたいことが分かりやすいけれども、逆手にとった表現に比べると印象は薄いですね。

（Cさん）　どちらの表現の仕方にも良さがありそうですね。

（司会者）　では、広報紙の紙面の内容は、海や砂浜、日の出が美しいことと、訪れる人が少ないことを、両方の表現の仕方で[d]掲載するということでどうでしょうか。

（みんな）　良いと思います。

（司会者）　では、次回は実際に紙面を作りながら、見出しを考えていきましょう。

【作成中の広報紙の紙面】

〈見出し〉

青い海・白い砂浜

海と砂浜は日本一の美しさ！波打つ青い海と真っ白な砂浜がみなさんの心を癒《い》やします！

水平線に輝く日の出

写真コンテストでグランプリに輝いた、海に浮かぶ日の出。浜辺から見る神々《こうごう》しい景色は、一度見たら忘れられません！

みなさんにひとこと！

はがくれ町には何もないから誰も来ない。だからこそ、きれいな自然をひとりじめ。ぜひ一度、はがくれ町にお越しください！

一 般

佐賀県公立高等学校

令和4年度学力検査問題

（第1日第1限）

国　　語

（50分）

（注　　意）

1 「始め」の合図があるまでは，開いてはいけません。
2 問題は 一 から 四 まであり，12ページまでです。
3 「始め」の合図があったら，まず解答用紙に受検番号を書きなさい。
4 答えは，すべて解答用紙に書きなさい。
5 印刷がはっきりしないでわからないときは，黙って手を挙げなさい。
6 「やめ」の合図で，すぐに鉛筆を置き，解答用紙を裏返しにして机の上に置きなさい。
7 検査終了後，問題用紙は持ち帰りなさい。

2022(R4) 佐賀県公立高
教英出版

(3) 次の**【俳句】**は、正岡子規が詠んだ俳句である。文章とこの**【俳句】**について説明したものとして、最も適当なものを、あとのア～エの中から一つ選び、記号を書きなさい。

【俳句】

枝豆や俳句の※才子《さいし》 ※曹子建《そうしけん》

（注） ※才子…すぐれた才能をもっている人。
※曹子建…東阿王のこと。

ア 「枝豆」は季語であり、俳句が詠まれた季節と、漢詩が詠まれた季節が同じであることがわかる。
イ 「枝豆」は季語であり、豆を煮る季節が、漢詩と俳句では異なることを面白く表現している。
ウ 「や」が切れ字であり、「枝豆」を強調し、豆から連想される曹子建の話を引き出している。
エ 「や」が切れ字であり、「俳句」を強調し、曹子建には俳句の才能もあったことを表している。

問3　次に示すのは、文章についての先生とAさん、Bさんの【対話】である。文章と【対話】を踏まえて、あとの(1)～(3)の問いに答えなさい。

【対話】

（先　生）　漢詩にある、豆と豆がらは大豆の中身と皮のことで、文帝と東阿王をたとえています。

（Aさん）　同じ根から生じるというのは、②文帝と東阿王の関係を表しているのですね。

（Bさん）　最後に、文帝は恥ずかしく思ったとありますが、それは、文帝が［ X ］からだと思います。

（先　生）　そうですね。ところで、この話をもとに、日本の俳人である正岡子規《まさおかしき》も俳句を詠《よ》んでいます。その俳句では、この話の中で詠まれた漢詩のことを「俳句」として捉えているんですよ。

(1)　②文帝と東阿王の関係を表しているとあるが、文帝と東阿王はどのような関係か。二人の関係を説明したものとして、最も適当なものを、次のア～エの中から一つ選び、記号を書きなさい。

ア　同じ親のもとに生まれた兄弟であるが、弟の東阿王が兄の文帝の命令を聞き入れないような関係。

イ　同じ親のもとに生まれた兄弟であるが、兄の文帝が弟の東阿王に無理難題を命じるような関係。

ウ　同郷の出身で兄弟のように育ってきたが、文帝が東阿王に様々な試練を課しているような関係。

エ　同郷の出身で兄弟のように育ってきたが、東阿王が非情な文帝のことを恨んでいるような関係。

(2)　［ X ］に当てはまるものとして、最も適当なものを、次のア～エの中から一つ選び、記号を書きなさい。

ア　ただ豆のことを詠んだ素朴な漢詩なのに、感動してしまった

イ　漢詩の内容が難しくて意味を理解することができなかった

ウ　豆という身近なものを題材にした漢詩を詠んでしまった

エ　漢詩の内容を理解し、自らの行いを振り返って反省した

四

次の文章を読んで、あとの問いに答えなさい。文章中の〔　〕内は漢詩の原文である。

※文帝《ぶんてい》、嘗《かつ》て《ある時》　※東阿王《とうあわう》をして《東阿王に》七歩《しちほ》の中《うち》に詩を作らしめ、《漢詩を作れと命じ》成らざれば大法《だいはふ》を行はんとす。《漢詩ができなければ極刑にすると言った》①声に応じて　便《すなは》ち詩を為《つく》りて曰《いは》く、《すぐに漢詩を作って言うには》

豆を煮て持《も》つて羹《あつもの》と作《な》し、《豆を煮てそれを吸い物にし》豉《し》を漉《こ》して以《もつ》て汁《しる》と為《な》す。《みそをこしてそこから汁物を作る》　〔煮豆持作羹　漉豉以為汁〕

※萁《まめがら》は釜下《ふか》に在《あ》つて燃え、《豆がらは窯の下で燃え》豆は釜中《ふちゆう》に在つて泣く。　〔萁在釜下燃　豆在釜中泣〕

本《もと》と同根《どうこん》より生じたるに、相《あひ》煎《い》ること何ぞ太《はなは》だ急なる、《もとは同じ根から生まれたのに、どうしてそんなに厳しく煮立てるのか》　〔本自同根生　相煎何太急〕

と。帝深く慙《は》づる色有り。《恥じる様子があった》

（『世説新語《せせつしんご》』による）

（注）※文帝…魏《ぎ》の初代皇帝。「帝」も同じ。
※東阿王…人名。曹植《そうしょく》。
※萁…豆の実を取り出したあとの、豆がら。燃料になる。

問1　豆は釜中に在つて泣く　という読み方になるように、「豆ハ在ツテ釜中ニ泣ク」に返り点をつけなさい。

問2　①声に応じて　とあるが、誰が誰の声に応じているのか。次の解答の形式に従って、本文中の言葉を用いて書きなさい。

□が□の声に応じて

問4 ③颯太は息が苦しくなった　とあるが、この時の「颯太」の説明として最も適当なものを、次のア～エの中から一つ選び、記号を書きなさい。

ア　武兄ちゃんの決心を必ず秘密にしなければならないということを分かっていながらも、自分だけが秘密を打ち明けられたことを自慢したい気持ちに駆られている。

イ　武兄ちゃんから相談を受けて頼りにされていると自信を持つ一方で、高校卒業後は島に戻るという約束を破ろうとしている武兄ちゃんに反感を抱き、混乱している。

ウ　自分は武兄ちゃんから真っ先に選ばれたという得意な思いを抱く一方で、武兄ちゃんの決心を受け入れられない気持ちが複雑にからみあい、気持ちの整理ができずにいる。

エ　自分一人で重大な決意をした武兄ちゃんを尊敬する気持ちがありながらも、大人に相談せずに進路を勝手に決めてよいものかと、武兄ちゃんのことを心配している。

問5 ④そうも言えなかった　とあるが、颯太が武兄ちゃんに言えなかったこととはどのようなことか。四十字以内で書きなさい。

問6　場面[1]、[2]、[3]の説明として**適当でないもの**を、次のア～エの中から一つ選び、記号を書きなさい。

ア　[1]と[2]はユリの視点で、[3]は、颯太の視点となっており、それぞれの心情を直接的に表現している。

イ　[1]から[2]へは、ユリとユリの母親の電話から、ユリと颯太の会話へと、時間の経過に従って進行している。

ウ　[2]の離島ではうわさがすぐに広まってしまうということが、[3]の颯太の回想の場面につながっている。

エ　[3]は颯太と武兄ちゃんの二人の思いを描いており、最後の手の描写では二人が対照的であることを表している。

ふたりで指きりをした。颯太の手は海風でかじかんでいるのに、兄ちゃんの手はすごく熱かった。

（瀧羽《たきわ》 麻子《あさこ》「ゆびきり」『もどかしいほど静かなオルゴール店』所収による）

（注） ※武兄ちゃん…颯太より八つ年上の従兄《いとこ》。高校に通うために離島を出ている。
※忽然…たちまち。
※詰る…相手の不満な点などを問い詰める。

問1 呼びとめられた とあるが、ここでの「られ」と同じ意味で用いられている「られ」または「られる」を含むものを、次のア～エの中から一つ選び、記号を書きなさい。

ア 秋の月夜は、なぜか寂しさが感じられる。
イ 友人からの励ましの言葉に助けられた。
ウ 校長先生が、出張から戻って来られた。
エ 満腹状態でも、デザートなら食べられる。

問2 ①ユリはとうとう口をつぐんだ とあるが、それはなぜか。理由として最も適当なものを、次のア～エの中から一つ選び、記号を書きなさい。

ア 母親に、楽譜を買って送ってほしいとお願いしたが、忙しいことを理由に聞き入れてもらえないということが分かったから。
イ 母親に、離島でも練習を続ける必要性を伝えたが、個人で練習する必要はないと断言され、これ以上話すことを諦めたから。
ウ 母親に、楽譜が破れた理由を必死に説明したが、途中で話をはぐらかされてしまい、話を続けることができなくなったから。
エ 母親に、離島で楽譜を入手することの難しさを訴えたが、話題を変えられてしまい、どうしてよいか分からなくなったから。

問3 ②母親は早口で言い残し、あわただしく電話を切った とあるが、この時の「母親」の説明として最も適当なものを、次のア～エの中から一つ選び、記号を書きなさい。

ア 自分の提案を娘が素直に受け入れたのを確認し、電話口での別れを惜しみながら会話を終わらせた。
イ 自分の提案に娘がなかなか納得しないので、これ以上話をしても無駄だと判断し突然話題を打ち切った。
ウ 自分の提案に娘が納得しないだろうと察して、別の案を考えるためにいったん話を終わらせた。
エ 自分の提案を娘が受け入れたと判断して、娘を気遣いながらもせわしない様子で話を切り上げた。

3

※武《たけし》兄ちゃんも、うわさを気にしていた。だからユリと同じように、誰にも喋るなと颯太に念を押したのだ。

兄ちゃんから重大な秘密を打ち明けられたのは、冬休みのことである。

正月の宴会で盛りあがっている伯父《おじ》の家をふたりで抜け出して、南ノ浜と東ノ浜の間にある、とっておきの釣り場に行った。雑草に隠れた獣道の先に※忽然《こつぜん》と現れる小さな入り江は、観光客はおろか島人もめったに来ない、とびきりの穴場だ。岩場に腰を下ろし、波に揺れる浮きを見つめながら、武兄ちゃんは口火を切った。

「おれ、大学に行くよ」

颯太はびっくりして、握っていた釣り竿《ざお》を落っことしかけた。兄ちゃんは高校を卒業したら島に戻ってきて、伯父の農園を継ぐはずだ。

「なんで？」

※詰《なじ》るような口調になってしまったのは、驚きに次いで、じわじわと不満がこみあげてきたせいだ。三年だって長いのに、さらに四年も待つなんて。颯太は中学生になってしまう。

しかも、よくよく聞いてみれば、四年だけではすまなそうだった。

「船の設計をしたいんだ」

と兄ちゃんは言ったのだ。大学で機械工学を学び、船を造る会社に就職したい、と。島に帰ってくるひまがないほど忙しいのは、受験勉強の傍《かたわ》ら、学費をためるためにアルバイトに励んでいるからだという。

「それって、伯父ちゃんたちは……」

颯太はこわごわたずねた。兄ちゃんがさっと顔を曇らせた。

「いや、まだ誰にも話してない。今のとこ、知ってるのは颯太だけ」

③颯太は息が苦しくなった。一番に選ばれて誇らしい気持ちと、知りたくなかったという気持ちがまぜこぜになって、胸の中でぐるぐる暴れていた。

「自分で説明したいから、親父たちには黙っててくれるか。叔父《おじ》さんと叔母《おば》さんや、じいちゃんばあちゃんにも。あと、島のみんなにもな」

釘《くぎ》を刺されるまでもなく、誰かに話せば島中に知れ渡ってしまうだろうと颯太にも想像がついた。跡継ぎ息子を失う伯父たちが、すんなりと賛成はしないだろう、とも。

颯太だって、賛成できない。できるはずがない。でも、従弟《いとこ》を信頼して大事な決意を打ち明けてくれた兄ちゃんに、④そうも言えなかった。

「わかった」

したほうがいいよ」
母親の声音がいくらかやわらかくなった。
「ね？　そうしない？　先生には、ママからちゃんと事情を話したげるから」
「わかった」
小さな声で、ユリは答えた。
「せっかくだからのんびりして、楽しんで。また連絡するからね」
②母親は早口で言い残し、あわただしく電話を切った。

2

明くる朝、颯太が出かけようとしていたら、門の前でユリに呼びとめられた。
「昨日はごめんね」
母親との通話を終えた後、ユリはひとことも喋《しゃべ》らなかった。かける言葉が思いつかず、颯太も無言で歩いた。路地のつきあたりで別れたときも、挨拶さえかわさなかった。
「いや、いいよ、別に」
颯太はもそもそと答えた。しおらしく謝られると調子が狂う。
用事はすんだかと思ったが、ユリはそのままついてきた。診療所の角を曲がり、西ノ浜へ続く坂にさしかかったところで、ようやく口を開いた。
「あのね、お願いがあるんだけど」
「なに？」
颯太は慎重に問い返す。
「昨日のこと……わたしがママに電話したって、おじいちゃんたちに黙っててくれる？」
「いいけど、なんで？」
「ママが悪者になっちゃうの、やだから。おじいちゃん、ママの悪口ばっかり言うんだもん」
ユリは即答した。娘の愚痴《ぐち》をこぼすじいちゃんの苦々しげな口ぶりを、颯太も思い出した。
「あ、あと、他のひとにも言わないでね。うわさがすぐ広まっちゃうんでしょ、ここ。ママが言ってた」
ユリが憂鬱《ゆううつ》そうに左右を見回した。つられて颯太もあたりをうかがう。

一　般

令和５年度学力検査問題

（第１日第２限）

理　　科

（50分）

（注　　意）

1　「始め」の合図があるまでは、開いてはいけません。
2　問題は 1 から 5 まであり、13ページまでです。
3　「始め」の合図があったら、まず解答用紙に受検番号を書きなさい。
4　答えは、すべて解答用紙にかきなさい。
5　印刷がはっきりしないでわからないときは、黙って手を挙げなさい。
6　「やめ」の合図で、すぐに鉛筆を置き、解答用紙を裏返しにして机の上に置きなさい。
7　検査終了後、問題用紙は持ち帰りなさい。

1 次の１～４の各問いに答えなさい。

1　理科室で水の沸騰を観察するため、ビーカーに水を入れ、沸騰石を入れた後、ガスバーナーを用いて加熱した。**図１**は水が沸騰しているときのようすである。次の(1)、(2)の問いに答えなさい。

図１

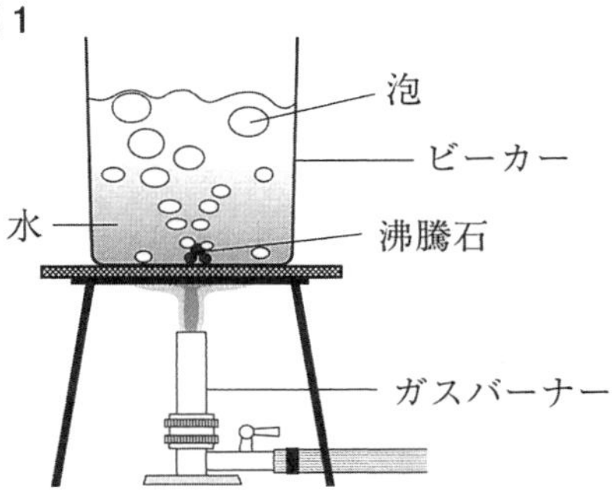

(1)　この観察を行うときの注意点として誤っているものを、次のア～エの中から１つ選び、記号を書きなさい。

ア　加熱器具が安定するように設置して観察する。

イ　観察結果をすぐに記録できるように、ガスバーナーの近くに記録用紙をおいて観察する。

ウ　安全のためにイスは実験台の下にしまい、立って観察する。

エ　ガスバーナーの火を消すときは、空気調整ねじ、ガス調整ねじの順に閉める。

(2)　**図１**の泡に最も多く含まれる物質の名称を書きなさい。

2　凸レンズの左側に物体Ａをおき、凸レンズの右側に置いたスクリーンを動かすと、**図２**の位置のときスクリーン上にはっきりとした像ができた。下の(1)、(2)の問いに答えなさい。

図２

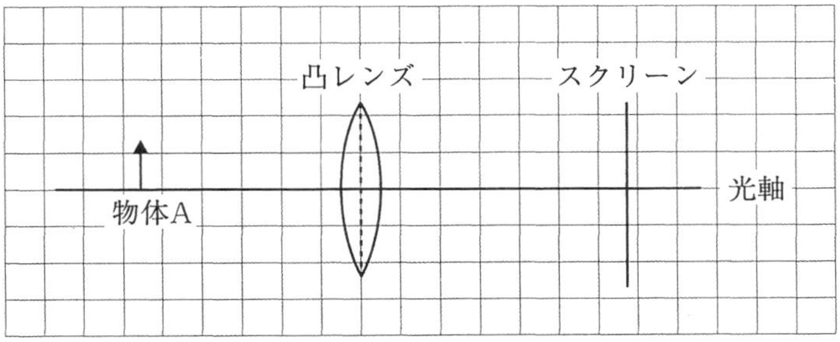

(1)　この凸レンズの２つの焦点を作図により求め、点（●）で示しなさい。ただし、作図の線は消さずに残しておくこと。

(2)　**図２**の凸レンズを焦点距離の短いものに変えた。このとき、スクリーン上にはっきりとした像ができるときのスクリーンの位置と、できた像の大きさを説明した文として最も適当なものを、次のア～エの中から１つ選び、記号を書きなさい。ただし、物体Ａと凸レンズの間の距離は変えないものとする。

ア　スクリーンは**図２**と比べて凸レンズに近づき、**図２**のときの像より小さな像ができる。

イ　スクリーンは**図２**と比べて凸レンズに近づき、**図２**のときの像より大きな像ができる。

ウ　スクリーンは**図２**と比べて凸レンズから遠ざかり、**図２**のときの像より小さな像ができる。

エ　スクリーンは**図２**と比べて凸レンズから遠ざかり、**図２**のときの像より大きな像ができる。

3　**図3**は、ヒトの体の一部を模式的に表したものである。下の(1)、(2)の問いに答えなさい。

図3

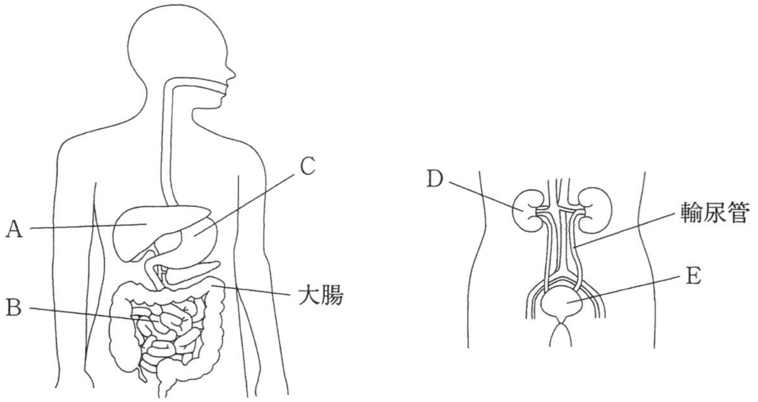

(1)　タンパク質が体内で分解されるときにできる有害な物質として最も適当なものを、次のア～エの中から１つ選び、記号を書きなさい。

ア　ブドウ糖　　イ　アミノ酸　　ウ　グリコーゲン　　エ　アンモニア

(2)　次の文の（　①　）、（　②　）にあてはまる器官として最も適当なものを、**図3**のＡ～Ｅの中からそれぞれ１つずつ選び、記号を書きなさい。

> タンパク質が体内で分解されるときにできる有害な物質は、（　①　）で無害な尿素につくりかえられる。その後、尿素は血液によって（　②　）に運ばれて、不要な物質として尿中に排出される。

4　**表**は３つの恒星の半径、表面温度、光の量、等級をまとめたものである。下の(1)、(2)の問いに答えなさい。

表

恒星	半径 （太陽を１とする）	表面温度 〔℃〕	光の量 （太陽を１とする）	等級
太陽	1	6000	1	－26.8
ベガ	2.6	9200	50	0.0
リゲル	70	12000	55000	0.1

(1)　数億から数千億個以上の恒星の集団のうち、**表**の恒星を含む集団を何というか、書きなさい。

(2)　**表**から分かるように、ベガとリゲルは、半径と表面温度、光の量はそれぞれ異なるが、等級はほぼ等しい。この理由を説明した次の文の（　　　）にあてはまる内容を書きなさい。

> リゲルはベガに比べると（　　　　　　　　　　　　）から。

2 メダカの呼吸回数とオオカナダモの光合成の関係について、次の1～3の各問いに答えなさい。

1　メダカの呼吸回数について調べるために、水槽《そう》に25℃の水とメダカを入れて**【実験1】**を行った。なお、水槽の水の温度は**【実験1】**の間25℃に保った。下の(1)～(4)の各問いに答えなさい。

【実験1】

①　**図1**は、メダカの泳ぐ水槽の水を、pHメーターを用いて調べているようすである。このとき水槽の水は中性であった。すぐにこの水槽にふたをして、外の空気が入らないようにした。

②　①から30分後、ビデオカメラを用いてすべてのメダカを撮影し、1分間に行う呼吸回数を調べたところ、平均して180回であった。ただし、**図2**に示すメダカのえらぶたが1回開いて閉じるまでを1回の呼吸とした。このとき、pHメーターで水槽の水を調べると酸性に変化していた。

図1

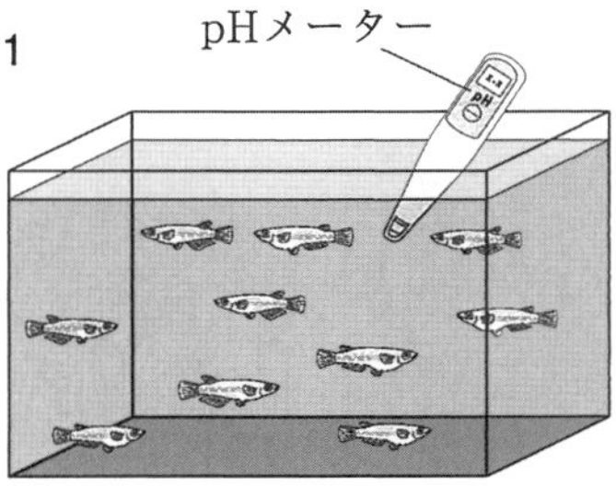

図2

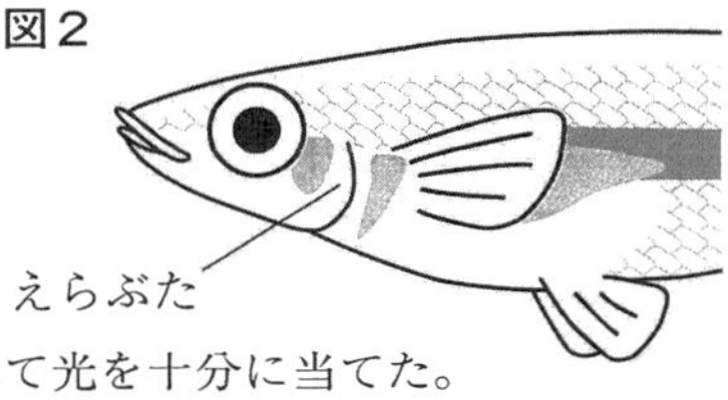

③　②の水槽にオオカナダモを入れ、再びふたをして光を十分に当てた。

④　③から1時間後、メダカが1分間に行う呼吸回数を調べたところ、平均して120回に減少した。このとき、pHメーターで水槽の水を調べると中性に戻っていた。

(1)　卵からうまれたばかりの子がえらで呼吸する動物を、次のア～オの中からすべて選び、記号を書きなさい。

ア　イモリ　　イ　フナ　　ウ　イルカ　　エ　ウミガメ　　オ　ペンギン

(2)　呼吸によって体内に取り込まれた酸素は、ヘモグロビンという物質を含む血液中の粒（固形の成分）によって全身に運ばれる。この粒を何というか、書きなさい。

(3)　ヘモグロビンについて説明した次のa～dのうち、正しいものの組み合わせを、下のア～エの中から1つ選び、記号を書きなさい。

a　酸素の多いところで酸素と結びつき、酸素の少ないところでは結びついた酸素の一部を放す。
b　酸素の少ないところで酸素と結びつき、酸素の多いところでは結びついた酸素の一部を放す。
c　酸素と結びつくと、暗い赤色になる。
d　酸素と結びつくと、鮮やかな赤色になる。

ア　aとc　　イ　aとd　　ウ　bとc　　エ　bとd

(4)　**【実験1】**の下線部のように、水槽の水が酸性に変化した理由として最も適当なものを、次のア～エの中から1つ選び、記号を書きなさい。

ア　水に溶けている酸素が増加したから。
イ　水に溶けている酸素が減少したから。
ウ　水に溶けている二酸化炭素が増加したから。
エ　水に溶けている二酸化炭素が減少したから。

2　オオカナダモの光合成について調べるために、**【実験２】**を行った。下の(1)〜(3)の各問いに答えなさい。

【実験２】

①　水中に溶けている気体を追い出した25℃の水を準備した。

②　**図３**のように、装置Ａおよび装置Ｂを用意した。装置Ａは、①の水とオオカナダモをペットボトルに入れてふたをしたものである。装置Ｂは、①の水に二酸化炭素を十分に溶け込ませたものと、オオカナダモをペットボトルに入れてふたをしたものである。なお、装置Ａ、装置Ｂのオオカナダモは、前日から暗い所に置いたものを使用した。

図３

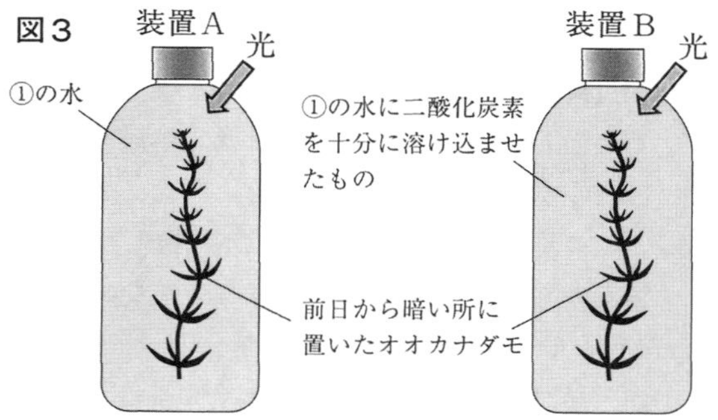

③　水の温度を25℃に保ったまま、装置Ａ、装置Ｂに十分な光を当てたところ、装置Ａのオオカナダモからは気体が出てこなかったが、装置Ｂのオオカナダモからはさかんに気体が出てきた。

④　装置Ｂのオオカナダモから出てきた気体を試験管に集めた。試験管に集めた気体に火のついた線香を入れると、炎をあげて激しく燃えた。

⑤　装置Ａ、装置Ｂのオオカナダモを取り出し、それぞれ葉を１枚とり、熱湯に数分ひたしたあと、あたためたエタノールの中に入れた。次に水洗いし、ヨウ素液にひたしたあと顕微鏡で葉の細胞を観察した。その結果、装置Ｂの葉の細胞の中には、青紫色に染まった小さな粒が見られたが、装置Ａの葉の細胞の中には青紫色に染まった小さな粒は見られなかった。

(1)　**【実験２】**の下線部について、この操作を行う理由について説明した次の文の(　　　)にあてはまる語句を書きなさい。

あたためたエタノールの中にオオカナダモを入れると、葉が（　　　）され、ヨウ素液による色の変化が見やすくなるから。

(2)　細胞の中の小さな粒が青紫色に染まったことから、何という物質がつくられていたことがわかるか、書きなさい。

(3)　オオカナダモが気体を出すためには、光が必要であることを確かめたい。装置Ｂに光を十分に当てた状態と比較する実験として、どのようなものが考えられるか。装置についてはア〜エから、状態についてはＸ、Ｙから、予想される結果についてはⅠ、Ⅱからそれぞれ１つずつ選び、記号を書きなさい。

装置
　ア　装置Ａと同じもの
　イ　装置Ａからオオカナダモを取り出したもの
　ウ　装置Ｂと同じもの
　エ　装置Ｂからオオカナダモを取り出したもの

状態
　Ｘ　光を十分に当てた状態
　Ｙ　光を全く当てない状態

結果
　Ⅰ　気体が出てくる
　Ⅱ　気体が出てこない

3　1の【実験1】、2の【実験2】から、メダカの呼吸回数について、次の【考察】をまとめた。下の(1)、(2)の問いに答えなさい。

【考察】

【実験2】から、二酸化炭素が十分に溶けた水の中にオオカナダモを入れ、十分な光を当てると、オオカナダモは光合成を行うことがわかった。つまり【実験1】の水槽内の水は、オオカナダモを入れたことで、水に溶けている（　a　）ことになる。このような環境変化により、【実験1】において、メダカは呼吸回数が減少しても、体内の養分を分解して、生きていくために必要な（　b　）ことができたと考えられる。

(1)　【考察】の（　a　）にあてはまる文として最も適当なものを、次のア～エの中から1つ選び、記号を書きなさい。

ア　二酸化炭素と酸素がともに減った

イ　二酸化炭素と酸素がともに増えた

ウ　二酸化炭素が減って酸素が増えた

エ　二酸化炭素が増えて酸素が減った

(2)　【考察】の（　b　）にあてはまる適当な文を、細胞の呼吸が果たす役割に注目して書きなさい。

3 次の１、２の問いに答えなさい。

1　酸性、アルカリ性を示すものの正体について調べるため、水酸化ナトリウム水溶液を用いて**【実験１】**を行った。下の(1)〜(4)の各問いに答えなさい。

【実験１】

図のように、スライドガラスの上にろ紙を置き、クリップではさみ、電源装置につないだ。pH 試験紙をろ紙の上に置き、中央に鉛筆で線を引き、pH 試験紙とろ紙の両方に食塩水をしみこませた。pH 試験紙の中央に水酸化ナトリウム水溶液を少量付けると、つけた部分は青色に変化した。その後、電圧を加えて変化を観察すると、青色の部分は陽極側へ広がった。

図

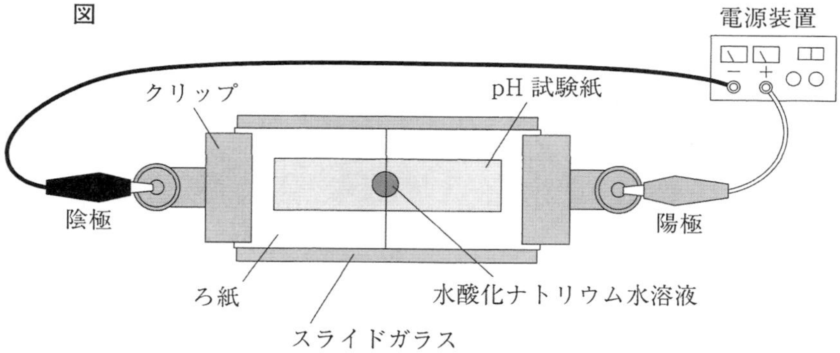

(1)　水酸化ナトリウム水溶液が誤って手についてしまったとき、すぐに行うべき対応として最も適当なものを、次のア〜エの中から１つ選び、記号を書きなさい。

ア　手にうすい塩酸をかけて中和する。

イ　手を大量の水で洗い流す。

ウ　手を氷で冷やす。

エ　手を乾いたタオルで拭く。

(2)　水酸化ナトリウムのように、水に溶かしたときに電流が流れる物質を何というか、書きなさい。

(3)　**【実験１】**によって、水酸化ナトリウム水溶液においてアルカリ性を示すイオンを確かめることができた。アルカリ性を示すイオンは何か、化学式で書きなさい。

(4)　次の文は、**【実験１】**の水酸化ナトリウム水溶液を塩酸に変えて実験を行ったときの pH 試験紙のようすについて述べたものである。文中の（　X　）、（　Y　）にあてはまる語句を書きなさい。

pH 試験紙の中央についた（　X　）色の部分が（　Y　）極側に広がっていった。

2　酸とアルカリの中和について調べるため、次のような**【実験２】**を行った。あとの(1)～(4)の各問いに答えなさい。

【実験２】

①　試験管ａ～ｅを用意し、そのすべてにうすい水酸化ナトリウム水溶液３mLを入れ、緑色のBTB溶液を２滴加えた。BTB溶液により試験管の水溶液は青色になった。

②　次に、試験管ａ～ｅにうすい塩酸１mL～５mLをそれぞれ加えて振り混ぜ、水溶液の色を観察し、その結果を**表**にまとめた。

表

試験管	a	b	c	d	e
水酸化ナトリウム水溶液〔mL〕	3	3	3	3	3
加えた塩酸〔mL〕	1	2	3	4	5
BTB溶液を加えた水溶液の色	青色	青色	緑色	黄色	黄色

③　②の観察後、試験管ａ～ｅにそれぞれマグネシウムリボンを入れ、ようすを観察した。

(1)　塩酸と水酸化ナトリウム水溶液の反応を、化学反応式で書きなさい。

(2)　**【実験２】**の②の試験管ｃの水溶液を少量とって蒸発皿に移し、ガスバーナーでしばらく加熱したときのようすを説明した文として最も適当なものを、次のア～エの中から１つ選び、記号を書きなさい。

ア　水を蒸発させると何も残らなかった。

イ　水を蒸発させると白い粉が残り、加熱を続けると粉は炎を上げて燃えた。

ウ　水を蒸発させると白い粉が残り、加熱を続けると粉は黒くなった。

エ　水を蒸発させると白い粉が残り、加熱を続けても粉は変化しなかった。

一般

令和5年度学力検査問題

（第1日第3限）

英　語

（50分）

（注　意）

1　放送による指示があるまでは、開いてはいけません。
2　問題は 1 から 5 まであり、14ページまでです。
3　最初に、1 の「放送による聞き取りテスト」を行います。
4　答えは、すべて解答用紙に書きなさい。
5　英語は、活字体、筆記体のどちらで書いてもかまいません。
6　印刷がはっきりしないでわからないときは、黙って手を挙げなさい。
7　「やめ」の合図で、すぐに鉛筆を置き、解答用紙を裏返しにして机の上に置きなさい。
8　検査終了後、問題用紙は持ち帰りなさい。

※教英出版注
音声は，解答集の書籍ＩＤ番号を
教英出版ウェブサイトで入力して
聴くことができます。

1 「放送による聞き取りテスト」

問１　英語の質問を聞き、絵が示す内容に合う答えを選ぶ問題です。質問に対する答えとして最も適当なものを、続けて読まれるア～ウの中からそれぞれ一つずつ選び、記号を書きなさい。

１番

２番

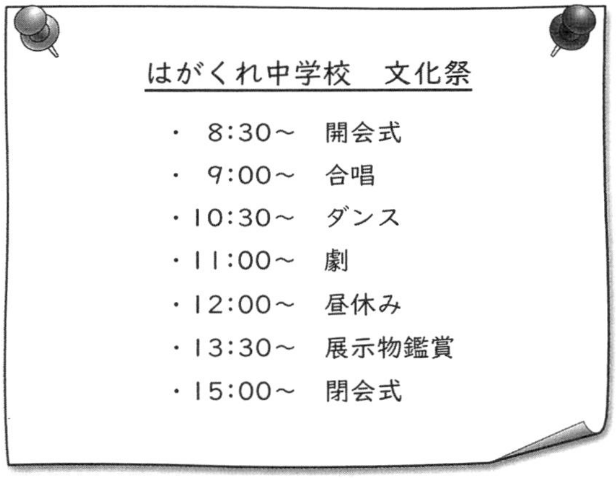

問２　会話を聞いて答える問題です。最後の発言に対する受け答えとして最も適当なものを、ア～エの中からそれぞれ一つずつ選び、記号を書きなさい。

１番　ア　Of course, they will.
　　　イ　They will move next month.
　　　ウ　It's in the south of Australia.
　　　エ　It will be rainy soon.

２番　ア　Yes, I bought it.
　　　イ　Yes, I heard it on Thursday.
　　　ウ　No, but I enjoyed it.
　　　エ　No, I didn't win.

問３　生徒会長の健太（*Kenta*）が新しいALTの先生へ歓迎のスピーチを述べています。歓迎のスピーチのあとに続けて読まれる二つの質問に対する答えとして最も適当なものを、ア～エの中からそれぞれ一つずつ選び、記号を書きなさい。

１番　ア　There are a lot of unique wild animals in Australia.
　　　イ　They want to cook Japanese traditional food together.
　　　ウ　They went to Australia last summer.
　　　エ　They met new students from Australia.

２番　ア　To visit Kenta's house.
　　　イ　To join English club.
　　　ウ　To study English.
　　　エ　To play soccer.

問４　あなたは、あなたの学校を訪問している海外の中学生と話をしているところです。相手の話をよく聞いて、最後の質問に対するあなたの返答を、英語で簡潔に書きなさい。

2 次の問1、問2に答えなさい。

問1　英語の授業で、次の【黒板】に書かれたトピックが与えられ、これについて、中学3年生の桃子（*Momoko*）と大輔（*Daisuke*）が英語で会話をしている場面である。会話が成立するように、下線部①、②のそれぞれについて、（　　　）内に英語を書き、英文を完成させなさい。ただし、（　　　）内の語を含めて、それぞれ6語以上使用し、（　　　）を含む下線部が1文となるように書くこと。

【黒板】

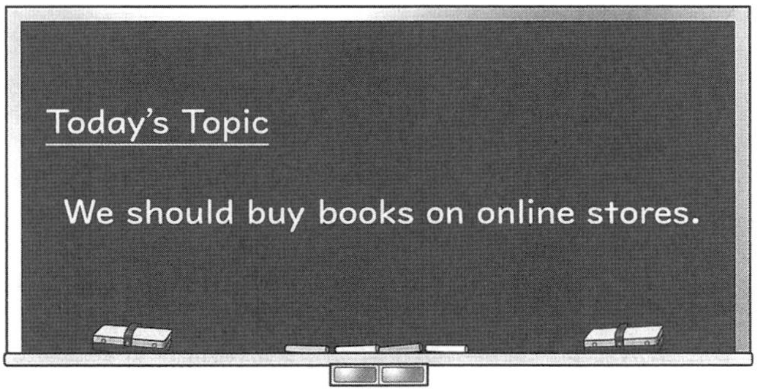

Daisuke :　Momoko, what do you think about this topic?

Momoko :　I agree with it. ①We are busy because (　　things　　). So I think we should buy books on online stores when we want to buy them. How about you, Daisuke?

Daisuke :　I don't think we should buy books on online stores because we may sometimes buy the books we don't want. ②But when we go to bookstores, (　　books　　). So we should buy the books at bookstores.

Momoko :　I see. That is a good point.

問２　あなたは英語の授業で、次の【写真】を見せながら「夏休みの思い出」についてスピーチをすることになった。下の【スピーチ原稿】は、そのために作成したものである。使用する【写真】をもとに、【スピーチ原稿】を完成させなさい。【スピーチ原稿】の中の（　1　）と（　2　）には、【写真】の内容に合うように英語を書きなさい。また、（　3　）には、スピーチの内容に合うように、あなた自身の考えを英語で書きなさい。ただし、（　1　）と（　2　）はそれぞれ4語以上、（　3　）は5語以上使用し、（　　）を含む下線部が1文となるように書くこと。

【写真】（写真の中の番号は、スピーチをする際に使用する順番を示している）

【スピーチ原稿】

I helped my family and had a great time during the summer vacation.

Every morning, I *hung out the laundry. It was very hot, so it was really hard work. After that, (　1　) in the park. After eating lunch, I *did the dishes. In the evening, (　2　). One day, my *relatives came to my house. So I *vacuumed the living room before they came.

Through helping my family, I've known doing *housework is very hard. But I now understand that (　3　). So I want to help my family after the summer vacation, and I will do the dishes after dinner every weekend.

*hang(hung) out the laundry　洗濯物を干す　　*do(did) the dishes　皿を洗う
*relative(s)　親戚
*vacuum(ed) ～　～に掃除機をかける　　*housework　家事

3　次の問１～問３に答えなさい。

問１　(1)、(2)は、それぞれ［　　　　］内の状況で会話をしている。その会話の内容を表している最も適当な絵を、あとのア～エの中からそれぞれ一つずつ選び、記号を書きなさい。

(1)　Shigeo is in a hamburger shop.

*Cashier :　Hello!　Are you ready to *order?

Shigeo :　Yes.　Can I have two hamburgers and an ice cream?

Cashier :　OK.　Would you like something to drink?

Shigeo :　No, thank you.

　*cashier　店員（レジ係）　　*order　注文する

ア

イ

ウ

エ

(2) Chisa and Kathy are talking about a *kanji*.

Chisa : Kathy, do you know what this *kanji* means?

Kathy : I don't know, but let me try to guess the meaning! I know the left part means fish, so I think that the meaning is a kind of fish.

Chisa : That's right! And, the right part means snow. I like this fish very much because it's delicious!

ア

イ

ウ

エ

問２　(1)、(2)の英文のタイトルとして最も適当なものを、それぞれの英文の下のア～エの中から一つずつ選び、記号を書きなさい。

(1)　The number of people is increasing all over the world. *As a result, some people may not have enough food to live in the future. A lot of countries are trying to find the answers to this problem. One of them is *insects. Insects have some good points to be our food. For example, they have a lot of *nutrients, and *breeding insects is very easy. It may be strange for some Japanese people to eat insects, but people in some parts of the world eat them. We can buy the food made from insects in some stores even in Japan.

*as a result　その結果　　　*insect(s)　昆虫《こんちゅう》
*nutrient(s)　栄養　　　*breed(ing) ～　～を育てる

ア　It is difficult for us to get insects.
イ　People in different countries eat different food.
ウ　Japanese people should not eat insects.
エ　Insects may save our lives someday.

(2)　Noriko is very *shy. When she *entered her junior high school, she couldn't talk to many classmates. So she didn't have many friends at that time. However, she wanted to make a lot of friends. One day, she asked her teacher what she should do. Her teacher said, "You should have the *courage to talk to your classmates, and this courage may make you happy." Noriko understood the *importance of trying to talk to her classmates. Then, she talked to her classmates many times. Now she is a second year student, and she has a lot of friends.

*shy　恥ずかしがり屋の　　　*enter(ed) ～　～に入学する
*courage　勇気　　　*importance　大切さ

ア　Having a lot of friends is easy for all of us.
イ　Courage is one of the important things to make friends.
ウ　All students need teachers' help to make friends.
エ　Second year students are not good at talking to many classmates.

問３の問題に移ります。生徒会長の健太（*Kenta*）が新しいALTの先生へ歓迎のスピーチを述べています。歓迎のスピーチのあとに続けて読まれる二つの質問に対する答えとして最も適当なものを、ア～エの中からそれぞれ一つずつ選び、記号を書きなさい。では、始めます。

Welcome to our school, Mr. Smith. My name is Kenta. We are very glad to have a new English teacher from Australia. We are very interested in your country and want to learn more about it. In your country, there are a lot of places to see and many unique wild animals. Also, I hear from my friends that your country has many traditional cultures and food. This summer, some students are going to visit your country.

Our school has about 500 students, and most of the students join club activities. I am a member of the soccer team. I hear you like playing soccer, so please join us after school. We would like to enjoy learning English and playing sports with you.

I hope you will like our school and have a good time in Japan.

（約５秒休止）

１番　Why are the students of this school interested in Australia?

（約７秒休止）

２番　What does Kenta want Mr. Smith to do after school?

（約７秒おいて）繰り返します。（約７秒休止）

［チャイムの音　一つ］

問４の問題に移ります。あなたは、あなたの学校を訪問している海外の中学生と話をしているところです。相手の話をよく聞いて、最後の質問に対するあなたの返答を、英語で簡潔に書きなさい。では、始めます。

I am very surprised that there is no school bus at your school. In my country, most students come to school by bus, so we have a lot of school buses. How do you come to school?

（約15秒おいて）繰り返します。（約30秒休止）

［チャイムの音　一つ］

これで、放送による聞き取りテストを終わります。ほかの問題へ進んでください。

（約２秒休止）［チャイムの音　一つ］

一 般

令和５年度学力検査問題

（第２日第１限）

社　　会

（50分）

（注　　意）

1 「始め」の合図があるまでは、開いてはいけません。
2 問題は 1 から 6 まであり、14ページまでです。
3 「始め」の合図があったら、まず解答用紙に受検番号を書きなさい。
4 答えは、すべて解答用紙にかきなさい。
5 印刷がはっきりしないでわからないときは、黙って手を挙げなさい。
6 「やめ」の合図で、すぐに鉛筆を置き、解答用紙を裏返しにして机の上に置きなさい。
7 検査終了後、問題用紙は持ち帰りなさい。

1　かおりさんとみのるさんは世界の地理について調べた。次の【地図】を見て、1～4の各問いに答えなさい。

【地図】

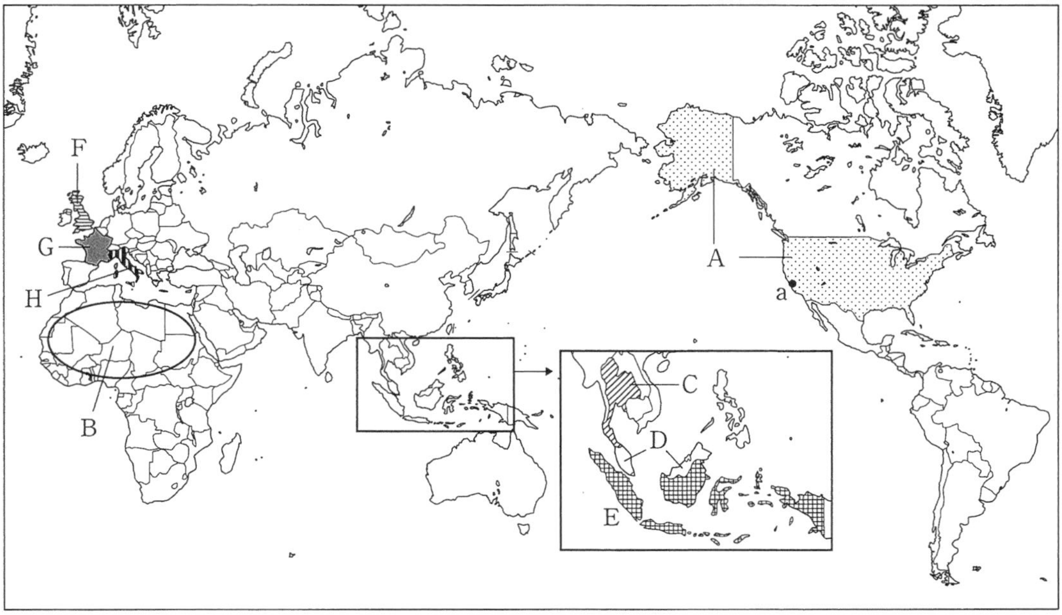

1　かおりさんは、【地図】のA国のａ地域の工業について調べた。このことについて述べた【説明文１】の□にあてはまる語句を書きなさい。

【説明文１】

サンフランシスコ郊外を中心としたこの地域は、半導体や集積回路といった先端技術産業が集中し、□とよばれている。

2　みのるさんは、【地図】のBの地域を含むアフリカ大陸の国境は直線で表されている箇所が見られることについて調べた。その理由として最も適当なものを、次のア～エの中から一つ選び、記号を書きなさい。

ア　同じ言語や習慣を持つ民族が暮らす地域にそって国境線を引いたため。

イ　山脈や河川だけではなく、湖や滝などの自然の地形にそって国境線を引いたため。

ウ　第一次世界大戦前に独立国が次々と誕生し、隣国との話し合いで国境線を引いたため。

エ　緯線や経線などを使って引いた境界線を、今も国境線として使っているため。

3　かおりさんは、**【地図】**の東南アジア地域に属するＣ国、Ｄ国、Ｅ国について調べた。次の(1)〜(3)の各問いに答えなさい。

(1)　**【資料１】**はＣ国、Ｄ国、Ｅ国の1980年と2015年の輸出総額と輸出品の割合を示したものである。**【資料１】**から読み取れることとして最も適当なものを、下のア〜エの中から一つ選び、記号を書きなさい。

【資料１】　Ｃ国、Ｄ国、Ｅ国の輸出総額と輸出品の割合

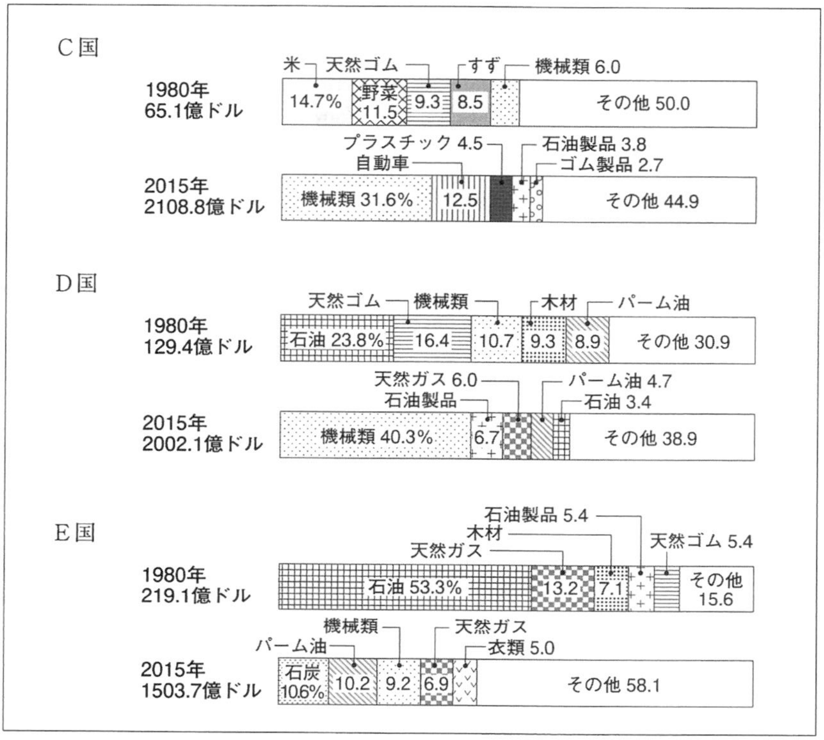

（『国連資料』より作成）

ア　Ｃ国は、1980年では、農産物や鉱産資源の輸出の割合が大きかったが、2015年では工業製品の輸出の割合が大きくなっている。

イ　Ｄ国は、1980年と2015年を比べると、2015年では石油の輸出割合が半分以下になっており、輸出額も半分以下となっている。

ウ　Ｅ国は、1980年と2015年を比べると、2015年では天然ガスの輸出割合が約半分になっており、輸出額も約半分となっている。

エ　３か国とも、1980年と2015年を比べると、輸出総額が５倍以上に増加し、輸出の割合としては自動車の増加が著しく、工業国へと推移していることがわかる。

(2)　**【説明文２】**は**【地図】**のＤ国の伝統的な家屋について述べたものである。□にあてはまる内容を**【資料２】**と**【資料３】**を参考にして書きなさい。

【説明文２】

Ｄ国の伝統的な家屋が**【資料２】**のようになっているのは、この地域が□のために風通しをよくするためである。

【資料２】

【資料３】　Ｄ国の首都の雨温図

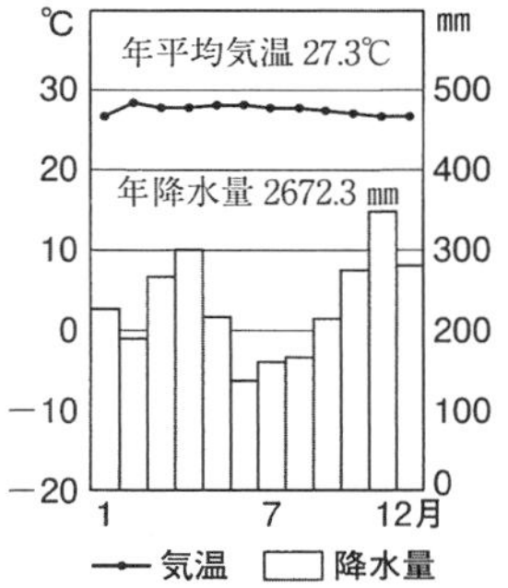

（気象庁データより作成）

(3)　東南アジア地域では、温暖な気候を利用し、主食である米を年に２回栽培するところも見られる。このように同じ耕地で年に２回同じ作物を栽培し、収穫することを何というか、書きなさい。

4　みのるさんは、ヨーロッパの人々の生活と環境について調べ、夏休みに家族で**【地図】**のＦ国、Ｇ国、Ｈ国の順で旅行した。ア～ウはこの３つの国それぞれの旅行の思い出を記したものである。ア～ウをみのるさんが旅行した順に並べて、記号を書きなさい。

ア

この国の南部では、海水浴や日光浴を楽しむ人が多かったです。夕食はコース料理を頼みました。父と母はお肉に合わせたワインを楽しんで、満足そうでした。

イ

この国の首都には歴史的建造物が多く、コロッセウムを見ることができました。ピザやパスタなどの味付けは地域性があってどれもおいしかったです。

ウ

この国の首都では、大きな宮殿や有名な時計台を見ました。昼食はフィッシュアンドチップスを食べました。日本ほどの暑さはなく、過ごしやすかったです。

2　佐賀県に住むくすおさんのところへ、冬休みに東京都からいとこのみやこさんが訪れ、くすおさんの家族と一緒に九州各地を旅行した。これに関して、１～５の各問いに答えなさい。

1　次の会話文は、みやこさんが九州に到着した時に、くすおさんと話したものである。二人の会話文中の【X】、【Y】にあてはまる語句をそれぞれ書きなさい。

> みやこ：九州は東京都に比べて暖かく感じるわ。東京都よりも南にあるからかな。
> くすお：理由はそれだけじゃないよ。九州は、近海に暖流の【X】と【Y】が流れているから、冬でも比較的暖かいんだよ。

2　くすおさん家族とみやこさんは、長崎県にある小さな岬と奥行きのある湾がつらなる海岸を訪れた。このような海岸がみられる場所として**あてはまらないもの**を、次の**【地図１】**のア～エの中から一つ選び、記号を書きなさい。

【地図１】

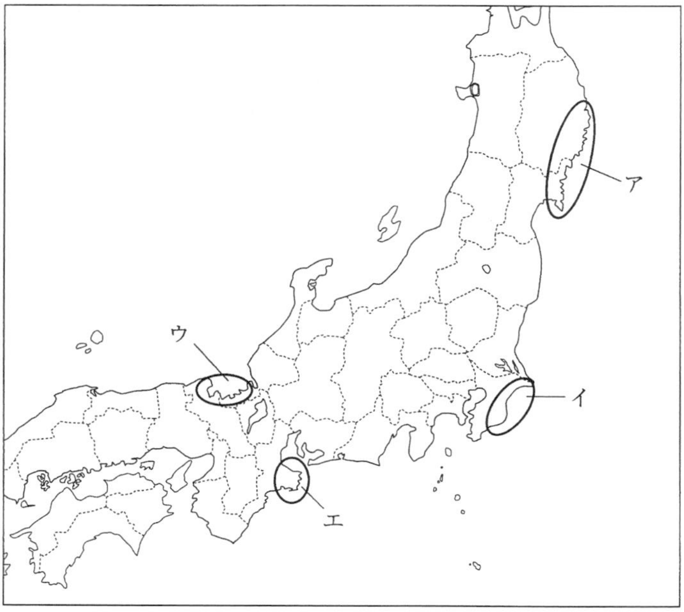

3　くすおさん家族とみやこさんは、福岡県の北九州市を訪れた。次の会話文は、二人が北九州市の環境に対する取り組みについて話したものである。会話文中の□にあてはまる語句をカタカナで書きなさい。

> みやこ：北九州市は、環境調和型、資源循環型社会を目ざすまちづくりをおこなっていると、学校の授業で習ったよ。1997年には国から□事業の承認を受け、臨海部にはペットボトルやパソコン、自動車部品などの廃棄物をリサイクルする工場を集めた□が形成されていると先生が言っていたよ。
> くすお：そうだね。北九州市はかつて公害に悩まされた時期があるんだ。この経験から北九州市の企業は、技術の改良によって環境に負担をかけない産業や生産技術の開発に努めてきたんだ。
> みやこ：そうね。つまり、北九州市は「持続可能な社会」を実現しようとしているんだね。

4　みやこさんは、九州各県の特産品の多さに気づき、それぞれの農産物や農地の様子について調べた。**【資料１】**中のＡ～Ｄは佐賀、長崎、熊本、鹿児島のいずれかの県の農産物の生産量を示したものである。また、**【資料２】**のア、イは、佐賀県と鹿児島県の農地の様子を撮影したものである。鹿児島県にあてはまるものを**【資料１】**、**【資料２】**の中からそれぞれ一つずつ選び、記号を書きなさい。

【資料１】

	米 （ｔ）(2020年)	大麦 （ｔ）(2000年)	ばれいしょ （ｔ）(2020年)	みかん （ｔ）(2020年)	茶（生葉） （ｔ）(2020年)
A	88,400	468	85,400	10,100	118,400
B	156,500	6,492	11,000	82,500	5,400
C	104,200	40,800	2,870	44,900	5,100
D	46,800	4,470	84,600	47,600	2,800

（『地理統計2022年版』より作成）

【資料２】

ア

イ

5　くすおさんとみやこさんは、九州各地で豊かな自然の力を利用して発電が行われていることを知り、その位置を【地図２】にまとめた。【地図２】の●、▲、■は、主な地熱、風力、太陽光の発電所の場所を示したものである。これを見て、それぞれの発電所の場所、地域の特徴について述べたものとして最も適当なものを、次のア～エの中から一つ選び、記号を書きなさい。

ア　地熱発電は、火山活動が活発な内陸部のみで行われている。
イ　風力発電は、海の近くで比較的風量が安定しているところで行われている。
ウ　太陽光発電は、晴天日数が多い九州南部のみで行われている。
エ　どの発電方式も、使用電力が多い大都市の近くで行われている。

【地図２】

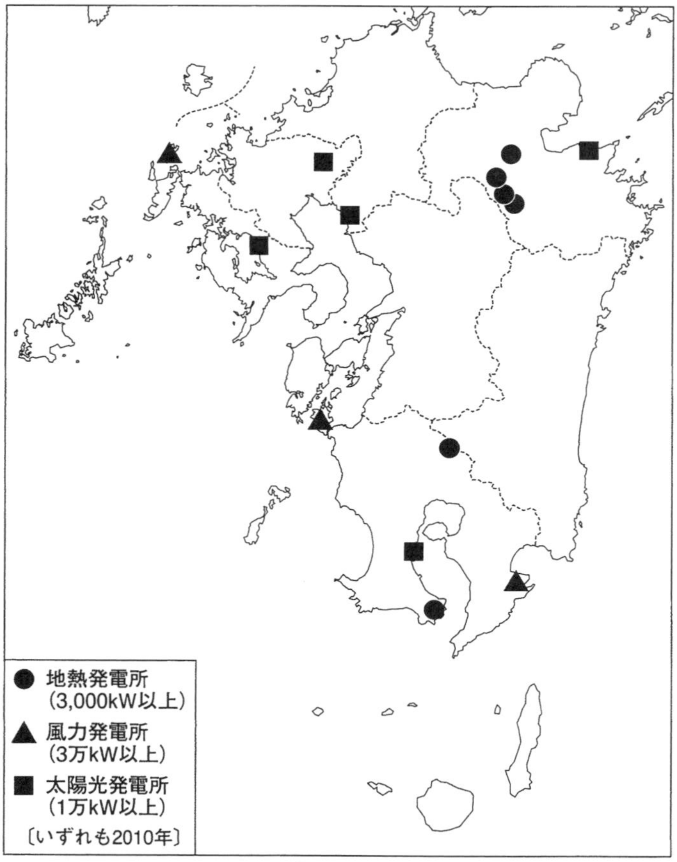

（『中学校社会科地図』帝国書院より作成）

3　太郎さんと花子さんは、歴史博物館を訪れた。二人の会話文を読んで、１～７の各問いに答えなさい。

太郎：この【資料１】の遺跡を知っていますか。
花子：はい、佐賀県の吉野ヶ里遺跡です。①弥生時代を代表する有名な遺跡ですね。
太郎：この時代の一つの特徴でもありますが、集落を柵《さく》や濠《ほり》で囲むように形成されているのがわかります。
花子：同じ遺跡から刀傷や矢がささったあとが残っている人骨などが発掘されたことから、このような柵や濠は、[　A　]ためにつくられたと考えられますね。
太郎：次の【資料２】を見てください。この二つの遺跡は７世紀後半に、つくられたものです。
花子：②大宰府《だざいふ》から北側に設置された水城《みずき》と、土塁《どるい》と石垣で山を囲んだ朝鮮式山城《ちょうせんしきやまじろ》の大野城《おおのじょう》ですね。水城は長さ1km以上にわたって築かれていて、【資料３】から読み取れるように、地下に木樋《もくひ》とよばれる木製のみぞがあったのがわかります。
太郎：そうですね。そして③この頃に朝廷の権威が高まり、天皇の称号や日本という国号が使われはじめたと聞いています。
太郎：次の【資料４】は④倭寇の絵です。
花子：室町時代に、東アジアで海賊行為を行った集団ですね。
太郎：この倭寇を禁じるために、この当時の室町幕府は、明《みん》から与えられた勘合《かんごう》という証明書を日本船に持たせて⑤日明《にちみん》貿易を行いました。
花子：次の【資料５】は、[　B　]を描いた図ですね。幕末に佐賀藩で大砲を製造するために築《ちく》造《ぞう》された施設ですよね。
太郎：日本で佐賀藩が一番最初に実用化したものだそうです。

【資料１】

【資料２】

【資料３】　水城の断面図

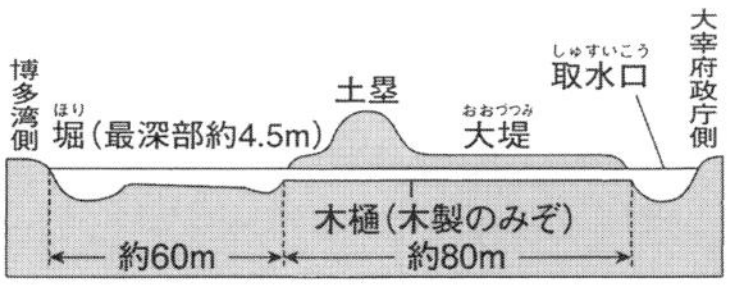

【資料４】

【資料５】

1　下線部①について、弥生時代の様子について述べた文として最も適当なものを、次のア～エの中から一つ選び、記号を書きなさい。
ア　気候が温暖になり、海面が上昇した。
イ　大王を中心とした強大な勢力が誕生した。
ウ　打製石器が使われはじめた。
エ　稲作が北海道、沖縄を除く地域まで広がった。

一般

令和5年度学力検査問題

（第2日第2限）

数　学

（50分）

（注　意）

1　「始め」の合図があるまでは、開いてはいけません。
2　問題は 1 から 5 まであり、13ページまでです。
3　「始め」の合図があったら、まず解答用紙に受検番号を書きなさい。
4　答えは、すべて解答用紙にかきなさい。
5　計算などは、問題用紙の余白を利用しなさい。
6　印刷がはっきりしないでわからないときは、黙って手を挙げなさい。
7　「やめ」の合図で、すぐに鉛筆を置き、解答用紙を裏返しにして机の上に置きなさい。
8　答えに $\sqrt{\ }$ が含まれるときは、$\sqrt{\ }$ を用いたままにしておきなさい。
また、$\sqrt{\ }$ の中は最も小さい整数にしなさい。
9　円周率は π を用いなさい。
10　検査終了後、問題用紙は持ち帰りなさい。

1 次の(1)〜(7)の各問いに答えなさい。

(1) (ア)〜(エ)の計算をしなさい。

(ア) $-4-7$

(イ) $-2(x+3y)+(x-3y)$

(ウ) $8xy^2 \div (-2x)$

(エ) $(\sqrt{5}+1)^2$

(2) x^2-9y^2 を因数分解しなさい。

(3) 二次方程式 $2x^2-x-2=0$ を解きなさい。

(4) 下の図のような母線の長さが4 cmの円錐《すい》がある。この円錐の側面の展開図が半円になるとき、この円錐の底面の半径を求めなさい。

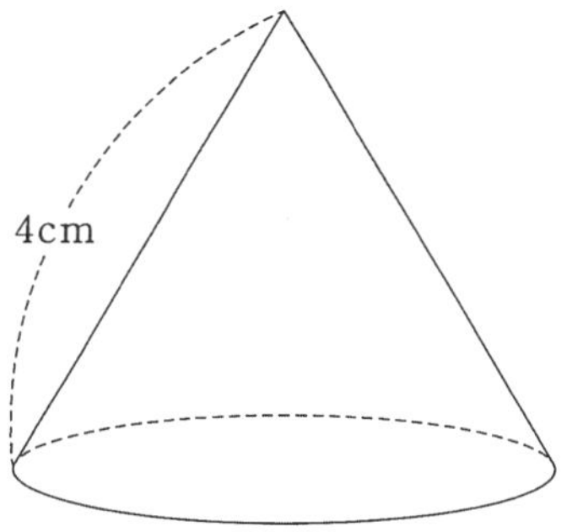

(5) 下の図のような点Aと点Oを中心とする円Oがある。点Aから円Oにひいた2本の接線を作図しなさい。

ただし、作図には定規とコンパスを用い、作図に用いた線は消さずに残しておくこと。

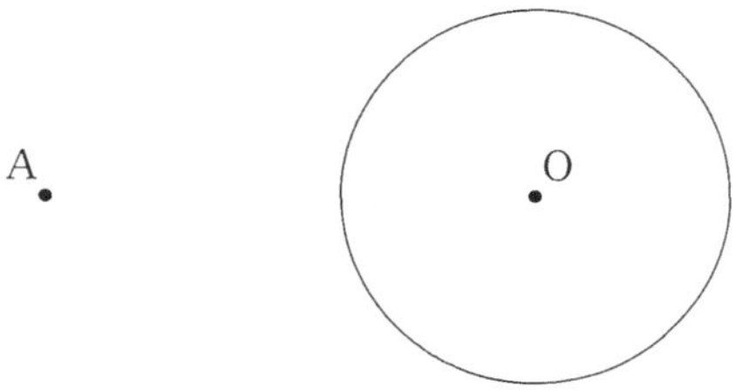

(6) 下の図のように、AB = AC である二等辺三角形ABCがある。また、頂点Aを通る直線 ℓ と、頂点Cを通る直線 m があり、ℓ と m は平行である。このとき、$\angle x$ の大きさを求めなさい。

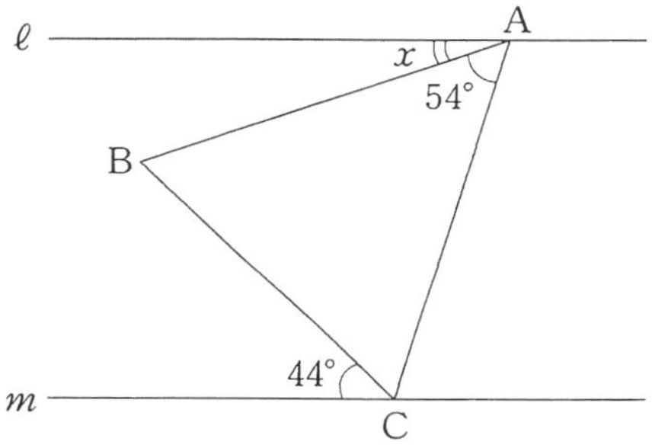

(7) 下の図は、ある都市における2003年、2012年、2021年の各月の最高気温をそれぞれ年別に箱ひげ図に表したものである。この箱ひげ図から読み取れることとして正しいものを、あとの①～⑤の中からすべて選び、番号を書きなさい。

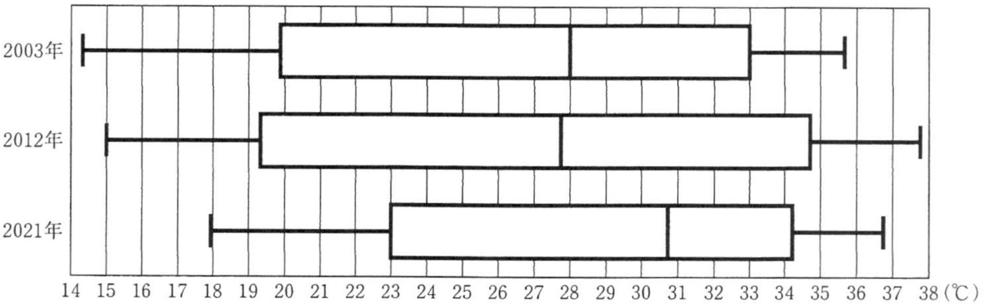

① 第3四分位数は、2021年が最も大きい。

② 四分位範囲は、2012年が最も大きい。

③ 2021年では、最高気温が20℃以下の月は1つしかない。

④ 2012年では、25％以上の月が、最高気温が34℃以上である。

⑤ 2003年では、最高気温の平均値は28℃である。

2 次の(1)、(2)の問いに答えなさい。

(1) ユウさんとルイさんが、学校の**【宿題】**についてあとのような**【会話】**をしている。**【会話】**を踏まえて、(ア)～(ウ)の各問いに答えなさい。

【宿題】

連立方程式を利用して解く問題をつくりなさい。また、その問題を解くために利用する連立方程式をつくりなさい。

【会話】

ユウ：学校の**【宿題】**について、このように考えたよ。

> **【ユウさんがつくった問題】**
>
> 家から 1640 m 離れた学校へ行くために、はじめは歩いていましたが、遅刻しそうになったので、途中から分速 100 m で走りました。すると、家を出発して 22 分後に学校に着きました。
>
> このとき、歩いた道のりと、走った道のりをそれぞれ求めなさい。
>
> **【ユウさんがつくった連立方程式】**
>
> $$\begin{cases} x + y = 1640 \\ \dfrac{x}{60} + \dfrac{y}{100} = 22 \end{cases}$$

ルイ：**【ユウさんがつくった連立方程式】**では、何を x と y でそれぞれ表したの。

ユウ：歩いた［ ① ］を x、走った［ ① ］を y と表したよ。

ルイ：そうなんだね。けれども、**【ユウさんがつくった問題】**から**【ユウさんがつくった連立方程式】**はつくれるのかな。**【ユウさんがつくった問題】**には何かが足りない気がするけど。

ユウ：本当だ。歩いた速さは分速［ ② ］m であることを書き忘れていたよ。

ルイ：そうか。歩いた速さを書き加えればいいね。そういえば、x と y で表すものを変えて、同じ問題から別の連立方程式をつくる学習をしたね。
【ユウさんがつくった問題】に歩いた速さは分速［ ② ］m であることを書き加えて、別の連立方程式をつくれないかな。

ユウ：歩いた［ ③ ］を x、走った［ ③ ］を y と表して連立方程式をつくれそうだ。このとき、連立方程式は、

$$\begin{cases} \boxed{\quad ④ \quad} = 1640 \\ \boxed{\quad ⑤ \quad} = 22 \end{cases}$$

になるよ。

(ア)　**【会話】**の中の ① ～ ③ にあてはまる語句や数の組み合わせとして正しいものを、次のア～エの中から１つ選び、記号を書きなさい。

ただし、道のりの単位はｍとし、時間の単位は分とする。

	①	②	③
ア	道のり	60	時間
イ	道のり	100	時間
ウ	時間	60	道のり
エ	時間	100	道のり

(イ)　**【会話】**の中の ④ 、 ⑤ にあてはまる式をx、yを用いて表しなさい。

(ウ)　**【会話】**を踏まえて、歩いた道のりを求めなさい。

(2) 下の図のように、AB = 9 cm、AD = 12 cm、AE = 6 cm の直方体がある。点Pは、Aを出発して辺AE上を毎秒1 cmの速さでEまで動く。点Qは、Dを出発して辺DA上を毎秒2 cmの速さでAまで動く。また、点Pと点Qは同時に出発し、出発してからの時間をx秒とする。ただし、$0 \leqq x \leqq 6$ とする。

このとき、(ア)〜(ウ)の各問いに答えなさい。

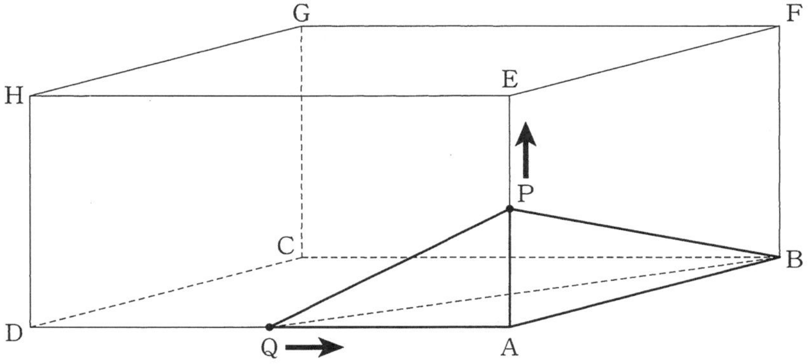

(ア) 点Pと点Qが出発してから3秒後の三角錐PABQの体積を求めなさい。

(イ) 点Qが出発してからx秒後の線分QAの長さをxを用いて表しなさい。

(ウ) 三角錐PABQの体積が24 cm^3になるのは、点Pと点Qが出発してから何秒後か求めなさい。

ただし、xについての方程式をつくり、答えを求めるまでの過程も書きなさい。

（問題は次のページに続く。）

3 下の図のように、関数 $y = ax^2$ のグラフ上に2点 A(2, 2)、B(−4, 8) がある。また、四角形 OABC が平行四辺形となるように点 C をとる。

このとき、次の(1)〜(4)の各問いに答えなさい。

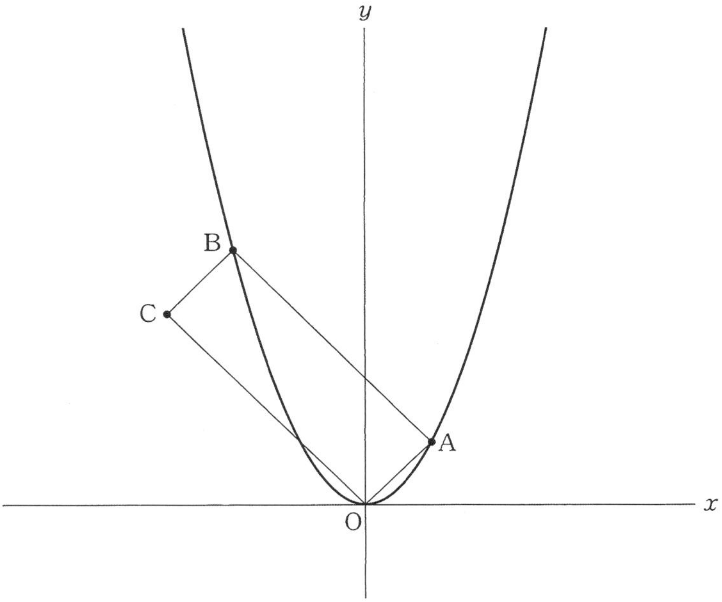

(1) a の値を求めなさい。

(2) 直線 AB の式を求めなさい。

(3) 点 C の座標を求めなさい。

三

問1

問2

問3

問4

問5

問6

問1. 1点
問2. 2点
問3. 2点
問4. 3点
問5. 3点
問6. 3点

四

問1

豆ハ在ッテ釜中ニ泣ク

問2

が

の声に応じて

問3

(1)

(2)

(3)

問1. 2点
問2. 2点
問3. ⑴2点
⑵3点
⑶2点

18

大問	小問	番号	解答
2	1	(4)	
	2	(1)	
		(2)	
		(3)	装置　　状態　　結果
	3	(1)	
		(2)	
3	1	(1)	
		(2)	
		(3)	
		(4)	X　　Y
	2	(1)	
		(2)	
		(3)	
		(4)	

大問	小問	番号	解答	
5	1	(1)	運動エネルギー	
			位置エネルギー	
		(2)		
	2	(1)		J
		(2)		W
		(3)		
		(4)		cm/s
	3	(1)		
		(2)		

1
1．１点×２
2．(1)１点
(2)２点
3．１点×２
4．(1)１点
(2)２点

2
1．１点×４
2．１点×３
3．(1)１点
(2)２点

3
1．１点×４
2．(1)２点
(2)１点
(3)２点
(4)１点

4
1．１点
2．１点
3．１点
4．２点
5．１点
6．１点
7．１点
8．２点

5
1．(1)１点
(2)２点
2．(1)１点×４
3．(1)１点
(2)２点

受検番号	

※50点満点

3

問1．１点×２
問2．２点×２
問3．４点

問1	(1)	
	(2)	
問2	(1)	
	(2)	
問3		

4

２点×５

問1	
問2	
問3	
問4	
問5	

5

２点×５

問1	
問2	
問3	
問4	
問5	

	4		
		【資料2】	
	5		

3	1	
	2	
	3	
	4	
5		
	6	
	7	

5	4		
	5		
	6		
6	1		
	2		
	3		
	4	(1)	
		(2)	
	5		

1
1．1点
2．2点
3．(1)2点
(2)1点
(3)1点
4．2点

2
1．1点×2
2．1点
3．1点
4．2点
5．2点

3
1．1点
2．2点
3．2点
4．1点
5．1点
6．1点
7．1点

4
1．1点
2．1点
3．1点
4．X．2点
Y．1点
5．2点
6．1点

5
1．1点
2．2点
3．1点
4．1点
5．1点
6．2点

6
1．1点
2．2点
3．1点
4．1点×2
5．1点

	(7)			1点
2	(1)	(ア)		1点
		(イ)	④	1点
			⑤	1点
		(ウ)	歩いた道のり　m	1点
	(2)	(ア)	cm^3	1点
		(イ)	cm	2点
		(ウ)	出発してから	3点

				3点
	(3)	(ア)	cm	2点
		(イ)	$S:T=$　　：	2点
		(ウ)	cm^2	2点
5	(1)	(ア)		1点
		(イ)		1点
		(ウ)		2点
		(エ)		2点
	(2)	(ア)	枚	1点
		(イ)	枚	1点
		(ウ)	cm	2点

5 一般 数学解答用紙

受検番号	

※50点満点

1

(1)	(ア)		1点
	(イ)		1点
	(ウ)		1点
	(エ)		1点
(2)			1点
(3)		$x =$	1点
(4)		cm	1点
(5)		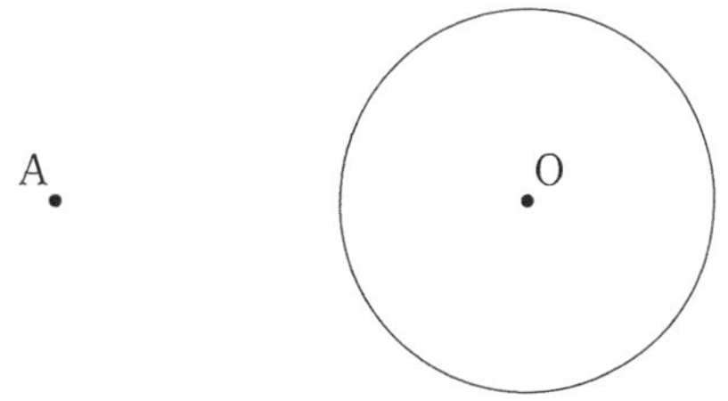	1点

3

(1)		$a =$	1点
(2)			1点
(3)		(,)	2点
(4)	(ア)	OD : DB = :	2点
	(イ)		2点
	(ウ)		2点

(1)	cm	1点
(2)		

【解答用

5　一般　社会解答用紙

受検番号	

※50点満点

1	1		
	2		
	3	(1)	
		(2)	
		(3)	
	4		→ →
2	1	X	
		Y	
	2		
	3		

4	1		
	2		→ → →
	3		
	4	X	
		Y	
	5		
	6		→ →
	1		
	2		

【解答用

5 一般 英語解答用紙

1

問1．1点×2
問2．1点×2
問3．2点×2
問4．2点

問1	1番		2番	
問2	1番		2番	
問3	1番		2番	
問4				

2

問1．2点×2
問2．2点×3

問1	①	We are busy because ( ).
	②	But when we go to bookstores, ( ).
問2	(1)	After that, ( ) in the park.
	(2)	In the evening, ( ).
	(3)	But I now understand that ( ).

5 一般 理科解答用紙

受検番号	

※50点満点

1			
	1	(1)	
		(2)	
	2	(1)	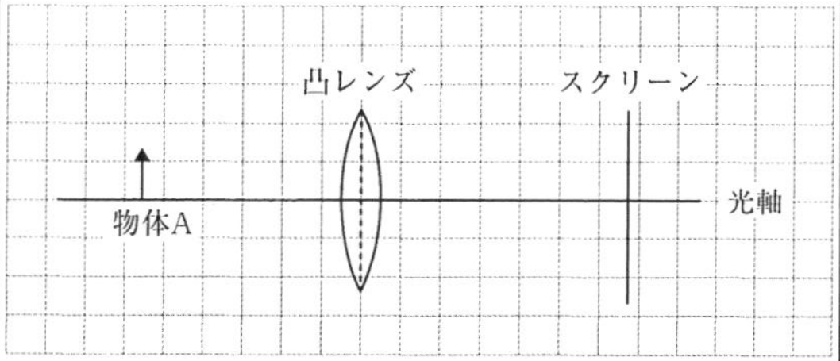
		(2)	
	3	(1)	
		(2)	① ②
	4	(1)	
		(2)	リゲルはベガに比べると ( ) から。
		(1)	
		(2)	

4		
	1	
	2	
	3	
	4	
	5	
	6	
	7	
	8	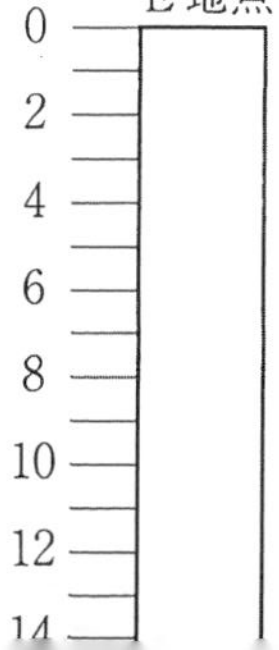

5

一般

国語解答用紙

※50点満点

一

問1．1点×4
問2．2点
問3．5点

問1	a	（え）
	b	
	c	（い）
	d	（め）
問2		
問3		

二

問1．2点
問2．(1)2点
(2)3点
問3．2点×2
問4．3点

問1		
問2	(1)	
	(2)	
問3		本来、人間も、人間以外の生物も
	a	
		性質を持っているが、それに加えて、人間は
	b	
		性質も持っている、ということ。
問4		

受検番号	

【解答用

(4) 四角形OABCの対角線OBとACの交点をDとする。
このとき、(ア)〜(ウ)の各問いに答えなさい。

(ア) OD：DB を求めなさい。

(イ) △OADの面積を求めなさい。

(ウ) 直線BC上に点Pをとる。△OADと△OPCの面積比が3：7となるような点Pのx座標をすべて求めなさい。

4 下の図のように、点Oを中心とする円Oと点O′を中心とする円O′があり、2つの円は線分OO′上の点Aを通る。また、OA = 2 cm、O′A = 5 cm となっている。直線OO′と円O′との交点のうち点Aと異なる点をBとし、円O′の周上に $BC = 4\sqrt{5}$ cm となる点Cをとる。さらに、円Oの周上に ∠COA = ∠CDA となる点Dをとる。また、直線DAと円O′との交点のうち点Aと異なる点をEとすると $AE = 3\sqrt{10}$ cm である。

このとき、次の(1)〜(3)の各問いに答えなさい。

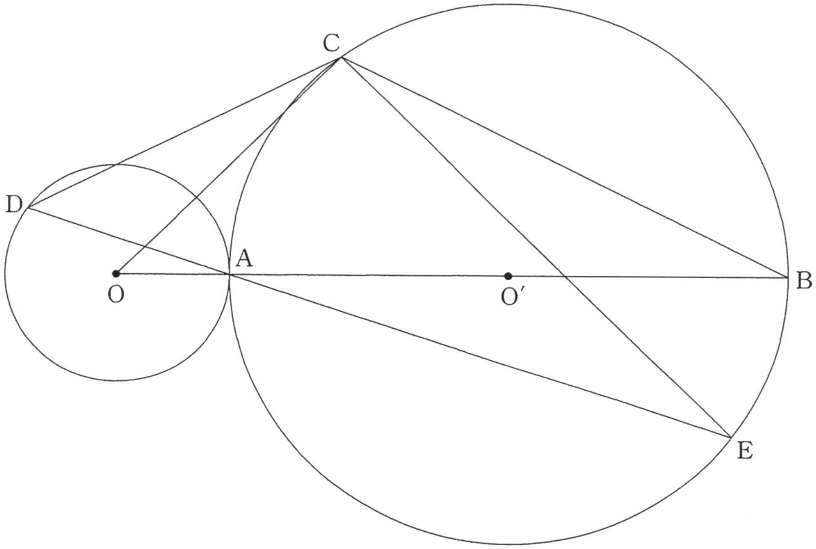

(1) 線分ACの長さを求めなさい。

(2) △OBC ∽ △DEC であることを証明しなさい。

(3) 点Cから線分ABに垂線をひき、その垂線と線分ABとの交点をHとする。
このとき、(ア)～(ウ)の各問いに答えなさい。

(ア) 線分CHの長さを求めなさい。

(イ) △OADの面積を S、△O′AEの面積を T とするとき、$S：T$ を最も簡単な整数の比で表しなさい。

(ウ) △DECの面積を求めなさい。

5 次の(1)、(2)の問いに答えなさい。

(1) 1つのさいころを2回投げて【図】のようなマスの上でコマを動かす。コマはあとの【ルール】に従って動かすものとする。

このとき【例】を参考にして、(ア)～(エ)の各問いに答えなさい。

ただし、さいころの目の出方はどの目も同様に確からしいとする。また、最初、コマはAのマスにあるものとする。

【図】

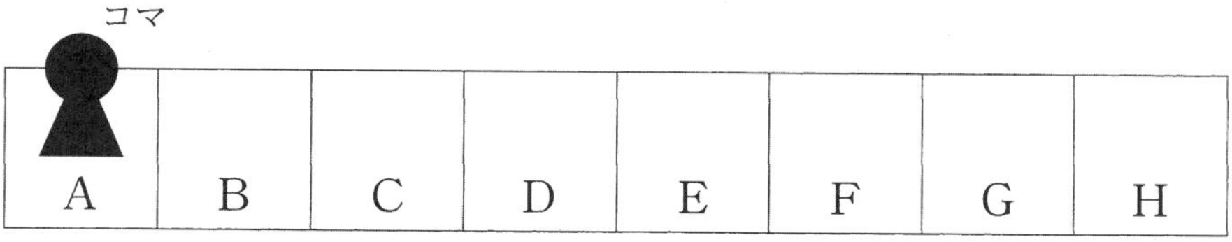

【ルール】

・さいころを投げて、出た目の数だけコマを動かす。

・AからHの方向にコマを動かし、Hに到達したら折り返してHからAの方向にコマを動かす。

【例】

① 1回目に3の目、2回目に2の目が出たとき

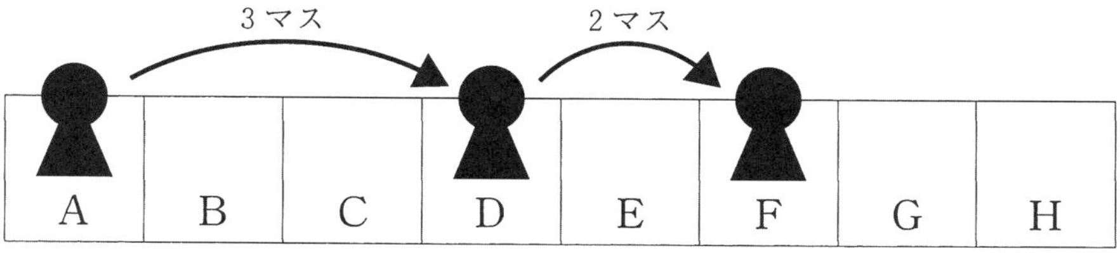

② 1回目に4の目、2回目に5の目が出たとき

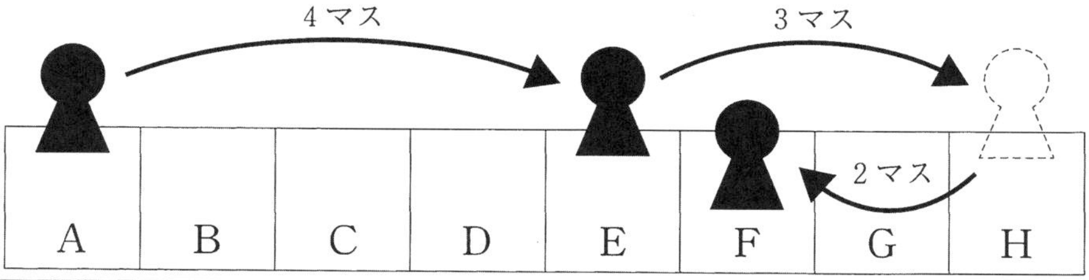

(ア) 1回目に6の目、2回目に5の目が出たとき、コマはA～Hのどのマスにあるか、記号を書きなさい。

(イ) コマがAのマスにある確率を求めなさい。

(ウ) コマがFのマスにある確率を求めなさい。

(エ) コマがHのマスにない確率を求めなさい。

(2)　**【図１】**のような１辺の長さが１cm の正三角形のタイルをすき間なく並べて正六角形をつくる。

例えば、１辺の長さが１cm の正六角形をつくると**【図２】**のようになる。また、１辺の長さが２cm の正六角形をつくると**【図３】**のようになる。

このとき、(ア)～(ウ)の各問いに答えなさい。

【図１】

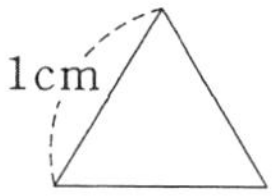

【図３】

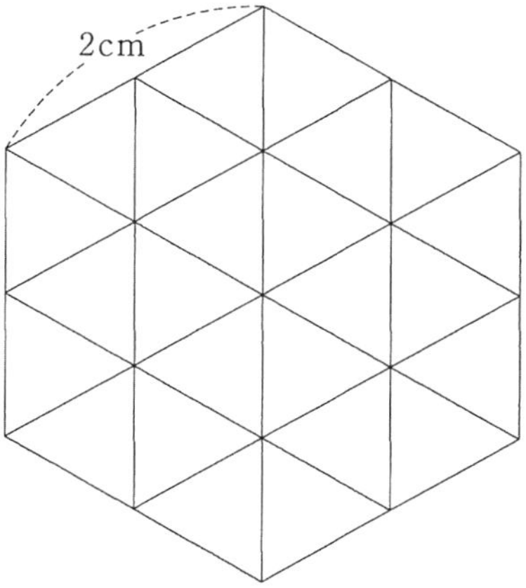

【図２】

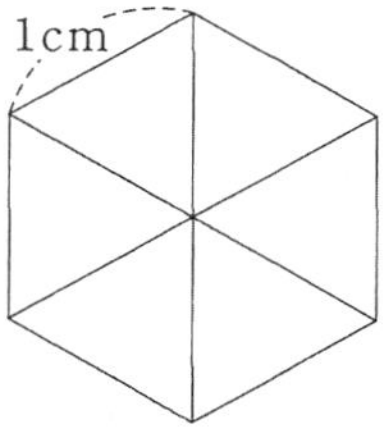

(ア)　１辺の長さが３cm の正六角形を１個つくるとき、ちょうど何枚のタイルが必要か求めなさい。

(イ)　１辺の長さが６cm の正六角形を１個つくるとき、ちょうど何枚のタイルが必要か求めなさい。

(ウ)　**【図１】**のタイルが2023枚あるとき、つくることができる正六角形の中で、最も大きな正六角形の１辺の長さを求めなさい。

ただし、正六角形の１辺の長さを表す数は整数とする。

2　会話文中の［　A　］にあてはまる内容を簡潔に書きなさい。

3　下線部②について述べた文X、Yの正誤の組み合わせとして最も適当なものを、下のア～エの中から一つ選び、記号を書きなさい。

X　水城は、唐・百済軍の襲来《しゅうらい》に備えるために白村江の戦いの後に築かれた。

Y　木樋は、大宰府政庁側にある取水口から地下を通して博多湾側の堀に水を流すためのものである。

ア　X一正　Y一正　　イ　X一正　Y一誤
ウ　X一誤　Y一正　　エ　X一誤　Y一誤

4　下線部③について、この時期に日本で初めてつくられた銅銭と、それについての説明を次の**【写真】**、**【説明】**からそれぞれ選び、その組み合わせとして最も適当なものを、下のア～エの中から一つ選び、記号を書きなさい。

【写真】

【説明】

a　天武天皇の時代につくられた。
b　諸国におかれた東西の市で使用された。

ア　Ⅰ・a　　イ　Ⅰ・b　　ウ　Ⅱ・a　　エ　Ⅱ・b

5　下線部④について、右の**【図】**は倭寇の活動を示した図である。この図から読み取れる倭寇を説明した文X、Yの正誤の組み合わせとして最も適当なものを、下のア～エの中から一つ選び、記号を書きなさい。

X　14世紀の倭寇は、朝鮮半島沿岸や中国の沿岸地域を襲った。

Y　16世紀の倭寇は、広州《こうしゅう》沿岸にも活動範囲を広げた。

ア　X一正　Y一正　　イ　X一正　Y一誤
ウ　X一誤　Y一正　　エ　X一誤　Y一誤

【図】

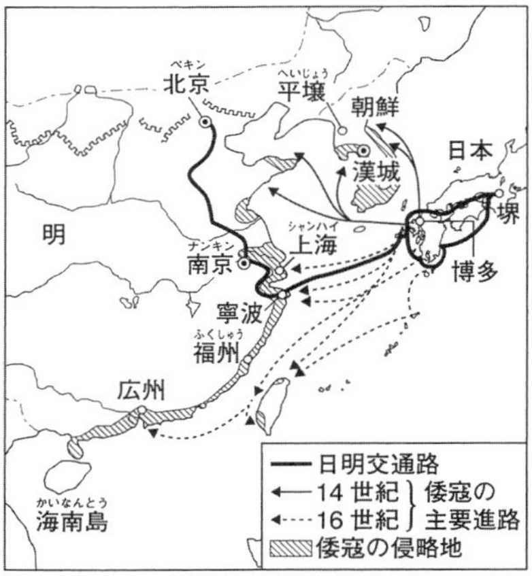

6　下線部⑤について、日明貿易を始めた人物の説明として最も適当なものを、次のア～エの中から一つ選び、記号を書きなさい。

ア　将軍在任中に、有力守護大名が対立する応仁の乱が起こった。
イ　将軍として、長い間分裂していた南北朝を統一した。
ウ　鎌倉幕府を滅ぼすことに協力し、のちに室町幕府の将軍となった。
エ　織田信長の協力で京都に上《のぼ》り、将軍に就任した。

7　会話文中の［　B　］にあてはまる語句を書きなさい。

4　一郎さんは、冬休みの社会科の自由研究で、明治以降の教育の様子について調べ、その移り変わりを【カードA】～【カードC】にまとめた。そのなかで一郎さんが気づいた社会の動きについて、１～６の各問いに答えなさい。

【カードA】	【カードB】	【カードC】
明治政府は①近代化を進めるため、1872年に学制を公布した。1890年には教育勅語《ちょくご》が発布され、国民の道徳や価値観の統一に大きな影響を与えた。	②日露《にちろ》戦争後に小学校の就学率は90%を超えた。 ③大正時代には、女子の教育も重視されるようになった。	日中戦争が始まると経済や国民生活への統制が強まった。1941年には小学校は国民学校に改められ、軍国主義的な教育が推進された。

1　【カードA】の下線部①について、明治時代の通信の近代化について述べた文として最も適当なものを、次のア～エの中から一つ選び、記号を書きなさい。
ア　電話交換手《こうかんしゅ》やタイピストとして働く女性が増えた。
イ　情報源がラジオからテレビへと変化した。
ウ　郵便制度が整えられ、電信が開通した。
エ　ラジオ放送が普及し、新聞と並ぶ情報源となった。

2　【カードA】と同じ時期のできごとについて述べた次のア～エの文を、年代の古いものから順に並べて、記号を書きなさい。
ア　内閣制度ができると、初代内閣総理大臣に伊藤博文《いとうひろぶみ》が就任した。
イ　代表者が集まり国会期成同盟《こっかいきせいどうめい》を結成し、政府に国会の開設を求めた。
ウ　板垣退助《いたがきたいすけ》は民撰議院設立《みんせんぎいんせつりつ》(の)建白書《けんぱくしょ》を政府に提出し、国会の開設を求めた。
エ　板垣退助を党首とする自由党、大隈重信《おおくましげのぶ》を党首とする立憲改進党《りっけんかいしんとう》が結成された。

3　【カードB】の下線部②に関連して、次のX、Yは列強の東アジア進出について述べた文である。X、Yと日清《にっしん》戦争、日露戦争を年代の古いものから順に並べたものとして、最も適当なものを下のア～エの中から一つ選び、記号を書きなさい。

> X　ロシアはドイツ、フランスを誘って、遼東《りょうとう》《リャオトン》半島の返還を日本に求めた。
> Y　旅順《りょじゅん》《リュイシュン》、大連《だいれん》《ターリエン》の租借権《そしゃくけん》と長春《ちょうしゅん》《チャンチュン》以南の鉄道の利権を日本に渡す条約が結ばれた。

ア　日清戦争 → X → 日露戦争 → Y
イ　X → 日清戦争 → Y → 日露戦争
ウ　日清戦争 → Y → 日露戦争 → X
エ　Y → 日清戦争 → X → 日露戦争

4　【カードB】の下線部③に関連して、次の文は第一次世界大戦中の日本の貿易と産業の変化を【資料1】と【資料2】をもとにしてまとめたものである。輸出額と輸入額の関係について、文中の［ X ］にあてはまる内容を簡潔に書きなさい。また、［ Y ］にあてはまるものとして最も適当なものを、あとのア～エの中から一つ選び、記号を書きなさい。

> 第一次世界大戦中は［ X ］。つまり日本の貿易収支が赤字から黒字に変化したのである。また、生産総額と産業別の生産額の割合を見ると、［ Y ］ことがわかる。

【資料１】　日本の貿易額の推移

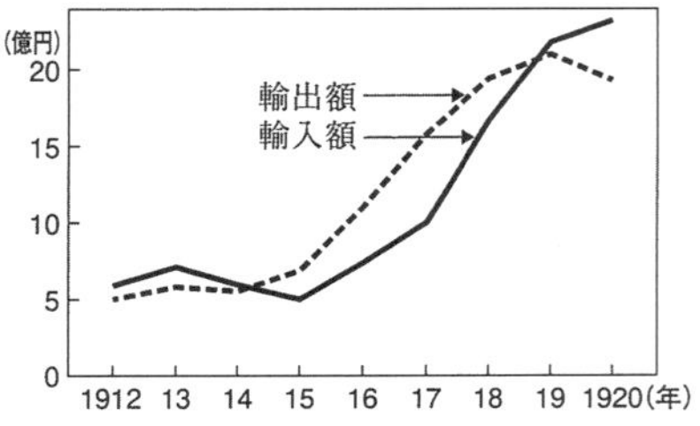

（『本邦主要経済統計』より作成）

【資料２】　日本の生産総額と産業別の生産額の割合

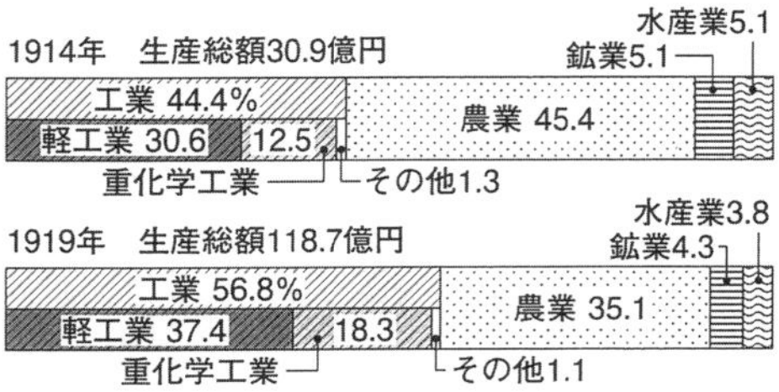

（『日本資本主義発達史年表』より作成）

ア　生産総額が約５倍に増加した
イ　農業の生産額が減少した
ウ　軽工業の生産額の割合が減少した
エ　工業の生産額が約５倍に増加した

5　次の**【説明文】**は、**【カードＢ】**と**【カードＣ】**の間の時期に起きた経済の混乱とその対応について述べたものである。**【説明文】**の［　X　］にあてはまる語句と、［　Y　］にあてはまる文の組み合わせとして最も適当なものを、下のア～エの中から一つ選び、記号を書きなさい。

【説明文】

> **【資料３】**では、［　X　］の影響を受け、ドイツやアメリカ、イギリスの失業率が上がっていることがわかる。ドイツでは、第一次世界大戦の賠償金と失業者の増大に苦しむなか、ヒトラーが率いるナチ党が支持を得て、［　Y　］。

【資料３】　各国の失業率の変化

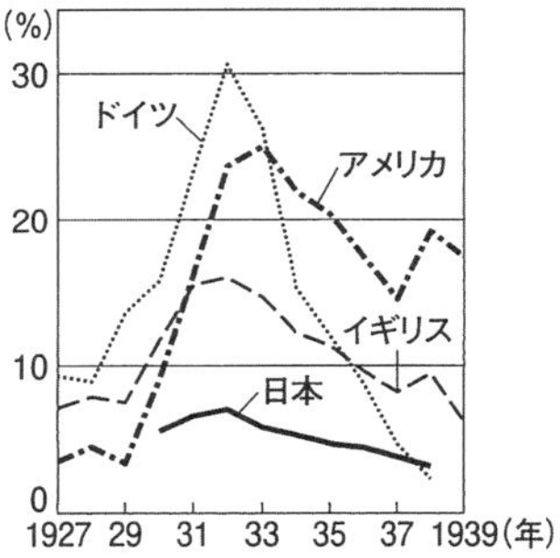

（『マクミラン新編世界歴史統計』より作成）

［　X　］にあてはまる語句
a　石油危機　　　　b　世界恐慌

［　Y　］にあてはまる文
c　ニューディール政策の一つである「五か年計画」と呼ばれた計画経済を実施した
d　ファシズム体制のもと、公共事業を行うとともに軍備の拡張を進めた

ア　X－a　Y－c　　　イ　X－a　Y－d
ウ　X－b　Y－c　　　エ　X－b　Y－d

6　次のア～ウは**【カードＣ】**の時期に起きたできごとについての新聞記事である。ア～ウを、年代の古いものから順に並べて、記号を書きなさい。

ア

蘆溝橋事件解決の曙光見ゆ
一時險惡から鎭靜へ
支那軍撤兵準備
今朝・日支再び交戰
血迷つた支那兵が發砲
秦北平市長 遺憾を表明

イ

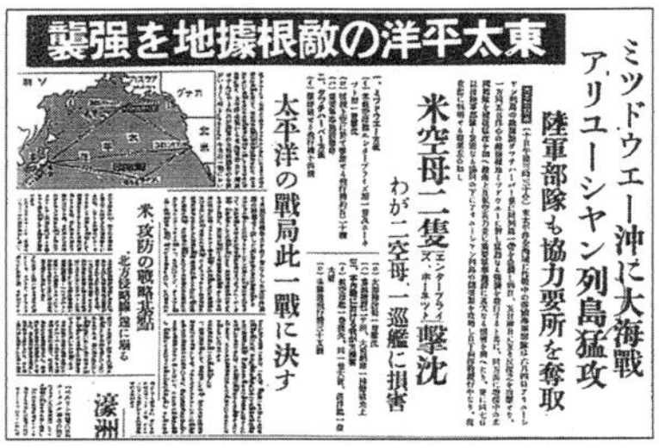
東太平洋の敵根據地を強襲
ミッドウエー沖に大海戰
アリューシャン列島猛攻
陸軍部隊も協力要所を奪取
米空母二隻（エンタープライズ型・ホーネット型）撃沈
わが二空母、一巡艦に損害
太平洋の戰局此一戰に決す

ウ

日獨伊三國同盟成る
ベルリンで調印を完了

5　中学生のたけしさんがリーダーを務めるグループが、グローバル化についてまとめた。次の【レポート】を読んで、１～６の各問いに答えなさい。

【レポート】

> 人、物、お金、情報が地球規模で行き来することをグローバル化という。それによって国や地域、人々が互いに影響し、依存《いぞん》しあう状態が生じている。グローバル化した国際社会において、国や地域との結びつきが強まり、経済活動は［　　　　］の中で行われている。一方で、①地球温暖《ちきゅうおんだん》化、感染症《かんせんしょう》、②テロや戦争の発生、③人権や④労働の問題など、国際社会が抱える課題もある。これらの課題に対し、日本を含めた諸国家は、他の国々や⑤国際機関、NGO（非政府組織）と互いに連携し、解決を図っている。

1　次の【説明文１】は、【レポート】の中の［　　　　］にあてはまる語句を説明したものである。［　　　　］にあてはまる語句を、次の【説明文１】を参考にして書きなさい。

【説明文１】

> さまざまな国が商品の生産を分担し、生産した商品は貿易によって交換される。自国での生産性の低い商品は輸入に頼る。

2　下の【図】のように、公正には「結果の公正さ」、「機会の公正さ」、「手続きの公正さ」がある。下線部①に関連して、【京都議定書の内容】と【パリ協定の内容】を「結果の公正さ」の観点から比較したとき、より公正であるのは京都議定書とパリ協定のどちらか、書きなさい。

【図】

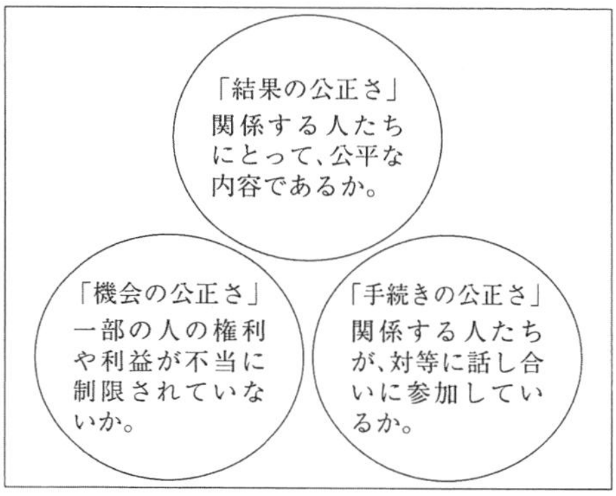

【京都議定書の内容】

○温室効果ガスの削減目標が初めて数値目標として定められた。
○先進国には排出削減の義務があり、発展途上国には、排出削減に義務がない。

【パリ協定の内容】

○産業革命からの気温上昇を地球全体で２度未満に抑え、1.5度以内の上昇に抑える努力も続ける。
○参加した国や地域は、温室効果ガスの削減目標に取り組む。

3　下線部②に関連して、日本の防衛費と国の予算にしめる防衛費の割合の推移《すいい》を表すグラフとして最も適当なものを、次のア～ウの中から一つ選び、記号を書きなさい。

ア

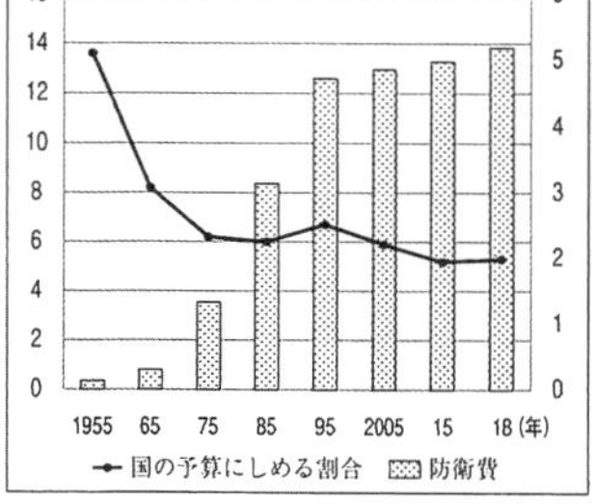

イ

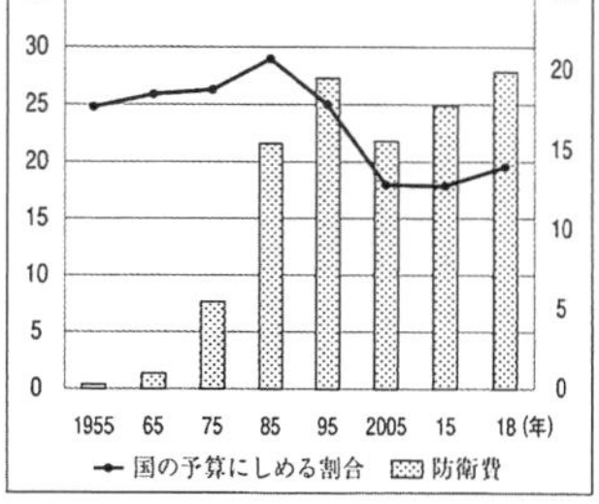

ウ

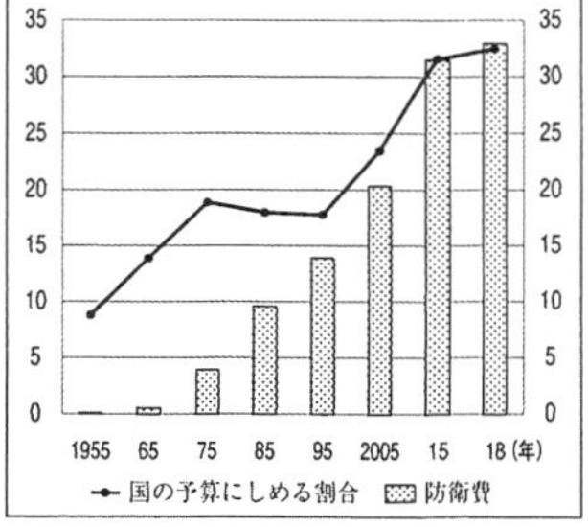

4　下線部③について、次の**【メモ１】**、**【メモ２】**に関係が深く、日本国憲法第14条に規定のある権利として最も適当なものを、下のア～エの中から一つ選び、記号を書きなさい。

【メモ１】

さまざまな違いを認め、さまざまな人々がともに関わり合いながらよりよく生活できる社会づくりのために、国は地方自治体だけではなく、NPO（非営利組織）などの団体とも協働して課題に対応している。

【メモ２】

女性にのみ離婚や夫との死別後の６か月間は再婚を禁止することを定めていた民法は、2015年の最高裁判所により違憲《いけん》判断がなされ、2018年に改正された。

ア　学問の自由　　イ　思想・良心の自由　　ウ　法の下の平等　　エ　請願権

5　下線部④に関連して、たけしさんは法律の制定に関する次の**【新聞記事】**を見つけた。下のＡ～Ｄは、その法律の制定過程の概要を表している。**【資料】**が示す審議が行われた時期として最も適当なものを、あとのア～エの中から一つ選び、記号を書きなさい。

【新聞記事】

政府・与党が今国会の最重要法案と位置付けてきた改正出入国管理法が８日未明の参院本会議で自民、公明両党と日本維新の会などの賛成多数で可決、成立した。深刻な人手不足に対応するため、２つの在留資格を新設して14業種で外国人労働者の受け入れを拡大する。

（日本経済新聞2018年12月８日より一部抜粋）

A		B		C		D
内閣から国会提出 （11月２日）	→	衆議院本会議で法律案可決 （11月27日）	→	参議院本会議で法律案可決 （12月８日）	→	内閣が署名し、天皇が法律を公布 （12月14日）

【資料】

衆議院の法務委員会で法律案の説明と質疑応答があり、人材が不足している地域の状況に配慮した内容の規定が追加され、この法律案を修正し、議決すべきであると決めた。

ア　Ａの前　　イ　ＡとＢの間　　ウ　ＢとＣの間　　エ　ＣとＤの間

6　下線部⑤について、現在は国同士の紛争を予防し、争いには共同して制裁《せいさい》を加えることにより、国家の安全を互いに保障しようというしくみを持つ国際連合が存在する。次の**【説明文２】**は、国際連合の主要機関のうち安全保障理事会について説明したものである。**【説明文２】**の［　　　　］に入る適当な文を、「常任理事国」の語句を用いて書きなさい。

【説明文２】

安全保障理事会は、アメリカ、イギリス、中国、フランス、ロシアの５か国の常任理事国と任期が２年の10か国の非常任理事国より構成される。安全保障理事会では、世界の平和と安全を実現する重要な決議を行うが、重要な議題では、［　　　　］した場合、その議題の内容を決定できない。

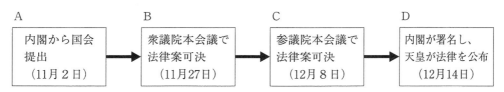

6　現代社会における経済について、１～５の各問いに答えなさい。

1　日本のキャッシュレス（現金を使わない）について述べた次の【説明文１】の［　　　］にあてはまる語句を、下の【図１】を参考にして書きなさい。

【説明文１】

経済産業省は、2021年のキャッシュレス決済比率が32.5％に達したと発表した。この決済方法の種類として、【図１】中の［　　　］、デビットカード、電子マネー、コード決済などがある。同省は2025年までにキャッシュレス決済比率を40％程度、将来的には世界最高水準の80％まで上昇させることを目指している。

しかし、キャッシュレス決済には利便性がある一方で、［　　　］のような後払いの決済方法では、自分の所得を超える消費をしてしまう危険性がある。私たちは慎重に、計画的にこれらを使う必要がある。

【図１】　キャッシュレス決済の内訳の割合の推移（％）

種類＼年	2015	2016	2017	2018	2019	2020	2021
［　　　］	16.5	18.0	19.2	21.9	24.0	25.8	27.7
デビットカード	0.14	0.30	0.37	0.44	0.56	0.75	0.92
電子マネー	1.5	1.7	1.7	1.8	1.9	2.1	2.0
コード決済	—	—	—	0.05	0.31	1.1	1.8
計	18.2	20.0	21.3	24.1	26.8	29.7	32.5

「—」はデータがないことを示す。

（経済産業省ホームページより作成）

2　日本の労働問題について述べた【説明文２】の［ a ］と［ b ］にあてはまる語句の組み合わせとして最も適当なものを、下のア～エの中から一つ選び、記号を書きなさい。

【説明文２】

【図２】において、2020年の［ a ］は、1980年の約２倍の世帯数になっていることがわかる。このように、社会は性別を問わず、また、仕事と生活の調和のとれた働き方ができる社会へと変化している。さらに、［ b ］の改正により、休職した場合でも、仕事に復帰しやすい環境づくりが進められている。

【図２】

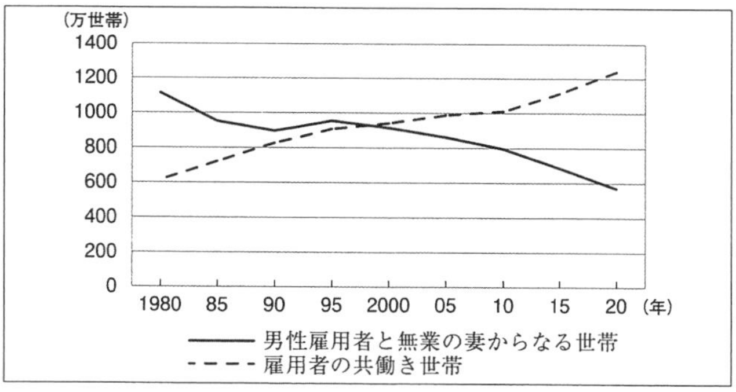

（厚生労働省ホームページより作成）

ア　a－男性雇用者と無業の妻からなる世帯　　b－男女雇用機会均等法
イ　a－男性雇用者と無業の妻からなる世帯　　b－育児・介護休業法
ウ　a－雇用者の共働き世帯　　b－男女雇用機会均等法
エ　a－雇用者の共働き世帯　　b－育児・介護休業法

3　消費者の契約やそれに関する法律、制度について述べた文として最も適当なものを、次のア～エの中から一つ選び、記号を書きなさい。

ア　クーリング・オフ制度により、商品を売る人と買いたい人との意思が一致すれば、口約束でも契約が成立するようになった。

イ　消費者契約法により、国や地方公共団体は、契約に関する消費者の相談窓口を設置できるようになった。

ウ　製造物責任法（PL 法）により、消費者は製品の欠陥を証明できれば製造業者に賠償《ばいしょう》請求できるようになった。

エ　消費者基本法により、消費者は商品購入から８日間以内であれば無条件で契約を解除できるようになった。

4　世界の貧困《ひんこん》問題に関して、次の(1)と(2)の問いに答えなさい。

(1)　次の**【説明文３】**と**【図３】**の［　　　］に共通してあてはまる語句を書きなさい。

【説明文３】

　貧困層の自立支援の意味が強い［　　　］は、新規事業の立ち上げや職業訓練の受講費用、家族の生活環境を整える目的での利用が多い。2006年には［　　　］の普及に努めてきたグラミン銀行と、創始者のムハマド・ユヌス総裁《そうさい》がノーベル平和賞に選ばれた。

【図３】

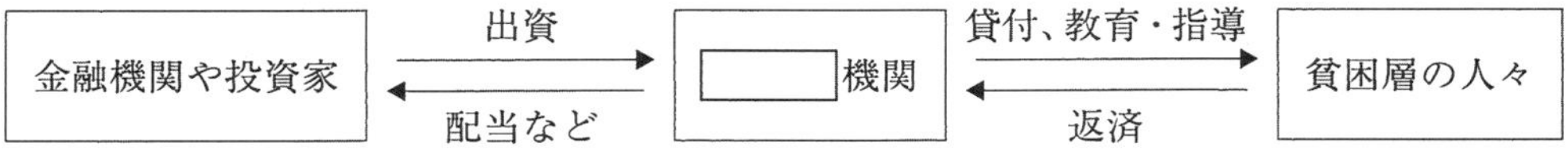

(2)　貧困や食料問題について述べた次の**【説明文４】**の［ X ］と［ Y ］にあてはまる語句の組み合わせとして最も適当なものを、下のア～エの中から一つ選び、記号を書きなさい。

【説明文４】

　世界全体としては、人々が十分に食べられるだけの食料が生産されているにもかかわらず、世界人口のおよそ９人に１人が栄養不足によって飢《き》餓《が》状態にある。その一方で、先進国には、食料が偏って配分されてしまい、［ X ］という問題が発生している。「貧困」や「飢餓」の問題を改善するために活動しているのが［ Y ］である。「飢餓のない世界」を目指して行う世界117の国と地域への支援は、命を救い、生活を変えるための幅広い活動が含まれる。

ア　X－人口減少　　　Y－WHO（世界保健機関）

イ　X－人口減少　　　Y－WFP（国連世界食糧計画）

ウ　X－食品ロス（食品廃棄）　　　Y－WHO（世界保健機関）

エ　X－食品ロス（食品廃棄）　　　Y－WFP（国連世界食糧計画）

5　次の**【カード１】**、**【カード２】**から、不況時の状況とそれに対応する財政政策をそれぞれ選び、その組み合わせとして最も適当なものを、下のア～エの中から一つ選び、記号を書きなさい。

【カード１】　不況時の状況	**【カード２】　財政政策**
Ⅰ　所得税などの国税の税収が増える。	a　政府は公共事業への支出を増やそうとする。
Ⅱ　所得税などの国税の税収が減る。	b　政府は公共事業への支出を減らそうとする。

ア　Ⅰ－a　　　イ　Ⅰ－b　　　ウ　Ⅱ－a　　　エ　Ⅱ－b

5 一般 「放送による聞き取りテスト」台本

※教英出版注
音声は，解答集の書籍ＩＤ番号を教英出版ウェブサイトで入力して聴くことができます。

[チャイムの音　四つ]

それでは、問題用紙と解答用紙を開いて、解答用紙に受検番号を書きなさい。

（約８秒休止）

[チャイムの音　一つ]

これから、放送による聞き取りテストを行います。問題は、それぞれ２回ずつ放送します。放送中にメモをとってもかまいません。

では、問１の問題を始めます。これは、英語の質問を聞き、絵が示す内容に合う答えを選ぶ問題です。質問に対する答えとして最も適当なものを、続けて読まれるア～ウの中からそれぞれ一つずつ選び、記号を書きなさい。では、始めます。

１番　What is the boy doing in the library?

ア　He is swimming.　　イ　He is reading a book.　　ウ　He is walking.

（約２秒おいて）繰り返します。（約５秒休止）

２番　What time does the drama begin?

ア　At 9:00.　　イ　At 10:30.　　ウ　At 11:00.

（約２秒おいて）繰り返します。（約５秒休止）

[チャイムの音　一つ]

問２の問題に移ります。これは、会話を聞いて答える問題です。最後の発言に対する受け答えとして最も適当なものを、ア～エの中からそれぞれ一つずつ選び、記号を書きなさい。では、始めます。

１番　*A*：Did you know that Keita's family is going to move to Australia?

B：Really? I didn't know that. When will they leave Japan?

（約５秒おいて）繰り返します。（約５秒休止）

２番　*A*：I heard your baseball team won the game yesterday.

B：Yes, it was great.

A：Did you play in the game?

（問題は次のページに続く。）

問３　あなたは、夏休みに語学講座に参加したいと考えており、次の【広告】のどのコース（course(s)）が良いか検討している。この【広告】の内容に合う適当な英文を、あとのア～カの中から二つ選び、記号を書きなさい。

【広告】

★GABAI Summer English Event★

July 25 – August 31, 2023

ONLINE *CONVERSATION COURSE

Age: all ages

Place / Time:

*anywhere / every day, 10:00–22:00 (1 hour *per *lesson, 1 lesson per day)

*Content and *Fee:

・You can practice conversation anywhere with teachers from all over the world.
・You can choose the time to take the lesson from 10:00 to 22:00.
・You have to join *at least 10 lessons.
・5,000 yen for this course

*BUSINESS COURSE

Age: over 18 years old

Place / Time:

Sagan Meeting Room / every Monday and Friday, 19:00–21:00 (2 hours per lesson)

Content and Fee:

・You can learn how to talk on the phone and how to write e-mails for business.
・You have to join at least 3 lessons.
・2,000 yen for one lesson

CULTURE COURSE

Age: 12 years old or older

Place / Time:

Hagakure Cooking Room / every Saturday, 11:00–14:00 (3 hours per lesson)

Content and Fee:

・You can cook traditional food from some countries and speak in English.
・4,000 yen for one lesson

〈MORE INFORMATION〉

Phone: 0120–●●–◆◆◆◆　　Mail: gabaisee@example.jp

*conversation　会話	*anywhere　どこでも	*per～　～につき
*lesson(s)　レッスン、講座	*content　内容	*fee　料金
*at least　少なくとも	*business　仕事、ビジネス	

ア　In the Online Conversation Course, you can take the lessons every day.
イ　You can take three lessons in the Online Conversation Course for 3,000 yen.
ウ　You have to join all lessons in the Business Course.
エ　You can join the Culture Course in the evening.
オ　If you are 15 years old, you can take all the courses.
カ　If you want more information about this event, you can call or send an e-mail.

4 次の英文は、高校1年生の絵里奈（*Erina*）と拓哉（*Takuya*）が、ある記事（article(s)）について話をしているところへ、ALTのケイト（*Kate*）先生がやってきて会話に加わった場面である。これを読んで、問1～問5に答えなさい。

Kate : Hello, what are you talking about?

Erina : Hi, Kate. We have to *give a presentation in English class, so we are deciding the topic. Takuya found a good article about *studying abroad.

Takuya : Look at this. *According to the article, the number of Japanese high school students who want to study abroad is becoming smaller.

Kate : Oh, really? ①That's not good! I think we can learn many things through studying abroad. I came to Japan when I was a high school student. I didn't speak Japanese very well and made many *mistakes. But I kept speaking Japanese, and my *host family tried to understand my Japanese. I was very happy. From this experience, I learned the important thing. [A]

Takuya : That's true. I will try like you when I speak English.

Kate : You can do it! Also, my host family took me to many places. *Thanks to my host family, I became interested in Japanese culture.

Erina : What was the most interesting thing about Japanese culture you learned?

Kate : It was Japanese calligraphy. [B] Everything I saw was interesting to me. I felt excited when I wrote *letters *with a brush for the first time.

Erina : Wow, that's great!

Takuya : You had wonderful experiences in Japan.

Kate : I did. By the way, have you ever been to foreign countries?

Erina : Yes. I studied in Australia for three weeks when I was a junior high school student.

Kate : How about you, Takuya?

Takuya : I haven't, but I'm planning to study in Canada this summer. [C]

Kate : That's nice! Erina, what did you learn through studying abroad?

Takuya : Please tell us about it!

Erina : I learned I should understand Japanese culture and the area I live in. When I stayed in Australia, my host family and my friends often asked me about Japan. For example, "Why do Japanese *take off their shoes when they go into their house?" and "Can you tell us about your town?" [D] However, I couldn't answer their questions very well.

Kate : Erina, you learned very important things while you were in Australia.

Erina : Yes. So I want many students in Japan to study abroad if they have a *chance. Takuya, I hope you will have a great experience.

Takuya : Thank you. I'm glad I could hear about your experiences. I'm going to study English a lot and also read many books written about Japan before [　　　　]. I can't wait to visit Canada.

*give a presentation　プレゼンテーションをする

*study(ing) abroad　留学する

*mistake(s)　誤り

*thanks to ～　～のおかげで

*with a brush　筆を使って

*chance　機会

*according to ～　～によると

*host family　ホストファミリー

*letter(s)　文字

*take off ～　～を脱ぐ

問１　下線部①は具体的にどのようなことか。日本語で書きなさい。

問２　次の英文は、本文から抜き出した１文である。この英文が入る最も適当なところを、本文中の［A］～［D］の中から一つ選び、記号を書きなさい。

Though people make mistakes, it is important to keep trying.

問３　絵里奈が留学を通して学んだことは何か。日本語で書きなさい。

問４　［　　　　］にあてはまる英語として最も適当なものを、次のア～エの中から一つ選び、記号を書きなさい。

ア　enjoying our presentation

イ　studying abroad

ウ　learning Japanese culture

エ　going to Australia

問５　本文の内容に合うものとして最も適当なものを、次のア～エの中から一つ選び、記号を書きなさい。

ア　Erina and Takuya haven't found any articles for their presentation.

イ　Kate didn't learn Japanese calligraphy when she stayed in Japan.

ウ　Takuya has been to foreign countries, and he is going to visit Canada this summer.

エ　Erina couldn't answer her host family's questions about Japan very well.

5 次の英文は、中学生のハルカ（*Haruka*）が、英語の授業で行ったスピーチの原稿である。これを読んで、問１～問５に答えなさい。

Did you have breakfast this morning? I know breakfast is important. When I thought about what to talk about in this English class, I remembered a day two weeks ago. On that day, I *overslept and had no time to eat breakfast. Then, I couldn't study very well and got tired quickly at school. So ① I wanted to learn more about breakfast. Today, I would like to talk about the good points of breakfast and easy ways to have breakfast during busy mornings.

I want to show that breakfast is important for us. In a book, it says that breakfast has two good points. First, ② breakfast is good for our bodies. Bodies get warmer by having breakfast, and we can play sports well without *getting injured.

I will tell you wonderful news as the second point. If you have breakfast every day, you may get higher test *scores. The *graph of "Having Breakfast and the *Average Correct Answer Rate of a Test" on the Internet says that the Average Correct Answer Rate on the Japanese of students having breakfast is the highest of the six. On all the three subjects, the Average Correct Answer Rate of students who have breakfast is higher than the Average Correct Answer Rate of students who don't have breakfast. The *difference on the Math between the Average Correct Answer Rate of students who have breakfast and the Average Correct Answer Rate of students who don't have breakfast is the biggest of the three subjects. So this graph shows that students having breakfast every day may get higher scores. But be careful because only having breakfast is not enough. Of course, you should study hard, too.

Though we know the good points of breakfast, some of us often *skip breakfast. Now, I will tell you how you can make and have breakfast every day. When you make dinner, it is good to make more food for breakfast. If you do so, you can easily eat it in the morning.

Then, what should we have for breakfast? I think a Japanese traditional breakfast such as rice, miso soup, *natto* and fish is the best. It takes a little long time to cook it, but I don't get hungry for a long time when I eat it for breakfast.

I will be glad if you can now understand that breakfast is important. Of course, not only breakfast but also lunch and dinner are important, too. So when you have *meals, say "thank you" for everything. We have wonderful *phrases in Japanese to show our *gratitude: "*itadakimasu*" and "*gochisosama*."

*oversleep(overslept)　寝坊する　　*get(ting) injured　ケガをする
*score(s)　得点　　*graph　グラフ
*average correct answer rate　平均正答率　　*difference　差、違い
*skip ～　～を抜く　　*meal(s)　食事
*phrase(s)　表現、言い方　　*gratitude　感謝の気持ち

問１　下線部①について、ハルカが朝食について調べようと思ったのはなぜか。最も適当なものを、次のア～エの中から一つ選び、記号を書きなさい。

ア　Because Haruka's English teacher told her to write about breakfast.

イ　Because Haruka remembered her friends when she thought about breakfast.

ウ　Because Haruka didn't eat breakfast and had trouble in school.

エ　Because Haruka didn't have breakfast and couldn't sleep well at night.

問２　下線部②とは具体的にどのようなことか。次の文がその説明になるように、(　　　)に適当な日本語を書きなさい。

(　　　　　　　　　　)。また、ケガをすることなく運動ができる。

問３　次の【グラフ（graph）】の（　１　）～（　３　）には本文中の教科名が入る。本文の内容に合う教科名の組み合わせとして最も適当なものを、下のア～エの中から一つ選び、記号を書きなさい。

【グラフ（graph）】

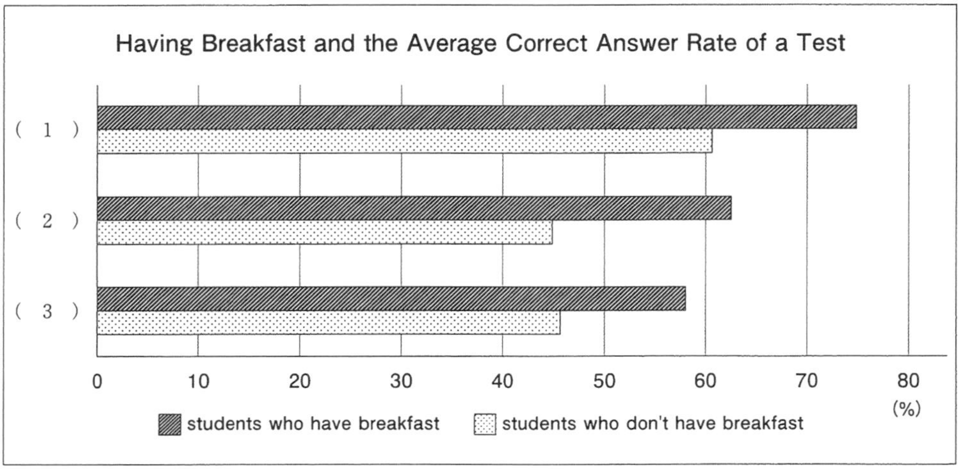

文部科学省ホームページ『平成31年度（令和元年度）全国学力・学習状況調査』より作成

ア	（1）Japanese	（2）Math	（3）English
イ	（1）Japanese	（2）English	（3）Math
ウ	（1）Math	（2）English	（3）Japanese
エ	（1）Math	（2）Japanese	（3）English

問４　ハルカがスピーチの中で勧《すす》めていることで、手軽に朝食を食べるための工夫は何か。日本語で書きなさい。

問５　ハルカが日本の伝統的な朝食が好ましいと思っているのはなぜか。日本語で書きなさい。

(3)　**【実験２】**の②の結果より、水酸化ナトリウム水溶液３mL に塩酸５mL を少量ずつ加えたときの、試験管中のイオンの総数の変化を表すグラフはどのようになるか。最も適当なものを、次のア～カの中から１つ選び、記号を書きなさい。ただし、水分子は電離しないものとする。

ア
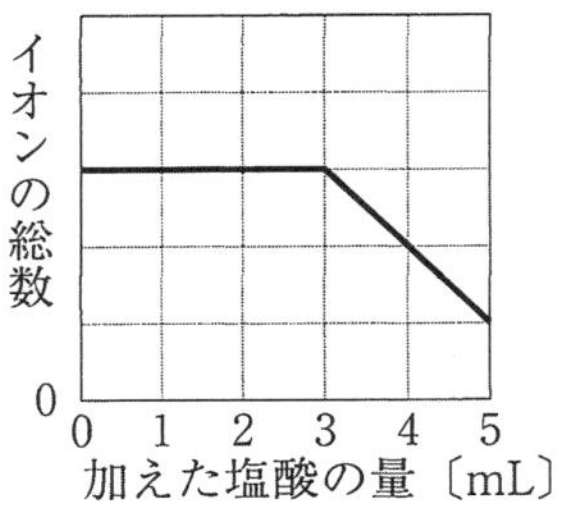

イ
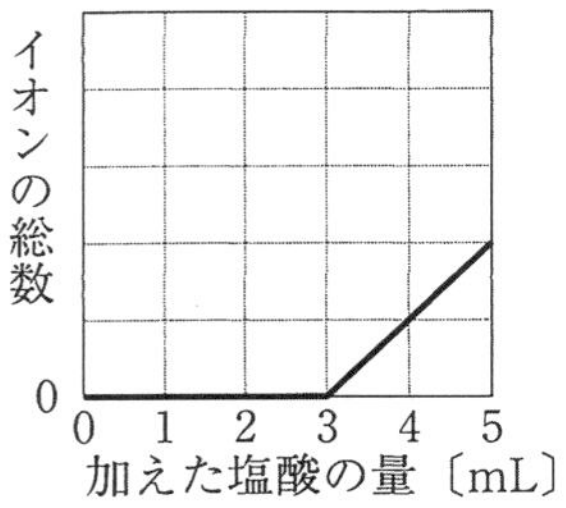

ウ
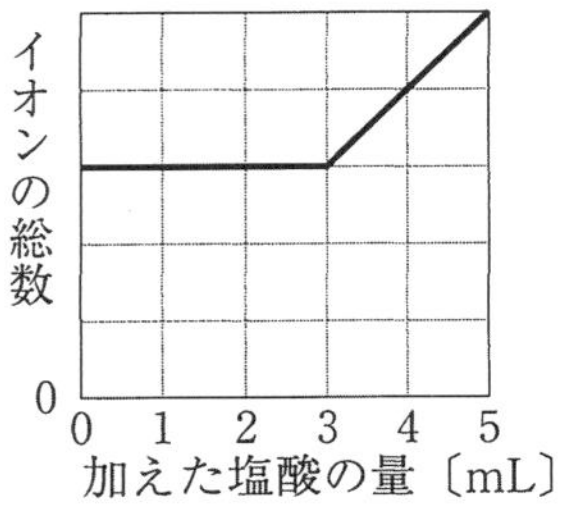

エ
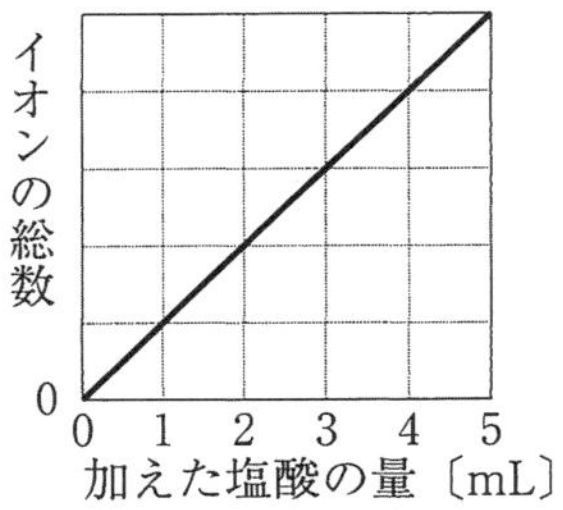

オ
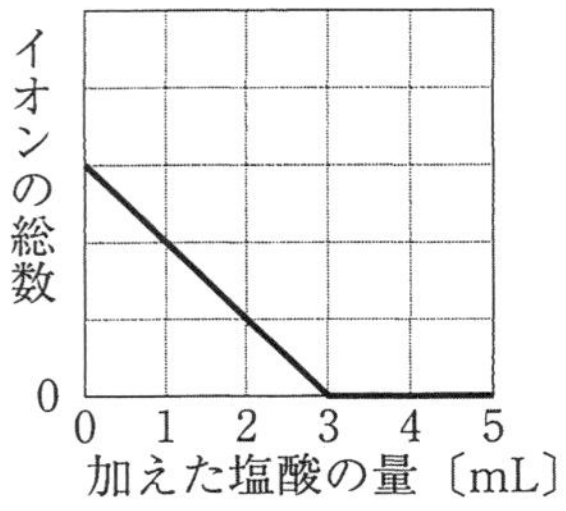

カ
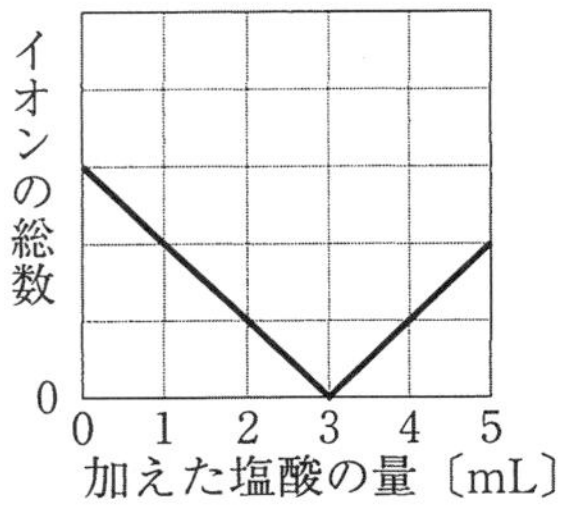

(4)　**【実験２】**の③で試験管にマグネシウムリボンを入れたときのようすを説明したものとして最も適当なものを、次のア～オの中から１つ選び、記号を書きなさい。

ア　試験管ａ～ｅすべてで気体が発生した。

イ　試験管ａ、ｂ、ｄ、ｅで気体が発生した。

ウ　試験管ａとｂで気体が発生した。

エ　試験管ｄとｅで気体が発生した。

オ　試験管ａ～ｅすべてで変化がなかった。

4 図１は、ある地域の地形を示したものである。図１のＡ～Ｅ地点は、東西に一直線上にあり、隣り合う地点間の水平距離は全て等しい。また、図１のＡ～Ｅの横の数字は標高を表している。図２はＡ～Ｄ地点と、Ｃ地点から真南に離れたＣ地点と同じ標高のＦ地点でボーリング調査を行って得られた柱状図である。ただし、この地域の地層の厚さは一定であり、しゅう曲や断層は存在しないものとする。

図２の地層から観察された岩石ａ～ｄについて、先生とななえさんの【会話】を読み、あとの１～８の各問いに答えなさい。

図１

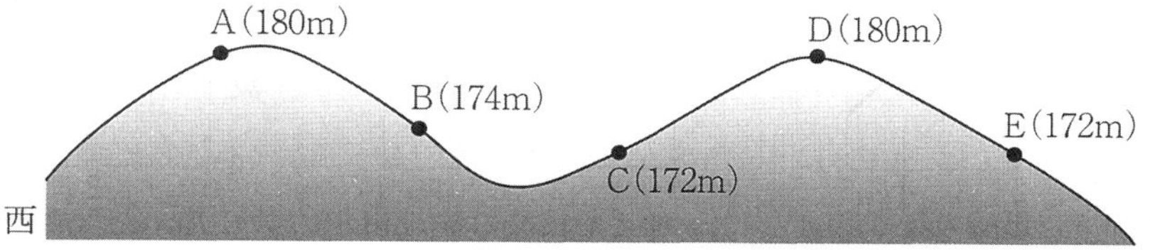

図２

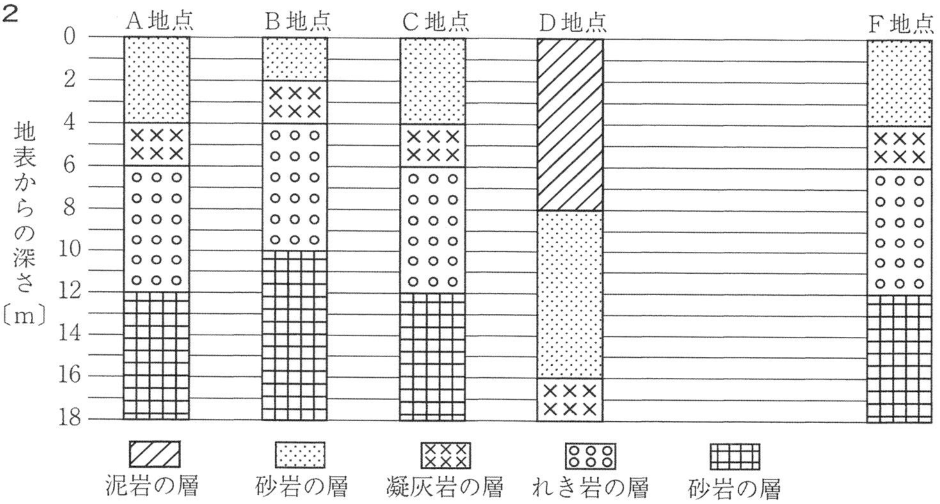

【会話】

先　生：岩石ａ～ｄは、いずれも ①海底や湖底に積もったものが固まってできた岩石です。それぞれの岩石の特徴を確かめるために、表面にみられる粒の大きさを見てみましょう。

ななえ：岩石ａには大きな粒がたくさん見られ、粒の直径が１cm くらいのものもあります。岩石ｂにはいろいろな大きさの粒が見えます。岩石ｃの粒は小さくて見えません。岩石ｄの粒は直径が１mm ほどの大きさです。その他の特徴として、岩石ｃには化石が見えます。

先　生：岩石ｃに含まれている化石は ②示準化石として有名です。次に、岩石をつくる粒の特徴を見てみましょう。

ななえ：③岩石ａ、ｄに見られる粒は丸みをおびていますが、岩石ｂには角ばった粒が多く、表面にたくさんの穴があいています。

先　生：岩石ｂは ④火山の噴火によってふき出された物質からなる岩石です。他に岩石ａ～ｄに特徴がないのかを調べるために、うすい塩酸をかけてみましょう。

ななえ：岩石ｃの表面からは ⑤泡が出ているのが観察できます。他の岩石には変化がありません。

先　生：岩石ａ～ｄのそれぞれに、いろいろな特徴があることが分かりましたね。

1　下線部①のようにしてできた岩石を何というか、書きなさい。

※2　右の【資料】は岩石ｃに含まれている化石の断面の写真である。この化石となった生物の名称と、その生物が繁栄していた時代の組み合わせとして最も適当なものを、下のア～エの中から１つ選び、記号を書きなさい。

【資料】

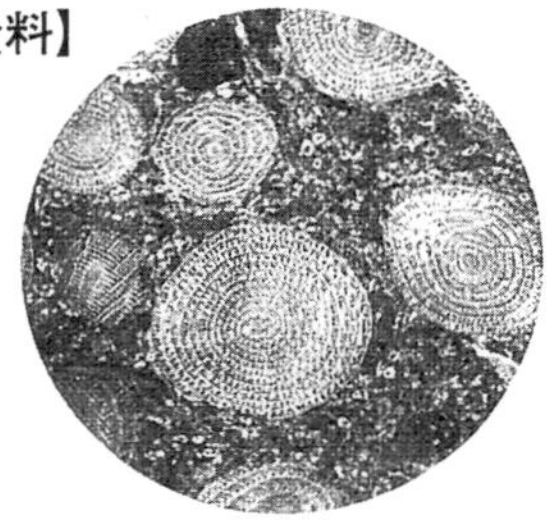

	生物の名称	繁栄していた時代
ア	フズリナ	古生代
イ	フズリナ	中生代
ウ	サンヨウチュウ	古生代
エ	サンヨウチュウ	中生代

※3　次のⅠ～Ⅳのうち、下線部②となった生物の特徴を説明したものとして正しい組み合わせを、下のア～エの中から１つ選び、記号を書きなさい。

Ⅰ　広い地域で繁栄した	Ⅱ　限られた地域で繁栄した
Ⅲ　非常に長い期間繁栄した	Ⅳ　限られた期間に繁栄した

ア　ⅠとⅢ　　イ　ⅠとⅣ　　ウ　ⅡとⅢ　　エ　ⅡとⅣ

4　下線部③について、岩石ａ、ｄに見られる粒が丸みをおびている理由を書きなさい。

5　下線部④の物質をまとめて何というか、書きなさい。

※6　下線部⑤について、岩石ｃにうすい塩酸をかけたときに発生した気体の名称を書きなさい。

7　岩石ａとして、最も適当なものを、次のア～オの中から選び、記号を書きなさい。
ア　泥岩　　イ　砂岩　　ウ　凝灰岩　　エ　れき岩　　オ　石灰岩

8　Ｅ地点の柱状図を解答欄に書きなさい。

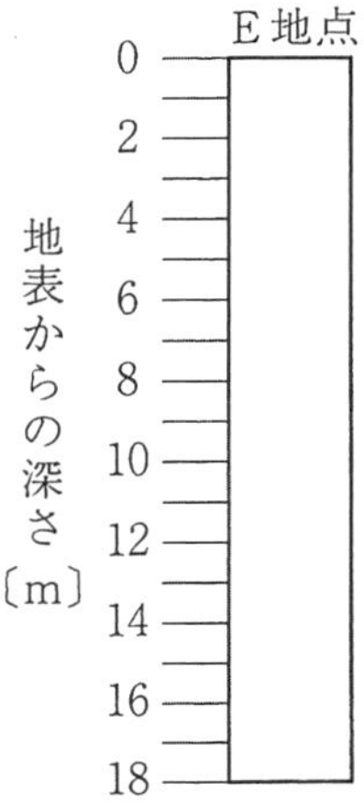

※岩石ｃにあたる「石灰岩」の層が問題の図中に示されていなかったことから、岩石ｃに関する問いである２、３、６については、全ての受検者を正解として扱い、一律に得点（それぞれ１点ずつの計３点）を与えることとなりました。

5 次の１～３の各問いに答えなさい。

1　**図１**のように、糸がたるまないように振り子のおもりをＡの位置まで持ち上げて静かに離すと、おもりは最下点のＢの位置を通過し、Ａと同じ高さのＥの位置まで達した。下の⑴、⑵の問いに答えなさい。ただし、糸は伸び縮みせず、摩擦や空気の抵抗は考えないものとする。

図１

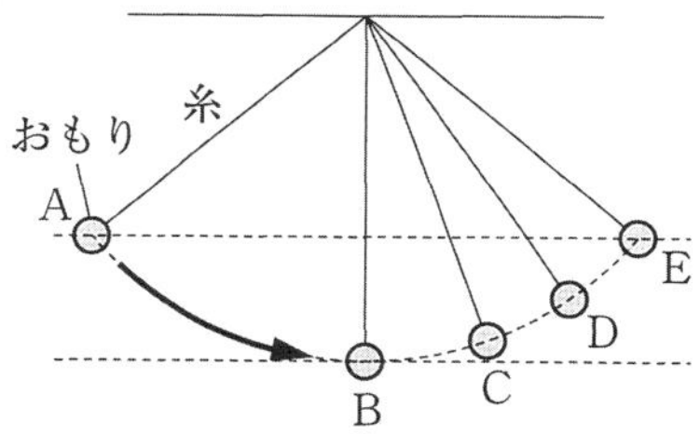

⑴　運動エネルギーおよび位置エネルギーが最大となる位置を、**図１**のＢ～Ｅの中からそれぞれ１つずつ選び、記号を書きなさい。

⑵　**図２**のように、最下点のＢの位置から真上にあるＰの位置にくいをさした。おもりの質量を小さなものに変え、糸がたるまないように振り子のおもりを**図１**と同じＡの位置まで持ち上げて静かに離すと、おもりはＢの位置を通過し、その後ある位置まで達した。下の文の（　①　）、（　②　）にあてはまる語句の組み合わせとして最も適当なものを、ア～ケの中から１つ選び、記号を書きなさい。

図２

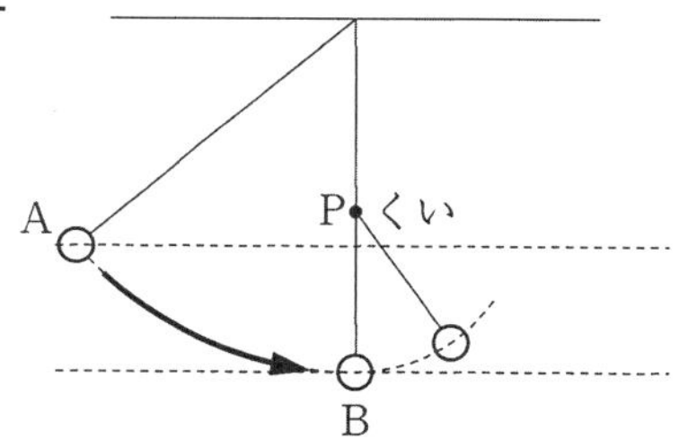

図１と**図２**を比較すると、Ｂの位置における運動エネルギーの大きさは、（　①　）。また、**図２**のおもりがＢの位置を通過した後に達する位置の高さは、Ａの位置の高さと比較すると（　②　）。

	①	②
ア	**図２**の方が大きい	低くなる
イ	**図２**の方が大きい	等しくなる
ウ	**図２**の方が大きい	高くなる
エ	変わらない	低くなる
オ	変わらない	等しくなる
カ	変わらない	高くなる
キ	**図２**の方が小さい	低くなる
ク	**図２**の方が小さい	等しくなる
ケ	**図２**の方が小さい	高くなる

2　仕事の大きさについて調べるため、定滑車や動滑車を用いて**【実験１】**を行った。下の(1)〜(4)の各問いに答えなさい。ただし、100 g の物体にはたらく重力の大きさを１N とし、定滑車、動滑車、ひも、ばねばかりの質量や摩擦は考えないものとする。

【実験１】

①　**図３**のような装置を用いて、質量 600 g の物体を一定の速さ 2 cm/s で、物体の底面の位置が水平面から 20 cm の高さになるまで引き上げた。

図３

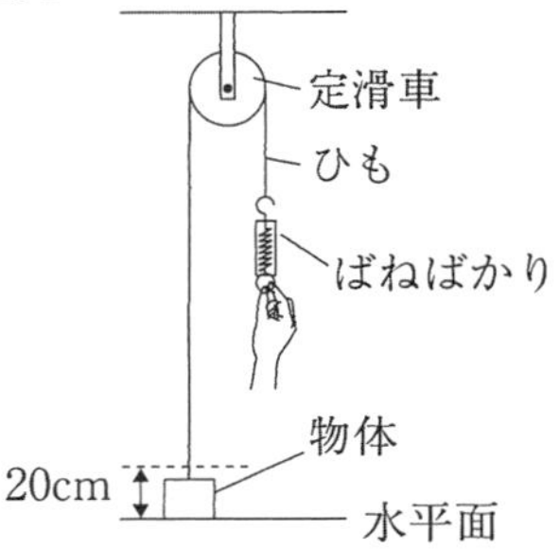

②　**図４**のような装置を用いて、質量 600 g の物体をある一定の速さで、物体の底面の位置が水平面から 20 cm の高さになるまで引き上げた。

図４

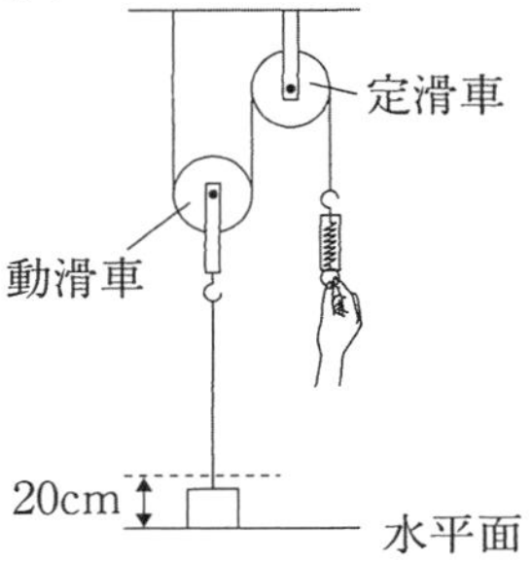

(1)　**【実験１】**の①において、物体を 20 cm 引き上げるのに必要な仕事の大きさは何 J か、書きなさい。

(2)　**【実験１】**の①のときの仕事率は何 W か、書きなさい。

(3)　**【実験１】**の②において、ばねばかりの目もりの値と引く距離について説明した文として最も適当なものを、次のア〜エの中から１つ選び、記号を書きなさい。

ア　①に比べて、ばねばかりの目もりの値は半分になり、引く距離は変わらない。

イ　①に比べて、ばねばかりの目もりの値は半分になり、引く距離は２倍になる。

ウ　①に比べて、ばねばかりの目もりの値は変わらず、引く距離は半分になる。

エ　①に比べて、ばねばかりの目もりの値は変わらず、引く距離は２倍になる。

(4)　**【実験１】**の①と②の仕事率が等しいとき、②のばねばかりを引く速さは何 cm/s か、書きなさい。

3　次に、定滑車や動滑車を用いて**【実験２】**を行った。下の(1)、(2)の問いに答えなさい。ただし、100 g の物体にはたらく重力の大きさを１N とし、定滑車、動滑車、ひも、ばねばかり、動滑車の連結に使った棒の質量や摩擦は考えないものとする。

【実験２】

①　**図５**～**図８**のような装置を用いて、質量 600 g の物体を一定の速さで水平面から 20 cm の高さまで引き上げた。**図５**、**図６**の動滑車は棒で連結されていて、ばねばかりを引くと、棒は水平面と平行な状態を保ちながら上昇する。

図５　**図６**　**図７**　**図８**

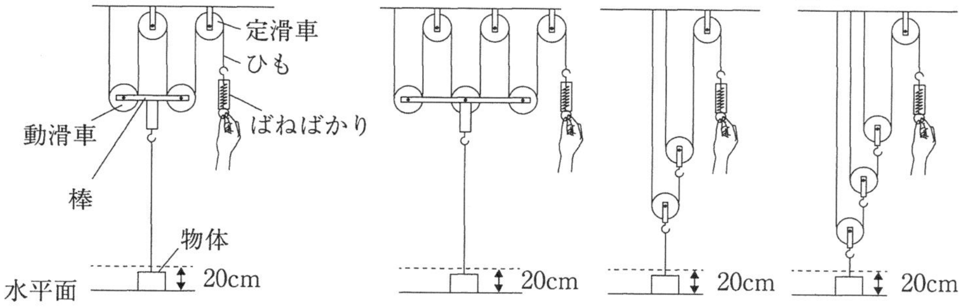

②　①のとき、**図５**～**図８**のばねばかりの目もりの値を**表**にまとめた。

表

	図５	**図６**	**図７**	**図８**
ばねばかりの目もり〔N〕	1.5	1	1.5	0.75

(1)　**図５**と**図６**において、物体を 20 cm 引き上げるのに必要な仕事の大きさの組み合わせとして最も適当なものを、次のア～エの中から１つ選び、記号を書きなさい。

	図５	**図６**
ア	0.3 J	0.2 J
イ	0.3 J	1.2 J
ウ	1.2 J	0.2 J
エ	1.2 J	1.2 J

(2)　**図７**と**図８**において、ばねばかりを引く距離の組み合わせとして最も適当なものを、次のア～カの中から１つ選び、記号を書きなさい。

	図７	**図８**
ア	20 cm	60 cm
イ	20 cm	160 cm
ウ	40 cm	60 cm
エ	40 cm	160 cm
オ	80 cm	60 cm
カ	80 cm	160 cm

三

次の文章を読んで、あとの問いに答えなさい。文章中の[1]～[3]の番号は場面のまとまりを示している。

離島に住む小学三年生の颯太《そうた》は、夏休みの間、隣の老夫婦宅に滞在している同級生のユリから、バイオリンの楽譜の入手方法について相談を受けた。颯太は一緒に探したが、離島には楽譜を扱う店がないと分かった。そこでユリは外国で仕事をしているユリの母親に電話をかけた。

[1]

「もしもし、ママ？」

「ユリ？」

応えた母親の声は、颯太にも聞きとれた。

「どうしたの？　なにかあった？」

「あのね、今日バイオリンの練習してたら、楽譜を猫に破られちゃって……」

「は？　猫？」

「うん。ちょっと目を離してる隙《すき》に。だからママ、ネットで新しいのを買って、おじいちゃんちに送ってくれない？」

つかのま、沈黙があった。それからため息が続いた。

「なんだ、それだけ？」

気の抜けた口ぶりだった。颯太はユリの横顔を盗み見た。眉間《みけん》にしわを寄せ、両手で携帯電話を握りしめている。

「やだもう、おどかさないでよ。ユリになにかあったのかと思ったじゃない。電話は緊急のときだけにしてねって、ママ言ったでしょ？」

「ごめんね。でも……」

「そういうことなら、そっちにいる間だけ、練習はお休みにすれば？　どっちみちレッスンにも行けないんだし」

「だけど、練習しないと指が……」

「大丈夫、ユリはいつもがんばってるもの。ちょっとくらい休んだって平気よ」

「でも」

「ねえユリ、悪いんだけど、ママ今もお仕事中なの。すっごく忙しいのよ。正直、ちょっと楽譜どころじゃないっていうか」

とどめを刺されて、①ユリはとうとう口をつぐんだ。

「それにね、ユリは知らないだろうけど、離島って荷物が届くまでにすごく時間がかかるんだよ。送料もばか高いしね。東京に帰ってから買い直

(2) ②共有地の悲劇を引き起こす とはどういうことか。その説明として最も適当なものを、次のア～エの中から一つ選び、記号を書きなさい。

ア 科学技術の進歩に応じて、資源の持続可能な利用という概念が重視されてきたにも関わらず、現代人が科学技術を優先して伝統的な資源の活用方法を軽視するようになり、農業や畜産業の減退を招いてしまうこと。

イ 急激な人口の増加に応じて、食料の安定供給が求められていたにも関わらず、現代人が新たな資源の活用を急速に進めてきたことにより、資源の持続可能な利用という概念を軽んじ、食料不足を招いてしまうこと。

ウ 生活様式の変化にともなう人口の増加や科学技術の進歩に応じて、資源の持続可能な利用という概念が生み出されたにも関わらず、現代人が変わらずむやみに資源を使い続け、資源の枯渇《こかつ》を招いてしまうこと。

エ 人口増加による定住生活の普及に応じて、資源の持続可能な利用という概念をルールに組み込むことで社会秩序が維持されてきたにも関わらず、現代人が資源の収奪を続け、社会の混乱を招いてしまうこと。

問3 ③人間とその他の生物の大きなちがい とあるが、これはどのようなことか。次の解答の形式に従って、書きなさい。ただし、aは三十字以内で書き、bは本文中から三十字以内で抜き出して書くこと。

本来、人間も、人間以外の生物も

a

性質を持っているが、それに加えて、人間は

b

性質も持っている、ということ。

問4 筆者の考えを説明したものとして最も適当なものを、次のア～エの中から一つ選び、記号を書きなさい。

ア 人間は利己的であり、どのような時も自分の都合を最優先に考えようとしてしまうため、環境問題を解決することは大変困難である。

イ 人間には理性があり、環境のために自分の欲求を抑えて行動することが可能であるため、環境問題を解決できる可能性を持っている。

ウ 人間は利他的であり、常に善意や自己犠牲の精神を持って活動することができるため、環境問題を解決することは決して難しくない。

エ 人間にも本能があり、地球の未来を考える以前に自分の都合を優先してしまうため、環境問題を解決できるかどうかはわからない。

問２　②共有地の悲劇を引き起こす　とあるが、このことについて(1)、(2)の問いに答えなさい。

(1)　次の【文章Ａ】は「共有地の悲劇」を説明したもので、あとの【図】Ｘ、Ｙ、Ｚはそれぞれある時点での共有地の様子を示したものである。【文章Ａ】を読んで、【図】Ｘ、Ｙ、Ｚを「共有地の悲劇」が起こる順序に並べたものとして最も適当なものを、あとのア〜エの中から一つ選び、記号を書きなさい。

【文章Ａ】

コモンズ（共有地）の悲劇は、生物学者のＧ・ハーディンによる同名論文（一九六八年）をきっかけに盛んに議論されるようになった。その内容は、次のとおりである。

「一定の広さの牧草地を共有しながら、羊を飼育する牧夫の集団がいるとする。放牧された家畜の総数が、その土地の環境容量の範囲内であれば、継続的に彼らは共有地を使用し、利益を得ることができる。ある個人が羊を増大させることは、一方でその個人には頭数の増加による利益をもたらすが、他方で、過放牧によって、一頭当たりの肥育状況を悪化させる。だが、後者の形での損失は、全員に分散されるので、この個人にとっては、頭数の増加による利益と比較して小さい。こうして、自分の直接的利益を最大化するという合理的行動をとるとき、各人は自分の羊の頭数を増加させようとするのである。しかし、こうした行動が重なると過放牧による共有地の荒廃が起こり、共倒れとなってしまう。」

（「平成十一年度版　環境白書」による）

【図】

ア　Ｙ→Ｘ→Ｚ

イ　Ｙ→Ｚ→Ｘ

ウ　Ｚ→Ｘ→Ｙ

エ　Ｚ→Ｙ→Ｘ

だから、僕ら人類は環境問題を解決できる可能性を持っていると思う。いま、ある程度がまんすることで将来僕らや僕らの子孫たちが幸せになれるのなら、そういう選択ができる動物なのだ。環境問題はたいへん深刻だし、共有地の悲劇を生み出す人間の性から逃れることもできない。それでもなお、希望を捨てずに解決を目指すべきだ。これが楽観的悲観主義者の※マインドである。

（伊勢《いせ》　武史《たけし》『２０５０年の地球を予測する――科学でわかる環境の未来』ちくまプリマー新書による）

（注）※思いを馳せる…遠くはなれたものごとを思いやる。
※コンセプト…概念。考え方。
※性…生まれつきの性質。
※マインド…心。精神。

問１　①原始時代のこのような環境　とあるが、これはどのような環境か。その説明として最も適当なものを、次のア～エの中から一つ選び、記号を書きなさい。

ア　狩猟採集が中心で食料の供給が安定しておらず、極端に人口密度が低いために、際限なく地球の資源を使える環境。
イ　グループで戦略を立てることで、無限に広がる広大な土地から効率よく資源を見つけ、その資源を共有し合う環境。
ウ　人口が少なく、自由に生活様式を決められるため、自己の領域内であれば思い通りに資源を使うことができる環境。
エ　自分の生活を安定させることだけを目的として、自分が属するグループ内において資源の収奪が繰り返される環境。

二 次の文章を読んで、あとの問いに答えなさい。

人間はもともと利己的に振舞《ふるま》うものだ。これは否定のしようがない。人類の祖先は数百万年前に生まれて、それからずっと、つい一万年前くらいまでは、狩猟採集で食べものを得る原始時代（旧石器時代）のくらしを送っていた。農耕や牧畜がはじまる前の原始時代のくらしはたいへんきびしく、人類の人口はとても少なかった。彼らは小さなグループをつくり広大な土地で食べものを探していたから、人口密度はとても低かったのである。

太古のむかしに※思いを馳《は》せてみよう。人口密度が極端に低い時代の彼らにとって、地球のサイズは無限と考えても問題がなかった。どんなにがんばっても地球の資源を使いつくすことはできなかったのである。だから、ひたすらできる限りの資源の収奪を行うことが、彼らにとってベストな戦略だったのだ。①原始時代のこのような環境では、現代のような環境問題は生じない。原始人がごみを捨てたところで、それは広大な土地や水や大気ですぐに薄められてしまう。だから現代のような公害は発生しなかったのだ。だから原始人には、環境意識はなかなか生まれなかったことだろう。

やがて農耕や牧畜が始まった。すると食料が安定して供給されるようになり、人口密度が増加する。それと同時に人びとは定住生活をするようになる。人間のライフスタイルがこのように変わっていくと、原始時代のように後先考えずに資源を使い切ってしまうと困ることが増えてきた。人口が増えてテクノロジーが進歩するにしたがって、資源を使いつくすというのが現実問題になってきたのである。こうして人びとは次第に、持続可能な利用という※コンセプトを身に着け、社会のルールや道徳に組み込んで、現代にいたる。しかし、人間はつい一万年くらい前までは旧石器時代を生きていた。人間はそんなに急に変わることはできないので、現代人の遺伝子も原始時代の記憶を引きずっている。だから容易に②共有地の悲劇を引き起こす。これは人がもって生まれた※性《さが》なのである。人間がみんな利他的になったらいいよね、みたいなのは夢物語である。人間の善意や自己犠牲に頼りきりの環境保全は成立しない。

生物学者である僕は、生物としての人間が持つ性をいやというほどわかっている。人間も動物も等しく、生存と繁殖のためのきびしいたたかいを今日まで続けている。そのために、冷徹で合理的な行動を取ることが求められているのだ。それでもなお、人間は環境問題を解決できると信じている。考えてみれば、人間は後先を考えて、未来の幸せのためにいまがまんすることができる生物である。これが、③人間とその他の生物の大きなちがいだ。人類が農耕や牧畜を「発明」したのはこのような性質を持っていたから。ひと握りの小麦や一匹の子ヒツジを手に入れたとき、それらを食べてしまえばすぐに満腹になるし、手間もかからない。しかし人類は、がまんしてそれらを食べずに育てることの意味を知った。苦労して世話をして育てることで、将来、より多くの食べものが得られるのである。これは、未来の幸福のためにいまがまんできる理性という人間の特徴が生み出したものである。

【資料X】

※上位三つの意見

休み時間に友達と思いきり話せなくなった	31％
体を思いきり動かせなくなった	28％
昼食時に友達と話せなくなった	25％

（全校生徒532人へのアンケート）

【資料Y】

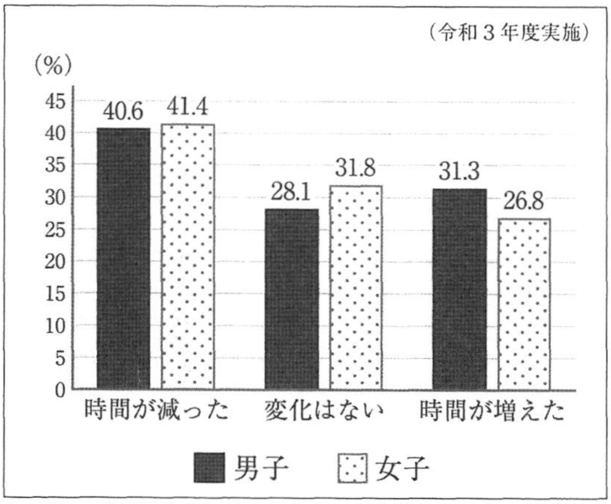

（スポーツ庁「令和３年度全国体力・運動能力、運動習慣等調査報告書」より作成）

【資料Z】

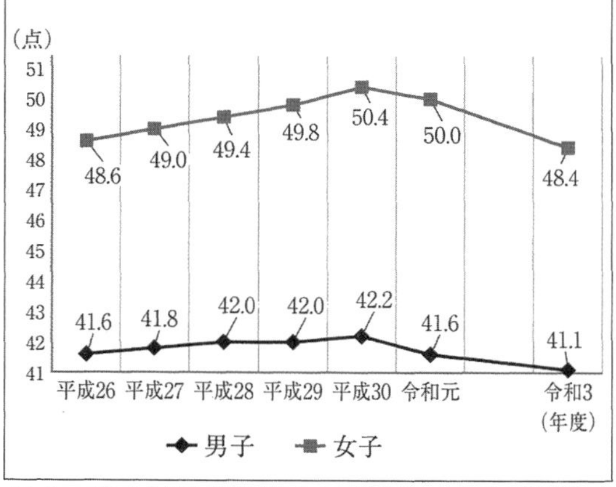

（スポーツ庁「令和３年度全国体力・運動能力、運動習慣等調査報告書」より作成）

ア　【資料Y】→【資料X】→【資料Z】　　イ　【資料Y】→【資料Z】→【資料X】

ウ　【資料Z】→【資料X】→【資料Y】　　エ　【資料Z】→【資料Y】→【資料X】

問３　体育委員会の提案について、クラスで行う取り組みとして、あなたは「みんなでストレッチ」と「クラス対抗長縄跳び」のどちらがよいと考えますか。あなたの考えとその理由を書きなさい。ただし、次の【条件】に従うこと。

【条件】

・百一字以上、百二十字以内で書くこと。
・理由は、【資料X】を参考にし、具体的に書くこと。
・原稿用紙の使い方に従って書くこと。

一 天山中学校の体育委員会では、学校生活に運動習慣を取り入れる提案をすることになった。次の**【プレゼンテーションの原稿】**を読んで、あとの問いに答えなさい。

【プレゼンテーションの原稿】

（Aさん）　私たち体育委員会は、皆さんが健康的で充実した生活を送るために、各クラスで学校生活に運動習慣を取り入れることを提案します。

（Bさん）　この資料は、スポーツ庁が全国の中学生に行った、平成二十六年度から令和三年度までの体力テストにおける体力合計点の平均値の経年変化を男女別にグラフで示したものです。令和二年度は新型コロナウイルス感染症の影響で体力テストが行われなかったため、令和二年度のデータはありません。この結果をみると、中学生の体力が令和元年度から低下していることが分かります。

（Cさん）　次に、令和三年度に全国の中学生に行った、運動やスポーツに関する調査をまとめた資料を見てください。新型コロナウイルス感染症の影響を受ける前と令和三年度とでは、運動やスポーツに取り組む時間が減少したという人が四割程度います。

（Dさん）　また、私たち体育委員会は、全校生徒に「コロナ禍によって学校生活がどのように変わりましたか」というアンケートを行いました。その中で多かった上位三つの意見を示しています。新型コロナウイルス感染症が流行する前と比較して、友達と話せなくなった、体を動かせなくなったという回答があり、こうしたことがコミュニケーション不足や運動不足、体力の[a]衰えにつながっているのではないかと考えました。

（Aさん）　そこで、各クラスでの取り組みとして、「みんなでストレッチ」と「クラス対抗長縄跳び」を提案します。

（Bさん）　「みんなでストレッチ」は、朝の会で五分間のリラックスタイムを設け、クラス全員で[b]カンタンなストレッチに取り組みます。「クラス対抗長縄跳び」は、昼休みの時間に、三分間で跳んだ回数の合計を他のクラスと[c]競います。

（Cさん）　各クラスでどちらの取り組みにするか話し合い、健康的で充実した学校生活を送ることができるよう[d]ツトめましょう。これで、体育委員会からの提案を終わります。

問1　[a]衰、[b]カンタン、[c]競、[d]ツト　について、カタカナは漢字に直し、漢字は読みをひらがなで書きなさい。

問2　次の**【資料X】**、**【資料Y】**、**【資料Z】**は、提案を行うために作成したスライドである。**【プレゼンテーションの原稿】**をもとに、プレゼンテーションの進行に沿って、**【資料X】**、**【資料Y】**、**【資料Z】**を正しい順番に並べたものとして最も適当なものを、あとのア～エの中から一つ選び、記号を書きなさい。

一般

佐賀県公立高等学校

令和5年度学力検査問題

（第1日第1限）

国語

（50分）

（注意）

1 「始め」の合図があるまでは、開いてはいけません。
2 問題は 一 から 四 まであり、14ページまでです。
3 「始め」の合図があったら、まず解答用紙に受検番号を書きなさい。
4 答えは、すべて解答用紙に書きなさい。
5 印刷がはっきりしないでわからないときは、黙って手を挙げなさい。
6 「やめ」の合図で、すぐに鉛筆を置き、解答用紙を裏返しにして机の上に置きなさい。
7 検査終了後、問題用紙は持ち帰りなさい。

2023(R5) 佐賀県公立高
K 教英出版

(1) Ⅰ に当てはまるものとして、最も適当なものを、次のア～エの中から一つ選び、記号を書きなさい。

ア　自分のことを憎んでいる人から嫌がらせを受けるのではないかと勝手に不安になり、他者の意見も聞かずに思い悩むから

イ　自分がたたりを受けることを恐れて神や仏しか信じることができなくなり、寝食を忘れて仏神に祈りをささげ続けるから

ウ　自分が悪口を言われているといううわさを疑わずに信じてその人に罰を与えようと、ひたすらに呪いをかけ続けるから

エ　自分のことを恨んでいる人が呪いをかけていると聞いて冷静に考えることができなくなり、たたりがあると思うから

(2) Ⅱ に当てはまる言葉を十字程度で書きなさい。

(3) Ⅲ に当てはまるものとして、最も適当なものを、次のア～エの中から一つ選び、記号を書きなさい。

ア　人は「死霊の罰、生霊の罰がある」と言うけれど、それは他者への対応が誠実でなかったことが原因であるから、常に誠意を持って他者に接するべきだ

イ　人は「死霊の罰、生霊の罰がある」と言うけれど、それは思い込みによる恐怖心や罪悪感から生み出されたものだということをわかっておくべきだ

ウ　人は病気になったり、悪夢に悩まされたりすることがあるが、それは霊の存在を心から信じてしまうことが原因で生じるのだと知っておくべきだ

エ　人は病気になったり、悪夢に悩まされたりすることがあるが、それは自分の悪い行いによって生じるものであるから、日頃から善行を心掛けるべきだ

問1　ゆゑに　を現代仮名遣いで書きなさい。

問2　[X]、[Y]、[Z]に当てはまる語の組み合わせとして最も適当なものを、次のア～エの中から一つ選び、記号を書きなさい。

ア　X―蛙　Y―蛙　Z―茄子
イ　X―蛙　Y―茄子　Z―蛙
ウ　X―茄子　Y―蛙　Z―茄子
エ　X―茄子　Y―蛙　Z―蛙

問3　次に示すのは、是にて右の死霊、生霊の罰といふも、皆心ゆゑと知るべし　についての先生とAさん、Bさんの【対話】である。文章と【対話】を踏まえて、あとの(1)～(3)の問いに答えなさい。

【対話】

（先　生）　本文では「死霊、生霊の罰といふも、皆心ゆゑ」と理解しておくべきだと書かれていますが、このことについて二つの具体例を挙げて説明されています。一つ目の例では「わづらひなどする人多し」とあります。これは病気になる人が多いということですが、それはなぜだと書いてありましたか。

（Aさん）　[Ⅰ]です。

（先　生）　そうですね。では二つ目は昔の中国の人の例でした。「夢中に蛙におかされたるなり」とは、夢の中で蛙に襲われたということですが、「有人」はどうしてこのような夢を見たのでしょうか。

（Bさん）　「有人」が[Ⅱ]と思ったからです。

（先　生）　そうですね。では、この二つの例を通して筆者が伝えたいことはどういうことなのでしょうか。

（Aさん）　[Ⅲ]ということだと思います。

四　次の文章を読んで、あとの問いに答えなさい。

愚かなる人をしなべて《皆同じく》、「死霊《しれう》の罰《ばち》、生霊《しやうれう》の罰」など云《いふ》と見えたり《言うようだ》。これ生霊、死霊の罰にあらず《ではなく》、皆己《おの》が《自分の》心の罰なり。たとへば我を妬《ねた》む人ありて、仏神にかけて悪口《あつかう》し、呪咀《しうそ》する《仏や神に向かって自分の悪口を言い、呪いをかけている》と伝聞《つたへきき》、もはや理も非も分かたず《分別もつかず》、恐れおののきて、たたりあるべき《あるはずだ》と思ふ心ゆゑに、※わづらひなどする人多し。是《これ》皆心の罰と知るべし《分かっておくべきだ》。

昔※唐土《もろこし》にも、有《ある》人※用所《ようじょ》ありて、闇夜《あんや》に出行《しゆつぎやう》せし《出かけた》途中にて、何やらん足に触りたるを踏みたれば《何であろうかと足に触れたものを踏んだところ》、ぐいと鳴りたり。此《この》人心の中《うち》に、※蛙《かはづ》を踏み殺したりと思ひ行過《ゆきすぎ》、用所を仕舞《しまい》《終えて》、帰りて寝入《ねいり》たるに、夢中に蛙どもかずかず集りて、科《とが》《罪》もなき蛙を踏み殺されたり《踏み殺した》とて、夜もすがら《一晩中》驚かしけり。さて夜あけて、其《その》所に行《ゆき》て見れば《見たところ、》、蛙にはあらで《ではなくて》茄子《なすび》にてぞありける《であった》。其踏みたる時、［X］と知らば《知っていたら、》、など《どうして》［Y］を夢に見るべきや《見ることがあろうか》、［Z］をこそ見るべけれ《見るはずだ》。蛙を踏み殺したりと思ふたる心ゆゑに、夢中に蛙におかされたるなり。是にて右の死霊、生霊の罰といふも、皆心ゆゑと知るべし。

（江島《えしま》為信《ためのぶ》『身《み》の鏡《かがみ》』による）

（注）※わづらひ…病気。
※唐土…昔の中国の呼称。
※用所…用事。
※蛙…かえる。

問5　本文の表現について次のように【ノート】に整理した。《本文の表現》に対応するように、《表現の効果》の□に入るA～Dを右から順番に並べ替えたものとして最も適当なものを、あとのア～エの中から一つ選び、記号を書きなさい。

【ノート】

《本文の表現》

「自分の指を見ていると、なぜか父の指と重なった」 → □

「父は不器用だ」
「父は不器用なのだ」 → □

「あたしがボタンホールになかなか引っかけられないでいるのを見た父が、不器用だな、と呆れて留めてくれた」 → □

「父が真っ白い眼鏡の向こうからこっちを見つめてくるのが分かったので、あたしはもりもり食べて見せた」 → □

《表現の効果》

《表現の効果》

A　父の二つの異なる行動をもとに描写し、父が不器用であることを強調している。

B　「綾」が指に針を刺したことをきっかけとして、父との共通点につながる回想場面につなげている。

C　一生懸命な父をがっかりさせないように、「綾」が気を遣っていることを表現している。

D　不器用な父が「綾」に不器用だと言い、二人の共通点が不器用さであると印象づけている。

ア　C→A→D→B

イ　B→A→D→C

ウ　B→D→A→C

エ　A→C→D→B

問1　わざわざ　と同じ品詞の語を次の文中から一語で抜き出して答えなさい。

昨日、体育の授業中に少し足をひねったので、近くの病院に行ったが、たいしたことはなかった。

問2　①父つきの家にいるくらいならキャンプだろうと旅行だろうと行ってもいい気がしていた　とあるが、なぜ「綾」はこのように考えているのか。その説明として最も適当なものを、次のア～エの中から一つ選び、記号を書きなさい。

ア　本当は家で仲の良い友だちを呼んで遊びたいが、家にいる父から嫌味ばかり言われたため面白くなく、外に出かけたくなったから。

イ　本当はキャンプや旅行に行くよりも家でのんびり過ごしたいが、愛想《あいそ》がなく堅苦しい父と一緒に家で過ごすのは苦痛で避けたいから。

ウ　本当は家にいるよりキャンプや旅行に行きたいが、友だちは家族と出かけると言っており、一緒に出かける相手は父しかいないから。

エ　本当は自分の部屋にこもって自由に過ごしたかったが、父が勝手に部屋に入ってきて説教するので、父がいない所に行きたいから。

問3　次に示すのは、②私は嬉しさを押し殺して精一杯渋面をこしらえた　についてのAさんとBさんの【対話】である。□にあてはまる言葉を三十字以内で書きなさい。

【対話】

（Aさん）　「渋面」を辞書で調べると「渋いものをなめたような苦々しい顔つき」と書いてあったよ。この場面では「渋面をこしらえた」で「綾」が残念そうな表情を作ったことを表しているんだろうね。

（Bさん）　この時の「綾」は、心情と表情が合っていないということだよね。「綾」が精一杯残念そうな表情を作ったのは、□ためということだね。

問4　③嬉しくて感動した　と　④任務を完遂した　とあるが、そのときの「綾」についての説明として最も適当なものを、次のア～オの中からそれぞれ一つずつ選び、記号を書きなさい。

ア　父への不快感に耐えながら父の手助けを最後までなんとかやり終えたことで、父に好印象を持ち始めている。

イ　父が自分のために、苦戦しながらも初めてのことに挑戦しようとしてくれている姿に心から感謝している。

ウ　素直に父の手伝いに取り組み、与えられた仕事をやり遂げた自分を褒めてやりたい気持ちになっている。

エ　父が器用にこなせなくとも決して諦めず一生懸命に取り組んだことに対し、胸が一杯になっている。

オ　もともと父を面白味がないと思っていたが、必死な父の姿を見てますます面白味がないと思っている。

テープの剥離《はくり》紙を剥《は》いだが、指に巻きつけようとして粘着面同士をくっつけてしまってどうにもできなくなり、絆創膏の一枚を無駄にした。父は不器用なのだ。

　あたしは新たな絆創膏を用意して、父の指に巻いてあげた。すまない、と父が言う。あたしは、こういうこともあるよ、と慰《なぐさ》めた。こういうこともある、というほど稀《まれ》な頻度《ひんど》であるかのようなあたしの慰めが、いかに場当たり的だったか明らかになるのは、早かった。再開一投目でまた刺したからだ。

　あたしは手当てをする。

「お父さん、いつもやってるの？」

「そうだ。Ｙシャツのボタンをよくつけ直している」

　あたしが聞いたのは、いつもこんなに指に刺しているのかということだったが、考えてみればわざわざ聞くまでもないのだ。

　そういえば、Ｙシャツのボタンの周りに小さな茶色いしみが点々と残っているのを見たことがあった。その※根性跡《こんじょうあと》も、ネクタイを締めてしまえば見えなくなる。

　父はどうにかボタンをつけ終えた。

　ボタンはギチギチにつけられていて、ボタンホールに引っかけにくい。あたしがボタンホールになかなか引っかけられないでいるのを見た父が、不器用だな、と呆《あき》れて留めてくれた。

　昼食は焼きそばだ。あたしはキャベツを洗って、紅ショウガを袋から器に空けるという④任務を完遂した。焼きそばは異様に脂《あぶら》っこく、粉のソースがところどころダマになっていた。半透明でビロビロになったキャベツと、脂身の多い豚肉と、真っ赤な紅ショウガのそれは、おいしかった。※ジャンク的な味は屋台の焼きそばみたいで祭りの気分も味わえた。

　ダイニングテーブルをはさんだ父が、眼鏡を曇らせ麺《めん》をすすりながら、目玉焼きをのっければよかったな、と呟《つぶや》く。

　あたしは、殻《から》入りの目玉焼きを想像して、別になくてもいいよ、と応えた。

　父が真っ白い眼鏡の向こうからこっちを見つめてくるのが分かったので、あたしはもりもり食べて見せた。

　父はそうか、と若干明るい声で言うと、自身も焼きそばをごっそりすくい上げて頬張《ほおば》った。

（髙森《たかもり》　美由紀《みゆき》『藍色ちくちく　魔女の菱刺《ひし》し工房』による）

（注）　※踵を返す…引き返す。
　　　※根性跡…ボタンつけをしたときについた血の跡。
　　　※ジャンク的な味…カロリーが高く栄養価の低いスナック菓子のような味。

「家庭科を知らないのか」
父のこめかみが震えたように見えた。あたしのせいではないので、黙って見返す。
父が踵《※きびす》を返してキッチンを出ていく。
料理の手伝いの話は立ち消えになるのかと期待して、部屋に向かいかけたところで父が戻ってきた。
母のエプロンを手にしている。身に着けるよう差し出してきた。なんてこった。何が何でも手伝わせるつもりらしい。こんなことならキャンプに……。
渋々《しぶしぶ》エプロンを受け取る。後ろをボタンで留めるタイプだが、そのボタンが取れそうだ。
「残念。これじゃあ、エプロンはつけれないね。エプロンがつけれないなら、お手伝いはできないね」
②私は嬉《うれ》しさを押し殺して精一杯渋面《しぶつら》をこしらえた。学習発表会では、この特技を生かし、岩の役をやったのだ。人前に出ることが恥ずかしすぎて逆に頬《ほお》が緩むのを堪《こら》えた表情が、どう見ても気難しがり屋の岩にしか見えなかったと絶賛されたという実績がある。
「直す暇《ひま》がなかったんだろう。直せばいいんだ。裁縫道具を持ってきなさい」
「あたしできないよ。お父さんは、できるの?」
「できる。向こうで一人暮らししているんだ。なんだってできるようになる」
そっか。お父さんは料理もボタンつけもやれるんだ。少し見直した――のは、ボタンをつけ始めるまで。
父の不器用偏差値の認識が甘かったと反省し、父は「できる」と言ったが「まともにできる」とは言わなかったのを、私は父が指に針を三回刺したところで思い出すことになる。
母の裁縫道具は、えんじ色のクッキー缶に入っていた。真ん中に白い帽子《ぼうし》をかぶった女の子がおすまし顔で横を向いている絵が描かれている。糸が通っている針が数本あった。
父はエプロンからボタンをむしり取った。ハサミは使わなかった。もしかしたら使えなかったのかもしれないが深く追及することは避けた。
ボタンをあてがって、生地の裏から刺す。ボタンの穴ではないところを突いたようで何度かガツガツと刺していた。穴から針が出てくるのが先か、父のこめかみの太い血管がブチ切れるのが先か静かに見比べていると、ボタンの穴から針の先がヒョコッと出た。
「出た!」
万感の思いが込み上げる、と言えばそれは大袈裟《おおげさ》になるが、③嬉しくて感動した。大変よく頑張《がんば》ったと思う。父のこめかみの膨らみもすぼむ。
引き抜いた表から穴に刺し、再び裏へ貫こうとした時。
「いっ」
父は指を刺した。父はあたしと違って、指をくわえるのではなく、ティッシュで押さえた。あたしは救急箱から絆創膏《ばんそうこう》を取って渡す。父は粘着

一般

令和6年度学力検査問題

（第1日第2限）

理　　科

（50分）

（注　　意）

1　「始め」の合図があるまでは、開いてはいけません。
2　問題は 1 から 5 まであり、14ページまでです。
3　「始め」の合図があったら、まず解答用紙に受検番号を書きなさい。
4　答えは、すべて解答用紙にかきなさい。
5　印刷がはっきりしないでわからないときは、黙って手を挙げなさい。
6　「やめ」の合図で、すぐに鉛筆を置き、解答用紙を裏返しにして机の上に置きなさい。
7　検査終了後、問題用紙は持ち帰りなさい。

1 次の１～４の各問いに答えなさい。

1　下の(1)、(2)の問いに答えなさい。

図１のように、*ことじの位置を自由に変えることができるモノコードがある。弦とことじが接する点をＰ、弦の右端の点をＱとする。弦を張る強さと弦をはじく強さは一定にして次の**【実験１】**を行った。

図１

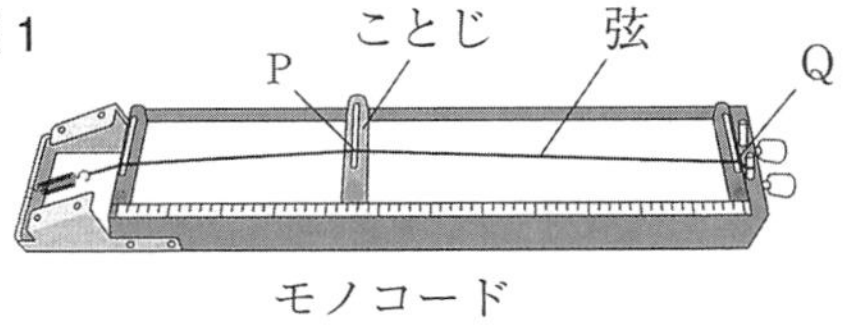

*ことじ：位置を変えることで音の高低を調整する部品

【実験１】

①　ＰＱ間の弦をはじくと、ある高さの音が生じた。**図２**は、ＰＱ間の弦が振動しているときのようすを模式的に表したものである。

図２

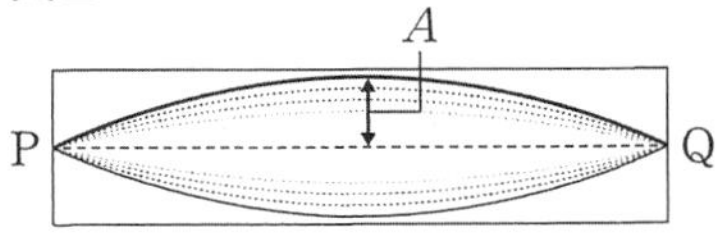

②　弦を太いものに変えてＰＱ間の弦をはじくと、①のときとは異なる高さの音が生じた。

③　太い弦のまま、ことじを**図１**の点Ｑ側に少し動かしてＰＱ間の弦をはじいた。

④　③の操作を繰り返して、ことじがある位置にきたとき、①と同じ高さの音が生じた。

(1)　**図２**中の矢印で示された振れ幅 A を何というか、書きなさい。

(2)　**【実験１】**について、次の文中の（　Ⅰ　）、（　Ⅱ　）にあてはまる語句を書きなさい。

> ことじを点Ｑ側に動かしてＰＱ間の弦をはじくと、動かす前よりも振動数が（　Ⅰ　）なる。④で、ことじを点Ｑ側に動かすと①と同じ高さの音が生じる位置があったことから、ＰＱ間の弦の長さが同じ場合、太い弦の方が振動数が（　Ⅱ　）ことがわかる。

2　次の**【実験２】**～**【実験４】**を行った。気体Ａ～Ｃは、酸素、塩素、水素のいずれかである。下の(1)～(3)の各問いに答えなさい。

【実験２】 気体Ａを入れた試験管にマッチの炎を近づけると爆発的に燃え、液体が生じた。生じた液体に青色の塩化コバルト紙をつけると、赤（桃）色に変化した。

【実験３】 気体Ｂのにおいを手であおぐようにして確認すると、特有の刺激臭がした。

【実験４】 酸化銀を試験管に入れガスバーナーで十分に加熱すると、気体Ｃが発生した。

(1)　下線部の反応を化学反応式で書きなさい。

(2)　気体Ｂの性質について説明したものとして最も適当なものを、次のア～エの中から１つ選び、記号を書きなさい。

ア　火山ガスの成分であり、腐った卵のようなにおいがする。

イ　水で湿らせた赤色リトマス紙を青色に変える。

ウ　石灰水を白くにごらせる。

エ　インクで着色したろ紙を近づけるとインクの色が消える。

(3)　気体Ｃを発生させる方法として最も適当なものを、次のア～エの中から１つ選び、記号を書きなさい。

ア　メタンを燃焼させる。

イ　二酸化マンガンにうすい過酸化水素水を加える。

ウ　ベーキングパウダーに酢を加える。

エ　亜鉛にうすい塩酸を加える。

3　デンプンに対するだ液のはたらきを調べるために、次の**【実験５】**を行った。ただし、用いただ液に糖は含まれていない。下の(1)、(2)の問いに答えなさい。

【実験５】

①　試験管Ａ～Ｄに0.5%デンプン溶液５mLをそれぞれ入れた。試験管ＡとＣには、水で薄めただ液２mLを加えてよく混ぜ合わせ、試験管ＢとＤには、水２mLを加えてよく混ぜ合わせた。その後、試験管Ａ～Ｄを36℃の水に入れて10分間置いた。

②　試験管Ａ、Ｂにヨウ素液を数滴加えて色の変化を見た。

［結果］

試験管	Ａ	Ｂ
色の変化	変化なし	青紫色に変化した

③　試験管Ｃ、Ｄにベネジクト液を数滴加えて沸騰石を入れた。試験管を振りながらガスバーナーで加熱し、色の変化を見た。

［結果］

試験管	Ｃ	Ｄ
色の変化	赤褐色に変化した	変化なし

(1)　**【実験５】**について、次の文中の（　Ⅰ　）、（　Ⅱ　）にあてはまるものを、Ａ～Ｄの中からそれぞれ１つずつ選び、記号を書きなさい。

　試験管Ａと試験管Ｂを比較すると、試験管（　Ⅰ　）ではデンプンがなくなったことが分かる。また、試験管Ｃと試験管Ｄを比較すると、試験管（　Ⅱ　）にはブドウ糖や、ブドウ糖が２～10個程度つながったものが存在することが分かる。

(2)　**【実験５】**では、だ液のはたらきによって、デンプンが別の糖に変化したと考えられる。だ液に含まれ、デンプンを分解するはたらきをもつ消化酵素を何というか、書きなさい。

4　天体望遠鏡に太陽投影板を取りつけ、太陽の像の直径が10cmになるように調整し、ピントを合わせた。像を観察したところ、黒いしみのようなものが複数あった。**図３**は太陽の像を記録したものである。次の(1)、(2)の問いに答えなさい。

(1)　像にある黒いしみのようなものは、太陽表面で周りよりも温度が低い部分である。この部分を何というか、書きなさい。

(2)　**図３**の黒いしみａを調べたところ、太陽投影板上のLの長さは2.0mmであった。太陽の直径を地球の直径の約110倍とすると、Lの実際の長さは地球の直径の約何倍か。次のア～エの中から１つ選び、記号を書きなさい。

ア　約0.45倍　　イ　約2.2倍　　ウ　約4.5倍　　エ　約22倍

図３

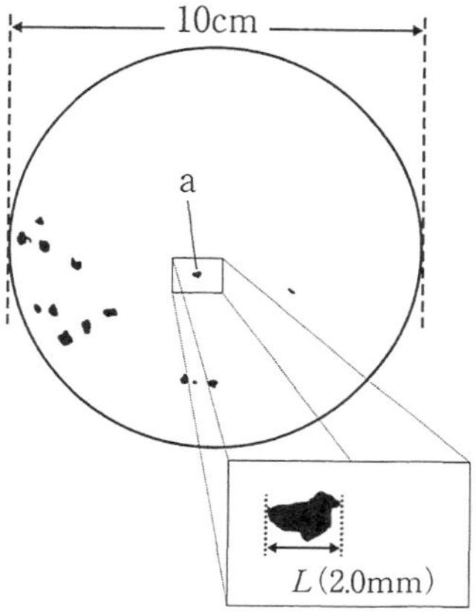

aの拡大図

2　次の１、２の問いに答えなさい。

1　マグネシウム、亜鉛、銅のイオンへのなりやすさを調べるために**【実験１】**を行った。下の(1)～(3)の各問いに答えなさい。

【実験１】

図１のようにマイクロプレートの縦の列に同じ種類の金属板を入れた。金属板は左から順に、マグネシウム板、亜鉛板、銅板である。さらにマイクロプレートの横の列に同じ種類の水溶液を加えた。水溶液は上から順に硫酸マグネシウム水溶液、硫酸亜鉛水溶液、硫酸銅水溶液である。金属板にどのような変化が起こったかを観察し、その結果を**表**にまとめた。

図１

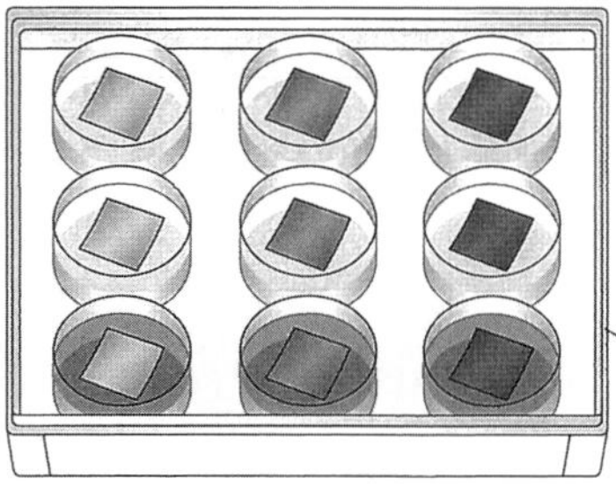

表

	マグネシウム板	亜鉛板	銅板
硫酸マグネシウム水溶液	変化なし	変化なし	変化なし
硫酸亜鉛水溶液	①金属板がうすくなり、黒い物質が付着した。	変化なし	変化なし
硫酸銅水溶液	金属板がうすくなり、赤い物質が付着した。	②金属板がうすくなり、赤い物質が付着した。	変化なし

(1)　次の文は、**表**の下線部①について説明した文である。文中の（　a　）、（　b　）にあてはまる語句として最も適当なものを、下のア～エの中から１つずつ選び、記号を書きなさい。

> 下線部①で見られる変化では、（　a　）原子と（　b　）イオンの間で電子のやりとりが行われたと考えられる。

ア　マグネシウム　　イ　水素　　ウ　亜鉛　　エ　硫酸

(2)　**表**の下線部②の変化を、化学反応式で書きなさい。ただし、電子を e^- で表しなさい。

(3)　**【実験１】**の結果から、最もイオンになりやすい金属と最もイオンになりにくい金属はどれか。その組み合わせとして最も適当なものを、次のア～エの中から１つ選び、記号を書きなさい。

	最もイオンになりやすい金属	最もイオンになりにくい金属
ア	マグネシウム	亜鉛
イ	亜鉛	マグネシウム
ウ	亜鉛	銅
エ	マグネシウム	銅

2　電池のしくみを調べるために【実験２】を行った。下の(1)～(4)の各問いに答えなさい。

【実験２】

図２のように③容器の中央にセロハン膜を使用した仕切りをつけ、一方に硫酸亜鉛水溶液を入れ、もう一方に硫酸銅水溶液を入れた。硫酸亜鉛水溶液には亜鉛板を入れ、硫酸銅水溶液には銅板を入れた。さらに亜鉛板と銅板のそれぞれに導線をつけて、電子オルゴールに接続したところ、電子オルゴールが鳴った。

図２

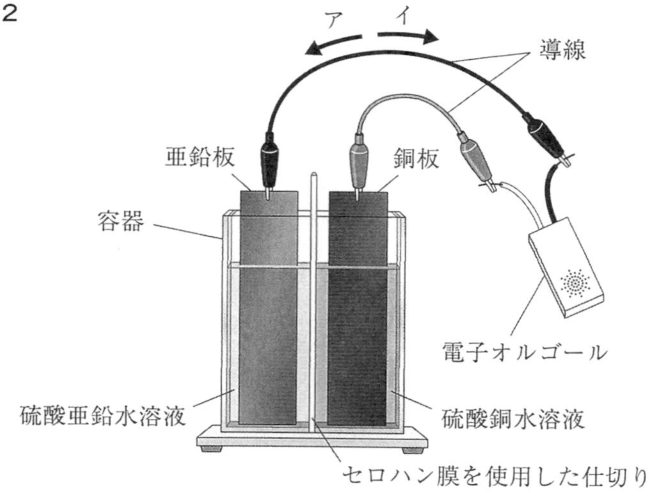

(1)　次の文は、【実験２】でおこるエネルギーの変換について説明した文である。文中の（　c　）、（　d　）にあてはまる語句として最も適当なものを、下のア～エの中から１つずつ選び、記号を書きなさい。

（　c　）エネルギーが（　d　）エネルギーに変換され、（　d　）エネルギーが音エネルギーに変換されている。

ア　化学　　イ　運動　　ウ　熱　　エ　電気

(2)　下線部③のようにしてつくられた電池の名称として最も適当なものを、次のア～エの中から１つ選び、記号を書きなさい。

ア　鉛蓄電池　　イ　リチウム電池　　ウ　ダニエル電池　　エ　燃料電池

(3)　電子オルゴールに接続後、**図２**の容器中に増加していくイオンとして最も適当なものを、次のア～エの中から１つ選び、記号を書きなさい。

ア　Cu^{2+}　　イ　Zn^{2+}　　ウ　H^{+}　　エ　SO_4^{2-}

(4)　亜鉛板に接続した導線を流れる電流の向きとして適当なものは、**図２**のア、イのどちらか、記号を書きなさい。

3 次の１、２の問いに答えなさい。

1　19世紀から20世紀にかけて植物学者として活躍した牧野富太郎《まきのとみたろう》は、生涯で50万点もの標本や観察記録を残し、命名した植物は1500種をこえる。次の**図１～図３**は、牧野が発刊に携わった『牧野新日本植物図鑑』の新訂版から引用したものである。あとの(1)～(4)の各問いに答えなさい。

図１

図２

図３

(1)　**図１～図３**の植物は被子植物の仲間である。裸子植物と比べたときに被子植物のみに見られる特徴を、「子房」と「胚珠《はいしゅ》」という語句を用いて簡潔に書きなさい。

(2)　**図１**はジョウロウホトトギスという植物である。この植物がもつ特徴として最も適当なものを、次のア～エの中から１つ選び、記号を書きなさい。

ア　葉脈は平行脈で、発芽したときに見られる子葉は１枚である。

イ　葉脈は平行脈で、発芽したときに見られる子葉は２枚である。

ウ　葉脈は網状脈で、発芽したときに見られる子葉は１枚である。

エ　葉脈は網状脈で、発芽したときに見られる子葉は２枚である。

(3) **図2**はオニユリという植物で、葉の付け根にできるむかごから新しい個体をつくる栄養生殖を行うことができる。栄養生殖について説明した次の文中の（ a ）～（ c ）にあてはまる語句の組み合わせとして最も適当なものを、下のア～クの中から１つ選び、記号を書きなさい。

> 栄養生殖は、植物の（ a ）生殖の一種であり、植物の体の一部の細胞が（ b ）分裂し、親と（ c ）遺伝子の組み合わせをもつ新たな個体が生じる。

	a	b	c
ア	有性	体細胞	同じ
イ	有性	体細胞	異なる
ウ	有性	減数	同じ
エ	有性	減数	異なる
オ	無性	体細胞	同じ
カ	無性	体細胞	異なる
キ	無性	減数	同じ
ク	無性	減数	異なる

(4) **図3**はムジナモという植物である。ムジナモは淡水に生息する水草の一種で、光合成を行うことに加えて、葉で動物プランクトンを捕らえて消化し、そこに含まれる栄養分を吸収することもできる。この植物に関するハナコとタロウの**【会話】**の（ d ）、（ e ）にあてはまる内容として最も適当なものを、下のア～エの中からそれぞれ１つずつ選び、記号を書きなさい。

【会話】

ハナコ：ムジナモは生産者と消費者のどちらなのだろう。

タロウ：最近話題の、文章で対話ができる*生成ＡＩで調べてみよう。

ハナコ：そうだね。私の調べ方だと、「消費者は無機物から有機物を合成することはできない。一方、生産者は無機物から有機物を合成することができる。」と書いてあったよ。この場合、ムジナモは（ d ）と考えられるね。

タロウ：僕の調べ方だと、「消費者は他の生物を捕らえて消化し、その栄養分を吸収する。一方、生産者は他の生物を捕食しない。」と書いてあったよ。この場合、ムジナモは（ e ）と考えられるね。

ハナコ：何に着目するかによって見方が変わってくるし、この生成ＡＩが出した答えを検討する必要があるよね。

*生成ＡＩ：人工知能を用いて質問に回答するシステム

ア　消費者であり、生産者でもある
イ　消費者であり、生産者ではない
ウ　消費者ではなく、生産者である
エ　消費者ではなく、生産者でもない

2　佐賀県の南側には、広大な干潟《ひがた》を有する有明海が広がっている。①有明海に生息する生物には、**図4**のようなケイソウ類などの植物プランクトン、植物プランクトンを捕食するカイアシ類などの動物プランクトン、さらに動物プランクトンを捕食するエツといった小型の魚類がいる。これらの生物の数量関係は、②様々な要因によって一時的に変化することがあるが、再びもとに戻りつり合いが保たれる。また、有明海周辺には、日本以外では見ることのできない生物もいれば、③過去に海外から輸入され、その後日本で繁殖を繰り返し、分布を広げている生物などもおり、多様な生物の営みが見られる。あとの(1)～(4)の各問いに答えなさい。

図4

ケイソウ類　大きさ約 0.1 mm
カイアシ類　大きさ約 1 mm
エツ　大きさ約 30 cm

(1)　下線部①について、植物プランクトン、動物プランクトン、小型の魚類の数量関係として最も適当なものを、次のア～カの中から1つ選び、記号を書きなさい。

	少ない ←――――→ 多い		
ア	植物プランクトン	動物プランクトン	小型の魚類
イ	植物プランクトン	小型の魚類	動物プランクトン
ウ	動物プランクトン	植物プランクトン	小型の魚類
エ	動物プランクトン	小型の魚類	植物プランクトン
オ	小型の魚類	植物プランクトン	動物プランクトン
カ	小型の魚類	動物プランクトン	植物プランクトン

(2)　下線部②について、有明海で、食べる食べられるの関係にあるケイソウ類、カイアシ類、エツのうち、カイアシ類の数が急激に減少したとする。この原因と考えられる現象として適当なものを、次のア～エの中から2つ選び、記号を書きなさい。

ア　ケイソウ類が急激に増加した。

イ　ケイソウ類が急激に減少した。

ウ　エツを捕食する大型の魚類が急激に増加した。

エ　エツを捕食する大型の魚類が急激に減少した。

一　般

令和6年度学力検査問題

（第1日第3限）

英　　語

（50分）

（注　　意）

1　放送による指示があるまでは、開いてはいけません。
2　問題は 1 から 5 まであり、14ページまでです。
3　最初に、1 の「放送による聞き取りテスト」を行います。
4　答えは、すべて解答用紙に書きなさい。
5　英語は、活字体、筆記体のどちらで書いてもかまいません。
6　印刷がはっきりしないでわからないときは、黙って手を挙げなさい。
7　「やめ」の合図で、すぐに鉛筆を置き、解答用紙を裏返しにして机の上に置きなさい。
8　検査終了後、問題用紙は持ち帰りなさい。

1 「放送による聞き取りテスト」

問１　英語の質問を聞き、絵が示す内容に合う答えを選ぶ問題です。質問に対する答えとして最も適当なものを、続けて読まれるア～ウの中からそれぞれ一つずつ選び、記号を書きなさい。

※教英出版注
音声は，解答集の書籍ＩＤ番号を教英出版ウェブサイトで入力して聴くことができます。

１番

２番　〈時刻表〉

Buses to Sagan Park		
Bus	Hagakure Station	Sagan Park
A	8:00	8:40
B	8:00	8:30
C	8:00	8:50

問２　会話を聞いて答える問題です。最後の発言に対する受け答えとして最も適当なものを、ア～エの中からそれぞれ一つずつ選び、記号を書きなさい。

１番　ア　Yes, I'm ready.
　　　イ　Yes, I bought it.
　　　ウ　No, I don't want it.
　　　エ　No, it will rain.

２番　ア　OK, let's go together.
　　　イ　Sure, here you are.
　　　ウ　Yes, you can come.
　　　エ　Of course, I will.

問３　あなたは、好きな海外アーティストの公演チケットをとろうとしています。電話で問い合わせをしたところ、自動音声案内につながりました。流れてくる音声メッセージを聞き、あなたが選択すべき番号として最も適当なものを、ア～エの中から一つ選び、記号を書きなさい。

ア

イ

ウ

エ

問４　中学３年生の健（*Takeru*）が、週末にしたことについて英語の授業でスピーチをしています。スピーチのあとに続けて読まれる二つの質問に対する答えとして最も適当なものを、ア～エの中からそれぞれ一つずつ選び、記号を書きなさい。

１番　ア　Because he had a plan to study English.
　　　イ　Because he had a club activity in the morning.
　　　ウ　Because he had to buy a cup of coffee.
　　　エ　Because he had to do his homework in the morning.

２番　ア　He played table tennis with his sister.
　　　イ　He took his sister to a movie theater.
　　　ウ　He went to a bookstore with his sister.
　　　エ　He made a cake with his mother.

2 次の問1、問2に答えなさい。

問1 留学生のジョナ（*Jonah*）と中学生の美津子（*Mitsuko*）が動物園の入口で次の【掲示板】を、また、おみやげ店で下の【ポスター】を見ながら会話をしている。【掲示板】と【ポスター】の内容に合うように、下線部①、②のそれぞれについて、（　　）を含む下線部が1文となるように、（　　）内に英語を書きなさい。ただし、下線部①の（　　）内は、与えられた語を含めて6語以上使用して書くこと。

【掲示板】

Mitsuko : Hey, look! Here is some interesting information.

Jonah : Wow, it's a new baby bear. I will read the Japanese. Its name is Sacchi, right?

Mitsuko : Yes. It's a girl and her birthday is November 15. ①And (　family　).

Jonah : I see. She is so cute.

【ポスター】

Mitsuko : Wow! These are nice goods!

Jonah : Yes. Well, I want to buy the pen.

Mitsuko : Why?

Jonah : ②Because (　　　　). It's only 500 yen. How about you? What will you buy?

Mitsuko : I will buy this T-shirt because it is funny.

問２　英語の授業で、あなたは次の**【写真】**を使いながら「夏休みの体験」についてスピーチをすることになった。スピーチのために書いた**【メモ】**をもとに、下の**【スピーチ原稿】**を完成させなさい。**【スピーチ原稿】**の中の（　１　）と（　２　）には、**【メモ】**の内容に合うように英語を書きなさい。また、（　３　）には、スピーチの内容に合うように、あなた自身の考えを英語で書きなさい。ただし、それぞれ（　　　）を含む下線部が1文となるように書くこと。

【写真】

【メモ】

＜活動内容＞

■小学生の夏休み体験教室でのボランティア

■小学校１～３年生を対象

午前：ピザづくり体験

・ピザの作り方を教えた

・みんなで一緒にお昼ご飯

午後：英語の絵本の読み聞かせ

・英語の絵本の読み聞かせに挑戦した

【スピーチ原稿】

During this summer vacation, I joined a *volunteer activity for students in an elementary school. This was my big experience for this summer.

Now, please look at this picture. In the morning, I (　1　). And then, we ate it all together. The pizza was very delicious!! In the afternoon, (　2　) to them. Every student listened and enjoyed that very much, so I was happy!

At first, I was too shy to speak to children, but I did my best. Through this experience, I have learned that (　3　). Thank you for listening!

*volunteer　ボランティア

3　次の問１～問４に答えなさい。

問１　(1)、(2)は、それぞれ［　　　　］内の状況で会話をしている。それぞれの問題に答えなさい。

(1)　会話の内容を表している最も適当な絵を、あとのア～エの中から一つ選び、記号を書きなさい。

A boy and his mother are talking at home.

A boy　　　:　Oh, it's a rainy day again! I have nothing to do today.

His mother :　Don't be sad! I know how you feel. The weather isn't good.

A boy　　　:　But, you look happy. Why?

His mother :　You can help me when I clean the house today.

ア

イ

ウ

エ

(2) 探しているものが見つかった場所を表す絵として最も適当なものを、あとのア～エの中から一つ選び、記号を書きなさい。

Taro and Miho are talking after shopping.

Taro : I can't find my smartphone!

Miho : Really? Did you check in your pocket?

Taro : Yes, I did.

Miho : Maybe you dropped it or left it at the convenience store. You should go back there.

Taro : OK, I will.

Miho : Hey, wait! Did you check in your shopping bag?

Taro : In my shopping bag? Oh, I found it!

Miho : You put it in the bag at the convenience store!

ア

イ

ウ

エ

問２　次の英文のタイトルとして最も適当なものを、下のア～エの中から一つ選び、記号を書きなさい。

Some English words have more than one *meaning. The words "book" and "change" are good examples. Of course, "book" means the thing you read. It also means to *reserve hotel rooms or tables at restaurants. "Change" means not only making something different but also the money you get after *paying. Even easy words have different meanings.

*meaning　意味　　*reserve ～　～を予約する　　*pay(ing) ～　～を支払う

ア　Reading books in a hotel is good for studying.
イ　We should use not only easy words but also difficult words.
ウ　There are different meanings in one English word.
エ　Learning different meanings of English words will change the world.

問３　次の英文には、事実や考えが書かれている。考えが書かれている英文を、下線部ア～エの中から一つ選び、記号を書きなさい。

It is very hot *these days because the *climate is changing. (ア) Hot days are continuing in July and August. (イ) We have already had 24 days above 35℃. (ウ) It is hotter than last year. Many people feel sick because of this weather. (エ) We have to bring water when we go outside.

*these days　最近　　*climate　気候

問3の問題に移ります。あなたは、好きな海外アーティストの公演チケットをとろうとしています。電話で問い合わせをしたところ、自動音声案内につながりました。流れてくる音声メッセージを聞き、あなたが選択すべき番号として最も適当なものを、ア～エの中から一つ選び、記号を書きなさい。では、始めます。

Thank you for calling. If you want to know about this artist, please choose number 1. If you want to buy some goods, please choose number 2. If you want to go to the concert, please choose number 3. If you want to send messages to this artist, please choose number 4.

（約７秒おいて）繰り返します。（約７秒休止）

［チャイムの音　一つ］

問４の問題に移ります。中学３年生の健（*Takeru*）が、週末にしたことについて英語の授業でスピーチをしています。スピーチのあとに続けて読まれる二つの質問に対する答えとして最も適当なものを、ア～エの中からそれぞれ一つずつ選び、記号を書きなさい。では、始めます。

I went to a movie last Saturday. In the morning, I had a table tennis club activity at my school. So, I went to a theater in the afternoon and enjoyed seeing the movie. The story of the movie came from a book. So, after I saw the movie, I went to a bookstore to buy it. That day was my sister's birthday, so I bought a present for her in a department store.

In the evening, I made a birthday cake with my mother. My sister liked it very much. At the end of the party, I gave her a present. It was a T-shirt of her favorite singer. She looked very happy to wear it. Last Saturday was a great day for me.

（約５秒休止）

１番　Why did Takeru go to a movie in the afternoon?

（約７秒休止）

２番　What did Takeru do for the birthday party?

（約７秒おいて）繰り返します。（約７秒休止）

［チャイムの音　一つ］

これで、放送による聞き取りテストを終わります。ほかの問題へ進んでください。

（約２秒休止）**［チャイムの音　一つ］**

一　般

令和６年度学力検査問題

（第２日第１限）

社　　　会

（50分）

（注　　　意）

1　「始め」の合図があるまでは、開いてはいけません。
2　問題は 1 から 6 まであり、14ページまでです。
3　「始め」の合図があったら、まず解答用紙に受検番号を書きなさい。
4　答えは、すべて解答用紙にかきなさい。
5　印刷がはっきりしないでわからないときは、黙って手を挙げなさい。
6　「やめ」の合図で、すぐに鉛筆を置き、解答用紙を裏返しにして机の上に置きなさい。
7　検査終了後、問題用紙は持ち帰りなさい。

1　世界の地理に関する、１～３の各問いに答えなさい。

１　中国に関して、先生とゆなさんの**【会話文１】**を読んで、下の(1)、(2)の問いに答えなさい。

【会話文１】

先生：**【資料１】**は農業の分布を示したもので、Ａの地域は小麦などの畑作地域です。
ゆな：Ｂの地域とＣの地域ではどのような農業が行われているのでしょうか。
先生：自然環境から考察してみてください。**【資料２】**は標高に応じて色分けしたもので、濃い色ほど標高が高いことを表しています。**【資料３】**のⅠ、Ⅱはそれぞれ**【資料１】**のⓐ地点、またはⓑ地点いずれかの地点の雨温図です。
ゆな：なるほど、**【資料２】**から、ⓐ地点は、標高が高く内陸部にあるとわかるため、ⓐ地点の雨温図は**【資料３】**の［　Ｘ　］と考えられます。気温と降水量から、ⓐ地点があるＣの地域では［　Ｙ　］が行われていると推測できますね。
先生：そうです。自然環境や農業との関係性はもちろんですが、約14億人を数える①中国の人口がどのように推移《すいい》してきたか調べてみるのも面白そうですね。

【資料１】　中国の農業の分布図

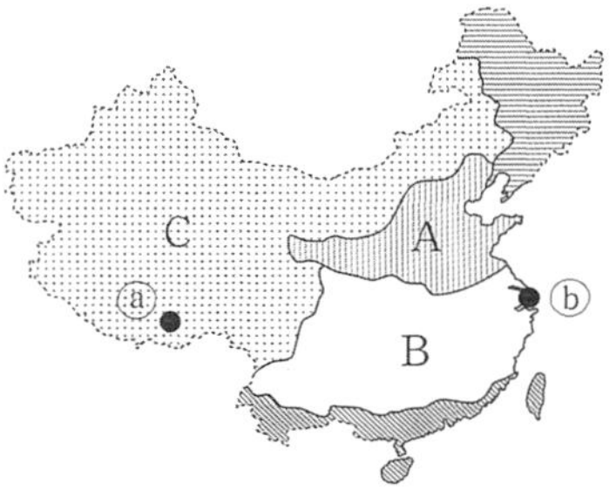

（『中学校社会科地図』より作成）

【資料２】　中国の標高図

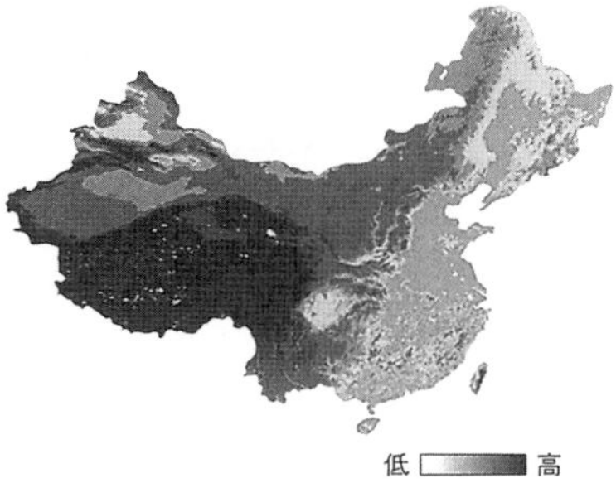

（地理院地図より作成）

【資料３】

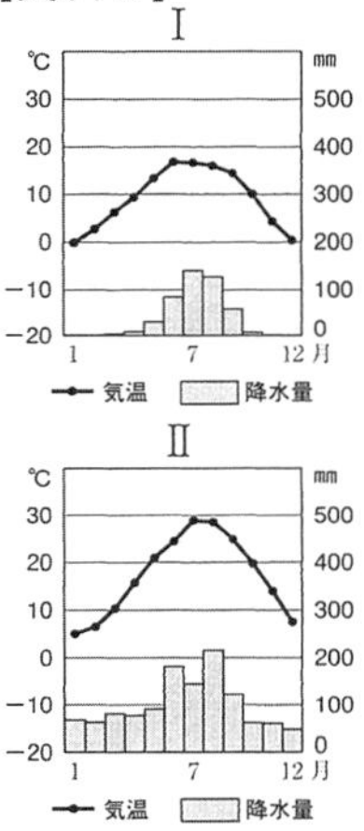

（『データブック オブ・ザ・ワールド 2023』より作成）

(1)　**【会話文１】**の［　Ｘ　］・［　Ｙ　］に入るグラフと語句の組み合わせとして最も適当なものを、次のア～エの中から一つ選び、記号を書きなさい。

ア　Ⅰ・稲作　　イ　Ⅰ・牧畜　　ウ　Ⅱ・稲作　　エ　Ⅱ・牧畜

(2)　下線部①に関連して、次の**【レポート１】**は、ゆなさんが**【資料４】**、**【資料５】**を参考に中国の人口に関してまとめたものである。**【資料４】**の人口動態《どうたい》のグラフのア～ウはそれぞれ都市人口率、出生率、死亡率のいずれかである。**【レポート１】**を参考にして、**【資料４】**のア～ウの中から都市人口率と出生率に該当するものをそれぞれ選び、記号を書きなさい。

【レポート１】

- **【資料４】**、**【資料５】**から産業別人口構成の変化と都市人口率の変化との関連が深いことが分かった。
- **【資料５】**の人口ピラミッドの推移から、かつてとられていた一人っ子政策の影響を受け、少子高齢化が急速に進んでいることがわかった。

【資料４】　中国の人口動態

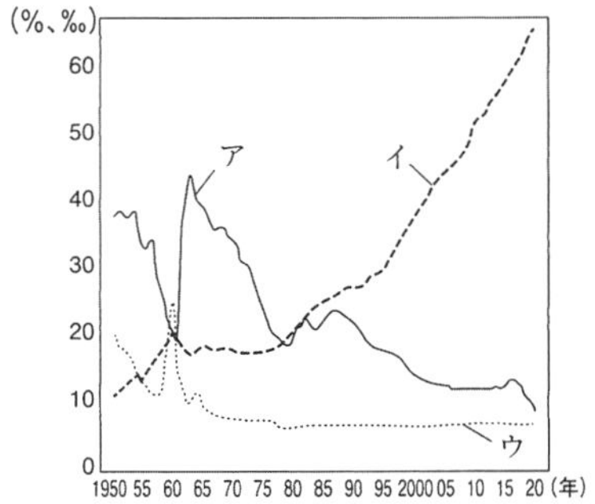

※都市人口率のみ％、ほか‰
※‰は1000分の１を１とする単位で、１‰は0.1％。
（『最新地理図表 GEO』より）

【資料５】　中国の人口に関するデータ

産業別人口構成の推移

	第１次産業	第２次産業	第３次産業
1952年	83.5%	7.4%	9.1%
2018年	26.1%	27.6%	46.3%

人口ピラミッドの推移

※1950年は85歳以上のデータなし。

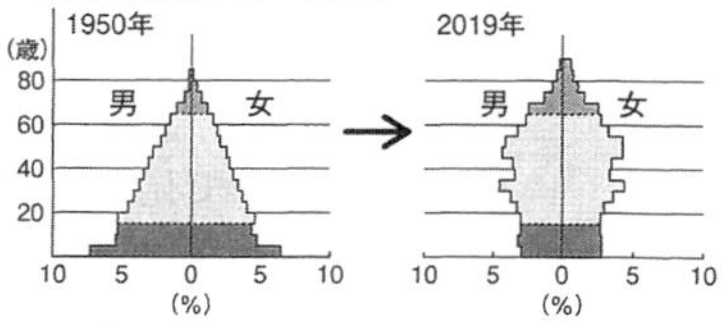

（『新詳地理資料 COMPLETE』より）

2　ヨーロッパ州に関して、右の【地図】を見て(1)、(2)の問いに答えなさい。

(1)　おさむさんは、EU が2004年以降に【地図】のように東ヨーロッパも加盟し、その後、東西ヨーロッパ間で人の移動、工場の移転が生じるようになったことを学んだ。

　このことに関する先生とおさむさんの【会話文２】を読み、【会話文２】の X にあてはまるものを、【図】の矢印Ⅰ、Ⅱのいずれかより一つ選び、記号を書きなさい。

　また、【レポート２】の Y にあてはまる語句を書きなさい。

【地図】

2004年以降に EU に加盟した国々

※キプロスについては、北部地域は正式に加盟していないが一国として扱っている。

【会話文２】

先　生：【図】は、EU の拡大以降に見られるようになった東西ヨーロッパ間での人の移動、工場の移転を図にしたものです。矢印Ⅰ、Ⅱのどちらが人の移動を示したものか、わかりますか。

おさむ：はい。人の移動を示したものは X ですね。

先　生：そうです。次に、【資料６】は、ヨーロッパのおもな国の最低賃金を示したものです。【図】と【資料６】から、人の移動や工場が移転したことで、西ヨーロッパの国や企業ではどのような効果や課題が生じたか、考察することができそうですね。

おさむ：はい。【レポート２】にまとめてみました。

【図】

EU の拡大以降に見られるようになった
東西ヨーロッパ間での人の移動、工場の移転

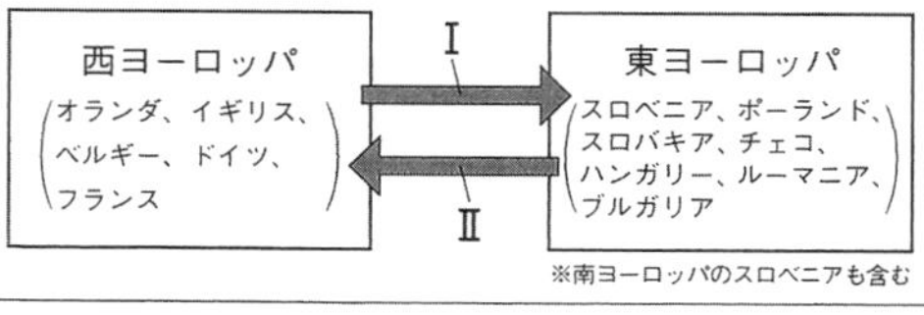

【資料６】　おもな国の最低賃金

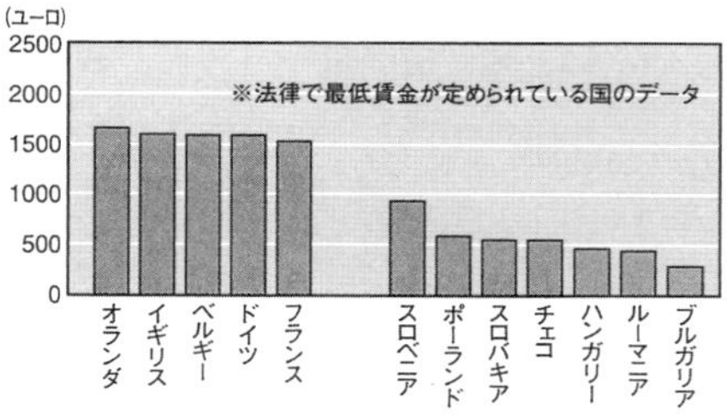

（『新詳地理資料 COMPLETE』より）

【レポート２】　西ヨーロッパの国や企業にとっての経済的な効果・課題

	効　　果	課　　題
国	・貿易が盛んになり、経済効果が上がる。	・もともと西ヨーロッパに住んでいる人々の雇用の機会が減少するおそれがある。
企業	・移転先の国の最低賃金が安いため、 Y を削減できる。	・移転先の国の政治や経済状況の影響を受けやすくなる。

(2) おさむさんは【地図】のＡ地点で見られるフィヨルドの両岸《りょうがん》とＢ地点で見られる谷の形状が似ていることに気づき、このことについて、次の【レポート３】にまとめた。【レポート３】の□にあてはまる語句を書きなさい。

【レポート３】

Ａ地点で見られるフィヨルド

Ｂ地点で見られる谷

～疑問～

Ａ地点で見られるフィヨルドの両岸とＢで見られる谷の形状が似ているのはなぜか。

～調べた結果～

Ａ地点とＢ地点はどちらも□が侵食《しんしょく》したことによってできた谷で、Ａ地点の谷には、その後、海水が入り込みフィヨルドとなった。

3 ゆうきさんはアラブ首長国連邦の政策の変化について調べ、観光と産業の移り変わりについて【資料７】と【資料８】を作成した。【資料７】、【資料８】を参考にして、近年のアラブ首長国連邦の政策の特徴を簡潔に書きなさい。

【資料７】 アラブ首長国連邦の観光客数、観光収入および国内総生産に占めるサービス業の割合の推移

・アラブ首長国連邦の観光客数、観光収入の推移

	観光客数	観光収入
2001年	391万人	10億ドル
2020年	717万人	246億ドル

（『データブック オブ・ザ・ワールド 2004、2023』より作成）

・アラブ首長国連邦の国内総生産に占めるサービス業の割合の推移

	アラブ首長国連邦の国内総生産に占めるサービス業の割合
2000年	20.8%
2020年	34.1%

（『世界国勢図会 2013/14、2022/23』より作成）

ドバイのパームジュメイラ

【資料８】 アラブ首長国連邦の輸出上位５品目が占める割合の変化

2001年	
原　油	50.8%
石油製品	11.6%
天然ガスと石油ガス	5.4%
電気機械	4.7%
繊維と織物	2.8%

→

2019年	
原　油	31.4%
石油製品	14.2%
機械類	13.5%
金(非貨幣用)	8.7%
液化石油ガス	6.1%

（『データブック オブ・ザ・ワールド 2007、2023』より作成）

2

日本の地理に関して、**【地図１】** を見て、１～３の各問いに答えなさい。

【地図１】

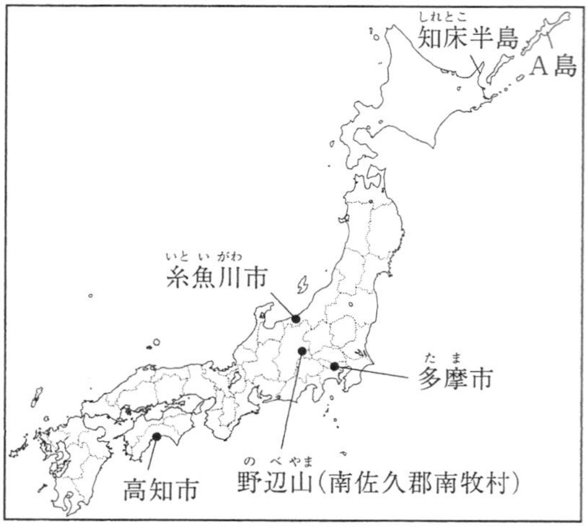

１　たけおさんのクラスでは、夏休みに旅行した地域のことについてそれぞれ話をした。これに関して、(1)、(2)の問いに答えなさい。

(1)　たけおさんは、世界自然遺産に登録されている北海道の知床半島へ旅行し、地図で北方領土を確認した。**【地図１】** のＡ島は北方領土の一つで日本の北端の島である。Ａ島にあてはまる名称を次のア～エの中から一つ選び、記号を書きなさい。

ア　国後島《くなしりとう》　　イ　歯舞群島《はぼまいぐんとう》　　ウ　色丹島《しこたんとう》　　エ　択捉島《えとろふとう》

(2)　次の **【会話文１】** の［　B　］にあてはまる語句を **【地図１】** を参考にして書きなさい。

【会話文１】

みちこ：東京駅から新幹線で新潟県糸魚川市へ行ってきたよ。糸魚川市は世界ジオパークに認定されていて、［　B　］の北西端に位置しているね。
たけお：「大きな溝」という意味の［　B　］は、日本列島ができる時に陥没《かんぼつ》した地帯だよね。
ひかる：私は富士山に行ってきたけど、確かに富士山も［　B　］の南端に位置しているね。
みちこ：［　B　］を境に東側には南北方向に山脈が並び、西側には東西方向に山脈が並ぶよ。

２　佐賀県に住むさつきさんは多摩ニュータウンに住む祖父母の家へ遊びにいき、多摩ニュータウンと、多摩ニュータウンが多くを占める多摩市の人口について調べた。**【資料１】** はある年の多摩市の人口ピラミッド、**【資料２】** は多摩市のニュータウン地区とそれ以外の地区の人口推移を示したもの、次のページの **【資料３】** は祖父から聞き取ったことをまとめたものである。**【資料２】**、**【資料３】** を参考に、**【資料１】** の［　C　］にあてはまる年として最も適当なものを、次のページのア～エの中から一つ選び、記号を書きなさい。

【資料１】 ［　C　］**年の多摩市の人口ピラミッド**

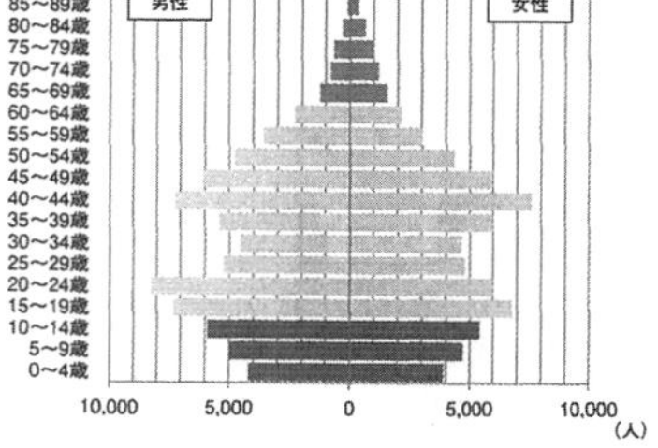

(多摩市ホームページより)

【資料２】

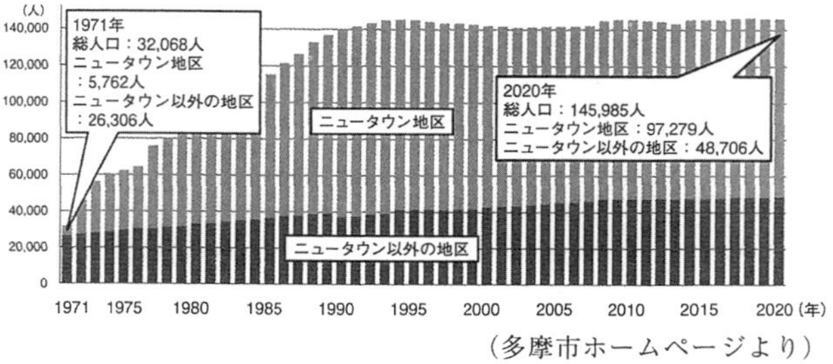

(多摩市ホームページより)

【資料３】

> 太平洋戦争中に佐賀県で生まれた祖父は、18歳で東京都へ上京して就職、25歳で祖母と結婚し、間もなく生まれた父と３人で多摩ニュータウンの核家族向けの集合住宅へ入居した。その４年後には父の妹が生まれるなど、ニュータウン地区には祖父母と同年代の同じような家族構成の家庭が多く、父の世代は多摩市の男性の出生数が最も多かった時期で、それに合わせて次々と小中学校が新設されていった。しかし現在では、その子ども世代が就職・結婚によって独立し、祖父母の集合住宅では高齢者が多くを占めている。

ア　1975　　　イ　1990　　　ウ　2005　　　エ　2020

3　たまきさんは、**【地図１】**で示した野辺山を中心とした長野県の地域調査を行うため、**【資料４】**、**【資料５】**、**【資料６】**、**【地図２】**、**【説明文】**を準備した。次の(1)〜(3)の各問いに答えなさい。

【資料４】

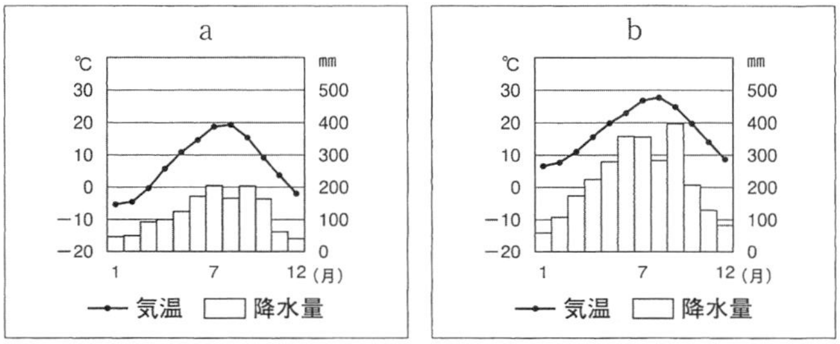

（気象庁ホームページより作成）

【資料５】

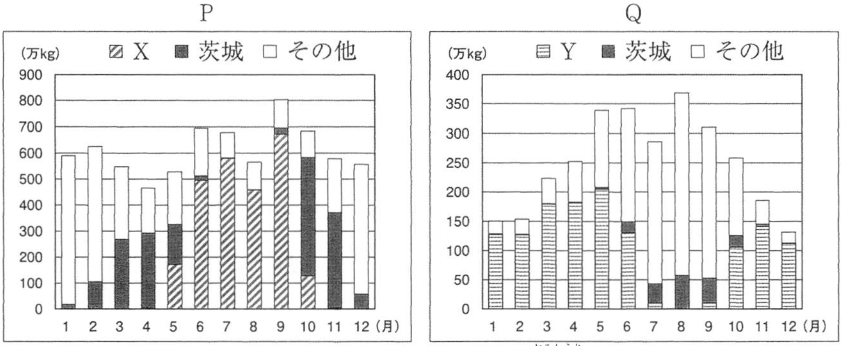

（東京都中央卸売《おろしうり》市場ホームページより作成）

【資料６】

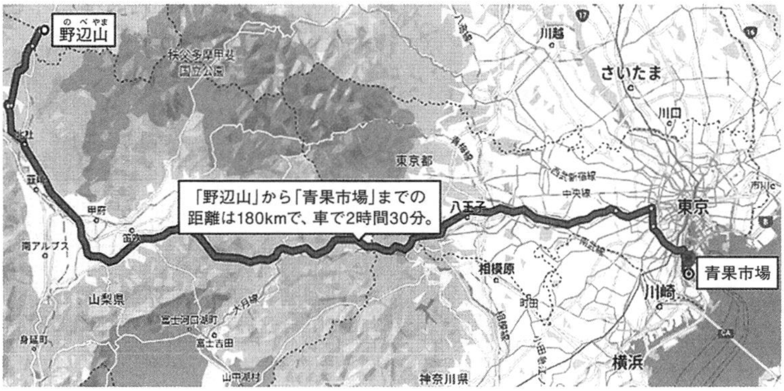

（Google MAP より作成）

【地図2】

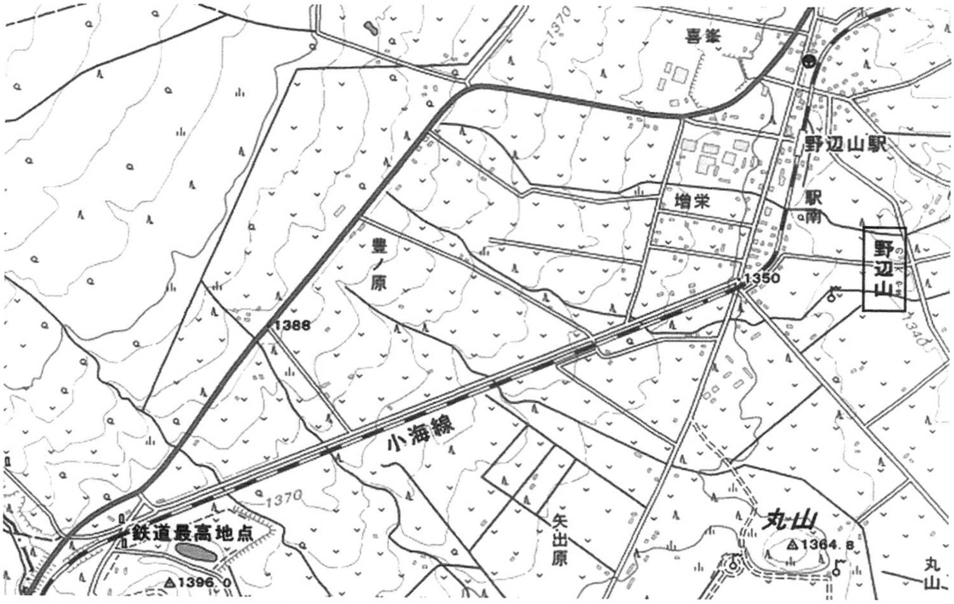

（地理院地図より作成）

【説明文】

> 【資料4】の雨温図a、bは、【地図1】の高知市、または野辺山のいずれかのものである。【資料5】のP、Qは、2020年に東京都中央卸売《おろしうり》市場で取引されたなす、またはレタスのいずれかの月別数量（万kg）を示したものである。これらの作物の主な産地を示した【資料5】の各グラフ中のX、Yは高知県、または長野県のいずれかである。【資料6】は野辺山～青果市場（東京）間の自動車での移動時間と距離をインターネットで調べた結果を示したものである。【地図2】は野辺山付近の地形図である。

(1)　【資料4】のa、b、【資料5】のX、Yから長野県に関する情報を示しているものの組み合わせとして最も適当なものを、次のア～エの中から一つ選び、記号を書きなさい。

ア　a－X　　イ　a－Y　　ウ　b－X　　エ　b－Y

(2)　野辺山付近から出荷されるレタスの農業形態の特徴を、【資料4】、【資料5】、【地図2】の3点それぞれから読み取れる事がらを使って説明しなさい。

(3)　次の【会話文2】中の［　D　］にあてはまる語句を、【資料6】を参考にして書きなさい。

【会話文2】

> たまき：長野県で朝採《と》れたレタスが、午後には東京のスーパーマーケットで販売されることがあると知りました。
>
> 先　生：新鮮なレタスが食べられるのはすばらしいですね。しかし、昔は当たり前のことではありませんでした。
>
> たまき：【説明文】を補足すると、【資料6】のインターネット上の地図では［　D　］を使用する条件で調べており、仮に［　D　］を使用しない条件で調べると［　D　］を使用する場合の2倍程度の時間がかかるようです。
>
> 先　生：保冷トラックや［　D　］の整備によって私たちの食は大きく変化してきたのですね。

3

ゆきさんとけんさんが歴史博物館を訪れたときの【会話文１】を読んで、１～５の各問いに答えなさい。

【会話文１】

ゆき：博物館では日本と外国の様々な結びつきについて知ることができたね。

けん：そうだね。日本と世界の結びつきは①古くから記録に残されていたね。日本と世界がどのように交流していたかを【表】にまとめよう。

【表】

1世紀	日本には小さな国々ができていた。その中のひとつのクニが②中国の皇帝に朝貢したことが記録に残っている。
③8世紀	日本からの遣唐使をはじめ、世界各地域からヒトやモノが唐の都長安に集まり国際都市として繁栄《はんえい》した。
④13世紀	モンゴル人によって東西を結ぶ陸海の交易路《こうえきろ》が整備され、ヒトやモノがより安全・大規模に移動することができた。
16世紀	⑤アジアの商業圏に参入《さんにゅう》したヨーロッパ人により、銀が海路でアジアにもたらされた。日本の銀も中国などに流入した。

1　下線部①に関して、【資料１】はA、Bいずれかの地域で栄えた古代文明で使用され、【写真１】に刻まれた文字である。【地図】中の、この文字が使用された地域と【資料１】の文字の名称の組み合わせとして最も適当なものを、下のア～エの中から一つ選び、記号を書きなさい。

【資料１】

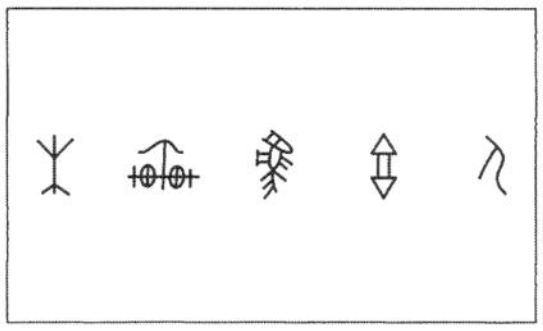

【写真１】

【地図】

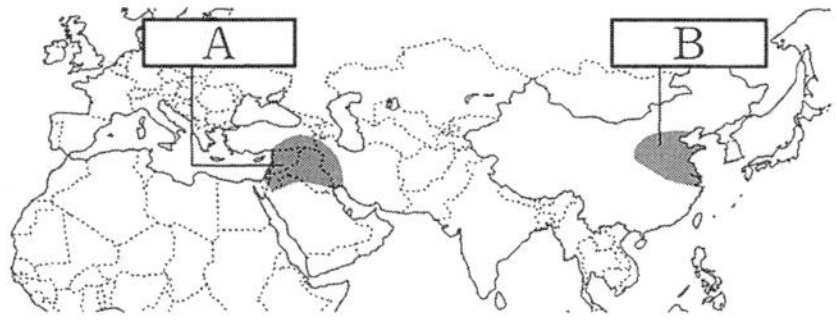

ア　A－くさび形文字　　イ　A－甲骨文字　　ウ　B－くさび形文字　　エ　B－甲骨文字

2　下線部②について、この記録として最も適当なものを【資料２】のⅠ～Ⅲの中から一つ選び、記号を書きなさい。また、その記録に記されているものとして最も適当なものを、下のX～Zの中から一つ選び、記号を書きなさい。

【資料２】

Ⅰ　あなたを親魏倭王として、金印・紫綬《しじゅ》を与えよう。…その賜《たまわ》り物をみなあなたの国の人に見せ、魏の国が、あなたをいつくしんで、わざわざあなたによいものを賜ったことを知らせよ。

Ⅱ　楽浪郡の海のかなたに倭の人々が住み、100余りの小国に分かれている。毎年、定期的に楽浪郡に貢《みつ》ぎ物をもってきて、謁見《えっけん》すると言われている。

Ⅲ　倭の奴国（の使者）が、貢ぎ物を捧《ささ》げて後漢の光武帝のもとに挨拶にきた。使者は大夫と自称《じしょう》した。…光武帝はこの奴国王に印綬を授けた。

X

Y

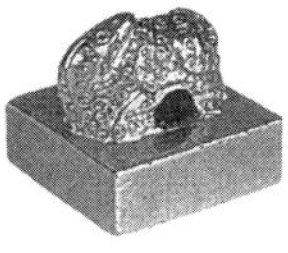

Z

2024(R6) 佐賀県公立高
K 教英出版

一般

令和6年度学力検査問題

（第2日第2限）

数　学

（50分）

（注　意）

1 「始め」の合図があるまでは、開いてはいけません。
2 問題は 1 から 5 まであり、14ページまでです。
3 「始め」の合図があったら、まず解答用紙に受検番号を書きなさい。
4 答えは、すべて解答用紙にかきなさい。
5 計算などは、問題用紙の余白を利用しなさい。
6 印刷がはっきりしないでわからないときは、黙って手を挙げなさい。
7 「やめ」の合図で、すぐに鉛筆を置き、解答用紙を裏返しにして机の上に置きなさい。
8 答えに $\sqrt{\ }$ が含まれるときは、$\sqrt{\ }$ を用いたままにしておきなさい。
　また、$\sqrt{\ }$ の中は最も小さい整数にしなさい。
9 円周率は π を用いなさい。
10 検査終了後、問題用紙は持ち帰りなさい。

1 次の(1)〜(7)の各問いに答えなさい。

(1) (ア)〜(エ)の計算をしなさい。

(ア) $4 - 11$

(イ) $4(2x + y) - 3(x - 3y)$

(ウ) $(-6xy^3) \div (-2xy)$

(エ) $\sqrt{27} - \sqrt{12}$

(2) $x^2 - 3x - 40$ を因数分解しなさい。

(3) 二次方程式 $3x^2 + x - 1 = 0$ を解きなさい。

(4) 下の図のような△ABCがある。頂点Bから辺ACに垂線をおろし、辺ACとの交点をHとする。AB = 5 cm、CH = 3 cm、∠CBH = 45° であるとき、△ABCを、辺ACを回転の軸として、1回転させてできる立体の体積を求めなさい。

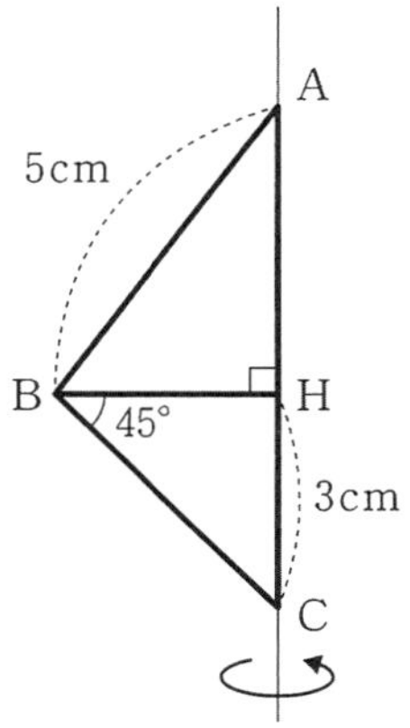

(5) 下の図のように、線分 AB を直径とする半円がある。$\overset{\frown}{AB}$ 上に、$\overset{\frown}{AP} : \overset{\frown}{PB} = 3 : 1$ となるような点 P を作図しなさい。また、点 P の位置を示す文字 P も図の中にかき入れなさい。

ただし、作図には定規とコンパスを用い、作図に用いた線は消さずに残しておくこと。

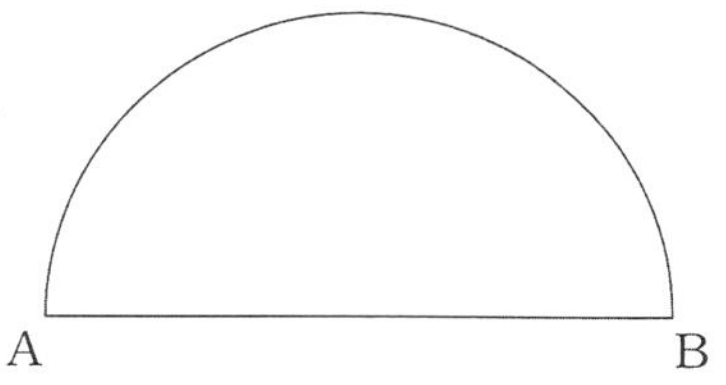

(6) 下の図のように、点 O を中心、線分 BC を直径とする円がある。この円周上に 3 点 A、D、E があり、線分 DE は点 O を通り、線分 AC と平行である。

このとき、∠BAE の大きさを求めなさい。

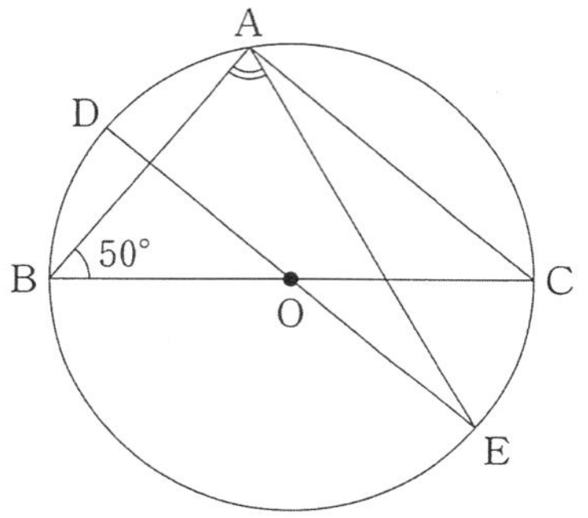

(7) 下の図は 1 組から 4 組の各 30 人の生徒に対して数学のテストを行い、その得点をクラス別に箱ひげ図に表したものである。この箱ひげ図から読み取れることとして正しいものを、あとのア～オの中からすべて選び、記号を書きなさい。

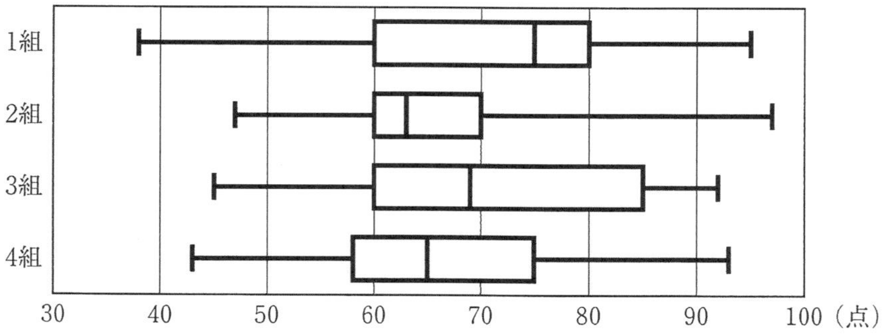

ア　1 ～ 4 組全体の最高得点の生徒がいるのは 2 組である。

イ　平均点が最も高いのは 3 組である。

ウ　四分位範囲が最も大きいのは 1 組である。

エ　箱が示す区間に含まれているデータの個数は 1 組よりも 2 組の方が少ない。

オ　2 組において、70 点以上の人数は 8 人以上である。

2

次の(1)、(2)の問いに答えなさい。

(1) アオイさんとリョウさんはバスケットボール部に所属しており、ある試合が終わった後に、次のような**【会話】**をしている。

【会話】を踏まえて、(ア)～(ウ)の各問いに答えなさい。

【会話】

アオイ：今日の試合では、私たちのチームの得点は61点だったね。

リョウ：コーチから聞いたけど、この試合では、シュートと得点が1点のフリースローを合計85本放っていて、シュートのうち3点シュートと2点シュートは同じ本数を放ったみたいだよ。チーム全体の3点シュートの成功率が30％、2点シュートとフリースローの成功率はどちらも40％だったそうだよ。

アオイ：それぞれの種類のシュートとフリースローが何本成功したのかを計算してみよう。3点シュートと2点シュートを放った本数をそれぞれx本、フリースローを放った本数をy本として**【表】**のようにまとめたよ。

【表】

		放った本数（本）	成功率（％）	得点（点）
シュート	3点シュート	x	30	①
	2点シュート	x	40	$2 \times \frac{40}{100}x$
フリースロー（1点）		y	②	③

(ア) **【表】**の中の ① ～ ③ にあてはまる数や式の組み合わせとして正しいものを、次のア～エの中から1つ選び、記号を書きなさい。

	①	②	③
ア	$3 \times \frac{30}{100}x$	40	$1 \times \frac{30}{100}y$
イ	$3 \times \frac{40}{100}x$	30	$1 \times \frac{40}{100}y$
ウ	$3 \times \frac{30}{100}x$	40	$1 \times \frac{40}{100}y$
エ	$3 \times \frac{30}{100}x$	30	$1 \times \frac{30}{100}y$

(イ) x、yについての連立方程式を次のようにつくった。このとき、［ ④ ］と［ ⑤ ］にあてはまる式をx、yを用いてそれぞれ表しなさい。

$$\begin{cases} \boxed{\quad ④ \quad} = 85 \\ \boxed{\quad ⑤ \quad} = 61 \end{cases}$$

(ウ) この試合で、3点シュートは何本成功したか求めなさい。

⑵　縦の長さが8 m、横の長さが12 m の長方形の土地がある。下の図のように、縦に2本、横に1本の同じ幅の通路がある花だんをつくりたい。

通路の幅を x m とするとき、(ア)～(ウ)の各問いに答えなさい。

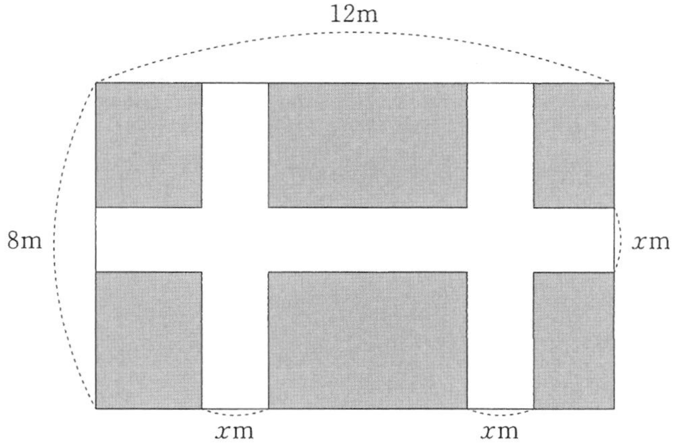

(ア)　通路の幅を1 m とするとき、通路の面積を求めなさい。

(イ)　通路の面積を、x を用いて表しなさい。

(ウ)　通路の面積と花だんの面積が等しいとき、通路の幅は何 m か求めなさい。
ただし、x についての方程式をつくり、答えを求めるまでの過程も書きなさい。

(問題は次のページに続く。)

3 下の図のように、関数 $y = ax^2$ …① のグラフは点 A$(-2,\ -2)$ を通り、関数 $y = \dfrac{b}{x}$ $(x > 0)$ …② のグラフは点 B$(6,\ 2)$ を通る。関数①のグラフ上には 2 点 C、D があり、それぞれの x 座標は -4、2 である。

このとき、(1)～(7)の各問いに答えなさい。

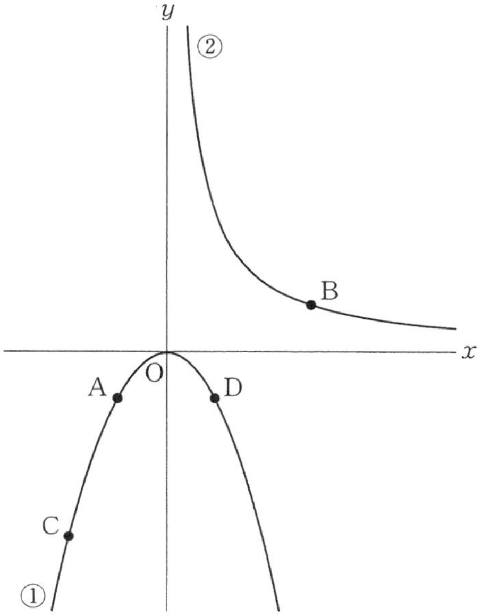

(1) a の値を求めなさい。

(2) b の値を求めなさい。

(3) 点 C の座標を求めなさい。

三

問1	問2	問3	問4		問5
			③	④	

問1．１点
問2．２点
問3．３点
問4．２点×２
問5．３点

四

問1	問2	問3		
		(1)	(2)	(3)

問1．２点
問2．２点
問3．２点×３

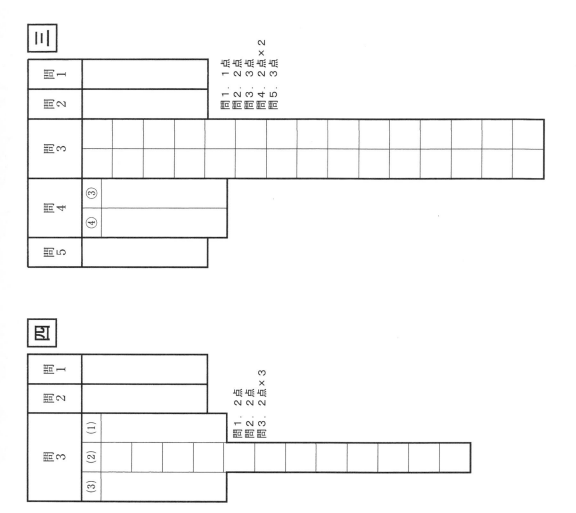

2	(1)	c	d
	(2)		
	(3)		
	(4)		

3

1	(1)		
	(2)		
	(3)		
	(4)	d	e
2	(1)		
	(2)		
	(3)		
	(4)		

5

1	(1)		
	(2)		
	(3)		
2	(1)		Ω
	(2)		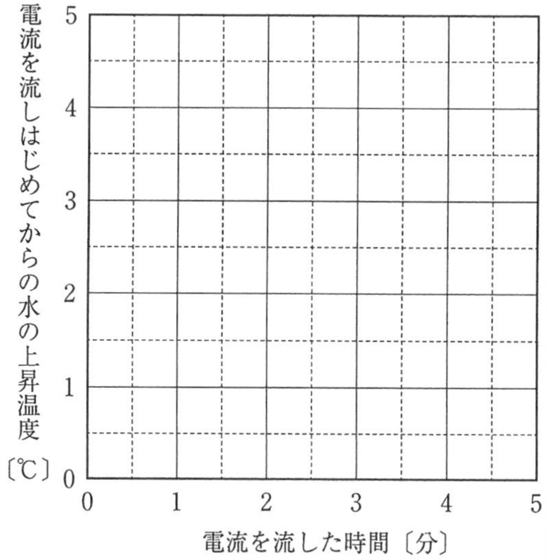
	(3)	(i)	J
		(ii)	J
	(4)		

1 1．1点×2
2．1点×3
3．1点×2
4．(1)1点
(2)2点

2 1．(1)2点
(2)1点
(3)2点
2．(1)1点
(2)1点
(3)2点
(4)1点

3 1．(1)1点
(2)1点
(3)1点
(4)2点
2．(1)1点
(2)1点
(3)1点
(4)2点

4 1．1点×3
2．(1)2点
(2)1点
(3)1点×2
3．1点×2

5 1．(1)1点
(2)2点
(3)1点
2．(1)1点
(2)2点
(3)1点×2
(4)1点

受検番号	

※50点満点

3

問１．　１点
　　　　×２
問２．　２点
問３．　２点
問４．　２点
　　　　×２

問１	(1)	
	(2)	
問２		
問３		
問４	(1)	
	(2)	

4

問１．　１点
　　　　×２
問２．　２点
問３．　２点
問４．　２点
問５．　２点

問１	(１)	
	(２)	
問２		
問３		
問４		
問５		

5

問１．　２点
問２．　２点
問３．　２点
問４．　２点
問５．　１点
　　　　×２

問１		
問２		
問３		
問４		
問５	(１)	
	(２)	

2	3	(2)	
		(3)	
3	1		
	2	記録	
		もの	
	3		
	4		
	5		

5	3		
	4		
	5		
6	1		
	2	ⓐ	
		ⓑ	
	3		
	4		
	5		
	6		

1 1．(1)2点
(2)1点
×2
2．(1)1点
×2
(2)1点
3．2点

2 1．1点
×2
2．1点
3．(1)2点
(2)3点
(3)1点

3 1．1点
2．1点
×2
3．2点
4．1点
5．1点

4 1．1点
2．2点
3．1点
×2
4．1点
5．1点
6．1点
×2

5 1．1点
×2
2．1点
3．2点
4．1点
5．2点

6 1．1点
2．1点
×2
3．1点
4．1点
5．2点
6．1点

	(7)			1点
2	(1)	(ア)		1点
		(イ)	④	1点
			⑤	1点
		(ウ)		本 2点
	(2)	(ア)		m^2 1点
		(イ)		m^2 1点
		(ウ)	通路の幅は	3点

	(3)			3点
		(イ)		2点
		(ウ)	$S : T =$ ：	2点
5	(1)	(ア)		1点
		(イ)		1点
		(ウ)		1点
		(エ)		2点
	(2)	(ア)		1点
		(イ)		1点
		(ウ)		1点
		(エ)	X ， Y	2点

6　一般　数学解答用紙

受検番号	

※50点満点

1

(1)	(ア)		1点
	(イ)		1点
	(ウ)		1点
	(エ)		1点
(2)			1点
(3)		$x =$	1点
(4)			cm^3 1点
(5)		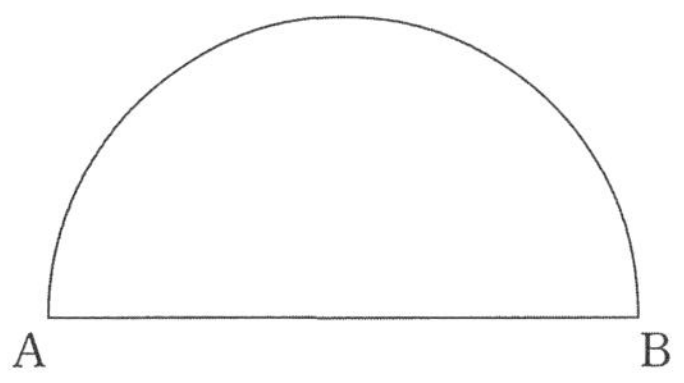	1点

3

(1)	$a =$	1点
(2)	$b =$	1点
(3)	(　　,　　)	1点
(4)	$y =$	1点
(5)		個 2点
(6)		2点
(7)		2点

(1)		cm 1点
(2)		cm 2点

【解答用

6 一般 社会解答用紙

受検番号	

※50点満点

1	1	(1)		
		(2)	都市人口率	
			出生率	
	2	(1)	X	
			Y	
		(2)		
	3			

	1	(1)	
		(2)	
	2		

4	1		
	2		
	3	B	
		C	
	4		
	5		
	6	人物	
		時期	

	1	X	世界の（　　　　）や（　　　　）
		Y	

【解答用

6　一般　英語解答用紙

1

問1．1点×2
問2．1点×2
問3．2点
問4．2点×2

問1	1番		2番	
問2	1番		2番	
問3				
問4	1番		2番	

2

問1．2点×2
問2．2点×3

問1	①	And ( ).
	②	Because ( ).
問2	(1)	In the morning, I ( ).
	(2)	In the afternoon, ( ) to them.
	(3)	Through this experience, I have learned that ( ).

6 一般 理科解答用紙

受検番号	

※50点満点

1	1	(1)				
		(2)	I		II	
	2	(1)				
		(2)				
		(3)				
	3	(1)	I		II	
		(2)				
	4	(1)				
		(2)				
	1	(1)	a		b	
		(2)				

4	1	(1)						
		(2)	A		B		C	
		(3)						
	2	(1)	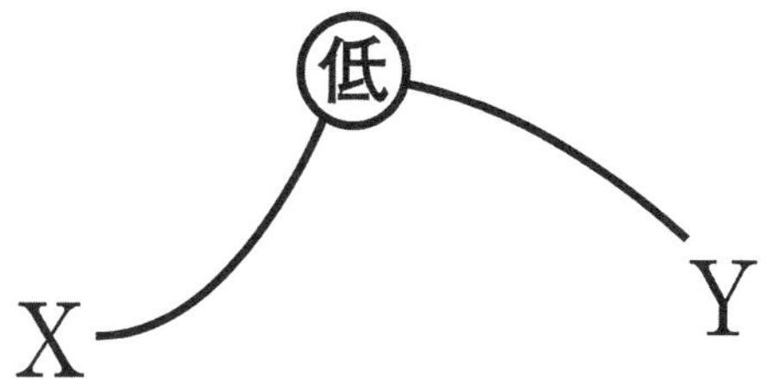					
		(2)						
		(3)	地上付近での風向き					
			中心付近の上下方向の空気の流れ					
	3	(1)						
		(2)						

6 **一般** 国語解答用紙

※50点満点

一

問1	a	(って)	b	(げ)	c		d	
問2	X							
	Y							
問3								

問1．1点×4
問2．1点×2
問3．5点

15

100

120

二

問1		
問2		
問3	自分と同じ善良さをもった友達の姿を眺めることは、	
	X	
	と同じことを意味しており、これによって、	
	Y	から。
問4		
問5	Ⅰ	Ⅱ　Ⅲ

問1．3点
問2．3点
問3．X．1点
Y．3点
問4．3点
問4．1点×3

受検番号

【解答用

(4)　直線CDの式を求めなさい。

(5)　関数②のグラフ上には、x 座標と y 座標がともに自然数となるような点は何個あるか求めなさい。

(6)　△ABCの面積を求めなさい。

(7)　直線BC上に点Pをとる。△ACPの面積を S、△ADPの面積を T とするとき、$S:T=3:2$ となるような点Pの x 座標をすべて求めなさい。

4 下の図のように、AD // BC、AD = 2 cm、BC = 6 cm、AB = 3 cm の台形ABCDがある。線分ACと線分BDの交点をE、∠BAE = 90° とする。

このとき、(1)〜(3)の各問いに答えなさい。

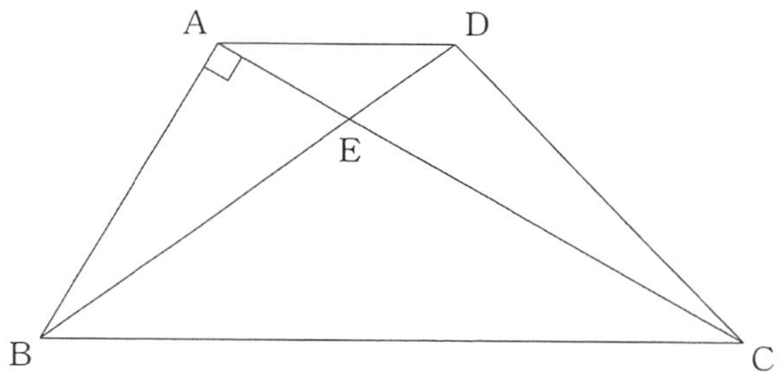

(1) 線分ACの長さを求めなさい。

(2) 線分CEの長さを求めなさい。

(3)　点Dを通り直線ACに平行な直線と、直線ABとの交点をFとする。また、線分CFと線分ADとの交点をGとする。

このとき、(ア)〜(ウ)の各問いに答えなさい。

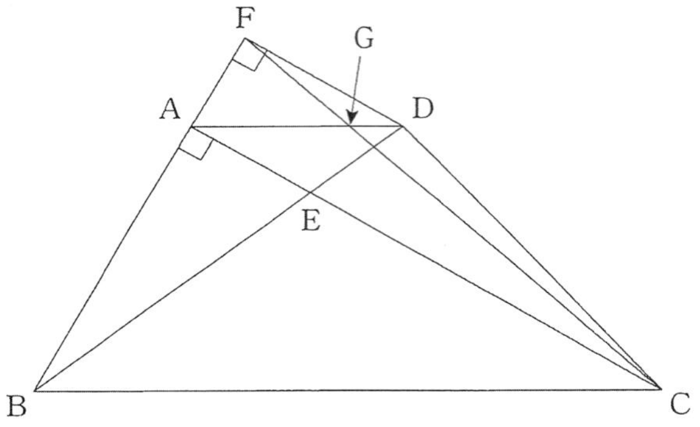

(ア)　△DFG ∽ △ACG であることを証明しなさい。

(イ)　△DFGの面積を S とするとき、△ACGの面積を、S を用いて表しなさい。

(ウ)　△DFGの面積を S、△BCDの面積を T とするとき、S : T を最も簡単な整数の比で表しなさい。

5 次の(1)、(2)の問いに答えなさい。

(1) S、A、G、A、2、0、2、4と書かれた合計８枚のカードがある。アルファベットが書かれたカード４枚（S、A、G、A）は【図１】のようにこの順に机の上に並べ、数字が書かれたカード４枚（2、0、2、4）は【図２】のように袋の中に入れる。

下の【操作】を２回行うとき、【例】を参考にして、(ア)～(エ)の各問いに答えなさい。

ただし、どのカードの取り出し方も同様に確からしいとし、取り出したカードはもとにもどさない。また、【操作】によって回転させたカードはもとにもどさない。

【図１】

【図２】

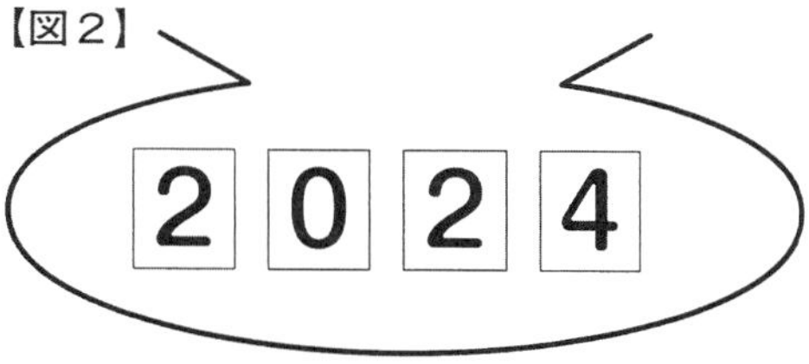

【操作】

① 【図２】の袋の中からカードを１枚取り出す。

② 取り出したカードの数字に従って、以下のようにアルファベットが書かれたカード４枚すべてを回転させる。

・0を取り出したとき、時計回りに 180° 回転させる。

・2を取り出したとき、時計回りに 90° 回転させる。

・4を取り出したとき、反時計回りに 90° 回転させる。

【例】 【図１】の状態から

・0を取り出したとき 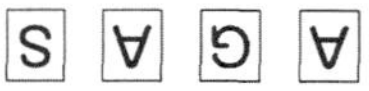

・2を取り出したとき 

・4を取り出したとき 

(ア)　【図１】の状態から２回【操作】を行った。取り出したカードが１回目に[2]、２回目に[0]のカードであったとき、アルファベットが書かれたカードの状態として正しいものを、次のア～エの中から１つ選び、記号を書きなさい。

ア 　　イ 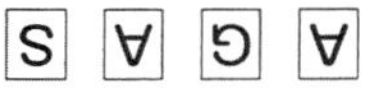

ウ 　　エ 

(イ)　２回【操作】を行うとき、１度も[0]のカードを取り出さない確率を求めなさい。

(ウ)　【図１】の状態から２回【操作】を行った後、アルファベットが書かれたカードの状態がとなる確率を求めなさい。

(エ)　【図１】の状態から２回【操作】を行うとき、１回目の操作後と２回目の操作後で、アルファベットが書かれたカードの状態が１度も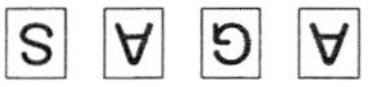とならない確率を求めなさい。

(2) 白い石と黒い石を、次の【ルール】に従って、下のように並べていく。また、あとの【表】は、白い石の個数をX、黒い石の個数をYとして、白い石の個数から黒い石の個数を引いたX－Yの値についてまとめたものである。

このとき、(ア)～(エ)の各問いに答えなさい。

【ルール】

・1段目に、白い石を1個置いたものを図形1とする。
・図形1に続けて、2段目に、黒い石を3個並べたものを図形2とする。
・図形2に続けて、3段目に、白い石を5個並べたものを図形3とする。
・以下繰り返して、図形 n に続けて、$(n+1)$ 段目に、n 段目と色の異なる石を $(2n+1)$ 個並べたものを図形 $(n+1)$ とする。ただし、n は自然数とする。

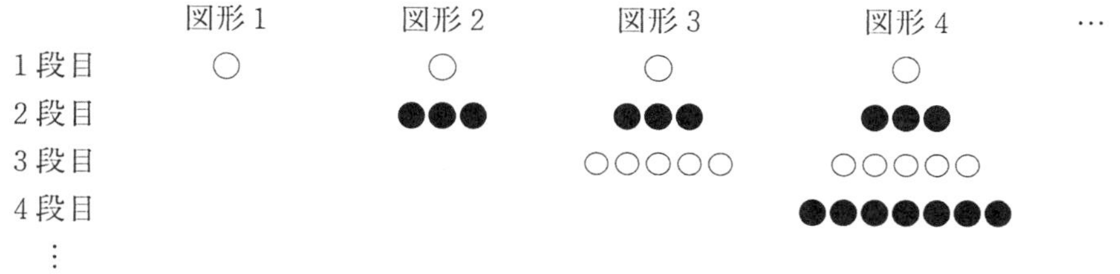

【表】

	図形1	図形2	図形3	図形4	…
白い石の個数（X）	1	1	6	6	…
黒い石の個数（Y）	0	3	3	10	…
X－Y	1	−2	3	−4	…

(ア) 図形5のとき、Xの値を求めなさい。

(イ) 図形6のとき、X－Yの値を求めなさい。

(ウ)　X − Y = 9 のとき、X の値を求めなさい。

(エ)　X ＋ Y = 225 のとき、X と Y の値を求めなさい。

3　下線部③について、ゆきさんは次の【カード】に【写真２】のことについてまとめた。【カード】と【写真２】を参考にして、この時期の日本の文化はどのような特徴をもった何という文化か、簡潔に書きなさい。

【カード】

【写真２】は西アジアに起源《きげん》をもつ瑠璃坏《るりのつき》である。これは、唐を経由《けいゆ》して日本にもたらされたと考えられる。

【写真２】

4　下線部④について、次の【会話文２】は、ゆきさんとけんさんが13世紀の日本について話したものである。

【会話文２】

ゆき：13世紀には、日本に元軍が攻めてきたよね。
けん：そうだね。その時、日本はどのような時代だったのかな。
ゆき：武士が活躍した時代だったと先生がいっていたよ。
けん：武士の社会に興味がでてきたね。どんな社会だったか調べてみよう。

けんさんは、北条泰時の時代に出された次の【資料３】を見つけた。【資料３】が出された時期として最も適当なものを、【年表】のア～エの中から一つ選び、記号を書きなさい。

【資料３】

一、頼朝公の時に定められた守護の権限は謀反《むほん》、殺人などの逮捕などであった。
一、20年以上武士が土地を支配していれば、その武士にその土地の権利を認める。
一、女子が養子をとることは律令では許されていないが、頼朝公の時以来、現在にいたるまで子のない女性が土地を養子に譲り与える事例は武士のしきたりでは数えきれないほどある。
（一部要約）

【年表】

1185年	守護、地頭設置
	↕ア
1221年	承久《じょうきゅう》の乱がおきる
	↕イ
1274・1281年	元の襲来
	↕ウ
1333年	鎌倉幕府がほろびる
	↕エ
1338年	足利尊氏が征夷大将軍になる

5　下線部⑤に関して、この時代、ヨーロッパ人がアジアを目指した背景について述べた文Ｘ、Ｙの正誤の組み合わせとして最も適当なものを、下のア～エの中から一つ選び、記号を書きなさい。

Ｘ　高価な香辛料を安く手に入れるため、直接アジアへの航路を拓《ひら》こうとした。
Ｙ　羅針盤《らしんばん》が実用化され、航海技術が向上し、遠洋にも航海できるようになった。

ア　Ｘ－正　Ｙ－正　　　イ　Ｘ－正　Ｙ－誤
ウ　Ｘ－誤　Ｙ－正　　　エ　Ｘ－誤　Ｙ－誤

4　次の【会話文】は、それぞれの班で歴史についてレポートを作成しようとしている中学生の会話である。【会話文】を読み、１～６の各問いに答えなさい。

【会話文】

ゆりな：私たちの班はペリーの来航から明治維新までについてまとめてみようよ。
りょうた：いいよ。ぼくは、①ペリーが日本にやってきた理由についてまとめてみるね。
ゆりな：わかった。私は②日米修好通商条約についてまとめてみるね。

ゆき：私たちの班は第一次世界大戦以降の日本の貿易額の移り変わりについて調べてみない？
たいき：【資料３】のⅠの時期には③右の【風刺画】が描かれたんだよね。
ゆき：Ⅰの時期は景気が良かったけど、④この後景気が悪くなっていくんだよね。

【風刺画】

ひなこ：私たちの班は第二次世界大戦後について調べようか。
やすひろ：右の【写真】は⑤サンフランシスコ平和条約締結の時の写真だね。ぼくはこの条約について調べてみるよ。
あつき：ぼくは⑥ノーベル賞を受賞した人たちについても興味があるから調べてみるよ。

【写真】

1　下線部①に関して、りょうたさんは、ペリーが日本に来航した理由の一つについて【レポート１】にまとめた。【レポート１】の［　A　］に入る国名を書きなさい。

【レポート１】

19世紀半ばに太平洋側まで領土を広げたアメリカは、アヘン戦争後に［　A　］との貿易を望むようになった。そのためアメリカは、アメリカの貿易船が寄港《きこう》する場所として日本の港を利用したいと考えた。

2　下線部②に関して、下の文X、Yは、次の【資料１】と【資料２】を参考にして日米修好通商条約が締結《ていけつ》された後の日本について述べたものである。下の文X、Yの正誤《せいご》の組み合わせとして最も適当なものを、あとのア～エの中から一つ選び、記号を書きなさい。

【資料１】　日本の輸入品・輸出品の割合（1865年）

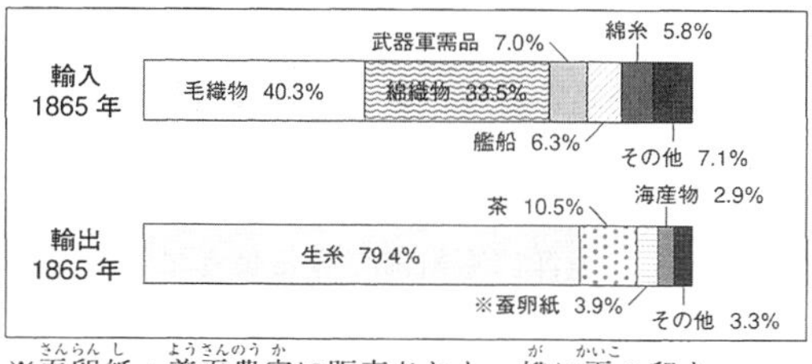

※蚕卵紙《さんらんし》：養蚕農家《ようさんのうか》に販売された、蛾《が》に蚕《かいこ》の卵を産み付けさせた紙

（『新詳日本史』より作成）

【資料２】　日本の物価の移り変わり

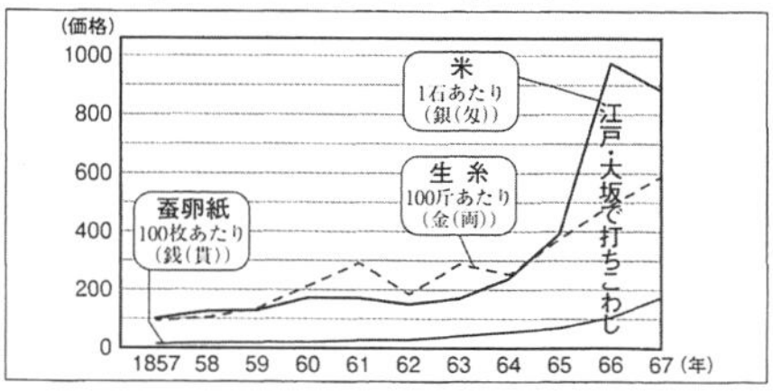

（『新詳日本史』より作成）

X　生糸の大量輸出により、日本国内の生糸が品不足となり、それに連動して様々な商品の価格が高騰《こうとう》した。

Y　安価な綿織物や綿糸の大量輸入により、綿織物の産地である江戸や大坂で一揆が起こった。

ア　X－正　Y－正　　イ　X－正　Y－誤　　ウ　X－誤　Y－正　　エ　X－誤　Y－誤

3　下線部③に関して、たいきさんは【会話文】の【風刺画】の背景を考え、それを【レポート２】にまとめた。【レポート２】の［　B　］に入る適当な語句を書きなさい。また、［　C　］に入る文として最も適当なものを、下のX、Yから一つ選び、記号を書きなさい。

【レポート２】

この【風刺画】は成金を描いたものである。成金が現れたのは【資料３】のⅠの時期で、この景気を［　B　］とよぶ。この好景気の理由としては、［　C　］が考えられる。

X　世界的な船舶不足の中、日本で造船業が発達したこと
Y　アメリカが戦場になり、日本がアメリカへ軍需品を輸出できたこと

4　下線部④に関して、ゆきさんは、【資料３】の［　Ⅱ　］に関するものとして、【資料４】を見つけた。【資料３】の［　Ⅱ　］にあてはまる適当な語句を書きなさい。

【資料３】　貿易額の推移

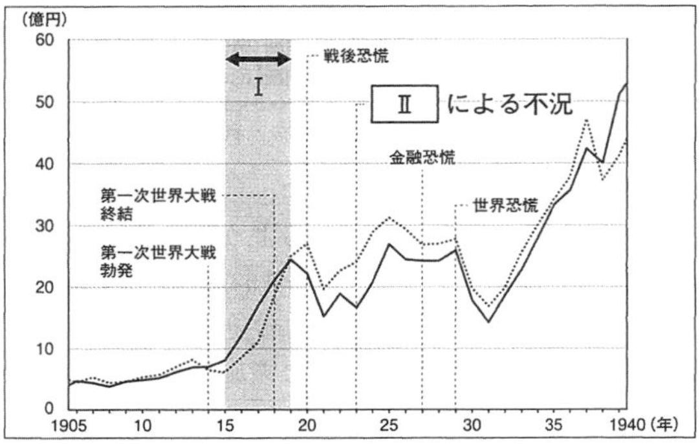

（『最新日本史図表』より作成）

【資料４】　1923年９月２日付大阪朝日新聞

THE OSAKA ASAHI SHIMBUN
大阪朝日新聞
帝都を中心として
關東の天變地異
地震から海嘯火災列車の慘事
大混亂言語に絶す
東京全市大火災
淺草の十二階倒壞し
火災四十八箇所に起る
既に四

5　下線部⑤に関して、次の【資料５】は、サンフランシスコ平和条約の調印《ちょういん》を拒否した国を地図で表したものである。やすひろさんは、なぜ調印を拒否した国があったのかを調べ、【レポート３】にまとめた。【レポート３】の［　D　］に入る適当な内容を書きなさい。

【資料５】　北大西洋条約機構(NATO)とワルシャワ条約機構の加盟国

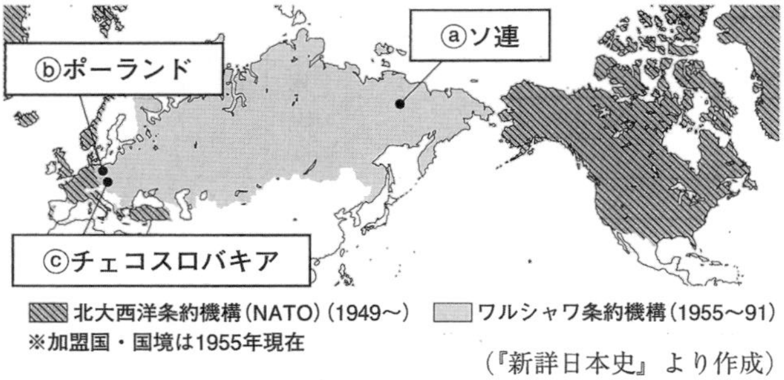

（『新詳日本史』より作成）

【レポート３】

サンフランシスコ平和条約は日本が独立を回復した条約であるが、【資料５】に示されたⓐ、ⓑ、ⓒの国々からは、調印を拒否された。その理由として、［　D　］を背景とした冷戦（冷たい戦争）があったことが挙《あ》げられる。

6　下線部⑥に関して、日本で最初にノーベル賞を受賞した人物を、次のa～cの中から一人選び、記号を書きなさい。また、その人物が受賞した時期として最も適当なものを、下のア～エの中から一つ選び、記号を書きなさい。

a　佐藤栄作《さとうえいさく》　　b　大江健三郎《おおえけんざぶろう》　　c　湯川秀樹《ゆかわひでき》

ア　日本に沖縄が返還された頃　　イ　バブル経済が崩壊《ほうかい》した頃
ウ　日本国憲法が施行された頃　　エ　東海道新幹線が開通した頃

5　現代社会の社会的課題について、１～５の各問いに答えなさい。

1　国際平和について、ひなこさんは、次の資料をそろえて【レポート】を書いた。【資料１】、【資料２】をふまえて、【レポート】の［X］にはあてはまる内容を解答欄にあうように書き、また、［Y］にはあてはまる語句を書きなさい。

【資料１】　世界の紛争

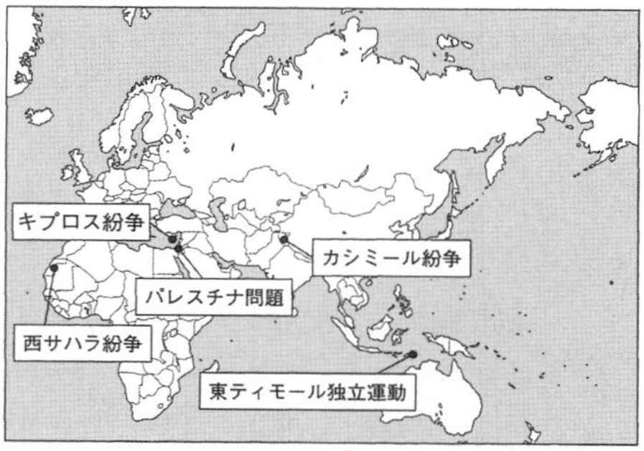

（『新版　公共』より作成）

【資料２】　国連総会・安全保障理事会・各機関の関係図

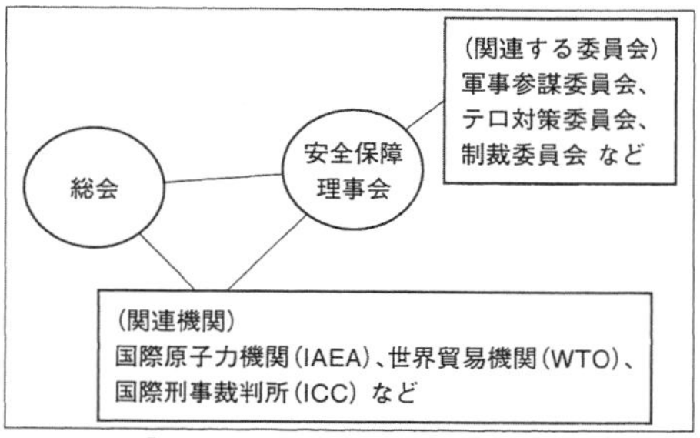

（『最新政治・経済資料集2023』より作成）

【レポート】

国際連合（国連）は、国際連合憲章第１条に規定されているように、集団安全保障の考えの下、［X］を実現するための国際機構である。【資料１】で見られる国際紛争などへの対応として、【資料２】に示される安全保障理事会は紛争当事国《ふんそうとうじこく》へ勧告《かんこく》し、当事国の同意のもと、国連は停戦や選挙の監視などの［Y］を実施してきた。

2　ひなこさんは、学校で実施された模擬《もぎ》選挙について、立候補者X、Yがそれぞれ提案する学校行事ごとに多数決をおこなう方法と、各投票者が最も多く投票した候補者で選ぶ方法の２つの方法で結果を検証した。そのときの結果をそれぞれ【表１】に整理し、最終的に結果A、結果Bとしてまとめた。【まとめ】の［a］・［b］にあてはまる記号の組み合わせとして最も適当なものを、下のア～エの中から一つ選び、記号を書きなさい。

【表１】　模擬選挙の投票方法と結果

投票者	投票結果		
	クラスマッチ	文化発表会	体育祭
せいこ	X	X	X
なつき	X	Y	X
あきお	Y	X	X
ふゆみ	Y	Y	Y
はるひと	Y	Y	X
学校行事ごとに多数決をおこなった結果	Y	Y	X
結果A	a		

各投票者が最も多く投票した候補者	結果B
X	b
X	
X	
Y	
Y	

【まとめ】

多数決の結果、【表１】の結果Aでは、［a］が当選する。また、結果Bでは［b］が当選する。つまり、多数決はどこに視点をおくかで結果が異なる。よって、民主的に物事を決めるときには自由に意見が言える状況で議論し、合意を作ることが必要である。

ア　a－X　b－X　　イ　a－X　b－Y　　ウ　a－Y　b－X　　エ　a－Y　b－Y

3　裁判員裁判について、【図】の「公判」、「評議《ひょうぎ》・評決《ひょうけつ》」、「判決」のそれぞれの内容として正しいものの組み合わせとして最も適当なものを、下のア～エの中から一つ選び、記号を書きなさい。

【図】

公　判	①裁判官と裁判員はともに法廷に立ち会う。 ②裁判官は法廷に立ち会い、裁判員は別室で公判の様子をうかがう。
↓	
評議・評決	③有罪か無罪は裁判員が決め、有罪の場合にどのような刑罰を科《か》すのかは裁判官が決める。 ④有罪か無罪か、有罪の場合にどのような刑罰を科すのかを、裁判官と裁判員は一緒に議論し、決める。
↓	
判　決	⑤評議・評決に基づいて、裁判官が判決を下す。 ⑥評議・評決に基づいて、裁判員の代表が判決を下す。

ア　公判ー①　評議・評決ー③　判決ー⑤　　イ　公判ー①　評議・評決ー④　判決ー⑤
ウ　公判ー②　評議・評決ー③　判決ー⑥　　エ　公判ー②　評議・評決ー④　判決ー⑥

4　ひなこさんは、商品生産の効率性と公正さについて【表２】にまとめ、公正さを実現するために諸外国では法律を制定していることを知った。このことから、日本の商品生産における公正さを実現するために国会に求められることを【考察】にまとめた。【表２】を参考にして、【考察】の［　　　］にあてはまる語句を書きなさい。

【表２】

効率性	公正さ
○企業はより少ないコストで利潤《りじゅん》が大きくなるように商品を生産する。 ○企業は売れる商品をつくる。	○原材料の生産に従事《じゅうじ》する労働者に適正な給料が支払われている。 ○原材料の生産により環境問題が生じていない。

【考察】

【表２】に基づくと、商品生産に関わるすべての人々の権利を保障するために、日本において、国会は法律を制定できる唯一の［　　　］機関として、法制度の整備を行う必要がある。

5　ひなこさんは、ある街にあったさまざまな言語で書かれた「止まれ」を表す【資料３】の標識を見つけた。このような標識の対応が行われているのはなぜか。【資料４】を参考にして、「共生」という語句を用いて、理由を書きなさい。

【資料３】ある街の標識

止まれ
Stop
停
거기 서
dừng

【資料４】　日本における外国人労働者の推移《すいい》

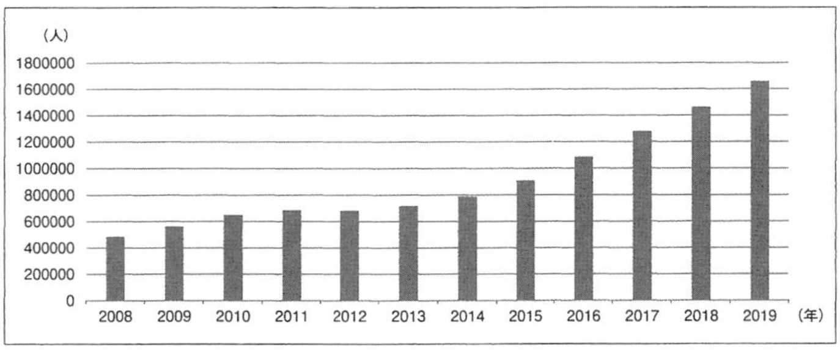

（厚生労働省『令和２年版　厚生労働白書』より作成）

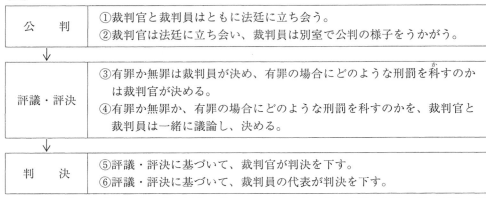

6　現代社会における経済について、１～６の各問いに答えなさい。

1　次の【事例１】～【事例３】は、ある人々の労働に関する文章である。三つの事例のうち労働基準法に違反しているものはどれか。下のア～エの中から一つ選び、記号を書きなさい。

【事例１】

> 私は、22歳のフリーターです。今月は忙しく、なかなか休みが取れていません。いつもは週に２日の休みを取れているのですが、今月は週に１日しか休みが取れませんでした。

【事例２】

> 私は、18歳の正社員です。先週の労働時間は35時間でしたが、今週は忙しかったので40時間働きました。

【事例３】

> 私は、21歳の大学生です。アルバイトをすることになりましたが、採用時に時給や休日などの労働条件の提示はありませんでした。

ア　**【事例１】**　　イ　**【事例２】**　　ウ　**【事例３】**　　エ　すべて違反している

2　次に示したものは、SDGsの目標の一つである「貧困をなくそう」である。この目標を達成するために、あすかさんは自分が考えた取り組みを**【考察】**にまとめた。**【考察】**の［　ⓐ　］にあてはまる語句として最も適当なものを、下のア～エの中から一つ選び、記号を書きなさい。また［　ⓑ　］にあてはまる語句を書きなさい。

※お詫び：著作権上の都合により，イラストは掲載しておりません。
ご不便をおかけし，誠に申し訳ございません。　教英出版

（SDGs 支援機構より）

【考察】

> 現在、世界では約１億6000万人の子どもたちが働いており、世界の子どもたちの人口の約10％にあたります。多くの子どもが働いている原因の一つが貧困です。貧困は子どもたちから教育を受ける権利も奪っています。こうした子どもたちを貧困から救うためにできることは、先進国の政府が中心となって、途上国で貧困を解消できるように支援することです。たとえば、貧困に苦しむ人々が自立していくために仕事を提供したり、技術を教えたり、資金協力を行ったりする［　ⓐ　］を実施することです。また、私ができることは、途上国の商品を適正な価格で販売している［　ⓑ　］商品を購入することだと思います。

ア　政府開発援助（ODA）　　イ　自由貿易協定（FTA）
ウ　非営利組織（NPO）　　エ　企業の社会的責任（CSR）

3　次の**【図】**は、政府の役割の変化について示したものである。「小さな政府」から「大きな政府」への役割の変化に沿う政策として最も適当なものを、下のア～エの中から一つ選び、記号を書きなさい。

【図】

［「小さな政府」］ → ［「大きな政府」］

ア　救急車の利用が無料だったのを有料化する。
イ　消費税の税率を10％から８％に引き下げる。
ウ　感染症対策のための給付金を支給する。
エ　電気・ガソリンへの補助金を廃止する。

4　地方自治体の財政の現状は、国に依存《いぞん》している状態である。地方財政の主《おも》な歳入は、地方税、地方交付税交付金、国庫支出金、地方債である。これらは、自主財源や依存財源のようにどこから収入を得ているのか、また※一般財源や※特定財源のようにどのようにお金を使うのかによって、**【表１】**のように分類することができる。地方交付税交付金は次の**【表１】**のどの領域に該当するのか、最も適当なものを、ア～エの領域の中から一つ選び、記号を書きなさい。

【表１】

	自主財源	依存財源
一般財源	ア	イ
特定財源	ウ	エ

※一般財源：使い道が自由な財源。
※特定財源：特定の行政活動に使う財源。

5　次の**【表２】**は、日本とアメリカの為替レートの推移を示したものである。**【表２】**を参考にして、為替の変動が与える影響について説明したものとして最も適当なものを、下のア～エの中から一つ選び、記号を書きなさい。

【表２】

	A	B	C	D
時期	1980年２月	1995年６月	2010年10月	2022年４月
為替レート	１ドル＝約250円	１ドル＝約83円	１ドル＝約80円	１ドル＝約130円

（日本銀行時系列統計データを参考に作成）

ア　ＡとＢを比較した場合、Ｂの時期には日本の輸出産業が大幅に貿易を拡大し、利益を上げたと考えられる。

イ　ＢとＤを比較した場合、Ｄの時期にはアメリカの大学の学費は、円に換算《かんさん》すると安くなるので、日本からアメリカへ留学する学生が多くなったと考えられる。

ウ　Ａの時期に１万円をドルに交換しておき、Ｃの時期に交換していたすべてのドルを円に戻した場合、利益がでた。

エ　アメリカへ旅行に行く場合、Ｄの時期に行くよりＣの時期に行った方が同じ10万円でもより多くのドルと交換できた。

6　あすかさんと母親との**【会話文】**の□に、循環型《じゅんかんがた》社会の実現に向けた具体的事例を書きなさい。ただし、ペットボトルの再商品化以外の具体的事例を書くこと。

【会話文】

あすか：この前の工場見学で、ペットボトルを再商品化している企業を見学してきたよ。
母　親：ペットボトルはどんなものに変わっているのかしら。
あすか：その工場では、二つの方法でリサイクルをしていたんだけど、ペットボトルを細かく砕いて、再び飲料用のペットボトルにしていたよ。また、別の方法を用いて卵のパックや下敷きなどにも再商品化されていたよ。一番驚いたのは、肌着やネクタイとして再商品化されていたことだよ。
母　親：私たちの生活の中にはペットボトルからたくさん再商品化されているものがあるんだね。
あすか：この前、授業で習ったんだけど、持続可能な社会を実現していくために日本では多くのリサイクル関係の法律が制定されているよ。特に循環型社会形成推進基本法は環境への負荷《ふか》をできる限りなくすために、３Ｒ（リユース・リデュース・リサイクル）を実践していくように規定されているんだ。
母　親：企業だけでなく私たちにもできることはあるはずよね。
あすか：そうだね。たとえば□は、３Ｒの行動の一つだね。
母　親：お母さんも、身近なことから持続可能な社会にしていけるように３Ｒを心がけていくね。

6 一般 「放送による聞き取りテスト」台本

※教英出版注
音声は，解答集の書籍ＩＤ番号を教英出版ウェブサイトで入力して聴くことができます。

[チャイムの音　四つ]

それでは、問題用紙と解答用紙を開いて、解答用紙に受検番号を書きなさい。

（約８秒休止）

[チャイムの音　一つ]

これから、放送による聞き取りテストを行います。問題は、それぞれ２回ずつ放送します。放送中にメモをとってもかまいません。

では、問１の問題を始めます。これは、英語の質問を聞き、絵が示す内容に合う答えを選ぶ問題です。質問に対する答えとして最も適当なものを、続けて読まれるア～ウの中からそれぞれ一つずつ選び、記号を書きなさい。では、始めます。

１番　Where is the girl?

ア　She's in a park.　　イ　She's in a post office.　　ウ　She's in a supermarket.

（約２秒おいて）繰り返します。（約５秒休止）

２番　Which is the fastest bus to get to Sagan Park from Hagakure Station?

ア　Bus A.　　イ　Bus B.　　ウ　Bus C.

（約２秒おいて）繰り返します。（約５秒休止）

[チャイムの音　一つ]

問２の問題に移ります。これは、会話を聞いて答える問題です。最後の発言に対する受け答えとして最も適当なものを、ア～エの中からそれぞれ一つずつ選び、記号を書きなさい。では、始めます。

１番　*A*：I can't wait for the school trip tomorrow!

B：That's good. Did you check your bag?

（約５秒おいて）繰り返します。（約５秒休止）

２番　*A*：Thank you for coming today. Did you have a good time?

B：Yes. I enjoyed talking with you very much.

A：Will you come and see me again?

（約５秒おいて）繰り返します。（約５秒休止）

（問題は次のページに続く）

問４　留学生のリー（*Lee*）が、高校１年生で同じクラスの希（*Nozomi*）にスマートフォンのメッセージ機能を使って相談をしている。次の【メッセージ】のやり取りと、あとの【ウェブサイト】を読み、(1)、(2)に答えなさい。

【メッセージ】

Lee 19:03
Hi, Nozomi. I need a good electronic dictionary for Japanese class. Can you help me?

Nozomi 19:15
Hi, Lee. Of course, I will!
What type of dictionary are you looking for?

Lee 19:20
First, I want a dictionary with Chinese in it. I can *pay between 15,000 and 20,000 yen. My favorite color is red.

Nozomi 19:55
I found a good website for you!
Here is the *link.
https://www.elecdic.sample.com

Lee 20:15
Thank you very much!
I think **Dictionary A** and **B** look really cool, but they're too expensive. **Dictionary C** looks good to me, but it doesn't have my favorite color red. I wish **Dictionary D** had a [①] dictionary in it!

Nozomi 20:20
Wait! According to the website, you can get a *discount if you buy some dictionaries today! You are going to buy today, aren't you?

Lee 20:21
Yes! You're right! I can get the red dictionary!

Nozomi 20:23
Then, [②] is the best for you, right?

Lee 20:25
Yes, I'll buy it! Thank you very much for your help.

Nozomi 20:26
You're welcome!

*pay ～　～を支払う　　*link　（インターネットの）リンク　　*discount　割引

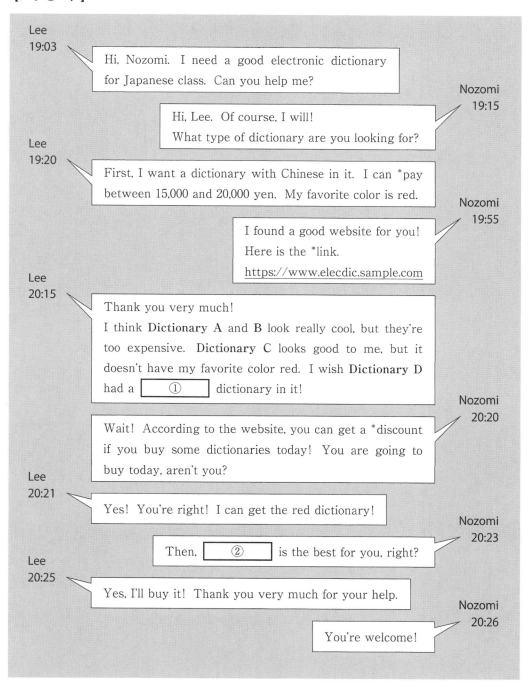

【ウェブサイト】

 Dictionary A **¥30,000** ➢ Dictionaries: English / Japanese / Chinese ➢ Color: Black / Red / Blue You can buy for 28,000 yen if you buy today!	 Dictionary B **¥22,000** ➢ Dictionaries: English / Japanese / Chinese ➢ Color: Black / Red / Green You can buy for 20,000 yen if you buy today!
 Dictionary C **¥20,000** ➢ Dictionaries: English / Japanese / Chinese ➢ Color: Black / White	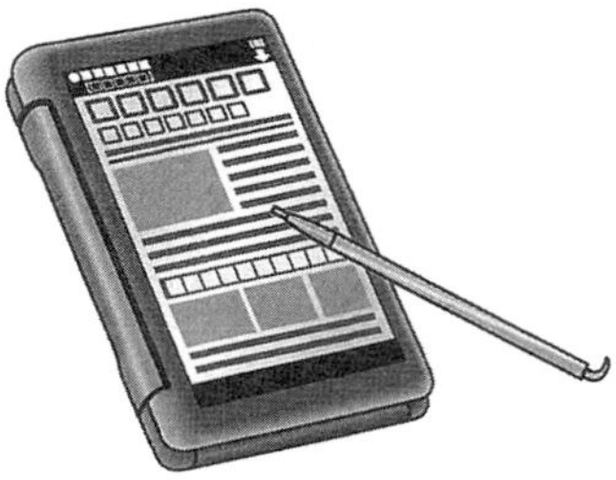 Dictionary D **¥15,000** ➢ Dictionaries: English / Japanese ➢ Color: Black / Red

(1)　【メッセージ】中の［　①　］に入る最も適当なものを、次のア〜エの中から一つ選び、記号を書きなさい。

ア　Chinese　　イ　English　　ウ　Japanese　　エ　Korean

(2)　【ウェブサイト】にある電子辞書の中から、メッセージ中の［　②　］に入る最も適当な電子辞書を、次のア〜エの中から一つ選び、記号を書きなさい。

ア　Dictionary A　　イ　Dictionary B　　ウ　Dictionary C　　エ　Dictionary D

4 次の英文は、高校1年生の葵（*Aoi*）と幸太（*Kota*）がエコツアー（*eco-tour*）について話をしているところに、ALTのグリーン先生（*Ms. Green*）がやってきて会話に加わった場面である。これを読んで、問1～問5に答えなさい。

Aoi : Hi, Ms. Green! We are making a presentation now. Have you ever heard the word ①“eco-tour”?

Ms. Green : Of course, I know about it. Now eco-tours are becoming popular all over the world. In these eco-tours, tourists can learn about nature, history, and traditional cultures by communicating with local people.

Kota : I have heard Australia, your home country, has a long history of eco-tours.

Ms. Green : Yes, the government started them in the *1990s. People can think about the environment through various experiences. For example, tourists can visit *Aboriginal villages to learn about their culture.

Aoi : That sounds interesting!

Ms. Green : Yeah! I joined this trip and really enjoyed it. I'll show you the pictures someday. By the way, do you know any good spots for eco-tours in Japan?

Aoi : Yes. Okinawa is a popular place for eco-tours. I found a *graph on the Internet, and it says the number of the tourists who joined eco-tours in Okinawa increased from 2013 to 2017. In 2017, it became more than 500,000.

Ms. Green : Over 500,000! Okinawa is really popular.

Aoi : And, look! More foreign people joined those eco-tours than Japanese people in each year. On the other hand, the number of Japanese tourists in 2017 was only about 100,000.

Kota : I hope more Japanese people join them! Actually, I went to Iriomote Island in Okinawa last summer. I enjoyed *canoeing and hiking with a man who lived there. He taught me about the nature, the animals, and how people lived there. I enjoyed the beautiful nature and talking with him so much!

Ms. Green : How nice! You had a good experience.

Kota : I think so. And he also told me that Iriomote Island had ②a problem because of the eco-tours. There were so many tourists that they sometimes damaged trees and plants.

Ms. Green : In Australia, we also had the same problem, so the government made *strict rules to check eco-tours. It's very important for us to keep our [　③　] better for the future. That's one of the *goals of the eco-tours.

Kota : You're right. We need to make such rules in Japan.

Aoi : I hope that both tourists and local people will be happy with eco-tours!

*1990s　1990年代　　*Aboriginal　アボリジニ（先住民）の
*graph　グラフ　　*canoeing　カヌーに乗って川下りすること
*strict　厳しい　　*goal(s)　目標

問１　下線部①は具体的にどのようなものか。次の文がその説明になるように、（　1　）（　2　）に入る適当な日本語を書きなさい。

観光客が（　1　）とコミュニケーションをとることで、（　2　）や歴史、伝統文化を学ぶことができる旅。

問２　本文の内容から、2017年の沖縄でのエコツアー参加者数を表しているものを、次の【グラフ】のア～エの中から一つ選び、記号を書きなさい。

【グラフ】

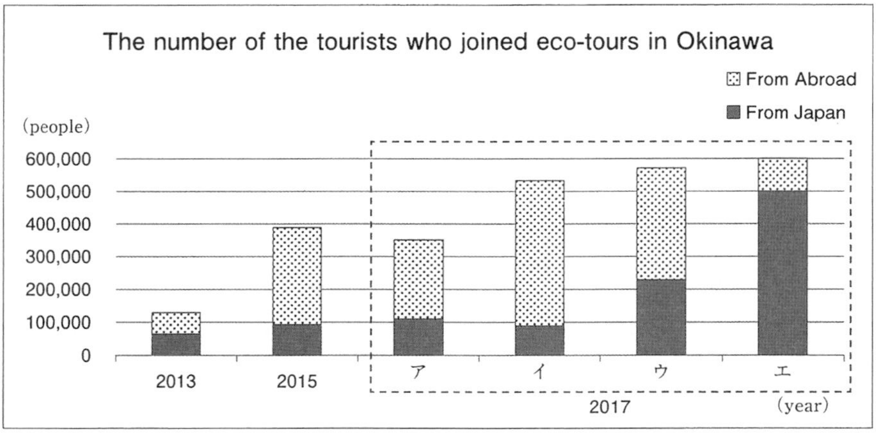

沖縄県『平成30年度エコツーリズム推進プラットフォーム事業報告書』（2018）より作成

問３　下線部②の具体的な内容を、日本語で書きなさい。

問４　本文中の［　③　］に当てはまる英語として最も適当なものを、次のア～エの中から一つ選び、記号を書きなさい。

ア　school　　イ　health　　ウ　environment　　エ　presentation

問５　本文の内容に合うものとして最も適当なものを、次のア～エの中から一つ選び、記号を書きなさい。

ア　Aoi and Kota will join eco-tours next week to learn about the history of Okinawa.

イ　Ms. Green is from Australia, and she has visited an Aboriginal village before.

ウ　Kota met foreign people who lived in Okinawa and enjoyed an eco-tour together.

エ　Aoi wants to make an eco-tour company with local people in the future.

5 次の英文は、中学生のサクラ（*Sakura*）が夏休みにロンドンに留学し、そこで出会ったジョージ（*George*）とメアリー（*Mary*）について、英語の授業でスピーチしたときの原稿である。これを読んで、問１～問５に答えなさい。

I stayed in London during this summer vacation and met a lot of people. Today, I'm going to tell you about two people I met there.

First, I will talk about George. He was a teacher at my school in London. One day, when I was in front of my classroom, he came to me, and we started talking with each other. When he asked me which part of Japan I was from, I answered I was from Saga. Then, he was very surprised and told me that he was a *balloon pilot and joined *Saga International Balloon Fiesta three times. He also told me he always went to a restaurant in a town in Saga and ate the best sushi in the world. When I heard the name of the restaurant he visited, I was surprised, too. It is the restaurant in front of my house in Saga! I asked him how he found the restaurant. Then he said his Japanese friend in Saga introduced it to him. He also said the friend was a woman and could speak English very well. He told me her name because he thought I *might know her. Yes, I knew her name. She was an English teacher when I was an elementary school student! ①What a [　　　　] world!

Next, I will tell you about Mary who has worked in Saga. Her daughter was my friend in London and *invited me to her house on the weekend. They had a cat, and ②its name was *Takeo*. I didn't know why the cat had a Japanese name, but I didn't ask them about the reason at that time. After I introduced myself, Mary told me that she lived in *Takeo City in Saga and taught English at a junior high school there. ③I was very surprised to hear that. Saga again! She had a good memory with the students and didn't forget them. Then I asked the question about her cat's name. She said she liked the city very much and gave the name to her cat. I was happy to hear that. I asked Mary to come and see me in Saga with her family and make a new memory there.

When I was in London, I met two people who have been to Saga! Can you believe it? London is very far from Saga, but there are people who have good memories of Saga. I think ④this is very wonderful. As I told you, the world is small. So what can we do for people who come to Saga from foreign countries?

Thank you for listening.

*balloon pilot　バルーン競技のパイロット
*Saga International Balloon Fiesta　佐賀インターナショナルバルーンフェスタ
*might　mayの過去形　　　*invite(d) ～　～を招待する
*Takeo City　武雄市（佐賀県のある市の名前）

問１　ジョージについて述べている英文として最も適当なものを、次のア～エの中から一つ選び、記号を書きなさい。

ア　George was an English teacher at Sakura's school in Japan.

イ　George joined Saga International Ballon Fiesta this summer for the first time.

ウ　George ate sushi at the restaurant in front of Sakura's house in Japan.

エ　George met a friend in Saga when he was an elementary school student.

問２　下線部①について、「なんて世の中は狭いのだろう」という英文になるように、□□□□に当てはまる１語を本文中から抜き出して答えなさい。

問３　下線部②について、なぜその名前が付けられたか。その理由として最も適当なものを、次のア～エの中から一つ選び、記号を書きなさい。

ア　メアリーが日本で出会った親切な日本人の名前だから。

イ　メアリーが日本で出会った印象に残っている日本人生徒の名前だから。

ウ　メアリーが日本で住んでいたお気に入りの市の名前だから。

エ　メアリーが日本でよく行ったレストランの名前だから。

問４　下線部③について、サクラはどのようなことを聞いたから驚いたのか。日本語で書きなさい。

問５　下線部④は具体的にどのようなことか。次の文がその説明になるように、（　１　）（　２　）に入る適当な日本語を書きなさい。

ロンドンは（　１　）けれども、（　２　）がいること。

(3)　下線部③について、このように、もともと生息していなかった地域に、人間の活動によって持ちこまれて定着した生物を何というか、書きなさい。

(4)　**図５**は大気中と有明海の海水中の炭素の循環の一部について表したもので、矢印は炭素の流れを表している。これらのうち、呼吸による炭素の流れを表しているものを、**図５**の矢印ア～クの中からすべて選び、記号を書きなさい。

図５

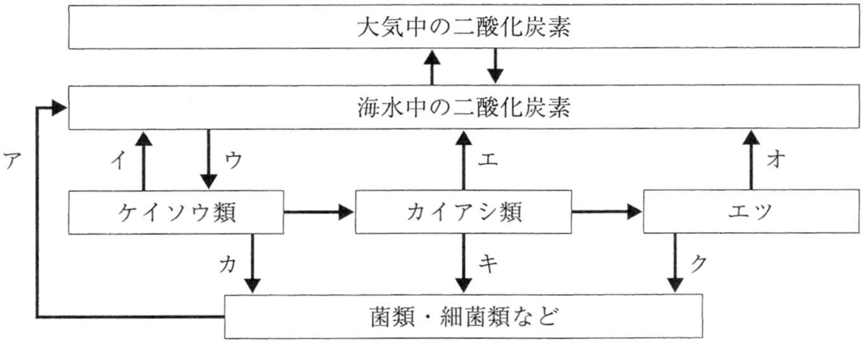

4 次の１～３の各問いに答えなさい。

1　次の文は、日本付近の気団について述べたものである。下の(1)～(3)の各問いに答えなさい。

日本列島はユーラシア大陸と太平洋にはさまれた中緯度地域に位置している。大陸と海洋の上には気団があり、季節や場所によって性質の異なる気団が発達する。日本付近の気候や気象に大きな影響を与えている気団は、気温や湿度がほぼ一様な空気のかたまりで、周りよりも気圧が（　Ⅰ　）。

なお、**図１**のＡ～Ｃの気団は日本付近のおもな気団を示したものである。

図１

(1)　文中の（　Ⅰ　）にあてはまることばを書きなさい。

(2)　**図１**のＡ～Ｃの気団の性質として最も適当なものを、次のア～エの中からそれぞれ１つずつ選び、記号を書きなさい。

ア　温暖・湿潤《しつじゅん》　　イ　温暖・乾燥《かんそう》　　ウ　寒冷・湿潤《しつじゅん》　　エ　寒冷・乾燥《かんそう》

(3)　**図１**のＡ～Ｃの気団のうち、２つの気団がぶつかって停滞前線（梅雨前線）が発生する。この２つの気団はどれとどれか、Ａ～Ｃの中から２つ選び、記号を書きなさい。

2　**図２**は日本付近の温帯低気圧と、その温帯低気圧にともなう前線をＸ、Ｙで示したものである。次の(1)～(3)の各問いに答えなさい。

(1)　**図２**のＸ、Ｙの前線の種類を表す記号を、解答欄の図にかき入れなさい。

図２

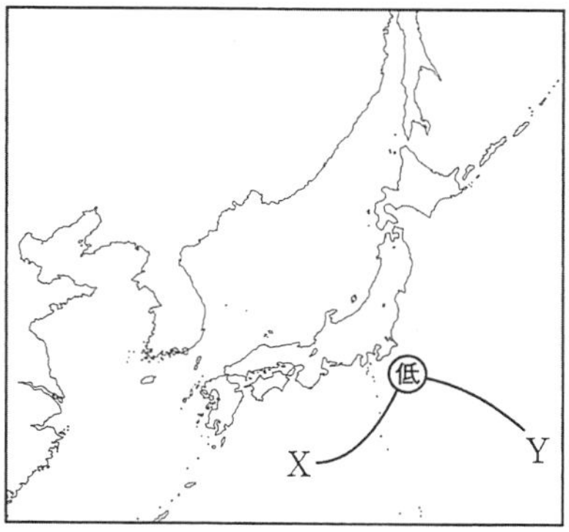

(2)　**図２**のＸ、Ｙの前線のうち、動きが速い方の前線とその名称の組み合わせとして最も適当なものを、次のア～エの中から１つ選び、記号を書きなさい。

	動きが速い方の前線	名称
ア	X	温暖前線
イ	X	寒冷前線
ウ	Y	温暖前線
エ	Y	寒冷前線

(3) 日本付近を通過する温帯低気圧において、地上付近での風向きについてはア～エから、中心付近の上下方向の空気の流れについてはａ～ｃから、最も適当なものをそれぞれ１つずつ選び、記号を書きなさい。

地上付近での風向き

ア
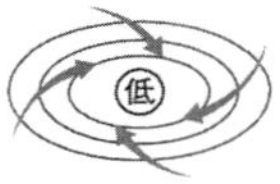

イ
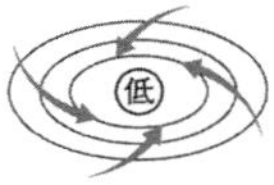

ウ
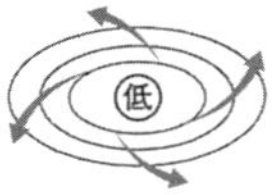

エ
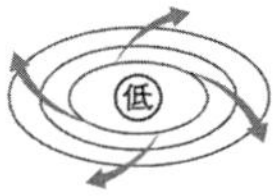

中心付近の上下方向の空気の流れ
- a　上昇気流が発生している
- b　下降気流が発生している
- c　上下方向の空気の流れはない

3　**図３**は、夏から秋にかけての台風の月ごとの主な経路を表している。次の(1)、(2)の問いに答えなさい。

(1) **図３**のように、時期によって台風の経路が異なっているのは、ある気団の発達や衰退が密接に関わっているからである。この気団の名称を何というか、書きなさい。

(2) 台風の中心付近では、激しい上昇気流によって上下方向に雲が発達する。この雲の名称を何というか、書きなさい。

図３

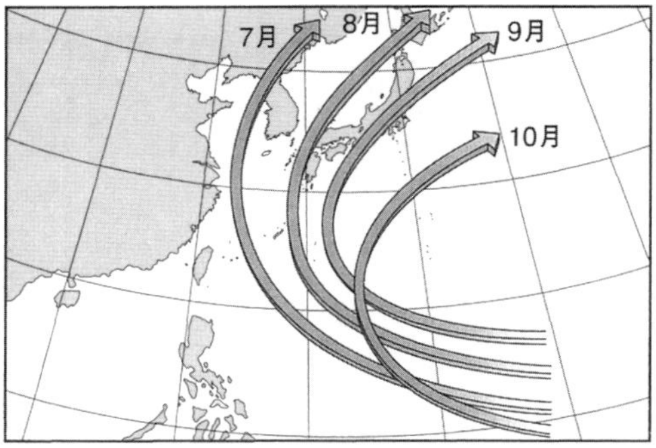

台風の月ごとの主な経路

5 次の１、２の問いに答えなさい。

1　電池、豆電球、電流計、スイッチを導線でつなぎ、**図１**のような回路を作った。また、**図２**と**図３**は**図１**と同じ電圧の電池と、同じ豆電球を２個使って作った回路である。あとの(1)～(3)の各問いに答えなさい。

図１

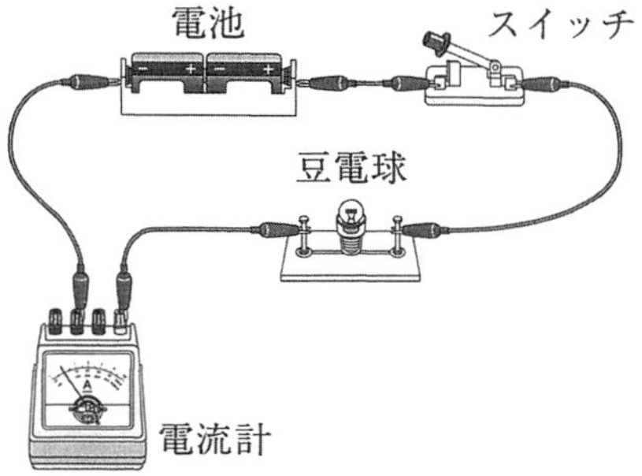

図２

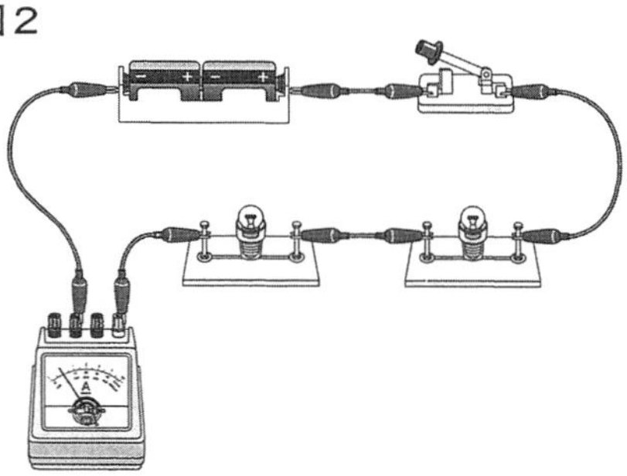

図３

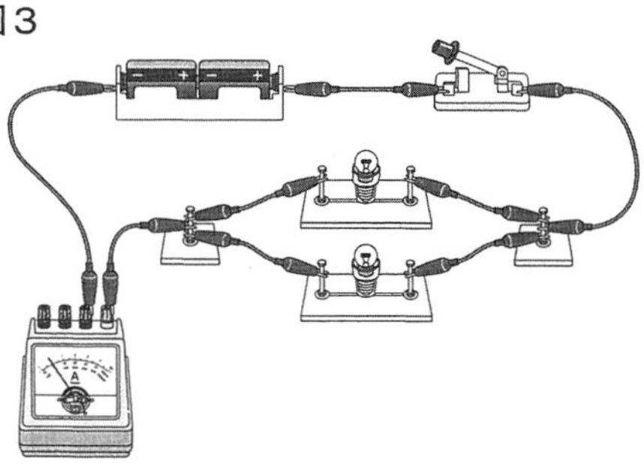

(1)　**図１**の回路図をかきなさい。

(2)　スイッチを入れたときに**図１**、**図２**、**図３**の電流計が示す値をそれぞれ I_1、I_2、I_3 とする。I_1、I_2、I_3 の大小関係として最も適当なものを、次のア～カの中から１つ選び、記号を書きなさい。

ア　$I_1 > I_2 > I_3$　　イ　$I_1 = I_3 > I_2$　　ウ　$I_1 = I_2 = I_3$

エ　$I_2 > I_1 > I_3$　　オ　$I_3 > I_1 > I_2$　　カ　$I_3 > I_1 = I_2$

(3) **図１**～**図３**の豆電球の明るさについて述べた次の文中の（　Ⅰ　）、（　Ⅱ　）にあてはまる語句の組み合わせとして最も適当なものを、下のア～ケの中から１つ選び、記号を書きなさい。

> **図１**の豆電球と**図２**の豆電球１つの明るさを比較すると（　Ⅰ　）、**図１**の豆電球と**図３**の豆電球１つの明るさを比較すると（　Ⅱ　）。

	Ⅰ	Ⅱ
ア	明るさは等しく	明るさは等しい
イ	明るさは等しく	**図１**の方が明るい
ウ	明るさは等しく	**図３**の方が明るい
エ	**図１**の方が明るく	明るさは等しい
オ	**図１**の方が明るく	**図１**の方が明るい
カ	**図１**の方が明るく	**図３**の方が明るい
キ	**図２**の方が明るく	明るさは等しい
ク	**図２**の方が明るく	**図１**の方が明るい
ケ	**図２**の方が明るく	**図３**の方が明るい

2　電熱線から発生する熱と水の温度上昇の関係を調べるために**【実験】**を行った。あとの(1)～(4)の各問いに答えなさい。なお、部屋の温度は一定に保たれている。

【実験】

①　**図４**のような装置を組み立て、発泡ポリスチレン容器の中のくみ置きの水 100 g の温度を測定した。

②　電圧計が 10.0 V を示すように回路に電圧を加えたところ、電流計は 0.50 A を示した。電圧と電流の大きさが変化しないことを確認しながら、水をガラス棒でゆっくりとかき混ぜ、１分ごとに水の温度を測定した。

③　**表**は、電流を流した時間と水の温度および電流を流しはじめてからの水の上昇温度をまとめたものである。

図４

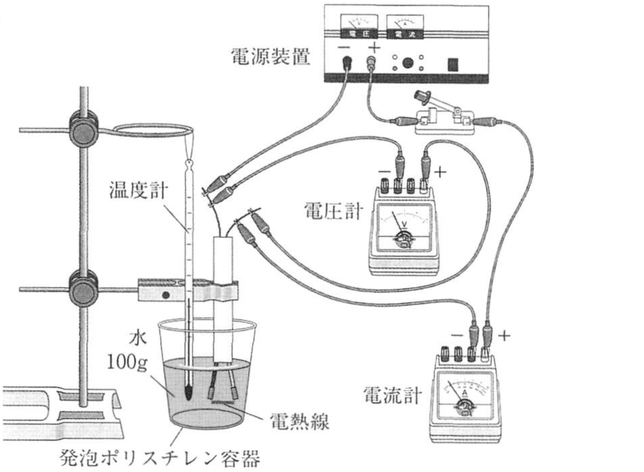

表

電流を流した時間　〔分〕	0	1	2	3	4	5
水の温度　〔℃〕	25.6	26.2	26.9	27.5	28.2	28.8
電流を流しはじめてからの水の上昇温度　〔℃〕	0	0.6	1.3	1.9	2.6	3.2

(1)　この**【実験】**で用いた電熱線の抵抗の大きさは何Ωか、書きなさい。

(2) 電流を流した時間と電流を流しはじめてからの水の上昇温度の関係をグラフにかきなさい。

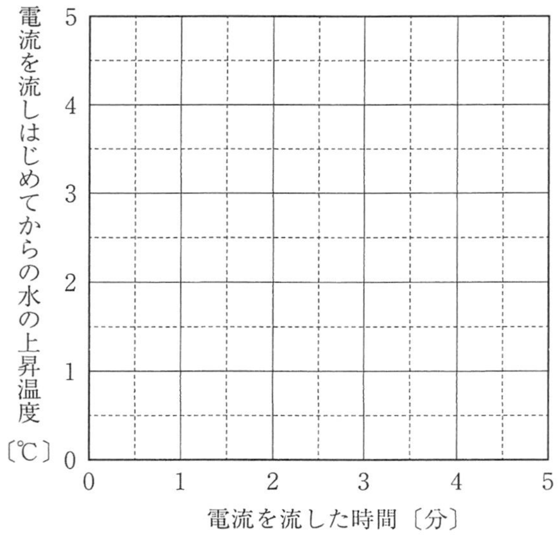

(3) この**【実験】**について、次の(i)、(ii)の問いに答えなさい。

(i) 電流を流した５分間で電熱線から発生した熱量は何Ｊか、書きなさい。

(ii) **表**より、電流を５分間流したときの水の上昇温度は3.2℃であった。このことから、電流を流した５分間で水が得た熱量は何Ｊか、書きなさい。ただし、水１ｇの温度を１℃上昇させるのに必要な熱量を4.2Ｊとする。

(4) **【実験】**で、発泡ポリスチレン容器を使用せずに、銅製のコップを使用した場合、５分間の水の上昇温度は3.2℃と比べてどうなるか、次のア～ウの中から１つ選び、記号を書きなさい。

ア　大きくなる　　　イ　小さくなる　　　ウ　変わらない

三　次の文章を読んで、あとの問いに答えなさい。

高校二年生の武田綾《たけだあや》は、刺しゅうを習っていて、その最中に誤って針で指を刺してしまった。

自分の指を見ていると、なぜか父の指と重なった。
小学校三、四年生の頃だったと思う。ゴールデンウィークに父が単身赴任先から帰ってきていた。
母は農機具屋のイベントで留守《るす》にしていて、父とあたしで留守番だった。
友だちはキャンプに行くとか旅行に行くとかはしゃいでいたけど、武田家はそんなことは一切ない。あたしも別にキャンプにも旅行にも興味はなかったし家でごろごろしていられればそれでよかった。
ところが、残念なことに、父が家にいるのである。①父つきの家にいるくらいならキャンプだろうと旅行だろうと行ってもいい気がしていた。
何しろ父は、背筋を伸ばしてNHKの囲碁《いご》対局を鑑賞し、生真面目《きまじめ》な顔で民放のサイコロを転がしてトークをする番組を見ているのである。どうやってくつろげというのか。お父さんはあちこちの単身赴任先で、リラックスすることや笑顔なんかを落っことしてきたに違いないと思った。リビングで寝転がってテレビでも見ようものなら、「勉強はどうした」「塾も考えなきゃな」などとこの世で一番不愉快《ふゆかい》な言葉を放つのである。始末に負えない。
ゴールデンウィーク初日の昼食は父が作ることになった。母は、よかったねお父さんが作ってくれるって、と絶望的なことを言い残して仕事に出かけてしまった。
部屋で勉強するふりをして、しっかりマンガ本を読んでいると、ドアが三回ノックされた。母と違って、父は誰に教わったのか、ノックをするのである。コンコンコン、という音が硬い。リズムは一定している。
あたしは素早くマンガを机の一番下の引き出しに放り込み足で閉め、代わりにドリルを開いて鉛筆を握ってから、はいと返事をした。
ドアが開いて四角い黒縁《くろぶち》眼鏡をかけた青白い顔が覗《のぞ》く。
「昼ご飯を作るから手伝いなさい」
嫌だ。
「――はい」
一階のキッチンへ下りていくと、父はエプロンをしていた。腰のところで結ばれている紐《ひも》が、縦結びになっている。父は不器用だ。
あたしにエプロンをするよう指示したが、あたしは持っていない。父はそれじゃあ家庭科はどうしているんだと問い質《ただ》す。
「かてーかって?」

問4 ④このような社会 とあるが、それはどのような社会か。その説明として最も適当なものを、次のア～エの中から一つ選び、記号を書きなさい。

ア ある行為を「やる」か「やらない」かの判断が、所属する集団の規範によって決定する社会。

イ お金で様々な商品やサービスが得られ、お金を持っているかどうかが価値基準となった社会。

ウ 個人の選択や決定が尊重されるようになり、物事の判断を個人にゆだねるようになった社会。

エ 閉鎖的な集団に同化し埋没することによって、個人の生活を維持し続けることができる社会。

問5 次の【まとめシート】は、生徒Ⅰ、Ⅱ、Ⅲが【文章A】、【文章B】を読んで書いたものである。それぞれの【まとめシート】が本文の内容に合っているものには○を、合っていないものには×を書きなさい。

【まとめシート】

Ⅰ

【文章A】は、自分と同じ善良さをもった他者と友達になることが必要だと述べており、【文章B】は、嫌な人と無理に付き合わなくてもよい社会になったと述べている。

Ⅱ

【文章A】は、今も昔も変わらない他者との関わりについて述べており、【文章B】は、社会は変化しても地域社会との関わりは変化していないと述べている。

Ⅲ

【文章A】は、幸福であるために必要な他者との関わり方について述べており、【文章B】は、生活の維持に関する他者との関わり方について述べている。

問1 ①自分自身に充足する幸福な状態 とあるが、それはどのような状態か。その説明として最も適当なものを、次のア～エの中から一つ選び、記号を書きなさい。

ア 自分以外の他者に介入されることを拒否し、自分自身との完全な友情に満足している状態。

イ 自分と友達であるだけでは飽き足らず、その友情を外部へと広げたいと望んでいる状態。

ウ 必要以上に他者に依存してしまうことを恐れて、自分以外の他者と関わろうとしない状態。

エ 他者に依存することなく自分自身を友達とし、自分自身のために生きることができる状態。

問2 ②自分がそのように幸福であるということを認識できない とあるが、それはなぜか。その理由として最も適当なものを、次のア～エの中から一つ選び、記号を書きなさい。

ア 幸福は自分自身の善良さを発揮できる活動によって得られるものであるが、その活動をしている最中に自分と距離を取って、自分で自分を対象として見ることは不可能だから。

イ 幸福は自分自身の善良さを発揮できる活動によって感じるものであるが、その活動が善良さを発揮するのにふさわしいものかどうかを、自分自身で客観的に見ることは不可能だから。

ウ 幸福は他者から自分自身の善良さを認められることによって得られるものではなく、他者と距離を取って自分自身だけを友達としている状態でのみ得られるものだから。

エ 幸福は何もしていないときに感じられるものではなく、活動に集中することによってのみ感じるものであるため、活動を終えたときには既に幸福ではない状態になってしまうから。

問3 ③アリストテレスが提案するのが、自分と同じ善良さをもった友達の姿を眺めること とあるが、アリストテレスはなぜこのような提案をするのか。次の解答の形式に従って、Xは十五字以内で、Yは四十字以内で書きなさい。

自分と同じ善良さをもった友達の姿を眺めることは、［ X ］と同じことを意味しており、これによって、［ Y ］から。

ることができない。「私」は明日の行動計画の方に集中しているからである。だから、実際には幸福であるにもかかわらず、自分が幸福であることに気づかないのである。

もちろん、自分が幸福であることを認識できないのだとしても、幸福であること自体はよいことだ。しかし、それを認識することができたら、その幸福はもっと味わい深いものになるだろう。したがって幸福な人にとって、自分が享受している幸福を認識することは、より望ましいことなのである。しかし、活動と観照が対立する以上、それは原理的に不可能である。では、どうしたらよいのだろうか。

これに対して③アリストテレスが提案するのが、自分と同じ善良さをもった友達の姿を眺めることである。たとえば、思慮深い「私」が、自分と同じように思慮深い他者の姿を眺めるとき、「私」はそこに自分と相通じるものを感じ取る。その人にとって、その他者を眺めることは、自分自身の善良さを眺めることと同義である。そしてそれによって、その人は自分自身が幸福であるということを、その他者を鏡にして、認識することができるのだ。

（戸谷《とや》　洋志《ひろし》『友情を哲学する　七人の哲学者たちの友情観』光文社新書による）

（注）※二日酔い…酒の酔いが翌日までさめないこと。
※アリストテレス…古代ギリシアの哲学者。

【文章B】

「一人」になれる条件が整い、人びとの選択や決定が尊重されるようになった社会では、さまざまな物事を「やらない」で済ませられるようになります。ある行為を「やらねばならない」と迫る社会の規範は緩くなり、何かを「やる」「やらない」の判断は、個々人にゆだねられます。

この傾向は人間関係にも当てはまります。私たちが生きる時代は、閉鎖的な集団に同化・埋没することで生活が維持されてきた※ムラ社会の時代と違います。生活の維持は、身近な人間関係のなかにではなく、お金を使って得られる商品やサービスと、行政の社会保障にゆだねられるようになったのです。

④このような社会では、誰かと「付き合わなければならない」と強制される機会が、徐々に減っていきます。会社やクラスの懇親会への参加はもはや強制される時代ではありません。地域の自治会への加入も任意性が強くなりました。趣味のサークルを続けるか続けないかは、まさに「人それぞれ」でしょう。

誰と付き合うか、あるいは、付き合わないかは、個々人の判断にゆだねられています。俗っぽく言えば、私たちは、（嫌な）人と無理に付き合わなくてもよい気楽さを手に入れたのです。

（石田《いしだ》　光規《みつのり》『「人それぞれ」がさみしい　「やさしく・冷たい」人間関係を考える』ちくまプリマー新書による）

（注）※ムラ社会…古くからの秩序を保った排他的な社会。

二 次の【文章A】、【文章B】を読んで、あとの問いに答えなさい。

【文章A】

自分自身を愛せない人は、他者とも友達になれない。それはどういう人かというと、自分の善良さを理解していない人、あるいはその発揮を妨げるような活動をする人である。たとえば、自分の善良さが思慮深さなのに、毎晩アルコールを飲んで、毎朝※二日酔いになっている人がそうである。こうした人は、善良さを発揮できないために、他者からその善良さを愛されることもなく、したがって善良さに基づく友情を交わすことができない。友達はできるかも知れないが、それは、常に不完全な友情に留まってしまうのである。

このように自分を友達にできる人は、善良さを発揮するために、他者の助けを必要としない。つまり、他者に依存することなく、常に自分自身であり、また自分自身のために生きることができる。※アリストテレスによれば、このような状態にある人は幸福である。したがって、自分と友達になるということが、人間が幸福であるために重要なのである。

ここで次のような疑問が生じたとしても不思議ではない。すなわち、そうであるとすれば、なぜ私たちはわざわざ他者と友達になるのだろうか、ということだ。なぜ、自分と友達であるだけでは飽き足らず、その友情を外部へと広げなければならないのだろうか。もしもアリストテレスの主張が真実であるとしたら、そのとき、人間は自分自身を友達にすればそれで事足りるはずだ。そうである以上、他者と友達になる必要はないのではないか。それでも他者を友達として必要とするなら、それはその友達に依存しているのであって、①自分自身に充足する幸福な状態に、傷をつけるようなことなのではないか。

このような疑問に対して、アリストテレスは次のような興味深い回答を示している。たしかに私たちは自分自身を友達にすることができれば幸福である。しかし、その幸福をより望ましいものにするために、他者と友達になることが必要なのである。

どういうことだろうか。

前述の通り、自分自身と友達になるということは、自分の善良さを発揮するために必要な活動をする、ということだ。したがって幸福もまた活動のなかにある。アリストテレスにとって幸福とは、何もしていないときにしみじみと感じるものではない。ところが私たちには、活動をしている最中に、そのように活動している自分自身を反省することができない。言い換えるなら、自分を認識することができないのである。

活動するということは何かに働きかけるということだ。それに対して認識するということは、対象に働きかけることなく、その対象から距離を取って、それを眺めることである。アリストテレスはそうした働きを「観照《かんしょう》」と呼ぶ。活動と観照は対立する。したがって私たちは、たとえ活動によって幸福になるのだとしても、②自分がそのように幸福であるということを認識できないのである。

たとえば、思慮深さを善良さとする「私」が、その思慮深さを活かして明日の行動計画を練っているとしよう。その活動をしているとき、「私」は自らの善良さを発揮しているのであり、その意味で幸福である。しかし、そのように明日の行動計画を練っている「私」は、自分の姿を反省す

問1　**【前回参加した人の感想の一部】**の中の　a募、b ツ、c ヒタイ、d 清掃　について、カタカナは漢字に直し、漢字は読みをひらがなで書きなさい。

問2　**【放送原稿】**の中に、いつも地域の人たちには学校での活動を応援してもらい、お世話になっているので、感謝の気持ちをこめて、二つのボランティア活動を通してきれいな町づくりに貢献していきたいと考えています　とある。この文を意味が変わらないように二文に分けたときに、次の **X** に入る適当な言葉を書き、**Y** に当てはまる言葉として最も適当なものを、あとのア～エの中から一つ選び、記号を書きなさい。

> いつも地域の人たちには学校での活動を応援してもらい、お世話に **X** 。
> **Y** 、感謝の気持ちをこめて、二つのボランティア活動を通してきれいな町づくりに貢献していきたいと考えています。

ア　しかし　　イ　たとえば　　ウ　そのため　　エ　なぜなら

問3　生徒会が計画した二つの活動、「ちょい活」、「ともボラ」のうち、どちらの活動がよいと考えるか。あなたの考えとその理由を書きなさい。ただし、次の**【条件】**に従うこと。

【条件】

- 百字以上、百二十字以内で書くこと。
- よいと思う活動名を明らかにして書くこと。
- 理由は、**【アンケート結果】**にもふれた上で、具体的に書くこと。
- 原稿用紙の書き方に従って書くこと。

一

天山中学校では、年に二回、生徒会主催で町をきれいにするボランティア活動を行っている。今年、二回目の実施に向けて全校生徒に放送で参加を呼びかけることにした。次の【放送原稿】と【アンケート結果】、【前回参加した人の感想の一部】を読んで、あとの問いに答えなさい。

【放送原稿】

　みなさん、こんにちは。生徒会からボランティア活動についてのお知らせです。わたしたち生徒会は、これまでボランティア活動を行った際に、「参加したかったけどできなかった」という意見が出ていたことを受けて、より多くの人にとって参加しやすい活動にしたいと考えました。そこで実施したのが、先日みなさんにご協力いただいたアンケートです。【アンケート結果】については、配布しているプリントを見てください。そのアンケートの結果と、前回参加した人の感想をもとに、新たに二つの活動を計画しました。

　一つ目は、短時間で活動を行う「ちょい活」です。これは、休日の部活動が始まる前の三十分間を利用して、学校周辺のごみ拾いを行うというものです。いつもより三十分早く登校して、学校の周りをきれいにしてみませんか。

　二つ目は、「ともボラ」です。これは、事前説明会に集まった参加希望者で班を作り、当日はその班で一緒に公園の花植えをするという活動です。活動をするうちに自然と参加者同士が仲良くなれるような内容を考えています。新しい仲間を作りながら、公園を花いっぱいにしましょう。

　くわしい日程と場所・内容は、後日お知らせします。わたしたち生徒会は、このボランティア活動で地域貢献をしたいと思っています。いつも地域の人たちには学校での活動を応援してもらい、お世話になっているので、感謝の気持ちをこめて、二つのボランティア活動を通してきれいな町づくりに貢献していきたいと考えています。たくさんの生徒のみなさんの参加をお待ちしています。

【アンケート結果】

あなたがボランティア活動に参加しづらいと感じる理由を教えてください

参加する時間がない	１３１人
一緒に参加する人がいない	１２９人
参加しても役に立っているのかどうか分からない	５７人
活動内容に関する十分な情報がない	４０人
特になし	２９人

（全校生徒３８６人へのアンケート結果）

【前回参加した人の感想の一部】

生徒会が参加者を[a]募っていたボランティア活動に参加した。[b]ツげられた場所に行くと、二十名ほどの参加者がいた。[c]ヒタイに汗しながら、みんなと協力して[d]清掃したあとは、爽やかな気持ちになった。より多くの人に活動に参加してほしいと思った。

一般

佐賀県公立高等学校

令和６年度学力検査問題

（第１日第１限）

国　　語

（50分）

（注　　意）

1 「始め」の合図があるまでは、開いてはいけません。
2 問題は 一 から 四 まであり、14ページまでです。
3 「始め」の合図があったら、まず解答用紙に受検番号を書きなさい。
4 答えは、すべて解答用紙に書きなさい。
5 印刷がはっきりしないでわからないときは、黙って手を挙げなさい。
6 「やめ」の合図で、すぐに鉛筆を置き、解答用紙を裏返しにして机の上に置きなさい。
7 検査終了後、問題用紙は持ち帰りなさい。

福岡県

①福岡大学附属若葉高等学校
②精華女子高等学校(専願試験)
③精華女子高等学校(前期試験)
④西南学院高等学校
⑤筑紫女学園高等学校
⑥中村学園女子高等学校(専願入試)
⑦中村学園女子高等学校(前期入試)
⑧博多女子高等学校
⑨博多高等学校
⑩東福岡高等学校
⑪福岡大学附属大濠高等学校
⑫自由ケ丘高等学校
⑬常磐高等学校
⑭東筑紫学園高等学校
⑮敬愛高等学校
⑯久留米大学附設高等学校
⑰久留米信愛高等学校
⑱福岡海星女子学院高等学校
⑲誠修高等学校
⑳筑陽学園高等学校(専願入試)
㉑筑陽学園高等学校(前期入試)
㉒真颯館高等学校
㉓筑紫台高等学校
㉔純真高等学校
㉕福岡舞鶴高等学校
㉖折尾愛真高等学校
㉗九州国際大学付属高等学校
㉘祐誠高等学校
㉙西日本短期大学附属高等学校
㉚東海大学付属福岡高等学校
㉛慶成高等学校
㉜高稜高等学校
㉝中村学園三陽高等学校
㉞柳川高等学校
㉟沖学園高等学校
㊱福岡常葉高等学校
㊲九州産業大学付属九州高等学校
㊳近畿大学附属福岡高等学校
㊴大牟田高等学校
㊵久留米学園高等学校
㊶福岡工業大学附属城東高等学校
(専願入試)
㊷福岡工業大学附属城東高等学校
(前期入試)
㊸八女学院高等学校
㊹星琳高等学校
㊺九州産業大学付属九州産業高等学校
㊻福岡雙葉高等学校

佐賀県

①龍谷高等学校
②佐賀学園高等学校
③佐賀女子短期大学付属佐賀女子高等学校
④弘学館高等学校
⑤東明館高等学校
⑥佐賀清和高等学校
⑦早稲田佐賀高等学校

長崎県

①海星高等学校(奨学生試験)
②海星高等学校(一般入試)
③活水高等学校
④純心女子高等学校
⑤長崎南山高等学校
⑥長崎日本大学高等学校(特別入試)
⑦長崎日本大学高等学校(一次入試)
⑧青雲高等学校
⑨向陽高等学校
⑩創成館高等学校
⑪鎮西学院高等学校

熊本県

①真和高等学校
②九州学院高等学校
(奨学生・専願生)
③九州学院高等学校
(一般生)
④ルーテル学院高等学校
(専願入試・奨学入試)
⑤ルーテル学院高等学校
(一般入試)
⑥熊本信愛女学院高等学校
⑦熊本学園大学付属高等学校
(奨学生試験・専願生試験)
⑧熊本学園大学付属高等学校
(一般生試験)
⑨熊本中央高等学校
⑩尚絅高等学校
⑪文徳高等学校
⑫熊本マリスト学園高等学校
⑬慶誠高等学校

大分県

①大分高等学校

宮崎県

①鵬翔高等学校
②宮崎日本大学高等学校
③宮崎学園高等学校
④日向学院高等学校
⑤宮崎第一高等学校
(文理科)
⑥宮崎第一高等学校
(普通科・国際マルチメディア科・電気科)

鹿児島県

①鹿児島高等学校
②鹿児島実業高等学校
③樟南高等学校
④れいめい高等学校
⑤ラ・サール高等学校

新刊
もっと過去問シリーズ

愛知県

愛知高等学校
7年分(数学・英語)

中京大学附属中京高等学校
7年分(数学・英語)

東海高等学校
7年分(数学・英語)

名古屋高等学校
7年分(数学・英語)

愛知工業大学名電高等学校
7年分(数学・英語)

名城大学附属高等学校
7年分(数学・英語)

滝高等学校
7年分(数学・英語)

※もっと過去問シリーズは入学試験の実施教科に関わらず、数学と英語のみの収録となります。

教英出版
〒422-8054
静岡県静岡市駿河区南安倍3丁目12-28
TEL 054-288-2131
FAX 054-288-2133
詳しくは教英出版で検索
教英出版 検索
URL https://kyoei-syuppan.net/

㉝光ヶ丘女子高等学校
㉞藤ノ花女子高等学校
㉟栄徳高等学校
㊱同朋高等学校
㊲星城高等学校
㊳安城学園高等学校
㊴愛知産業大学三河高等学校
㊵大成高等学校
㊶豊田大谷高等学校
㊷東海学園高等学校
㊸名古屋国際高等学校
㊹啓明学館高等学校
㊺聖霊高等学校
㊻誠信高等学校
㊼誉高等学校
㊽杜若高等学校
㊾菊華高等学校
㊿豊川高等学校

三重県

①暁高等学校(3年制)
②暁高等学校(6年制)
③海星高等学校
④四日市メリノール学院高等学校
⑤鈴鹿高等学校
⑥高田高等学校
⑦三重高等学校
⑧皇學館高等学校
⑨伊勢学園高等学校
⑩津田学園高等学校

滋賀県

①近江高等学校

大阪府

①上宮高等学校
②大阪高等学校
③興國高等学校
④清風高等学校
⑤早稲田大阪高等学校
(早稲田摂陵高等学校)
⑥大商学園高等学校
⑦浪速高等学校
⑧大阪夕陽丘学園高等学校
⑨大阪成蹊女子高等学校
⑩四天王寺高等学校
⑪梅花高等学校
⑫追手門学院高等学校
⑬大阪学院大学高等学校
⑭大阪学芸高等学校
⑮常翔学園高等学校
⑯大阪桐蔭高等学校
⑰関西大倉高等学校
⑱近畿大学附属高等学校
⑲金光大阪高等学校
⑳星翔高等学校
㉑阪南大学高等学校
㉒箕面自由学園高等学校
㉓桃山学院高等学校
㉔関西大学北陽高等学校

兵庫県

①雲雀丘学園高等学校
②園田学園高等学校
③関西学院高等部
④灘高等学校
⑤神戸龍谷高等学校
⑥神戸第一高等学校
⑦神港学園高等学校
⑧神戸学院大学附属高等学校
⑨神戸弘陵学園高等学校
⑩彩星工科高等学校
⑪神戸野田高等学校
⑫滝川高等学校
⑬須磨学園高等学校
⑭神戸星城高等学校
⑮啓明学院高等学校
⑯神戸国際大学附属高等学校
⑰滝川第二高等学校
⑱三田松聖高等学校
⑲姫路女学院高等学校
⑳東洋大学附属姫路高等学校
㉑日ノ本学園高等学校
㉒市川高等学校
㉓近畿大学附属豊岡高等学校
㉔夙川高等学校
㉕仁川学院高等学校
㉖育英高等学校

奈良県

①西大和学園高等学校

岡山県

①[県立]岡山朝日高等学校
②清心女子高等学校
③就実高等学校
(特別進学コース〈ハイグレード·アドバンス〉)
④就実高等学校
(特別進学チャレンジコース·総合進学コース)
⑤岡山白陵高等学校
⑥山陽学園高等学校
⑦関西高等学校
⑧おかやま山陽高等学校
⑨岡山商科大学附属高等学校
⑩倉敷高等学校
⑪岡山学芸館高等学校(1期1日目)
⑫岡山学芸館高等学校(1期2日目)
⑬倉敷翠松高等学校
⑭岡山理科大学附属高等学校
⑮創志学園高等学校
⑯明誠学院高等学校
⑰岡山龍谷高等学校

広島県

①[国立]広島大学附属高等学校
②[国立]広島大学附属福山高等学校
③修道高等学校
④崇徳高等学校
⑤広島修道大学ひろしま協創高等学校
⑥比治山女子高等学校
⑦呉港高等学校
⑧清水ヶ丘高等学校
⑨盈進高等学校
⑩尾道高等学校
⑪如水館高等学校
⑫広島新庄高等学校
⑬広島文教大学附属高等学校
⑭銀河学院高等学校
⑮安田女子高等学校
⑯山陽高等学校
⑰広島工業大学高等学校
⑱広陵高等学校
⑲近畿大学附属広島高等学校福山校
⑳武田高等学校
㉑広島県瀬戸内高等学校(特別進学)
㉒広島県瀬戸内高等学校(一般)
㉓広島国際学院高等学校
㉔近畿大学附属広島高等学校東広島校
㉕広島桜が丘高等学校

山口県

①高水高等学校
②野田学園高等学校
③宇部フロンティア大学付属香川高等学校
(普通科〈特進·進学コース〉)
④宇部フロンティア大学付属香川高等学校
(生活デザイン·食物調理·保育科)
⑤宇部鴻城高等学校

徳島県

①徳島文理高等学校

香川県

①香川誠陵高等学校
②大手前高松高等学校

愛媛県

①愛光高等学校
②済美高等学校
③FC今治高等学校
④新田高等学校
⑤聖カタリナ学園高等学校

学校別問題集

北海道

①札幌北斗高等学校
②北星学園大学附属高等学校
③東海大学付属札幌高等学校
④立命館慶祥高等学校
⑤北海高等学校
⑥北見藤高等学校
⑦札幌光星高等学校
⑧函館ラ・サール高等学校
⑨札幌大谷高等学校
⑩北海道科学大学高等学校
⑪遺愛女子高等学校
⑫札幌龍谷学園高等学校
⑬札幌日本大学高等学校
⑭札幌第一高等学校
⑮旭川実業高等学校
⑯北海学園札幌高等学校

青森県

①八戸工業大学第二高等学校

宮城県

①聖和学園高等学校(A日程)
②聖和学園高等学校(B日程)
③東北学院高等学校(A日程)
④東北学院高等学校(B日程)
⑤仙台大学附属明成高等学校
⑥仙台城南高等学校
⑦東北学院榴ケ岡高等学校
⑧古川学園高等学校
⑨仙台育英学園高等学校(A日程)
⑩仙台育英学園高等学校(B日程)
⑪聖ウルスラ学院英智高等学校
⑫宮城学院高等学校
⑬東北生活文化大学高等学校
⑭東北高等学校
⑮常盤木学園高等学校
⑯仙台白百合学園高等学校
⑰尚絅学院高等学校(A日程)
⑱尚絅学院高等学校(B日程)

山形県

①日本大学山形高等学校
②惺山高等学校
③東北文教大学山形城北高等学校
④東海大学山形高等学校
⑤山形学院高等学校

福島県

①日本大学東北高等学校

新潟県

①中越高等学校
②新潟第一高等学校
③東京学館新潟高等学校
④日本文理高等学校
⑤新潟青陵高等学校
⑥帝京長岡高等学校
⑦北越高等学校
⑧新潟明訓高等学校

富山県

①高岡第一高等学校
②富山第一高等学校

石川県

①金沢高等学校
②金沢学院大学附属高等学校
③遊学館高等学校
④星稜高等学校
⑤鵬学園高等学校

山梨県

①駿台甲府高等学校
②山梨学院高等学校(特進)
③山梨学院高等学校(進学)
④山梨英和高等学校

岐阜県

①鶯谷高等学校
②富田高等学校
③岐阜東高等学校
④岐阜聖徳学園高等学校
⑤大垣日本大学高等学校
⑥美濃加茂高等学校
⑦済美高等学校

静岡県

①御殿場西高等学校
②知徳高等学校
③日本大学三島高等学校
④沼津中央高等学校
⑤飛龍高等学校
⑥桐陽高等学校
⑦加藤学園高等学校
⑧加藤学園暁秀高等学校
⑨誠恵高等学校
⑩星陵高等学校
⑪静岡県富士見高等学校
⑫清水国際高等学校
⑬静岡サレジオ高等学校
⑭東海大学付属静岡翔洋高等学校
⑮静岡大成高等学校
⑯静岡英和女学院高等学校
⑰城南静岡高等学校
⑱静岡女子高等学校
⑲常葉大学附属常葉高等学校
　常葉大学附属橘高等学校
　常葉大学附属菊川高等学校
⑳静岡北高等学校
㉑静岡学園高等学校
㉒焼津高等学校
㉓藤枝明誠高等学校
㉔静清高等学校
㉕磐田東高等学校
㉖浜松学院高等学校
㉗浜松修学舎高等学校
㉘浜松開誠館高等学校
㉙浜松学芸高等学校
㉚浜松聖星高等学校
㉛浜松日体高等学校
㉜聖隷クリストファー高等学校
㉝浜松啓陽高等学校
㉞オイスカ浜松国際高等学校

愛知県

①[国立]愛知教育大学附属高等学校
②愛知高等学校
③名古屋経済大学市邨高等学校
④名古屋経済大学高蔵高等学校
⑤名古屋大谷高等学校
⑥享栄高等学校
⑦椙山女学園高等学校
⑧大同大学大同高等学校
⑨日本福祉大学付属高等学校
⑩中京大学附属中京高等学校
⑪至学館高等学校
⑫東海高等学校
⑬名古屋たちばな高等学校
⑭東邦高等学校
⑮名古屋高等学校
⑯名古屋工業高等学校
⑰名古屋葵大学高等学校
(名古屋女子大学高等学校)
⑱中部大学第一高等学校
⑲桜花学園高等学校
⑳愛知工業大学名電高等学校
㉑愛知みずほ大学瑞穂高等学校
㉒名城大学附属高等学校
㉓修文学院高等学校
㉔愛知啓成高等学校
㉕聖カピタニオ女子高等学校
㉖滝高等学校
㉗中部大学春日丘高等学校
㉘清林館高等学校
㉙愛知黎明高等学校
㉚岡崎城西高等学校
㉛人間環境大学附属岡崎高等学校
㉜桜丘高等学校

■ ご使用にあたってのお願い・ご注意

（1）問題文等の非掲載

著作権上の都合により，問題文や図表などの一部を掲載できない場合があります。

誠に申し訳ございませんが，ご了承くださいますようお願いいたします。

（2）過去問における時事性

過去問題集は，学習指導要領の改訂や社会状況の変化，新たな発見などにより，現在とは異なる表記や解説になっている場合があります。過去問の特性上，出題当時のままで出版していますので，あらかじめご了承ください。

（3）配点

学校等から配点が公表されている場合は，記載しています。公表されていない場合は，記載していません。

独自の予想配点は，出題者の意図と異なる場合があり，お客様が学習するうえで誤った判断をしてしまう恐れがあるため記載していません。

（4）無断複製等の禁止

購入された個人のお客様が，ご家庭でご自身またはご家族の学習のためにコピーをすることは可能ですが，それ以外の目的でコピー，スキャン，転載（ブログ，ＳＮＳなどでの公開を含みます）などをすることは法律により禁止されています。学校や学習塾などで，児童生徒のためにコピーをして使用することも法律により禁止されています。

ご不明な点や，違法な疑いのある行為を確認された場合は，弊社までご連絡ください。

（5）けがに注意

この問題集は針を外して使用します。針を外すときは，けがをしないように注意してください。また，表紙カバーや問題用紙の端で手指を傷つけないように十分注意してください。

（6）正誤

制作には万全を期しておりますが，万が一誤りなどがございましたら，弊社までご連絡ください。

なお，誤りが判明した場合は，弊社ウェブサイトの「ご購入者様のページ」に掲載しておりますので，そちらもご確認ください。

■ お問い合わせ

解答例，解説，印刷，製本など，問題集発行におけるすべての責任は弊社にあります。

ご不明な点がございましたら，弊社ウェブサイトの「お問い合わせ」フォームよりご連絡ください。迅速に対応いたしますが，営業日の都合で回答に数日を要する場合があります。

ご入力いただいたメールアドレス宛に自動返信メールをお送りしています。自動返信メールが届かない場合は，「よくある質問」の「メールの問い合わせに対し返信がありません。」の項目をご確認ください。

また弊社営業日（平日）は，午前９時から午後５時まで，電話でのお問い合わせも受け付けています。

2025 春

株式会社教英出版

〒422-8054　静岡県静岡市駿河区南安倍３丁目 12-28

TEL　054-288-2131　　FAX　054-288-2133

URL　https://kyoei-syuppan.net/

MAIL siteform@kyoei-syuppan.net

お詫び

著作権上の都合により、文章は掲載しておりません。
ご不便をおかけし、誠に申し訳ございません。

教英出版

（伊坂《いさか》 幸太郎《こうたろう》『逆ソクラテス』による）

（注） ※至難のわざ…実現が極めて困難であること。
※一瞥をくれる…ちらりと見る。
※いなす…軽くあしらう。
※佐久間…安斎たちの仲間。
※太鼓判を押す…絶対確実であると保証する。
※豪放磊落…細かい物事にこだわらず、朗らかなさま。
※承服できぬ…納得できない。

問１ つくづく の品詞名を答えなさい。

問２ ①安斎の目には力がこもり、声も裏返っていた とあるが、この時の「安斎」の説明として最も適当なものを、次のア～エの中から一つ選び、記号を書きなさい。

ア 打点王氏に指導してもらっている途中に、無遠慮に指導をしようとする久留米に対して、いらだちを覚えている。
イ せっかく打点王氏に草壁を見てもらっているので、久留米に口をはさまないでほしいと、勇気を振り絞り訴えている。
ウ 緊張のあまり本来の力を出せずにいる草壁のため、久留米の意識を自分に向けようと反抗的な態度を取っている。
エ 何を言っても聞き入れようとしない久留米に、抑えきれない怒りを感じながらも冷静になろうと必死になっている。

問3　②自分の周囲の景色が急に明るくなった　とあるが、この時の「僕」の説明として最も適当なものを、次のア～エの中から一つ選び、記号を書きなさい。

ア　多くの子供たちが久留米に同調して草壁を見下していたことを、これまで不愉快に思っていたが、子供たちが打点王氏につられて草壁を称賛し、態度を急変させたことに驚いている。

イ　憧れの野球選手に対する草壁の返事や態度に元気がないので、短時間での成長は望めそうもないと思っていたが、打点王氏の勢いのある声が聞こえ、前向きな気持ちになっている。

ウ　打点王氏が自分たちに協力してくれるのか明確には分からない状況だったが、打点王氏の言葉で自分たちの意図した方向へ事態が動き始め、晴れ晴れとした気持ちになっている。

エ　何をしてもうまくいかない草壁を見て沈んだ気持ちになっていたが、打点王氏の個人指導のおかげで、草壁が確実に上達していることが分かり、自分のことのように喜んでいる。

問4　③草壁は首を力強く縦に振った　とあるが、この時の「草壁」の説明として最も適当なものを、次のア～エの中から一つ選び、記号を書きなさい。

ア　打点王氏の言葉で自信が持てるようになり、仲間の応援を受けて本格的に野球を始めようと意気込んでいる。

イ　打点王氏の言葉を信じる一方で、本当に自分がプロ野球選手になれるのかという不安を振り払おうとしている。

ウ　打点王氏の言葉を否定するような態度をとっている久留米に対して反発し、安斎とともに強く抗議している。

エ　打点王氏の言葉で前向きな考え方になり、将来、自分はプロ野球選手になれるに違いないと確信している。

問5　④僕も目を閉じるほど顔を歪め、笑っていた　とあるが、「僕」が笑ったのはなぜか。その理由を三十五字以内で書きなさい。

問6　本文の表現上の特徴について説明したものとして最も適当なものを、次のア～エの中から一つ選び、記号を書きなさい。

ア　「すっと」「ぼそぼそと」などの擬態語を用いることによって、当時の「僕」や仲間たちが幼かったことを表している。

イ　会話の途中に動作や状況を丁寧に描くことによって、「僕」が当時の様子を感傷的に振り返っていることを表している。

ウ　仲間たちの心情や久留米の様子を、今の「僕」の視点で冷静に描くことによって、それぞれの人物像を表している。

エ　久留米には「先生」を用いないことによって、「僕」が久留米に対して親しみを持って接していたことを表している。

四

次の文章を読んで、あとの問いに答えなさい。

禅師《ぜんじ》、尊像を造らむが為《ため》に《仏に仕える僧が、仏像を造るために》、※京に上る。財を売りて既に金丹《きんに》《仏像の装飾のための金や朱の顔料》等の物を買ひ得たり。還《かへ》りて《帰る途中》※難波《なには》の津に到《いた》りし時に《船着き場に到着した時に》、海辺の人、大亀を四口売る《四匹売っていた》。禅師、人に勧めて買ひて放たしむ《人に良い行いと勧めて買い取らせ、海に放させた》。即《すなは》ち《その後》人の舟を借りて、童子を二人将《ゐ》て《付き人の少年を二人連れて》、共に乗りて海を渡る。日晩《く》れ夜深《ふ》けぬ《日が暮れて夜が更けた》。舟人、欲を起《おこ》し、※備前《びぜん》の骨《かばね》嶋《じま》の辺《あたり》に行き到り、童子等《ら》を取り《つかまえて》、人を海の中に擲《な》げき《投げ込んだ》。然《しか》る後に《その後に》、禅師に告げて云《い》はく、①「速《すみやか》に海に入るべし」といふ。師、教化すと雖《いへど》も《教えさとしたが》、賊猶《なほ》し許さず《それでもやはり聞き入れない》。此《ここ》に於《おい》て《そこで》、願を発《おこ》して《仏に祈願して》海中に入る。水、腰に及ぶ時に《腰の深さぐらいまでつかった時に》、②石の脚に当りたるを以《もち》て、其《そ》の暁に見れば《夜明けの光で見ると》、亀の負へるなりけり。其の※備中《びっちゅう》の海の浦海の辺にして《海岸あたりで》、其の亀三たび領《うなづ》きて去る。うたがはくは、是《こ》れ放てる亀の恩を報ぜるならむかと《返したのだろうか》。

（『日本霊異記《にほんりやういき》』による）

（注）※京、難波、備前、備中…問4の【地図】を参照。

問1　うたがはくは　を現代仮名遣いで書きなさい。

問2　①「速に海に入るべし」といふ　とあるが、この説明として最も適当なものを、次のア〜エの中から一つ選び、記号を書きなさい。

ア　先に海の中に逃げた童子が、禅師を逃がすため、「急いで海に入ってください」と言っている。
イ　舟に乗り合わせた人々が、禅師を避難させるため、「すぐに海に入った方が良い」と言っている。
ウ　危険を察知した禅師が、賊となった舟人から逃げるため、「急いで海に入ろう」と言っている。
エ　賊となった舟人が、自ら禅師を海に投げ込むことを避けるため、「すぐに海に入れ」と言っている。

問３　②石の脚に当りたる　とあるが、「石が脚に当たった」とは、実際には禅師がどのような状況であったということか。次の解答の形式に従って、十字程度で書きなさい。

禅師が＿＿＿＿＿＿＿＿＿＿状況。

問４　次に示すのはこの文章についての先生とAさんの【対話】及び【地図】である。［X］、［Y］に当てはまるものとして最も適当なものを、あとのア～エの中からそれぞれ一つずつ選び、記号を書きなさい。

【対話】

（先　生）　本文にはいくつかの地名が出ていますが、本文における禅師の旅はどのようなものだったのでしょうか。

（Aさん）　禅師は、［X］のだと思います。

（先　生）　そうですね。途中で、賊となった舟人に襲われましたが、亀の恩返しによって禅師が救われたという話です。この話にはどのような教訓があると思いますか。

（Aさん）　私は、［Y］があると思います。

（先　生）　そうですね。ほかにも似た話があるので、図書館で調べてみてはどうですか。

【地図】

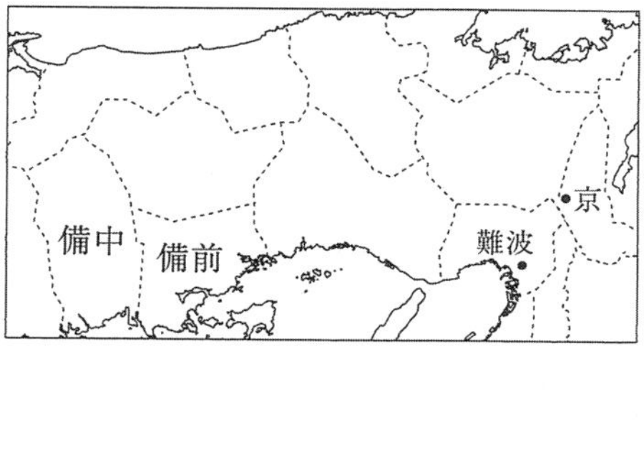

［X］

ア　仏像を造るための道具を求めるために、備前から難波まで舟で行き、そこから京へ向かった

イ　仏像を造るための道具を求めるために、備中から舟に乗り、難波を経由して京へ向かった

ウ　仏像を造るための道具をそろえて、京から難波へ行き、そこから舟に乗って備前まで行った

エ　仏像を造るための道具をそろえて、京から備前へ行き、そこから舟に乗って備中まで行った

［Y］

ア　禅師から受けた恩を亀が返したように、受けた恩への感謝を忘れないことが仏道を信じる心につながるという教訓

イ　亀に姿を変えた仏の加護によって禅師が旅を無事終えたように、日頃から仏道を信じる心が大切だという教訓

ウ　禅師が亀を助けたために無事に仏像を造ることができたように、良い行いには良い報いが現れるという教訓

エ　禅師が施した恩によって亀が海中で禅師を助けたように、自分の行いに応じた報いが現れるという教訓